Moderne Architektur in Deutschland 1900 bis 2000
Macht und Monument

Eine Ausstellung des

D.A.M

Deutsches Architektur-Museum
Frankfurt am Main

24. Januar bis 5. April 1998

STADT FRANKFURT AM MAIN

Moderne Architektur in Deutschland 1900 bis 2000
Macht und Monument

Herausgegeben von
Romana Schneider
und Wilfried Wang

Deutsches Architektur-Museum
Frankfurt am Main

Verlag Gerd Hatje

Impressum

Dieses Buch erscheint anläßlich der Ausstellung
Moderne Architektur in Deutschland 1900 bis 2000.
Macht und Monument
im Deutschen Architektur-Museum,
Frankfurt am Main
24. Januar bis 5. April 1998

Herausgegeben von Romana Schneider und
Wilfried Wang
im Auftrag des Dezernats für Kultur und Freizeit
Amt für Wissenschaft und Kunst
der Stadt Frankfurt am Main
Deutsches Architektur-Museum

Die Ausstellungstrilogie »Moderne Architektur in Deutschland 1900 bis 1950« wurde von Vittorio Magnago Lampugnani initiiert

Ausstellung
Romana Schneider, Wilfried Wang
unter Mitarbeit von Heike Drechshage

Wissenschaftlicher Beirat:
Friedrich Achleitner, Jean-Louis Cohen,
Werner Durth, Hartmut Frank, Simone Hain,
Vittorio Magnago Lampugnani,
Winfried Nerdinger, Wolfgang Schäche

Mitarbeit bei den Recherchen: Erich Wagner
Präsentation der Exponate: Malte Rückert mit Miriam Matthiessen
Sekretariat: Margot Quabius (Öffentlichkeitsarbeit), Inge Klietz
Verwaltung: Erika Leps, Jeanette Bolz
Archivbetreuung: Inge Wolf
Rahmung: Valerian Wolenik
Modellbetreuung: Barbara Schulze
Aufbau: Enrico Hirsekorn, Paolo Brunino
mit Marina Jahncke, Christian Walter,
Gerhard Winkler

Katalog
Konzeption und Redaktion: Romana Schneider,
Wilfried Wang
Redaktionelle Mitarbeit: Heike Drechshage
Reprophotographie: Ursula Seitz-Gray
Reproduktionen: Repromayer, Reutlingen
Satz: Fotosatz Weyhing, Stuttgart
Gesamtherstellung: Dr. Cantz'sche Druckerei,
Ostfildern-Ruit
Gestaltung: Christine Müller
Verlagslektorat: Ute Barba

Erschienen im Verlag Gerd Hatje
Senefelderstraße 12
73760 Ostfildern-Ruit
Telefon 0711/44050
Telefax 0711/4405220

ISBN 3-7757-0713-1
Printed in Germany

Umschlagkonzept:
Nicolaus Ott und Bernard Stein, Berlin
unter Verwendung einer Photographie (Detail)
von Ingrid Voth-Amslinger, München, und:
Hans Poelzig,
IG-Farben-Hochhaus, Frankfurt am Main,
1928–1930
Mit freundlicher Genehmigung: Plansammlung
der Technischen Universität Berlin

Inhalt

Dank

Die Ausstellung »Moderne Architektur in Deutschland 1900 bis 2000. Macht und Monument« steht unter der Schirmherrschaft des Bundesministers für Raumordnung, Bauwesen und Städtebau Prof. Dr. Klaus Töpfer

Wir danken folgenden Leihgebern ganz herzlich für ihre großzügige Unterstützung:

Bauhaus-Archiv, Museum für Gestaltung, Berlin
Berlinische Galerie, Landesmuseum für Moderne Kunst, Photographie und Architektur
Bezirksamt Steglitz von Berlin, Abteilung Bauen und Wohnen, Bauordnungsamt, Fachbereich
Bezirksamt Tiergarten von Berlin, Abteilung Bau- und Wohnungswesen, Bau- und Wohnungsaufsichtsamt
Architekturbüro Böhm, Köln
Bundesrepublik Deutschland
Deutsches Historisches Museum, Berlin
Deutsches Museum von Meisterwerken der Naturwissenschaft und Technik, München
Deutsches Technikmuseum, Berlin
Dr. Jörn Düwel, Wiesbaden
Dyckerhoff AG, Wiesbaden
Entwurfswerkstatt Prora, Berlin
Evangelische Matthäuskirchengemeinde, Berlin-Steglitz
Freie Universität Berlin, Fachbereich Geschichtswissenschaften, Kunsthistorisches Institut
Von Gerkan Marg und Partner, Hamburg
Galerie Bärbel Grässlin, Frankfurt am Main
Hamburgisches Architekturarchiv
Hamburgisches Staatsarchiv
Hentrich-Petschnigg & Partner KG, Berlin
Historisches Archiv der Stadt Köln
Institut für Regionalentwicklung und Strukturplanung (IRS)/Wissenschaftliche Sammlungen, Erkner bei Berlin
Institut für Stadtgeschichte, Frankfurt am Main
Galerie Carol Johnssen, München
Wilhelm-Kreis-Archiv, Bad Honnef, Burg Arntz
Kunstbibliothek, Staatliche Museen zu Berlin, Preußischer Kulturbesitz
Landesamt für Denkmalpflege Hessen, Wiesbaden
Landesarchiv Berlin
Pfalzgalerie, Kaiserslautern
Planungs AG Neufert Mittmann Graf Partner, Köln
Prof. Dr. Wolfgang Schäche, Berlin
Axel Schultes Architekten, Berlin
Architekturbüro Diethard J. Siegert, München
Stadt Wolfsburg, Institut für Museen und Stadtgeschichte
Stadtarchiv Düsseldorf
Stadtplanungsamt der Stadt Bonn
Renata Stih, Frieder Schnock, Berlin
Südwestdeutsches Archiv für Architektur und Ingenieurbau, Universität Karlsruhe
Volkswagen AG, Wolfsburg
Annet van der Voort, Drensteinfurt
Thomas Wechs jr., Augsburg
Martin Werwigk, Stuttgart
Architekturbüro Dr. Edgar Wisniewski, Berlin

Unser Dank gilt folgenden Personen und Institutionen, die uns mit Rat und Unterstützung geholfen haben:

Prof. Dr. Friedrich Achleitner, Wien
Hubertus Adam, Berlin
Marie Andreas, Gesellschaft der Freunde des Deutschen Architektur-Museums e.V., Frankfurt am Main
Holger Barth, Institut für Regionalentwicklung und Strukturplanung, Erkner bei Berlin
Norbert Baues, Hamburgisches Architekturarchiv
Prof. Dr. Zygmunt Bauman, Leeds (Großbritannien)
Dr. Wolfgang Beyrodt, Berlin
Marianne Blankenfeld, Berlin
Elke Blauert, Berlin
Elisabeth und Gottfried Böhm, Köln
Dr. Evelyn Brockhoff, Institut für Stadtgeschichte, Frankfurt am Main
Hanno Brockhoff, Institut für Baugeschichte, Universität Karlsruhe
Ingelore Buchholz, Stadtarchiv Magdeburg
Mikki Carpenter, The Museum of Modern Art, Department of Photographic Services and Permissions, New York
Prof. Dr. Jean-Louis Cohen, Paris/New York
Wim Cox, Köln
Dr. Karlheinz von den Driesch, Bundesministerium der Finanzen, Bonn
Prof. Dr. Werner Durth, Stuttgart
Dr. Jörn Düwel, Wiesbaden
Prof. Dr. Bernd Evers, Berlin
Prof. Dr. Leonhard M. Fiedler, Frankfurt am Main
Prof. Kenneth Frampton, New York
Prof. Hartmut Frank, Hamburg
Dr. Gabriele Fünfrock, Dyckerhoff AG, Wiesbaden
Prof. Ulrich Ganse, Wiesbaden
Almut Gehebe-Gernhardt, Frankfurt am Main
Prof. Dr. Diane Ghirardo,
Dr. Wolfram Hagspiel, Köln
Dr. Simone Hain, Berlin
Dr. Astrid Hansen, Frankfurt am Main
Gerd Hatje, Stuttgart
Hans-Joachim Henzgen, Bundesbauamt III, Berlin
Harry Hirsch, Bundesbaudirektion, Berlin
Ulrich Höhns, Schleswig-Holsteinisches Archiv für Architektur und Ingenieurbaukunst, Schleswig

Susanne Hofmann, Michael Neff, Galerie Bärbel Grässlin, Frankfurt am Main
Dr. Heinz Höfchen, Graphische Sammlung, Pfalzgalerie
Dr. Jerzy Ilkosz, Stadtarchiv Wrocław
Dr. Gerhard Kabierske, Karlsruhe
Egbert Kaiser, Köln
Hans Kania, Bauhütte Zollverein, Essen
Wolfgang Keilholz, Hentrich-Petschnigg & Partner KG, Berlin
Wolfgang Kil, Berlin
Prof. Dr. Vittorio Magnago Lampugnani, Zürich/Mailand
Ursula Legge-Suwelack, Bonn
Claudia Lemhoefer, Frau Egler, Bundesbaugesellschaft Berlin mbH
Frau Malingriaux, Dietz-Verlag GmbH, Berlin
Dr. Andreas Matschenz, Landesarchiv Berlin
Matilda McQuaid, The Museum of Modern Art, Department of Architecture and Design, New York
Frau Mehnert, Landesvermessungsamt Brandenburg, Landesluftbildarchiv, Potsdam
Prof. Dr. Hans-Ernst Mittig, Berlin
Christian Axel Monath, Klaus Menzel, Berlin
Ludwig Neff, Planungs AG Neufert Mittmann Graf Partner, Köln
Prof. Dr. Winfried Nerdinger, München
Prof. Dr. Wolfgang Pehnt, Köln
Christine Hoh-Slodczyk, Pitz & Hoh, Berlin
Marc Quabius, Frankfurt am Main
Dieter Radicke, Plansammlung, Technische Universität Berlin
Dr. Klaus Richter, Hamburg
Wolfgang Rimpl, Wiesbaden
Dr. Hans-Achim Roll, Bundeskanzleramt, Bonn
Prof. Dr. Wolfgang Schäche, Berlin
Dr. Matthias Schirren, Akademie der Künste Berlin, Sammlung Baukunst
Marius Schliekmann, Entwurfswerkstatt Prora, Berlin
Reinhard Schlieper, Bundesministerium für Raumordnung, Bauwesen und Städtebau, Bonn
Jörg Schmalfuß, Deutsches Technikmuseum, Berlin
Corinna Schöpke, Bundesministerium für Raumordnung, Bauwesen und Städtebau, Bonn
Axel Schultes, Charlotte Frank, Berlin
Dr. K.-J. Siegfried, Institut für Museen und Stadtgeschichte, Wolfsburg
Erhard Steffen, Burg/Spreewald
Herr Stein, Deutscher Marinebund e.V., Wilhelmshaven
Dr. Wolfgang Voigt, Frankfurt am Main
Frau Wehofen, Stadtarchiv Düsseldorf
Helmut Weihsmann, Wien
Albrecht Werwigk, Tuttlingen
Frau Wesseler, Bundesbaudirektion, Berlin
Heinz Wionski, Landesamt für Denkmalpflege Hessen, Wiesbaden
Regine Zinke, Berlin
Herr Zodtner, Bundesbaudirektion, Berlin

Wir bedanken uns auch bei Sunna Gailhofer, Carolin Krumbacher-Eckert, Christina Meyer und Frank Schmitz, die im Rahmen eines Praktikums am Deutschen Architektur-Museum an den Vorbereitungen von Ausstellung und Katalog mitgewirkt haben.

Unser Dank gilt ferner Scogin Elam and Bray Architects Inc. in Atlanta (Georgia, USA), die uns anläßlich der Ausstellung für unsere Sammlung ein Modell von Hans Scharouns Philharmonie in Berlin geschenkt haben, das von Studenten der Harvard University Graduate School of Design 1992 gebaut wurde.

Wir danken Dr. Eva-Maria Amberger, Leiterin der Architektursammlung, Berlinische Galerie, für Ihr Engagement, der Ausstellung eine Berliner Station zu ermöglichen.

Rainer Wilkens, Berlin, danken wir dafür, daß wir bei der Ausstellungssektion Prora auf seine Forschungen zurückgreifen durften. Peter Kroos und Andreas Marx, Berlin, haben uns inhaltlich und materiell bei der Darstellung der ehemaligen Berliner Reichshauptbank in der Ausstellung unterstützt.

Ganz besonders danken wir der Gesellschaft der Freunde des Deutschen Architektur-Museums, die sich maßgeblich an der Finanzierung des vorliegenden Katalogbuchs beteiligt hat.

Der Kulturdezernentin Linda Reisch und dem Leiter des Amts für Wissenschaft und Kunst Frank Mußmann gilt ebenfalls unser besonderer Dank für ihre außergewöhnliche Unterstützung dieses Projekts.

Vorwort

»Statuen und Bauwerke, Texte und andere kulturelle Artefakte dürfen als Monumente verstanden werden, wenn sie über die Eigenschaft der Stilisierung hinaus eine an die Mit- und Nachwelt gerichtete Botschaft kodieren. Monument ist, was dazu bestimmt ist, die Gegenwart zu überdauern und in diesem Fernhorizont kultureller Kommunikation zu sprechen.«
Aleida Assmann, *Kultur als Lebenswelt und Monument,* 1991

Die Trilogie *Moderne Architektur in Deutschland,* deren dritter Teil unter dem Titel *Macht und Monument* hier vorliegt, wurde 1990 mit dem Anspruch und Ziel konzipiert, die unterschiedlichen Ausprägungen der Architektur der Moderne in ihrer Komplexität, Widersprüchlichkeit und Experimentierfreude aufzuzeigen. Zu den modernen Bauaufgaben, die wir in den drei Ausstellungen exemplarisch darstellen wollten, zählt auch die architektonische Repräsentation der gesellschaftlichen Eliten, die unser Jahrhundert entscheidend geprägt haben. An seinem Ende, das mit gewaltigen Bauvorhaben in der neuen Bundeshauptstadt Berlin zusammentrifft, scheint es daher geboten, auch das umstrittene Thema »Macht« und deren Verbindung mit der modernen Architektur des 20. Jahrhunderts Revue passieren zu lassen, ohne etwa den Typus des Monumentalbaus als Ausdrucksträger des politischen, weltanschaulichen, sozialen oder ökonomischen Willens zu rehabilitieren oder zu verurteilen. In der Ausstellung und in dieser Publikation möchten wir zeigen, wie die Repräsentation von Macht in der modernen Industriegesellschaft mit ihren Defiziten auch einem drängenden Bedürfnis nach Auflösung der Gegensätze und nach Integration nachzukommen sucht, ganz gleich, ob es sich um monarchische, diktatorische oder demokratische Verhältnisse handelt. Hierbei hat es in den verschiedenen Epochen des 20. Jahrhunderts in Deutschland Kontinuitäten und Brüche gegeben, denen in diesem Band nachgespürt wird.
1990 wurde die Trilogie *Moderne Architektur in Deutschland* vom damaligen Direktor des Deutschen Architektur-Museums Vittorio Magnago Lampugnani initiiert. Sie sollte ursprünglich nur die erste Hälfte des 20. Jahrhunderts behandeln, also die Zeit von 1900 bis 1950. Die ersten beiden Ausstellungen unter seiner Regie – »Reform und Tradition« (1992) und »Expressionismus und Neue Sachlichkeit« (1994) – erfreuten sich eines lebhaften Echos bei Besuchern und Medien.
1995 gab es dann einen Direktorenwechsel am Deutschen Architektur-Museum. Wilfried Wang, der neue Leiter, entschied sich für die Durchführung der geplanten dritten Ausstellung, allerdings mit einer wesentlichen Änderung, nämlich der Behandlung des Themas »Macht und Monument« bis in die Gegenwart hinein. Diese Erweiterung lag vor allem in den fortgeschrittenen Planungen der neuen Bundesbauten in Berlin begründet. Wilfried Wang etablierte außerdem einen – im Gegensatz zu den vorherigen Ausstellungen – umfangreicheren wissenschaftlichen Beirat, der die repräsentativen Standorte zeitgenössischer Architekturtheorie zur Beziehung von Macht und Architektur des 20. Jahrhunderts in Deutschland vertreten sollte. Diese Gruppe von acht arrivierten Wissenschaftlern war entsprechend heterogen. Innerhalb des wissenschaftlichen Beirats gab und gibt es nicht nur divergierende Meinungen zu Forschungsansätzen und Positionen von Kollegen innerhalb dieses Gremiums, sondern auch kritische Einwände gegen Betrachtungsweisen, die sich in der Ausstellungskonzeption des Architektur-Museums niederschlugen. Trotz aller Divergenzen wurde gemeinsam darum gerungen, den vorliegenden Essayband und die Ausstellung möglich werden zu lassen. Dies ist angesichts mancher Zerreißproben, die dem Projekt von außen drohten und von denen wir zu Beginn der Arbeit noch nichts ahnten, als wichtiger Erfolg für die weitere Auseinandersetzung mit diesem Thema zu werten.
Gleich beim ersten Treffen des wissenschaftlichen Beirats 1995 wurden auch Einwände gegen den Titel der Ausstellung »Macht und Monument« laut, der ja bereits

bei der Planung der Trilogie festgelegt worden war. Aber insbesondere von seiten des Architektur-Museums wurde aus Treue zur ursprünglichen Konzeption an dem Titel festgehalten. »Macht und Monument«, so sollte sich allerdings bald herausstellen, ist eine Wortkombination, die – ohne Erläuterung – häufig Mißverstehen, Verwirrung und Ablehnung hervorrief. Einige sprachen jetzt von der geplanten »Nazi-Ausstellung« des Deutschen Architektur-Museums. Etliche erwarteten eine Ausstellung über »Monumentalität«. Andere äußerten Furcht, daß alles, was als monumental angesehen werden könnte, nur unter »Nazi-Aspekten« gewertet würde, wo doch beispielsweise Großbauten der NS-Zeit nachweislich auch Wurzeln in der Moderne der Weimarer Republik hätten. Andere befürchteten bei diesem Thema eine Fixierung auf soziologisch-politische Kriterien, bei der die Architektur aus dem Blickfeld gerate. Und wieder andere appellierten an uns, das Wesen von Macht nicht allein in ihren negativen, repressiven und ausschließenden Funktionen zu sehen und darzustellen. Ganz besonders heikel schien die Beurteilung der Monumentalbauten der DDR. Darf man an sie dieselben Bewertungskriterien anlegen wie an Bauten des Nazi-Regimes?

Besonders unter praktizierenden Architekten, die wir in die Ausstellung einbeziehen wollten, gab es Vorbehalte gegen den Titel »Macht und Monument«. Hätten wir ihn geändert, wäre es vielleicht auch Oswald Mathias Ungers möglich gewesen, einige seiner Arbeiten für die Ausstellung zur Verfügung zu stellen. Er, der sich stets für die Autonomie von Architektur eingesetzt hat, findet die Verbindung des politischen Terminus »Macht« mit dem architektonischen Begriff »Monument« unzulässig. Für Günter Behnisch verbot sich ebenfalls eine Teilnahme an dieser Ausstellung, weil seine Architektur nichts mit »Macht« zu tun habe. Nicht allein die Argumente dieser beiden führenden deutschen Architekten, die hier als Pars pro toto und reduziert wiedergegeben sind, haben uns vor die Frage gestellt, ob es angesichts der geschilderten Voreingenommenheit verantwortlich ist, die Arbeit zeitgenössischer Architekten in historisch-politische Zusammenhänge zu stellen, mit denen viele ausschließlich totalitäre Geschichtsepochen verbinden. Denn alle geäußerten Einwände und Befürchtungen, ja alle Diskussionen um »Macht und Monument« kreisten – zumindest bei westdeutschen Gesprächspartnern – stets und beinahe ausschließlich um die Auseinandersetzung mit den Folgen der nationalsozialistischen Herrschaft.

Was wollten wir erreichen mit »Macht und Monument«? Ausgangspunkt der Trilogie war ja, die Komplexität der Moderne auch auf dem Gebiet der Architektur in unserem Jahrhundert zu zeigen. Waren die beiden ersten Ausstellungen, »Reform und Tradition« und »Expressionismus und Neue Sachlichkeit«, darauf ausgerichtet, die spezifische Würde und Legitimität dieser großen Strömungen der Moderne zu demonstrieren, so sollte in »Macht und Monument«, dem letzten Teil der Trilogie, vor allem der Doppelcharakter von Moderne und Architektur untersucht werden, der zunächst darin liegt, daß beiden Befreiung *und* Zerstörung inhärent ist. Architektur wurde zu allen Zeiten, auch im 20. Jahrhundert, durch Macht instrumentalisiert und korrumpiert. Gleichzeitig steht sie für Genialität und Kreativität menschlichen Geistes und die großartige Fähigkeit, Identität und soziale Geborgenheit zu schaffen. Wir wollten uns also im letzten Teil der Trilogie vor allem mit der Doppelwirkung von Stadtplanung und von Bauwerken der Moderne auseinandersetzen, die Macht repräsentieren. Vermag deren Ausstrahlungskraft einerseits die Empfindung von Erhabenheit und Großartigkeit zu wecken, kann sie andererseits auch das Empfinden von Kleinheit und Bedeutungslosigkeit des einzelnen hervorrufen. Macht kann sich in der Architektur in Monumentalität niederschlagen, sie kann aber auch in antimonumentalen Bauwerken und städtebaulichen Planungen ihren Ausdruck finden. Dabei kann Architektur sowohl die »Macht des Volkes« als auch die des Staats repräsentieren, sie kann den Machtansprüchen der Kirchen wie denen der Industrie und der Wirtschaft Gestalt und Kleid geben. Die unterschiedliche Legitimität von Macht, das Verhältnis von Ideologie und Realität, von Selbstdarstellung und gesellschaftlicher Wirklichkeit sollten in unserem Projekt zum Ausdruck gebracht werden. Architektur war in ihrem Funktionszusammenhang zu sehen, die Voraussetzungen wie auch die Folgen ihrer Realisierung mußten thematisiert werden. In diesem Sinne sollte der Abschluß der Trilogie auch eine Synthese der beiden vorangegangenen Ausstellungen bilden.

Es ging uns bei unserem Thema auch um den modernen Architekten, um die wandlungsfähige »Proteus-Gestalt«, die gerade in der Anwendung modernster Ausdrucksformen ihrer Zeit Eigenes zu wahren und sogar schärfer zu profilieren wußte. Wir haben deshalb Hans Poelzigs IG-Farben-Gebäude als Titelbild unseres Katalogbuchs gewählt. Der von 1928 bis 1930 errichtete Verwaltungsbau des seinerzeit größten Industriekonzerns in Europa ist ein Exempel funktionalistischer Sachlichkeit und dennoch ein Bau von suggestiver Theatralik, dessen Zwittergestalt als Machtzentrum und Arbeitsstätte es seinen Kritikern nie leichtgemacht hat. Dieses Gebäude, als Ort von Herrschaft konzipiert, war zunächst Sitz eines Wirtschaftsunternehmens, das während der Herrschaft des Nationalsozialismus in dessen Macht-, Kriegs- und Ausrottungspolitik verstrickt war, und danach Stützpunkt der amerikanischen Streitkräfte, die von hier aus beispielsweise den letzten Golfkrieg koordinierten, bei dem eine »perfekte« Medienpolitik des Pentagon und des Weißen Hauses verhinderte, daß Bilder von Kriegsopfern und -zerstörungen um die Welt gingen wie seinerzeit vom Krieg in Vietnam. All das, inzwischen eine Binsenweisheit, steht in keinem ursächlichen Zusammenhang mit der Architektur des IG-Farben-Komplexes. Ihn zeichnet dagegen aus, was jede große Architektur auszeichnet: »daß sie soziale und funktionale Choreographien entwirft und sich jederzeit öffnen kann für andere als alltägliche Seinszustände« (Rudolf Schmitz).

Wir hofften zu Beginn unserer Arbeit auf einen einigermaßen »gelassenen« Umgang mit den dunklen Seiten und Paradoxien der Moderne. Wir wollten eine gute *Architektur*ausstellung und dazu ein gutes Katalogbuch machen. Aber beim Versuch, Distanz zu gewinnen, sich zum Beispiel in das Vorher zu versetzen oder Vorstellungen durchzuspielen, was geschehen wäre, wenn ..., wurden wir immer wieder eingeholt von neuen Enthüllungen über Unmenschlichkeit an Orten und in Gebäuden der Macht in Ost und West, denen unser Interesse galt.

Die Literatur, die sich mit der »Aufarbeitung deutscher Geschichte« im 20. Jahrhundert beschäftigt, ist schier unfaßbar umfangreich und differenziert. Wichtige Werke der Architekturtheorie sind darunter, denen wir ganz wesentlich die Machbarkeit eines solchen Projekts verdanken. Auch zahlreiche Ausstellungen, die Berührungspunkte zu unserem Thema aufweisen, haben während der Vorbereitung zu »Macht und Monument« stattgefunden und sind nicht ohne Einfluß auf unsere Arbeit geblieben, so zum Beispiel »Art and Power« in London, Barcelona und Berlin; »Parteiauftrag: Ein neues Deutschland« und »Die Planstädte Wolfsburg und Eisenhüttenstadt«, beide im Deutschen Historischen Museum in Berlin; »Krieg– Zerstörung–Aufbau« in der alten Berliner Akademie der Künste; »Monumente des Größenwahns« in Höxter oder »Les années trente« in Paris. Zur Zeit thematisiert die Kunstausstellung »Deutschlandbilder« Kontinuität und Brüche der deutschen Geschichte. In den Medien wird der »Deutsche Herbst« – 20 Jahre danach – neu reflektiert. Und der Strom fundierter, neuer Forschungsbeiträge reißt zum Glück nicht ab. Manche, während der Vorbereitungszeit von »Macht und Monument« erschienen, haben dieses Katalogbuch auch insofern unmittelbar beeinflußt, als daß ihnen bereits Aufsätze veröffentlicht sind, die wir uns ebenfalls gewünscht hätten.

Die Beiträge der vorliegenden Publikation spiegeln die Diskussionen mit dem wissenschaftlichen Beirat wider, der zu Recht stets auf einer peinlich genauen Differenzierung der Phänomene bestand und vor Analogien warnte. Die Analysen der Autoren sind vorwiegend thematisch und zeitlich übergreifend und zeigen deutlich, auf welche Weise Neugestaltungen im Städtebau und Architekturen der Macht den Charakter der jeweils neuen Gesellschaftsordnung vollständig und einprägsam zum Ausdruck zu bringen suchen. In unserem Buch ist dabei der Wert sozialer Ansprüche und Ziele positiv hervorgehoben. Die Auseinandersetzung der Moderne mit der Frage der Monumentalität kommt in mehreren Beiträgen zur Sprache und wird an ganz unterschiedlichen Aufgabenstellungen des 20. Jahrhunderts untersucht. Nicht zuletzt wegen seiner Aktualität verdient der Essay zum neuen Bundeskanzleramt in Berlin besondere Aufmerksamkeit. Die doktrinäre Seite der Moderne wird in dem Aufsatz des Soziologen Zygmunt Bauman scharf konturiert. Das emanzipatorische Potential hingegen, das unsere Zeit mit all ihrem verfügbaren Wissen und ihren Erfahrungen mit Ideologien für uns bereithält, findet sich in diesem Buch nicht explizit herausgearbeitet. Hierzu fehlt es vielleicht noch an neuen theoretischen Ansätzen, in vielen Fällen aber scheinen die historischen Erblasten zu mächtig und auch die »Gesetze« des Macht- und Geltungskampfs unter Wissenschaftlern und Architekten.

Die Ausstellung »Macht und Monument« ist notwendigerweise anders strukturiert als der vorliegende Essayband und unternimmt den Versuch, die theoretischen Leitmotive des Buchs in die folgenden großen Ausstellungssektionen zu übersetzen: »Die Inszenierung des Politischen nach innen und außen«, »Die Monumentalisierung der Technik und Formen ökonomischer Repräsentanz«, »Die Formierung des Sozialen« und »Das Monument als ›reine‹ symbolische Architektur«.

Die Tradition der beiden früheren Ausstellungen, unser Thema *ausschließlich* mit originalen Architekturzeichnungen zu visualisieren, konnten wir aus Geldmangel nicht durchgängig fortführen. Dennoch sind wir davon überzeugt, eine ansprechende, interessante Schau zusammengestellt zu haben. Es kam uns dabei besonders darauf an, die Mehrdeutigkeit schöner (propagandistischer) Bilder verantwortungsbewußt einzusetzen und dem geschickten Umgang von Ausstellungsmachern mit Entgrenzungen und Ästhetisierungen nicht anheimzufallen, sondern Bedeutungen auszusprechen, Zeitbezüge und Geistesgeschichte mitzuillustrieren. Wir haben auch versucht, bei der Einrichtung der Ausstellung die Dominanz des Architektonischen unseres Museums zu thematisieren, indem wir »das Haus im Haus« durch farbliche Akzentuierung selbst zum Exponat von »Macht und Monument« stilisiert haben.

Bei der Frage, was die Botschaft dieses Buchs und der dazugehörigen Ausstellung ist, gibt es, über das faktisch Neue hinaus, keine erschöpfenden Antworten, keine allgemeingültigen Definitionen. Vielmehr bleibt – in immer neuen Variationen – eine grundsätzliche Entscheidung offen, die Mitte 1965 in einem Rundfunk-Streitgespräch zwischen den beiden Philosophen Theodor W. Adorno und Arnold Gehlen folgendermaßen endete: Auf Gehlens Frage, ob man Selbstverantwortung wirklich *allen* zumuten sollte, antwortete Adorno: »Darauf kann ich nur ganz einfach sagen: Ja! ... ich glaube, daß die Menschen solange, wie man sie entlastet und ihnen nicht die ganze Verantwortung und Selbstbestimmung zumutet, daß so lange auch ihr Glück in dieser Welt ein Schein ist.« Darauf Gehlen: »Da sind wir nun genau an dem Punkt, wo Sie Ja und ich Nein sage.«

Romana Schneider
Frankfurt am Main, im November 1997

1 Günther Förg,
»IG-Farben-Haus XIX«, 1996,
1928–1930 erbaut von Hans Poelzig
Mit freundlicher Genehmigung der
Galerie Bärbel Grässlin, Frankfurt
am Main

Moderne und Macht: die Geschichte einer gescheiterten Romanze

Zygmunt Bauman

Unter den vielen Formen von Kunst oder Kunsthandwerk, die in der Moderne eingesetzt wurden, um die Welt nach den Regeln der Vernunft neu zu gestalten, ist die Architektur nicht nur eine von vielen. Wenn das Abenteuer der Moderne zuallererst ein Versuch war, die Dinge zu ordnen – eine lange Suche nach einer Ordnung, die erst noch zu errichten war, einer harmonischen Ordnung, der vollkommenen und planvoll erstellten Ordnung –, dann ist die Architektur mehr als irgendeine andere Form menschlicher Kreativität (außer vielleicht der Medizin) der Archetypus und das Paradigma der Moderne. Es besteht eine Art geistiger Verwandtschaft, eine echte »Wahlverwandtschaft« zwischen der Architektur und dem Geist der Moderne. Tatsächlich offenbarte sich dieser Geist der Moderne am nachhaltigsten in der Architektur und bezog gerade von ihr die meisten seiner Denkgebäude und entscheidenden Metaphern, die in der Ausbildung moderner Weltanschauung zusammenwirkten. Von diesem Geist wiederum leitete die Architektur so etwas wie eine zweite Existenzberechtigung ab und bezog daraus einen stetig wachsenden Antrieb.

Die eigentliche Idee von »Ordnung« platzte mit der Hilfe von Palladios erweiterter Neuauflage von Vitruvs klassischem *De architectura* in die Geisteswelt der Renaissance hinein. In jenem Buch stand »Ordnung« für das ein für allemal festgelegte, unveränderliche Arrangement aller Einzelheiten von der Basis bis hinauf zum Sims; jede Anordnung war von der von Alberti früh ausgesprochenen eisernen Regel geleitet, daß die Schönheit der Architektur aus einer harmonischen Beziehung zwischen den Teilen bestehe, daß kein Bruchstück nur um seiner selbst willen erlaubt sein könne und sich jedes durch seinen Beitrag zum Ebenmaß des Ganzen zu rechtfertigen habe. Das Konzept der »ordo« fand rasch Eingang in andere Diskurse und sollte von da an, wie die Vollkommenheit selbst, als Bezeichnung für den letzten Zustand der Dinge, jeder Art von Dingen, dienen – für einen Zustand, den keine weitere Änderung verbessern konnte, und für Handlungen, die zur Schaffung eines solchen Zustands führten.

Im Zustand der Ordnung ist alles an seinem richtigen Ort, alles übt seine angemessene Funktion aus, und nichts ist deplaziert oder ohne Sinn und Zweck. Ein derartiger Zustand – der nicht nur als ästhetisch angenehm, sondern als »normale« und »gesunde« Beschaffenheit der Dinge gedacht war, muß durch die Vorschrift einer eingesetzten Autorität, durch universale Gesetzestreue und durch vollständiges Fehlen von Abweichung, Aufruhr und Revolte bestimmt sein – allgemeiner noch von allem irgendwie Unsteten, Unberechenbaren und Zufälligen, von jedem Ereignis, das den routinemäßigen, regelhaften und zu erwartenden Ablauf der Dinge stört. »Ordnung« bedeutete auch eine autoritative Disposition, einen solchen Zustand zu erzeugen; es bedeutete Regulierung, Kontrolle, Anweisung, Leitung, Verwaltung, Überwachung, Management. So kam es, daß in beiden Bedeutungen – des endgültigen Zustands der Perfektion und der Handlungen, diesen hervorzubringen – »Ordnung« das war, was Architektur ausmachte. Man kann sagen, daß modernes Denken mit der kühnen Entscheidung begann, die menschliche Welt als einen Bauplatz und ein Objekt architektonischer Planung und Kontrolle zu behandeln.

Geistige Nähe stand hinter der engen – symbolischen wie gedanklichen – Verbindung zwischen der modernen Architektur und der modernen »Weltanschauung« und ganz allgemein moderner Strategie. Dies war jedoch nicht der einzige Zusammenhang zwischen ihnen, vielleicht nicht einmal der fruchtbarste.

Da das Management des sozialen Raums ein entscheidendes Instrument moderner Ordnungsambitionen darstellte, mußte die Architektur als ihr offensichtlichstes Werkzeug angesehen werden. Für Jeremy Bentham, einem der gebildetsten, einflußreichsten und struktursetzenden Propheten und Anwälte der modernen Reform, schien die Annahme natürlich und naheliegend, daß – da der gemeinsame

Nenner aller »sozialen Probleme« die Aufgabe der Kontrolle und überwachten Regulierung menschlichen Verhaltens sei – die all diesen Problemen gemeinsame Lösung im Entwerfen eines universalen Gebäudes gesucht werden sollte, das die kontinuierliche und akribische Überwachung erleichtere und die Unterscheidung zwischen den Bewachern und den Bewachten automatisch sicherstelle und garantiere. Ein und derselbe architektonische Entwurf könnte für Schulen, Hospitäler, Gefängnisse, Armenhäuser, Fabriken und Kasernen passen – worin immer auch der klare und vorgebliche Zweck des Versammelns großer Menschenmengen an einem Ort liegen könnte ... Durch die unpersönliche Organisation des Raums konnte man das Verhalten vieler Menschen koordinieren und homogenisieren; individuelle, willkürliche Besonderheiten würden dann nicht mehr zählen, da das daraus resultierende Verhalten eher von dem Ort, den jemand in einem überlegt entworfenen Raum einnehme, als von den zufälligen Verhaltensmerkmalen seines Trägers bestimmt würde...

Die Erfindung der Perspektive, die im 15. Jahrhundert durch die gemeinsame Anstrengung von Alberti und Brunelleschi gelang, bedeutete einen Wendepunkt auf dem langen Weg zu der modernen Konzeption des Raums und den modernen Methoden seiner Gestaltung. Die Idee der Perspektive lag auf halbem Weg zwischen der vormodernen Vision des Raums als eines in kollektive oder individuelle, immer aber lokale und spezifische Wirklichkeiten eingebundenen Raums und seiner modernen »Auslagerung«, der cartesianischen Konzeption des »leeren« Raums, einer Art vor-menschlichen Rahmens, in dem menschliche Körper und Ereignisse noch verteilt werden müssen. Die Idee der Perspektive setzte die entscheidende Rolle menschlicher Wahrnehmung in der Organisation des Raums als selbstverständlich voraus. Das Auge des Betrachters war der Ausgangspunkt aller Perspektive, es bestimmte die Größe und die wechselseitigen Entfernungen aller Objekte, die in seinen Gesichtskreis fielen, und blieb der einzige Bezugspunkt für die Verteilung der Objekte im Raum. Dies alles wurde bereits im vormodernen Umgang mit dem Raum stillschweigend angenommen, wenn auch nicht notwendigerweise offen ausgesprochen: alle vormodernen Maßeinheiten des Raums bezogen sich auf die offenkundig variablen menschlichen Körper und Handlungen. Das Neue jedoch – das entschieden »moderne« Neue – bestand darin, daß von nun an das Auge des Betrachters nicht mehr das Auge dieses oder jenes menschlichen Wesens sein mußte, sondern das Auge eines »anonymen Beobachters«, ein ent-körperlichtes Auge, ein »menschliches Auge als solches«. Jetzt kam es nicht mehr darauf an, wer die Betrachter waren; der einzige Umstand, der zählte, war, daß sie an einem bestimmten Standort der Beobachtung plaziert worden waren. Man unterstrich nun, daß von einem bestimmten Ort aus jeder Betrachter die räumlichen Beziehungen zwischen den Objekten in genau der gleichen Weise sehen werde. Von jetzt an entschieden nicht mehr die Eigenschaften des Betrachters, sondern die sozial indifferente, unpersönliche, »objektive« und daher gänzlich quantifizierbare Lage des Standpunkts über die räumliche Anordnung der Objekte.

Die Konzeption der Perspektive anerkannte also den menschlichen Ursprung und die menschliche Autorität in der Organisation des Raums, seine »subjektive Relativität«, neutralisierte jedoch gleichzeitig den Einfluß dieser Relativität. Sie »entpersonalisierte« die Folgen der subjektiven Wurzeln der Wahrnehmung fast so gründlich wie das Ideal »transzendentaler« Subjektivität, das Husserl ein paar Jahrhunderte später einbrachte, das die Bedeutung aller wirklich subjektiven, individuellen Wahrnehmungen bei der Suche nach der Wahrheit aufhob. Der Akzent wurde von der Frage des »Wer?« zur Frage des »Von wo aus?« verschoben. Zugleich erhielten nun Fragen der Organisation des Raums, des Rechts, ihn zu organisieren, und der Art und Weise der Organisation entscheidendes und ungekanntes Gewicht.

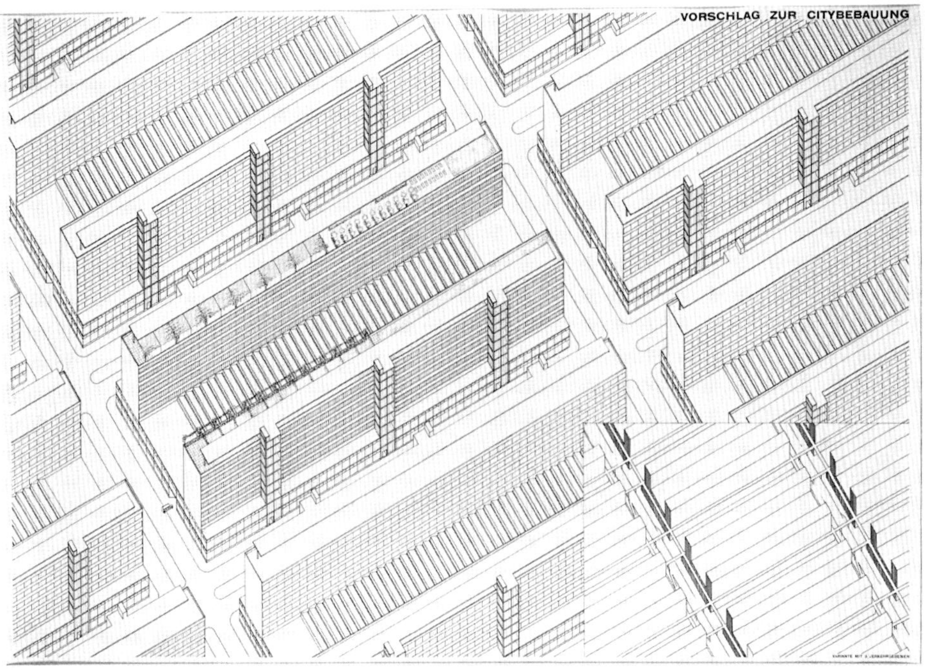

2 Ludwig Karl Hilberseimer, Vorschlag zur Citybebauung, Berlin-Friedrichstadt, um 1928

Überlegungen zum sozialen Fortschritt und zur Wiedergutmachung von Fehlern historischer Kontingenzen – was auch immer dieser Fortschritt und diese Heilung bedeutet haben mochten – verschmolzen mit der Frage, wie der Lebensraum gestaltet werden sollte, und wer dazu berufen sei, diese Gestaltung zu verantworten. Die Utopien, jene Kennzeichen ehrgeiziger, waghalsiger, unerschrockener und tatendurstiger Moderne, widmeten der akribischen Beschreibung von Städten, Straßen und öffentlichen Plätzen, Bürogebäuden und Wohnhäusern den meisten Platz. Architektonische und städtebauliche Ideen wurden zum hauptsächlichen Schlachtfeld der Form künftiger Gesellschaft.
Intuitiv scheint die geometrisch einfache Raumstruktur, die Anhäufung gleichförmiger Blöcke derselben Größe, der Forderung eines gut geordneten Raums am nächsten zu kommen. Kein Wunder, daß in allen modernen utopischen Visionen der »perfekten Stadt« die urbanistischen und architektonischen Prinzipien, denen die Autoren unermüdliche und unerbittliche Aufmerksamkeit schenkten, aus den gleichen Prämissen hervorgingen. Der Plan der Stadt muß danach erstens vollständig sein – allumfassend (idealerweise sollte die Stadt von Grund auf neu errichtet werden, gebaut auf leerem oder leergeräumtem Platz und nach einem vorab existierenden Plan); zweitens sollte der Raum um die herausragenden und unverwechselbaren Verwaltungsgebäude, die im Zentrum plaziert sind (noch besser auf die Spitze eines Hügels gestellt sind, von wo aus der gesamte Stadtraum visuell umschlossen werden kann), ebenmäßig, uniform, reproduzierbar und austauschbar sein. »Fundamentale und heilige Gesetze«, die aus Morellys 1755 veröffentlichtem *Code de la Nature, ou le véritable esprit de ses lois de tout temps négligé ou méconnu* zitiert werden, mögen sich als repräsentatives Beispiel solchen Denkens gut eignen:
– Um einen großen Platz mit *gleichmäßigen Proportionen* werden öffentliche Lagerhäuser errichtet, die alle notwendigen Artikel aufnehmen und die Halle für öffentliche Versammlungen umwandeln – alles von einheitlicher und angenehmer Erscheinung.
– Jenseits dieser inneren Stadt werden Stadtviertel *ebenmäßig* angeordnet – jedes von *derselben* Größe, *ähnlicher* Form und durch *gleiche* Straßen unterteilt…

– Alle Gebäude werden *identisch* sein…
– Alle Viertel werden so geplant, daß sie bei Bedarf erweitert werden können, *ohne ihre Ordnung zu zerstören…*
Die Prinzipien der Uniformität und Regelmäßigkeit (und mithin auch der wechselseitigen Austauschbarkeit) von Elementen der Stadt wurden in Morellys Denken ebenso wie in den Entwürfen anderer Visionäre und Praktiker moderner Stadtplanung und Stadtverwaltung, die in seine Fußstapfen traten, durch das Postulat der funktionalen Unterordnung aller baulichen und demographischen Lösungen unter die »Bedürfnisse der Stadt als Ganzes« abgerundet (wie Morelly selbst es ausdrückte, »werden die Anzahl und Größe« aller Gebäude »durch die Bedürfnisse einer gegebenen Stadt diktiert«); die Forderung, Stadtteile räumlich zu trennen, wird verschiedenen Funktionen oder Unterschieden in der Eigenart ihrer Einwohner zugeschrieben. Auf diese Weise »wird jeder Stamm einen getrennten Bezirk bewohnen und jede Familie eine gesonderte Wohnung« (die Gebäude werden jedoch, beeilt Morelly sich zu unterstreichen, für alle Familien gleich sein; diese Bedingung – so ließe sich vermuten – könnte durch den Wunsch erzwungen worden sein, die mögliche schädliche Wirkung von Stammeseigenheiten auf die totale Transparenz des städtischen Raums zu neutralisieren).
Die Einwohner jedoch, die aus welchen Gründen auch immer die Standards der Normalität nicht erfüllen (»kranke Bürger«, »gebrechliche und greisenhafte Bürger« und solche, die »eine zeitliche Isolierung von den übrigen verdienen«), werden auf Gebiete »außerhalb aller Bezirke, in gewissem Abstand« beschränkt. Schließlich werden diejenigen Einwohner, die »zivilen Tod, das heißt den lebenslangen Ausschluß aus der Gesellschaft« verdienen, in höhlenähnliche Zellen mit »sehr dicken Wänden und Gittern« eingeschlossen, dem biologischen Tod nahe, im »eingeschlossenen Friedhof«.
Das Bild der perfekten Stadt, das die Utopisten zeichneten, ähnelte keiner der wirklichen Städte, in denen die Planer lebten und träumten. Aber, wie Karl Marx kurze Zeit später (mit mehr als einem flüchtigen beifälligen Nicken) hervorheben sollte, war ihr Anliegen nicht darauf gerichtet, wie die Welt dargestellt oder erklärt werden könne, sondern wie sie zu ändern sei… Oder vielmehr grollten die Utopisten der Wirklichkeit, die sich gegen die Implementierung ihrer idealen Entwürfe sperrte, und sie träumten davon, sie durch eine von Grund auf neue und maßgeschneiderte Wirklichkeit zu ersetzen. Das »Kleingedruckte« jedes Projekts einer geplanten Stadt beinhaltete die Zerstörung einer bereits bestehenden. Die einzige Bedeutung, die die Utopisten bereit waren, der Gegenwart einzuräumen – unordentlich, stinkend, zusammenhanglos und chaotisch, wie sie war, eine, die ihre Zeit überdauert hatte und auf Pump lebte –, war die des Bauplatzes einer zukünftigen geordneten Perfektion und perfekten Ordnung.
Phantasie ist jedoch selten ernsthaft »untätig«, noch viel weniger oft ist sie wirklich unschuldig. Nicht nur in der aufgeheizten Vorstellung der Zeichner waren ihre Entwürfe das Trittbrett der Zukunft. Die Streitkräfte waren nicht dezimiert, und die Generäle warteten nur darauf, sich der utopischen Brückenköpfe zu bedienen, um einen Totalangriff gegen die Mächte des Chaos zu starten und der Zukunft dabei behilflich zu sein, die Gegenwart zu überfallen und zu erobern. Bronislaw Baczko spricht in seiner hellsichtigen Untersuchung moderner Utopien von »einer doppelten Bewegung: derjenigen der utopischen Vorstellung, den urbanen Raum einzunehmen, und derjenigen der Träume von Stadtplanung und Architektur auf der Suche nach einer sozialen Struktur, in der sie realisiert werden können«. Praktiker und Theoretiker waren gleichermaßen vom »Zentrum« besessen, um das herum der Raum der Stadt der Zukunft logischerweise angeordnet werden sollte, und erfüllten dadurch die Bedingungen der Transparenz, die von einer unpersönlichen Vernunft

3 Peter Behrens, Wettbewerbsentwurf zur Umgestaltung von Schinkels Neuer Wache in Berlin, 1930

gestellt wurden (diese Besessenheit in all ihren aufeinander bezogenen Aspekten ist meisterhaft in Baczkos Analyse des Projekts der »Stadt namens Freiheit« dargelegt, das am 12. Floreal des Jahres V der Französischen Republik von dem Landvermesser F.-L. Aubry veröffentlicht wurde und als Skizze der künftigen Hauptstadt des revolutionären Frankreich gedacht war). Praktiker wie Theoretiker sahen in der Stadt der Zukunft eine räumliche Inkarnation, ein Symbol und Monument der Freiheit, die von der *Vernunft* in ihrem langwierigen Entweder-Oder-Krieg gegen die widerspenstige Zufälligkeit der Geschichte errungen wurde. Wie die von der Revolution versprochene Freiheit die historische Zeit reinigen sollte, so sollte der von den urbanen Utopisten erträumte Raum ein »von Geschichte nie befleckter« Ort sein. Diese strenge Bedingung schloß alle bestehenden Städte vom Wettbewerb aus und verurteilte sie zum Sterben.
Baczko konzentrierte seine Studie auf einen Sammelplatz von Träumern und Tatmenschen – auf die Französische Revolution; denn dies war ein Ort, der später von Reisenden aus nah und fern am häufigsten aufgesucht wurde, weil die Begegnung dort mehr als irgendwo sonst vertraut war, und von beiden Seiten äußerst freudig und lautstark gefeiert wurde. Die Träume eines vollkommen transparenten städtischen Raums dienten den politischen Führern der Revolution, besessen, wie sie von der Idee des »absoluten Anfangs« waren, als eine ergiebige Quelle der Inspiration und der Ermutigung. Für die Träumer wie für die politischen Führer bedeutete die Revolution in erster Linie ein kühnes, entschiedenes und resourcenreiches Bauunternehmen, das darauf wartete, auf den Baustellen perfekter Städte diejenigen Formen hochzuziehen, die in vielen schlaflos über Zeichenbrettern zugebrachten Nächten beschworen worden waren. Einer der vielen von Baczko untersuchten Fälle sei nachstehend aufgeführt – die Geschichte des idealen Landes Sévarambes und seiner noch gelungeneren Hauptstadt Sévariade:[1] Sévariade ist »die schönste Stadt der Welt«; sie ist durch »die einwandfreie Aufrechterhaltung von Gesetz und

4 Ludwig Mies van der Rohe, Wettbewerbsentwurf zur Erweiterung des Reichshauptbankgebäudes in Berlin, 1933, perspektivische Skizze der Rückseite

Ordnung« gekennzeichnet. »Die Hauptstadt ist nach einem rationalen, klaren und einfachen Plan entworfen, der strikt befolgt wird und sie zur regelmäßigsten Stadt der Welt macht.« Die Transparenz des städtischen Raums verdankt sich im wesentlichen der Entscheidung, ihn säuberlich in 260 gleich große Einheiten zu unterteilen – »osmasies«, jedes ein quadratisches Gebäude mit einer 50 Fuß langen Fassade, großem Innenhof, 4 Eingangstüren und 1000 »komfortabel untergebrachten« Bewohnern. Die Stadt beeindruckt den Besucher durch »vollkommene Regelmäßigkeit«: »Die Straßen sind breit und so gerade, daß man den Eindruck erhält, sie wären mit einem Lineal gezogen worden«, und alle weiten sich zu geräumigen Plätzen, in deren Mitte sich Springbrunnen und öffentliche Gebäude von ebenso einheitlicher Größe und Form befinden. »Die Architektur der Häuser ist nahezu einheitlich«, wenn auch die Residenzen wichtiger Leute sich durch deutlich größere Pracht auszeichnen. »Nichts Chaotisches zeigt sich in diesen Städten, überall herrscht eine vollkommene, beeindruckende Ordnung [die Kranken, geistig Behinderten und Kriminellen sind außerhalb der Stadtgrenzen verbannt worden]. Alles hat hier seine Funktion, und daher ist es auch schön, denn Schönheit bedeutet Klarheit des Zwecks und Einfachheit der Form. Fast alle Bestandteile der Stadt sind austauschbar – und die Städte selbst sind es auch; wer immer Sévariade besucht, kennt alle anderen Städte Sévarambes.«
Wir wissen nicht, beobachtete Baczko, ob die Zeichner dieser perfekten Städte voneinander Notiz nahmen – und dennoch entsteht im Kopf des Lesers der Eindruck, daß »alles, was sie taten, war, ein ganzes Jahrhundert lang immer wieder die gleiche Stadt zu erfinden«. Dieser Eindruck wird durch gemeinsame Werte und durch das geteilte Interesse an »einem bestimmten Ideal glücklicher Rationalität oder, wenn Sie wollen, rationalen Glücks« hervorgerufen – ein Leben in einem perfekt geordneten, von aller Willkür, Zufälligkeit und Ambivalenz befreiten Raum. Die in der utopischen Literatur beschriebenen Städte sind nach Baczkos treffender Bezeichnung alles »literarische Städte«, nicht nur, weil sie Produkt literarischer Imagination sind, sondern in einem anderen, tieferen Sinn: Sie konnten in allen Einzelheiten aufgezählt werden, und nichts wäre dabei gewesen, was nicht zu beschreiben, nicht zu lesen gewesen wäre oder sich klarer Repräsentation widersetzt hätte. Ähnlich wie

5 Otto Ernst Schweizer, Wettbewerbsentwurf zur Erweiterung des Reichshauptbankgebäudes in Berlin, 1933, Perspektive von Nordosten mit Blick auf die Hauptfassade und den Altbau im Hintergrund

In *La ville radieuse,*[4] jenem 1933 erschienenen Buch, das das Manifest des urbanen Modernismus werden sollte, formuliert Le Corbusier den Satz vom Tod der bestehenden Städte, jenen versteinerten Zeugnissen unbeherrschbarer, gedankenloser, urbanistisch beschränkter und glückloser Geschichte. Er warf den existierenden Städten Nicht-Funktionalität vor (einige logisch unentbehrliche Funktionen seien unbefriedigend plaziert, während andere Funktionen sich an ein und demselben Ort vermischten und unter den unglücklichen Einwohnern Verwirrung stifteten), Unbekömmlichkeit und Mißachtung des ästhetischen Sinns (aufgrund des chaotischen Straßengewirrs und der Verschiedenheit architektonischer Stile). Die Unzulänglichkeiten bestehender Städte wären viel zu zahlreich, um eine Korrektur jeder einzelnen separat durchzuführen, die der Anstrengung und der erforderlichen Ressourcen wert gewesen wäre. Es würde viel vernünftiger sein, eine umfassende Behandlung vorzunehmen und alle Mißstände in einem Aufwasch zu beheben, indem die ererbten Städte dem Erdboden gleichgemacht und Platz für den Bau neuer, bereits im voraus bis ins kleinste Detail gründlich und umfassend geplanter Städte geschaffen würde oder indem die Paris' und Rio de Janeiros von heute ihrem eigenen krankhaften Schicksal überlassen würden und ihre Bewohner zu neuen, von Anfang an fehlerlos entworfenen Orten gebracht würden. *La ville radieuse* stellt, ausgehend von den Beispielen Paris (unbußfertig, trotz Baron Haussmanns Großtat...), Buenos Aires und Rio de Janeiro, die Grundzüge dar, die die Konstruktion zukünftiger Städte leiten sollten. Alle drei Projekte beginnen bei Null und kümmern sich nur um die Regeln ästhetischer Harmonie und die Logik funktionaler Trennung.

In allen drei imaginierten Hauptstädten wurde den Funktionen Priorität vor dem Raum eingeräumt; Logik und Ästhetik verlangten ebenfalls die Nicht-Zweideutigkeit jeden Bruchstücks der Stadt. Im städtischen Raum sind wie im menschlichen Leben die Funktionen von Arbeiten, Wohnen, Einkaufen, von Unterhaltung, Religion und Verwaltung zu unterscheiden und voneinander zu trennen. Jede Funktion braucht ihren eigenen Ort, und umgekehrt soll jeder Ort im Dienst einer einzigen Funktion stehen. Architektur ist nach Le Corbusier – wie Logik und Schönheit – ein natürlicher Feind jeglichen Chaos und jeglicher Spontaneität. Architektur ist eine mit der Geometrie verwandte Wissenschaft, die Kunst platonischer Großartigkeit, mathematischer Ordnung und Harmonie. Ihre Ideale sind die fortlaufende Linie, Parallelen und gestreckte Winkel; ihre strategischen Prinzipien sind Standardisierung und Vorfertigung. Für die »Strahlende Stadt« der Zukunft würde die Faustregel einer Architektur, die sich ihrer Berufung bewußt ist, daher den »Tod der Straße«, wie wir sie kennen, bedeuten, dieses zusammenhanglosen, zufälligen Nebenprodukts einer unkoordinierten und unzusammenhängenden Baugeschichte, Schlachtfeld widersprüchlicher Nutzung und Ort der Zufälligkeit und Mehrdeutigkeit. Den Straßen der »Strahlenden Stadt« werden ebenso wie ihren Gebäuden spezifische Aufgaben zugeordnet; in ihrem Fall wird die einzige Aufgabe die des Verkehrs sein, der Beförderung von Leuten und Waren von einem funktional bestimmten Ort zum anderen, und diese einzige Funktion wird von allen alltäglichen Störungen und Verzerrungen befreit sein, die ziellose Bummler, Faulenzer oder einfach zufällig Vorbeikommende mit sich bringen.

Le Corbusier träumte von einer Stadt, in der die Herrschaft des »Plan dictateur« (er schrieb das Wort »plan« immer mit einem großen »P«) über die Bewohner total und unbestritten sein wird. Die Autorität des Plans, die sich aus den objektiven Wahrheiten von Logik und Ästhetik herleitet und auch darauf gründet, erträgt weder Abweichung noch Auseinandersetzung; sie akzeptiert keine Argumente, die sich auf irgendetwas anderes beziehen oder stützen als auf logische oder ästhetische Exaktheit. Die Tätigkeiten der Stadtplaner sind daher von Natur aus unempfänglich

7 Paul Bonatz,
Entwurf für ein Regierungsgebäude
in Berlin, o.J. (nach 1933)

für den Tumult, der durch die Aufgeregtheit von Wahlen verursacht wird, und taub gegenüber den Beschwerden ihrer tatsächlichen oder eingebildeten Opfer. Der »Plan« (als Ergebnis unpersönlicher Vernunft und nicht als Produkt einer individuellen, wie scharfsinnig oder tiefgründig auch immer gearteteten Vorstellungskraft) ist die einzige – sowohl notwendige wie hinreichende – Bedingung menschlichen Glücks, das auf der vollkommenen Übereinstimmung zwischen menschlichen Bedürfnissen und der eindeutigen, durchsichtigen und erkennbaren Ordnung des Lebensraums beruhen muß. Modernistische Architekten radikalisierten den modernen Traum von Ordnung. Sie teilten jenen Traum und waren empört darüber, daß es so lange Zeit dauerte, bis er wahr wurde. Sie sahen keinen Grund, noch länger Zeit zu verschwenden; sie waren ungeduldig und brannten darauf zu handeln, wie es sich für Eiferer, einschließlich der Fanatiker der Moderne, gehört. Frei von den pragmatischen Rücksichten der Politiker, die sich, ob sie wollten oder nicht, in »der Kunst des Möglichen« üben mußten, konnten Stadtplaner und Architekten zumindest auf den Zeichentischen, wenn schon nicht auf den Straßen, ihren Vorstellungen freien Lauf lassen. Dank dieser Freiheit konnten sie aber auch den Geist der Moderne deutlicher und nachhaltiger zum Ausdruck bringen als irgendein Politiker, der den vertrackten und undurchschaubaren Wirklichkeiten des Ordnunghaltens gegenüberstand. Aus demselben Grund jedoch war die Saat der Uneinigkeit und der Spaltung gesät worden. Dem Mut des modernistischen Künstlers entsprach die Unbeweglichkeit der Politiker; der Beharrlichkeit des Künstlers standen Leichtfertigkeit und Unzuverlässigkeit des Politikers gegenüber.
Daraus ergibt sich die eigenartige und verwirrende – ambivalente, verschlungene, schizophrene, haßliebeartige – Beziehung zwischen Architektur und anderen modernen Kunstformen und modernen Mächten. Begeisterung und Faszination für Stärke, Macht und besonders für die Macht der Durchsetzung wechselten sich mit

langen Perioden der Ernüchterung und des Grolls gegen alle zukünftigen Mächte ab, einer ungereimten Mischung aus Anziehung und Abstoßung, einer Zuneigung für die Mächtigen, die nie frei von Argwohn war, und Haß, in den sich stets Faszination mischte. Die Liebe war dazu bestimmt, einseitig zu bleiben, während der Haß alle Symptome der Qualen des betrogenen Liebhabers enthielt, wenngleich er nicht wenig von der Treulosigkeit des Geliebten gefesselt war. Und es gab mehr als einen Grund für diese unauflösbare Ambivalenz, sich in die Geschichte modernistischer Kunst einzugravieren.

Die meisten Kunstformen der Jahrhundertwende, am auffallendsten die bildende Kunst, sahen ihre rastlose Suche nach Innovation als eine avantgardistische Form des Handelns an. Avantgarde ist eine der Sprache des Militärs entnommene Metapher und bezeichnet die Vorhut einer großen Armee, die die Wege für die nachfolgenden großen Bataillone und Regimenter bereitet. Die Künstler verdankten diese Auffassung ihrer Mission dem Geist des Modernismus, der die Nase von dem trägen und schwerfälligen Gang der Veränderung voll hatte – auf die zu hoffen die Moderne die Menschen gelehrt und die sie als atemberaubend versprochen hatte. Modernismus war ein Protest gegen nicht eingehaltene Versprechungen und zerschlagene Hoffnungen der Moderne, aber auch ein Zeugnis der Ernsthaftigkeit, mit der diese Versprechen und Hoffnungen behandelt wurden.

Die Modernisten verschlangen die Werte, die der modernen Denkart heilig waren und denen zu dienen die moderne Gesellschaft geschworen hatte, mit Haut und Haaren und vielleicht mit größerem Genuß als alle anderen modernen Männer und Frauen. Sie glaubten ebenfalls felsenfest an die pfeilförmige Natur der Zeit, überzeugt davon, daß der Zeitfluß in einer Richtung verläuft und daß, was immer später kommt (kommen muß, kommen sollte), auch besser ist, während alles, was in die Vergangenheit zurückreicht, demnach schlechter ist: rückständig, rückschrittlich und minderwertig. Die Modernisten führten ihren Krieg gegen die »vorgefundene Wirklichkeit« nicht im Namen von Werten – die gegen diejenigen, die die modernen Herrscher predigten, standen – oder im Namen einer Vision der Welt – die sich von derjenigen, die die Herrschenden sich einzuführen bemühten, unterschied –, sondern im Namen der Beschleunigung: Sie schrieben »hic rhodos, hic salta«, versprochen ist versprochen, auf ihre Schlachtfahnen. Sie konnten der Wirklichkeit modernen Lebens, wie sie war, den Krieg nur deshalb erklären und führen, weil sie dessen Voraussetzungen in ihrer Gesamtheit anerkannten: weil sie der fortschrittlichen Natur der Geschichte vertrauten und daher glaubten, daß die Ankunft des Neuen das Bestehende, Überlieferte und Ererbte überflüssig mache, sie in Relikte der Vergangenheit umwandle und des Rechts beraube, weiter zu existieren.

Kurz gesagt, die Modernisten wollten eine nur im Trott vorankommende Moderne zu vollem Galopp anspornen, den Motor der Geschichte anheizen. Sie folgten dem Muster revolutionärer Bewegungen; wie alle Revolutionäre, die ihren Namen verdienen, zogen sie es vor, kollektiv zu handeln. Sie gründeten sektenähnliche Bruderschaften oder schlossen sich ihnen an, diskutierten intensiv gemeinsame Programme und verfaßten Gruppenmanifeste. Sie blickten auch über den Rand der Künste selbst hinaus, betrachteten die Künste und die Künstler als Speerspitzen einer Armee des Fortschritts, als kollektive Vorboten einer kommenden Zeit, als Vorentwurf künftig universaler Muster – und manchmal als Sturmbock, der die Hürden, die sich im Verlauf der Geschichte auftürmen, zerbrechen und vernichten sollte.

Anders ausgedrückt, waren die Modernisten »plus moderne que la modernité elle même«; sie handelten im Namen der Moderne, ihrer Inspiration und ihrer Erlaubnis oder mit ihrem stillschweigendem Einverständnis, selbst wenn ihre offiziellen Hüter und Sprecher die Autorisierung verweigerten. Wie die Moderne selbst, vielleicht nur noch nachdrücklicher, lebten sie an der Frontlinie. Wie die Moderne als

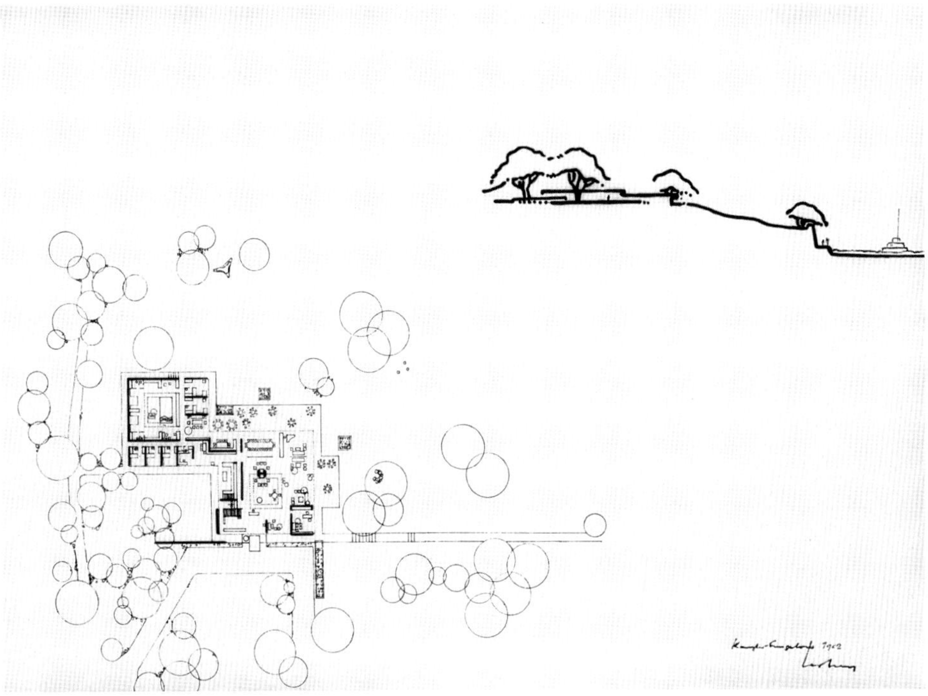

8 Sep Ruf,
Kanzlerbungalow in Bonn,
Entwurfsblatt mit Grundriß und
Geländeschnitt, 1962

Ganzes, wenngleich vielleicht noch dogmatischer, glaubten sie, der einzige Nutzen der Tradition bestehe darin zu wissen, was zerschlagen werden müsse, und zu wissen, daß Grenzen dazu da seien, übertreten zu werden. Die meisten speisten ihren Mut und ihr Wissen (und das Selbstbewußtsein, das es ihnen erlaubte, über Ruhm oder Verdammnis zu entscheiden) aus Wissenschaft und Technologie, jenen herausforderndsten, verwegensten und respektlosesten Sturmtruppen moderner Traditionsvernichtung: Impressionisten aus der anti-newtonschen Optik, Kubisten aus der anti-cartesianischen Relativitätstheorie, Surrealisten aus der Psychoanalyse, Futuristen aus den Modellen von Verbrennungsmotor und Fließband. Ohne die Moderne und ihre ganzen Errungenschaften wären die Modernisten undenkbar. Sie wollten sich in den Dienst der Moderne stellen; es war nicht ihr Fehler, daß sie sich mit ihrem Angebot einer widerstrebenden oder gleichgültigen Gesellschaft aufdrängen mußten.

Die Modernisten luden die Schuld vor der Tür all der vielen ab, die noch an den bereits überholten Mitteln und Wegen festhielten: Leute mit gestrigem Geschmack (das heißt in modernistischer Sprache: Leute ohne allen Geschmack), die unfähig oder unwillig waren, mit den Einsichten der Avantgarde Schritt zu halten. Sie verschmolzen diese grauenhaften, verachtenswerten Leute in dem kollektiven Bild des »Bourgeois«, etikettierten sie als Spießer, verhöhnten sie als ordinär, ungehobelt, unkultiviert oder stümperhaft. Sie versagten dem so konstruierten Feind das Recht auf ein künstlerisches Urteil. Aus der Hand eines solchen Feindes konnte jedes Urteil nur rückwärtsgerichtet und obsolet sein, Ausdruck einer Vergangenheit, die ihr Recht auf Existenz verwirkt hat, ganz zu schweigen von dem Recht, der Gegenwart mit verbindlicher Autorität gegenüberzutreten. Und die Modernisten machten die trägen, zahnlosen, unterwürfigen Demokratien wie auch die Ideen von Freiheit und Gleichheit und Gleichheit in Freiheit (was in ihren Augen nur auf die Regel der Mittelmäßigkeit hinauslaufen konnte) dafür verantwortlich, daß sie den Anschein des Gewöhnlichen und des Beschränkten legitimierten und verstärkten. Es war der Fehler demokratischer Regierungen, daß – wie Ortega y Gasset heraushob, und viele bestätigten ihn darin – »die Masse [alles] vernichtet, was anders, was auszeichnet, persönlich eigenbegabt und erlesen ist. Wer nicht ›wie alle‹ ist, wer nicht ›wie alle‹ denkt, läuft Gefahr, ausgeschaltet zu werden«.[5]

Edward Timms bemerkte über die Intellektuellen des frühen 20. Jahrhunderts, daß ihr Hauptcharakteristikum »das beispiellose Interesse, die Welt nicht nur zu interpretieren, sondern zu verändern«, gewesen sei. Sie wußten, daß es nötig war, das Machtgefüge der Welt zu ändern, nicht nur irgendeine Macht, sondern eine gewaltige und entschlossene. Doch schwand ihre Hoffnung immer mehr, daß die liberaldemokratische Politik, die auf das Maß des vorsichtigen oder ängstlichen Bourgeois zugeschnitten war, dieser Art von Entschiedenheit je entgegentreten würde. Kein Wunder, daß die Künstler der Avantgarde »sich selbst als Agenten sozialen Protestes und kultureller Umformung zu sehen begannen«; kein Wunder auch, daß sie fieberhaft nach politischen Kräften suchten, die ebenso radikal und ungeduldig, ebenso aufgebracht über den schleppenden Gang der Veränderung waren wie sie selbst, die jedoch auch eine wirkliche und gründliche Überprüfung aller sozialen Wirklichkeit in Aussicht stellten. Die bolschewistische Revolution und Mussolinis Marsch auf Rom »übten eine auffallende Faszination auf führende europäische Schriftsteller dieser Zeit aus... viele der klügsten Köpfe wurden von Ideologien angezogen, die radikalere Lösungen anboten... diese neuen Systeme schienen glanzvoll und dynamisch, offerierten Visionen brüderlicher Solidarität und kollektiver Aktion.«[6]

Nur wenige Modernisten folgten dem Aufruf von Julien Benda, sich von Parteigängertum fernzuhalten, der Aufforderung zu politischer Distanz und Neutralität. Noch weniger jedoch fanden Geschmack am moderaten Zentrum des politischen Spektrums. Die meisten fühlten sich inmitten revolutionärer Slogans und gutgeheißener Aufrufe zur Gewalt richtig zuhause. Hannah Arendt erinnert in ihrer klugen, heftigen Anklage der modernistischen Rebellion gegen die Wirklichkeit und die »bürgerliche Politik«, die diese verteidigte, an Ernst Jünger, der das Gemetzel auf den Schlachtfeldern des Weltkriegs in der Hoffnung begrüßte, das gesamte Gefüge der Welt möge in den »Stahlgewittern« untergehen, und ebenso an die »sorgfältig gewählten« Worte von Thomas Mann, der den Krieg als »Strafe« und »Reinigung« beschrieb und darauf hinwies, daß »viel mehr als die Siege der Krieg selbst den Dichter inspirierte«. Arendt warnt den Leser: »Diesen leidenschaftlichen Ekel vor der Vorkriegszeit und alle späteren Versuche, sie zu restaurieren – von Nietzsche und Sorel bis Pareto, von Rimbaud und T. E. Lawrence bis Jünger, Brecht und Malraux, von Bakunin und Netschajew bis Alexander Blok –, einfach als Ausbrüche des Nihilismus abzutun, ist schwerlich erlaubt, wenn man sich vergegenwärtigt, wie die gute Gesellschaft der Vorkriegszeit, die heute angesichts der neuesten Katastrophen gerne idealisiert dargestellt wird, wirklich ausgesehen hat. Freilich kannte die Frontgeneration, in deutlichem Gegensatz zu den von ihr selbst erwählten geistigen Ahnen, kaum noch eine andere Sehnsucht, als diese ganze Welt des Humbugs mit ihrer künstlichen Sicherheit, ihrer Scheinkultur und ihren zur Fassade erstarrten ›Werten‹ in Trümmern zu sehen. Diese Sehnsucht war überwältigend geworden, sie überwog an Leidenschaftlichkeit und Artikuliertheit alle positiven Versuche. So dachte diese Generation weder an eine »Umwertung der Werte«, wie sie Nietzsche versucht hatte, noch war ihr viel an halb politischen, halb religiösen Formulierungen gelegen, wie sie damals durch Sorel und Peguy in Frankreich maßgebend waren, und selbst jene verlorene Liebe zum Leben in einer wilden Reinheit, von der Rimbauds Leben und Dichten Zeugnis ablegt, war ihr schon ein wenig fremd.«[7]

Die modernistischen Seelen atmeten in der »proto-totalitären Atmosphäre« im Zwischenkriegs-Europa eines rapide schrumpfenden Zentrums und zunehmend

9 Aldo Rossi,
eigene Entwürfe und vorhandene Denkmäler, Potsdamer und Leipziger Platz, Berlin, 1996

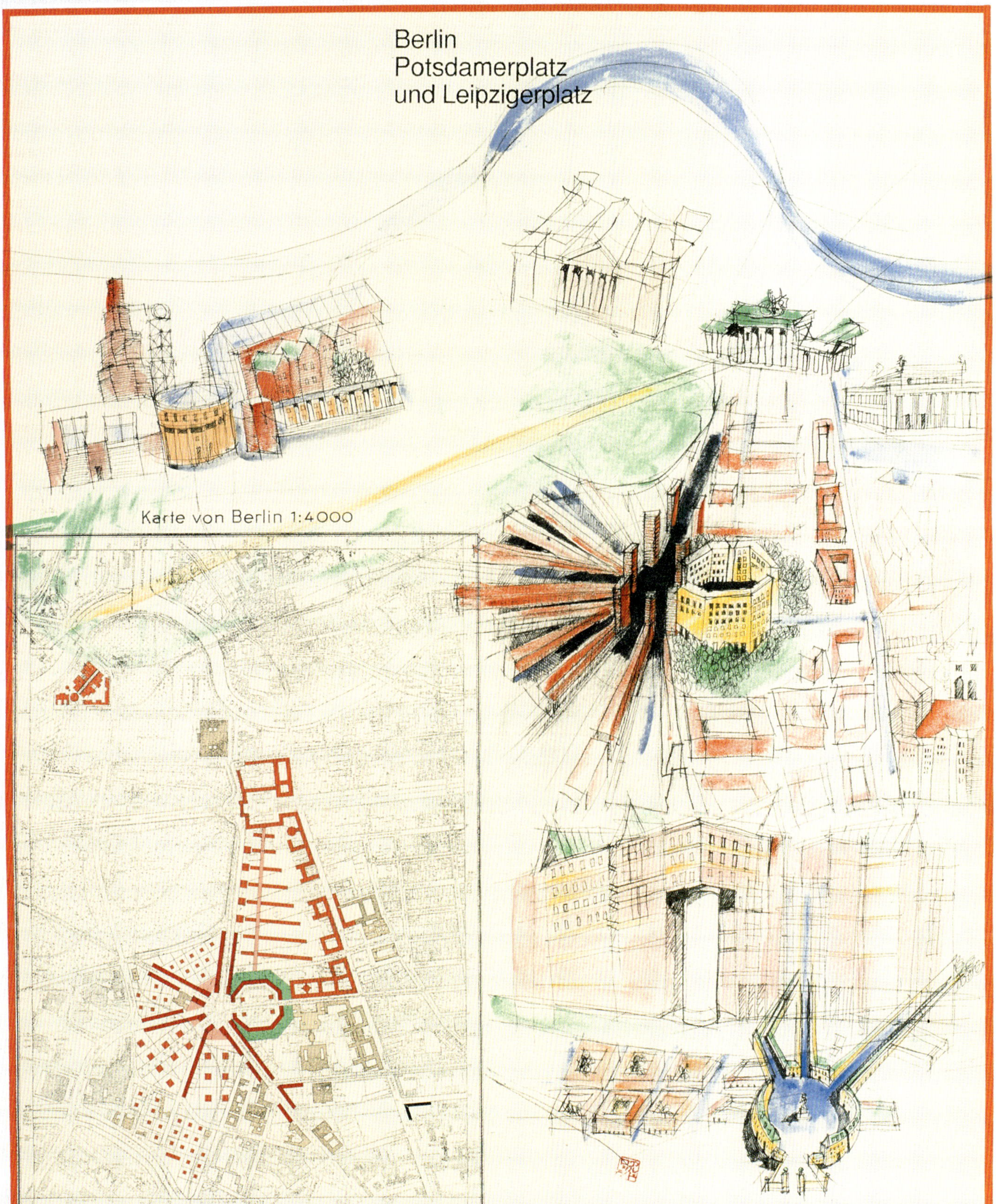

mächtiger radikaler Flügel auf. Einige Künstler – wie Gottfried Benn, Ezra Pound, Marinetti oder Céline – entschieden sich für die faschistische Rechte mit ihrem Evangelium des Blutvergießens, der Zerstörung und der »großen Reinigung«. Einige andere Angehörige der gleichen Avantgardebewegungen und Schulen – zugegebenermaßen viele mehr – fühlten sich besser im kommunistischen Lager aufgehoben mit seinem Versprechen, das lang ersehnte Hinscheiden der verdorbenen und verkommenen bürgerlichen Gesellschaft zu erwirken und die Menschen aus den Fesseln historischer Notwendigkeit zu befreien. Ob sie für die Variante des rechten oder linken Flügels radikaler Politik optierten, sie wurden alle von der Aussicht darauf angezogen, verführt und begeistert, mit einem Schlag all das zu beseitigen, was sich den milderen Methoden der Überzeugung widersetzte und daher bis jetzt nur Ursache ständiger Behinderung darstellte.

Die Modernisten sahen sich nach Kräften um, die stark genug waren, um es mit der Größe ihrer eigenen Ambitionen aufzunehmen. Nur die politischen Extreme schienen diesen Vorstellungen zu entsprechen; keine parlamentarische Demokratie schien fähig oder willens, die Türen für alles, was den modernistischen Herzen teuer war, aufzustoßen: ein Paris oder Rio de Janeiro dem Erdboden gleichzumachen oder alles auszumerzen, was von dem alten und veralteten kulturellen Wissen übriggeblieben war...

Nach Renato Poggioli entfaltete der Futurismus von Emilio Filippo Tommaso Marinetti von Anfang an »den Aktivismus und den Agonismus«, die die bestimmenden Merkmale aller Avantgardebewegungen waren.[8] Die Futuristen waren von dem »vielfarbigen, mehrstimmigen Verlauf der Revolution in modernen Großstädten«, jenem »unaufhörlichen Werden« geblendet, das – wie sie dachten – den begehrten Rahmen für jene »umfassende Erneuerung menschlicher Sensibilität« bot, die von den Künstlern, die den modernistischen Ideen nahestanden, geleistet werden sollte. Sie sahen im »Maschinenmenschen« ein treffendes und geeignetes Instrument der Ablehnung der süßlichen und rührseligen Gefühlsschwelgerei über die Natur und des schwärmerischen Besessenseins vom »Ich«, den beiden Haupthindernissen auf dem Weg zur »neuen Sensibilität«. Dies alles bewog sie dazu, die Straßenmärsche der schwarzen Hemden, das Auflösen der parlamentarischen »Schwatzbuden« und die Aussicht, die Schwächen des »Ich« in dem machtvollen, gewaltigen Strom der Massen fortzuspülen, gutzuheißen.

Alle Offerten bedingungsloser Liebe oder sogar Gefolgschaft blieben jedoch unerwidert, wenn sie nicht glatt von schwarzen, braunen und roten Hemden gleichermaßen zurückgewiesen wurden, wie im Fall von Gottfried Benn in Deutschland – der »Zufallsprozesse« wie die Pest haßte, aber von ungetrübter Begeisterung für die Zucht war – oder den modernistischen Dichtern und Malern des bolschewistischen Rußland mit ihrer Verherrlichung der »Skythen und neuen Barbaren«, von denen man kein Mitleid mit allem, was das Existenzrecht überzogen hatte, erwartete. Überall wurden die Annäherungsversuche aus demselben Grund zurückgewiesen, und es gab gute Gründe dafür, daß die Romanze einseitig und die Liebe unerwidert blieb. Wie Raymond Williams schrieb, glichen sich die verschiedenen modernistischen Bewegungen ungeachtet all ihrer internen Zwistigkeiten darin, daß sie »neue Methoden und Zwecke des Schreibens, der Kunst und des Denkens einführten. Daher ist einleuchtend, daß sie aus eben diesem Grund so oft von der Politik des Mainstream verschmäht wurden. Die Nazis warfen linke, rechte und Zentrumsmodernisten als Kulturbolschewisten in einen Topf. Die machthabenden Bolschewiken in der Sowjetunion wiesen von der Mitte bis zum Ende der zwanziger Jahre praktisch dasselbe Spektrum zurück.[9]

Die fraglichen »Kräfte des politischen Mainstream« waren, um dies klarzustellen, die totalitären Außenposten der aggressiven und arroganten Moderne, der Vielfalt moderner Kräfte, die sich selbst von aller Zurückhaltung losgesagt hatten und Amok liefen. Es war etwas krankhaft Anziehendes in dieser Verrücktheit nach der modernistischen Seele, die von den gebrochenen oder hartnäckig uneingelösten Versprechen desillusioniert und voller Wut gegen die ermüdende Banalität moderner Alltagspraxis war. Der Köder jedoch war tödlich, und die Versuchung führte in eine Falle.

Denn als die Zeit der Abrechnung gekommen war, erwiesen sich die totalitären Gesellschaften alles andere denn als gastfreundliche Länder für die wagemutigen, rastlosen, eigensinnigen und unbeugsam experimentierenden modernistischen Köpfe. Unter den neuen totalitären Führungskräften beeilten sich die Gesellschaften, andere Strukturen einzuführen, die unvergleichlich erstickender und verdummender als alles waren, was die modernistischen Künstler in den schwachen und unsicheren Demokratien kennengelernt hatten, die sie so verabscheuten. Und die totalitären Mächte würden nicht ein einziges Experiment dulden, schon allein deshalb nicht, weil es sich um ein Experiment handelte – Dorn im Fleisch monologischer und skrupelloser diktatorischer Herrscher –, und besonders auch deshalb nicht, weil es aus anderen als den verkündeten und durch die Regierenden legitimierten Methoden, Zwecken und Werten hervorging. Die einzige Freiheit, die die totalitären Regime bereit waren, den Künstlern zu gewähren, war die Freiheit zuzuhören, zur Kenntnis zu nehmen und zu gehorchen. Zustimmen oder zugrunde gehen: in totalitären Palästen war nur Platz für Hofdichter und Hofmaler, die dafür bestellt waren, die *Realität der Wahl der Herrschenden zu repräsentieren, nicht, sie zu erschaffen.* (Nach einer geistreichen Definition des russischen Schriftstellers und Dissidenten Wojnowitsch ging es im »sozialistischen Realismus« darum, die Machthabenden in einer Form zu rühmen, die zu verstehen sie in der Lage waren.) Das Recht, Wirklichkeit zu gestalten und zu entscheiden, was wirklich genug ist, um repräsentiert zu werden, blieb das ausschließliche Vorrecht der Herrschenden.

Die Affäre mit der Macht war von vornherein zum Scheitern verurteilt. Doch kann man den Modernisten lediglich ihre Naivität anlasten, kaum ihre strategischen Fehler oder taktischen Schnitzer. Die Liebelei mußte mißlingen, doch die wahre Natur der modernistischen Konzeption von Kunst und ihr Auftrag verpflichteten die Künstler, eifrig Partner in der Etage der Macht zu suchen und ihnen ihre Liebe und ihre eheliche Treue »in guten und schlechten Zeiten« anzutragen. Das Angebot hing in der Luft. Die Zuneigung blieb unbeantwortet. Der Partner verlangte Gehorsam, nicht Liebe; er hätte Gehorsam ohne Liebe akzeptiert, aber niemals Liebe ohne Gehorsam. Und er hatte keinerlei Absicht, das Ehegelöbnis zu halten. Vielmehr nämlich war das Eheversprechen nur in der fiebrigen modernistischen Vorstellungskraft je gegeben oder genommen worden.

Es hat anscheinend in der Moderne keine Form der Macht gegeben, die auf Bedürfnis und Erwartung der Modernisten zugeschnitten war. Gewiß aber keine Form, die (bislang wenigstens) in die Praxis umgesetzt worden wäre.

Die Geschichte dieser spezifischen unerfüllten Beziehung besteht aus einer langen Liste verbrannter Finger, endloser Quälerei, Enttäuschung und Zurücksetzung. Nirgendwo aber war die Frustration schmerzhafter als im Fall der Architektur. Kein Wunder: Wenn alle Stricke reißen, hat ein Maler seine Dachkammer, um sich zurückzuziehen, und braucht nur ein paar Pinsel und etwas Farbe, um seinen Ideen Gestalt zu verleihen; ein Dichter kommt mit einem Stift, einem Stück Papier, einer Straßenecke und einem Seifenkarton aus. Der Architekt braucht mehr als seine Zeichentische. Er braucht den mit Mitteln ausgestatteten Bauherrn, der bereit ist, seine Einfälle hinzunehmen, wohlgesonnene Stadtplaner, Entscheidungsträger, die, statt Befehle zu erteilen, damit einverstanden sind, geführt zu werden. Ohne all das bleiben die Ideen für immer auf dem Zeichenbrett, und die Zeichnung ist ein abgetrie-

bener Fötus, eine ungeborene Architektur, sicher eine unverwirklichte. Aus Gründen, die wir oben versucht haben zu erläutern, stellte es sich jedoch als äußerst schwierig heraus, diese Schritte zu realisieren. Und wenn es dazu kam, waren Haken dabei, Haken, die die Hände nicht weniger banden als Fesseln.
Dies ist der Grund, warum im Fall der Architektur, mehr als in jedem anderen Genre modernistischer Kunst, das materielle Konto der gescheiterten Romanze im großen und ganzen auf die Monumente des Verzichts beschränkt ist. Der Weg vom Zeichenbrett zu Stein, Beton und Stahl war von der Anerkennung der Rolle gepflastert, die jene zuwiesen, die über Stein und Stahl bestimmten. Diese Rolle bestand darin, Macht zu repräsentieren: dem Betrachter, Benutzer und Bauherrn der Festungen der Machthabenden den Schrecken und die Demütigung einzuflößen, die der Anblick der Allmacht, gepaart mit dem Gefühl der eigenen Ohnmacht, auslösen wollte und sollte. Gemessen an den Träumen modernistischer Architekten sind solche Zeugnisse des Verzichts in jedem Versuch, das Konto auszugleichen, überrepräsentiert. Jede Aufstellung der verwirklichten Träume läßt der Größe und Kühnheit der Träume, die vergeblich nach Erfüllung drängten, nur partielle Gerechtigkeit widerfahren.

Aus dem Englischen von Edith Boxberger

1 Hier zit. nach der englischen Übersetzung von Judith L. Greenberg, *Utopian Lights: The Revolution of the Idea of Social Progress,* New York 1989, S. 219–235. Die *Histoire des Sévarambes* von D. Veirasse war nach Baczko im Jahrhundert der Aufklärung so populär, daß beispielsweise Rousseau und Leibniz daraus ohne Angabe der Quelle zitierten und sich dabei offensichtlich auf allgemein bekanntes Wissen bezogen.

2 Vgl. Jürgen Habermas, *Der Philosophische Diskurs der Moderne,* Frankfurt 1988, S. 375.

3 Richard Sennett, *The Conscience of the Eye: The Design and Social Life of Cities,* London 1993, S. 52.

4 *La ville radieuse* war Gegenstand einer höchst prägnanten und originellen Analyse von Jim Scott, politischer Soziologe in Yale; der folgende Kommentar verdankt viel seinen fruchtbaren Einsichten.

5 Ortega y Gasset, *Der Aufstand der Massen,* Stuttgart 1993, S. 13.

6 Edward Timms, »Treason of the Intellectuals? Benda, Benn and Brecht«, in: *Visions and Blueprints: Avant-garde Culture and Radical Politics in Early Twentieth-century Europe,* Manchester 1988, S. 18 f.

7 Hannah Arendt, *Elemente und Ursprünge totaler Herrschaft,* München, 1986, S. 530.

8 Vgl. Renato Poggioli, *Theory of the Avant-garde,* Cambridge (Mass.) 1968, S. 60–77.

9 Raymond Williams, »The Politics of the Avant-garde«, in: Visions and Blueprints... 1988 (Anm. 6), S. 11.

1 Karl Friedrich Schinkel,
»Plan für die Bebauung der durch Verlegung der Pulverfabrik nach Spandau gewonnenen Grundstücke am Unterbaum und der nachbarlichen Gegend und ihre Verbindungen mit dem Thiergarten und der Stadt«, Berlin, 7. Juli 1840

Platz für die Macht.
Der Spreebogen in Berlin-Tiergarten[1]

Wolfgang Schäche

Das Spreebogenareal mit dem Platz der Republik zeigt sich heute als eine gigantische Baustellenlandschaft. Bis zur Jahrtausendwende wird hier das wiedervereinigte Deutschland in der neuen (alten) Hauptstadt sein Parlaments- und Regierungsviertel verwirklicht haben. Nach der städtebaulichen Planung von Axel Schultes und Charlotte Frank entsteht in räumlicher Beziehung zum Reichstagsgebäude, das von Norman Foster zum Deutschen Bundestag um- und ausgebaut wird, die »Bundesspange« mit dem Kanzleramt (Architekten: Axel Schultes mit Charlotte Frank) und dem für die parlamentarische Arbeit vorgesehenen »Alsenblock« (Architekt: Stephan Braunfels).

In ihrem städtebaulichen Gestus und ihrer architektonischen Erscheinung ist die »Spange« mit ihren jeweils über die Spree greifenden signifikanten Bauten als Vergegenständlichung des demokratischen Selbstverständnisses der Berliner Republik angelegt und zugleich als Symbol der vollzogenen Vereinigung. Der hierbei entwickelte bauliche Duktus ist dabei jedoch nicht aus dem komplizierten vielschichtigen und historischen Kontext zu lösen, der sich mit dem Ort verbindet, sondern kritisch in dessen Beziehung zu setzen. Denn wann immer in der jüngeren deutschen Geschichte staatlich-politischer Anspruch bauliche Gestalt annehmen sollte, dienten sich eifrige Architekten den unterschiedlichen Systemen an, um an diesem Platz der Macht jeweils zum ästhetisch-monumentalen Ausdruck zu verhelfen. Im Spreebogen, einst Exerzierplatz, dann Königsplatz, dann Platz der Republik, fast Adolf-Hitler-Platz und heute wieder Platz der Republik, wurde beim Planen, Bauen und Zerstören wie an keinem anderen Ort deutsche Geschichte und im besonderen deutscher Herrschaftsanspruch manifest. So unterschiedlich die verschiedenen Zeiten und Generationen sich auch gesellschaftlich gerierten und architektonisch zu artikulieren und umzusetzen gedachten, so durchgehend verbindlich trieb sie dabei – freilich mit wechselnden politischen Vorzeichen – das Fieber des deutschen Machttraums. Die Abfolge der Planungen und Konzepte für den Platz, ob nun in monarchistischer Imponierpose, in demokratisch-republikanischer Selbstverwirklichung oder faschistischer Aggressivität, offenbart die merkwürdige Kontinuität einer geradezu obsessiven »Vision von Größe«, von der alle gleichermaßen ergriffen waren. Der politische Anspruch ging dabei stets einher mit Destruktion. Sie war immer die Voraussetzung zur Verwirklichung des vermeintlich Neuen. In der Permanenz der Zerstörung spiegelt sich dabei zugleich exemplarisch ein wesentliches Charakteristikum des Umgangs mit der Geschichte in dieser Stadt generell, die in der Vergangenheit stets autoritär von König, Kaiser, Staat oder »Führer« beplant wurde, nicht aber von ihr selbst, entsprechend ihren kommunalen Notwendigkeiten und Bedürfnissen: Das Alte wurde bereits rigide verworfen, noch ehe das Neue konkret greifbar war. Der Plan ersetzte oft die Wirklichkeit. Die Dimensionen des Unsichtbaren – gerade hier im politisch aufgeladenen und symbolträchtigen Spreebogenareal – sind dabei weitaus vielschichtiger, komplexer und inhaltlich brisanter als die vergleichsweise kärglichen Schichten der gebauten Realität. Das fragmentarisch Überkommene vermittelt sich heute nur noch undeutlich als Hinterlassenschaft uneingelöster Planspiele politischer Selbstdarstellung. In den sichtbaren stadträumlichen und architektonischen Brüchen des Ortes ist die Kontinuität der Macht- und Herrschaftsutopien, die stets im Vorgriff auf die Geschichte mit zuweilen ungestümer Heftigkeit entwickelt wurden, nahezu vollends verschüttet und in ihren konkreten gesellschaftlichen Bezügen wie geschichtlichen Abfolgen nicht mehr nachvollziehbar.

Vor einem solchen Hintergrund erscheint es angesichts der heutigen Bauanstrengungen, die im Hinblick auf die Vergegenständlichung des künftigen Republikbegriffs unternommen werden, hohe Zeit, sich für die Geschichte dieses strapazierten Ortes zu sensibilisieren, um aus ihr die entsprechenden Lehren zu ziehen.

Der preußische Exerzier- und Paradeplatz

Erst im 18. Jahrhundert durch Friedrich Wilhelm I. (1713–1746) als großflächiger, nahezu rechteckiger Exerzierplatz vor der Stadt für das preußische Militär angelegt, hatte er lange Zeit keine Bedeutung für das städtische Gefüge Berlins und blieb noch über Jahrzehnte ohne Bebauung: eine staubige, unbegrenzte Fläche nahe dem kurfürstlichen Tiergarten ohne übergeordnete Funktion, eine Sandwüste, auf der dann und wann militärische Übungen und Paraden abgehalten wurden. Im Volksmund trug sie den Namen »Berliner Sahara«.

Friedrich Wilhelm II., der stetigen Expansion der Stadt Rechnung tragend und zugleich neuen künstlerischen Gedanken der Stadtarchitektur gegenüber aufgeschlossen, beauftragte Carl Gotthard Langhans, »das steinerne Berlin gegen die davorliegende grüne Wildnis des Tiergartens« zu schließen und architektonisch neu zu gestalten. Langhans schuf in diesem Zusammenhang das den Propyläen in Athen nachempfundene Brandenburger Tor (1788–1791), welches den westlich davor gelegenen Exerzierplatz anschloß, ohne ihn jedoch dadurch städtebaulich konditionieren zu können.

So staubte der »Königliche in spe« noch Jahrzehnte still vor sich hin, ohne ein wirklicher Platz zu sein. Erst unter Friedrich Wilhelm IV. wurde im Rahmen der Aufstellung eines Bebauungsplans für Moabit, mit dem Karl Friedrich Schinkel 1840 beauftragt wurde, versucht, eine repräsentative Platzgestaltung zu entwickeln, freilich auf den kurz zuvor entstandenen Plänen von Peter Joseph Lenné aufbauend. Ausschlaggebend und richtungweisend für spätere Planungen war dabei der Gedanke einer Nord-Süd-Achse. Diese ein Kilometer lange Achse sollte im Norden mit einer in der Mitte situierten Kirche enden und schloß im Süden unter Einbeziehung des Paradeplatzes zur Charlottenburger Chaussee auf. Im Zuge des Bebauungsplans war westlich der Kirche ein weiterer »Großer Exerzierplatz« – das sogenannte Berliner Marsfeld – angeordnet, baulich durch das alte friderizianische Invalidenhaus auf der östlichen Seite und dem neuen Zellengefängnis auf der westlichen Seite begrenzt. Der bis dahin ungestaltete alte Exerzierplatz bekam durch die Anlage der Achse und seine funktionale Festschreibung als Paradeplatz eine qualitativ neue, zentrale Bedeutung, die letztlich auch die militaristische Struktur des preußischen Staats spiegelte.

Schon 1846 gestaltete Lenné den gerade herausgeputzten Paradeplatz um. Er ließ die gesamte Fläche des Platzes, der zu dieser Zeit noch immer »der sandigste aller Paradeplätze« der Berliner Kasernen gewesen sein soll, senken und begrünte diesen mit Pflanzen und Rasenflächen. Dazwischen legte er ein geometrisch geordnetes Wegesystem aus Kies an.

Mit dem Bau des sogenannten Krollschen Wintergartens (1842–1844) an der Westseite und der Galerie des Grafen Raczynski an der Ostseite war der Platz dann für eine kurze Zeitspanne von einem eigentümlichen Spannungsverhältnis zwischen Öffentlichkeit und Privatheit bestimmt, bis er schließlich zum Vehikel politischer Selbstdarstellungen instrumentalisiert wurde. Das gräfliche Anwesen, 1842 nach Entwürfen von Johann Heinrich Strack erbaut, bestand aus einer dreiteiligen Häusergruppe, deren Mittelteil eine Bildergalerie enthielt. Die mit ihm durch Säulenhallen verbundenen Seitenteile beherbergten das Atelier des Malers Peter Cornelius im Süden und die Wohnung des Grafen im Norden. Ruhe und Vornehmheit kennzeichneten die gediegene Gebäudeanlage. »Kroll« dagegen, der Galerie direkt gegenüberliegend, von Carl Ferdinand Langhans und Ludwig Persius entworfen und von Eduard Knoblauch nach deren Plänen ausgeführt, war mit seinem stattlichen dreigeschossigen Mittelbau und zwei schmaleren Flügelbauten, in denen sich großartige Tanz-, Fest- und Feiersäle befanden, ganz auf bürgerlich etablierte Öffentlichkeit ausgerichtet.

2 Carl Ferdinand Langhans und Ludwig Persius,
Krolls Etablissement, Königsplatz,
Berlin, 1842–1844

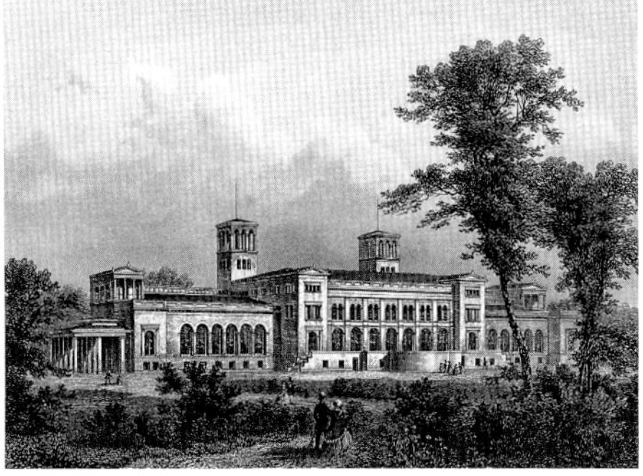

3 Johann Heinrich Strack, Palais des Grafen Raczinsky, Königsplatz, Berlin, Aufnahme 1883

Zu einem richtigen Platz im urbanen Sinn war das ehemalige Exerzierfeld jedoch noch immer nicht avanciert, obwohl es unterdessen in seiner Umgebung schon recht lebendig geworden war. So vor allem »In den Zelten«, der Straße unmittelbar hinter Kroll, der Obrigkeit deswegen ein Dorn im Auge, weil vor und während der Märzrevolution 1848 in den zahlreichen hier ansässigen Ausflugslokalen – ursprünglich übrigens einfache Leinwandzelte – die ersten politischen Volksversammlungen abgehalten worden waren. Hier wurden in spontanen Eingaben bürgerliche Forderungen an den König formuliert sowie in der »Zeitungshalle« die auswärtigen Ereignisse diskutiert. Dagegen setzte Kroll mit seinen fast 600 Plätzen auf »kaiserliches Vergnügen«. Seine Veranstaltungen und rauschenden Feste waren vor und nach der Revolution ein beliebtes Ziel der Berliner. Im Februar 1851 brannte Krolls Etablissement total ab, wurde jedoch sofort wiederaufgebaut. Äußerlich nahezu unverändert, aber innen »um vieles prächtiger«, nahm es schon im Mai 1852 seinen Betrieb erneut auf.

Unterdessen begannen sich langsam, aber stetig nun auch die Straßen- und Platzwände im nördlichen Spreebogenbereich herauszubilden. Der dortige Grundrißfächer nahm durch die Überbauung zusehends städtische Konturen an. So ließ Graf Charles von Portales von dem Architekten Friedrich Hitzig, dem späteren Erbauer der Berliner Börse, sein Palais am Königsplatz/Ecke Hindersinstraße errichten, in das dann zum Ende des Jahrhunderts die Japanische Botschaft einzog. Waren die Platzkanten – mit Ausnahme von Kroll – also zunächst noch adlig besetzt, drängte gehobenes, vornehmlich reiches Bürgertum in die entstandenen palaisartigen Wohnhäuser der umliegenden Straßen wie der Alsen-, Hindersin- und Sommerstraße.

Mit dem Sieg Preußens über Dänemark im Krieg von 1864 rückten schließlich Platz und Umgebung vollends ins Rampenlicht der Öffentlichkeit. Sein gerade gewonnener ziviler Status wurde von seiner militärischen Vergangenheit wieder eingeholt. Zu Preußens Gloria sollte er zunächst in »Siegesplatz« umbenannt werden. Man entschloß sich dann jedoch für die Bezeichnung »Königsplatz«, da alle bis dahin regierenden fünf Könige hier ihre Paraden abhielten. War dieser Akt noch verbaler Natur, schickte sich bald darauf das Militär an, den Platz auch baulich zu vereinnahmen. Kaum waren die Jubelfeiern des Siegs über den kleinen nördlichen Nachbarn verrauscht, beauftragte man den Architekten August Ferdinand Fleischinger mit dem Entwurf für ein Generalstabsgebäude an der nördlichen Flanke des Königsplatzes zwischen Moltke- und Herwarthstraße. 1867 wurde mit dem mächtigen roten Backsteinbau begonnen; 1871 konnte die Generalität, soeben siegreich aus Frankreich heimgekehrt, in das fertige neue Gebäude einziehen.

4 August Ferdinand Fleischinger, Generalstabsgebäude, Königsplatz, Berlin, 1867–1871, Aufnahme 1891

5 Ludwig Bohnstedt, preisgekrönter Wettbewerbsentwurf der ersten Reichstags-Konkurrenz, Berlin, 1. Preis, 1872

Schon zuvor, im Jahr 1865, wurde Johann Heinrich Strack auf Wunsch König Wilhelms I. damit beauftragt, aus »der Beute des dänischen Feldzuges« im Schnittpunkt der Achsen des Königsplatzes ein Monument zur Erinnerung an den Deutsch-Dänischen Krieg zu erschaffen. Doch noch ehe sein Entwurf verwirklicht werden konnte, tobte 1866 der Krieg gegen Österreich, was 1867 zur Vergrößerung des geplanten Siegerdenkmals führte. Eine weitere Änderung wurde schließlich nach dem erfolgreichen Deutsch-Französischen Krieg 1870/71 befohlen. Erst dann wurde der Säulenbau – nach dritter offizieller Grundsteinlegung – verwirklicht, die Baukosten aus den französischen Kontributionen bestritten. Am 2. September 1873 fand die feierliche Einweihung der Siegessäule statt, die in ihrer kolossalen Unproportioniertheit fortan das platzbeherrschende Element bildete: Auf kantigem Sockel mit vier Bronzereliefs, die an die Schlachten von Düppel, Königgrätz und Sedan sowie an den Einzug der Fürsten in Berlin erinnerten, erhob sich eine aus drei Trommeln bestehende Säule, mit vergoldeten Kanonenrohren geschmückt, die Beutestücke der Kriege waren. Gekrönt wurde die Säule von einer monumentalen Viktoria des Bildhauers Friedrich Drake. Für den Säulenumgang über dem Sockel schuf Anton von Werner auf Befehl des inzwischen zum Kaiser gekrönten Wilhelm I. ein Mosaik, dessen Darstellung »Die Rückwirkung des Kampfes gegen Frankreich auf die Einigung Deutschlands«[2] thematisiert.

Das Forum des Kaiserreichs

Berlin war durch die mit der Kaiserproklamation vollzogene Reichsgründung am 18. Januar 1871 zur Hauptstadt des Reichs erklärt worden. Damit begann eine neue, entscheidende Phase für die bauliche Entwicklung der Stadt, in der, entsprechend der neuen staatlichen Verfassung, die Organe der Macht aufgebaut und zentralisiert wurden. Als vornehmste aller anstehenden Bauaufgaben erwies sich dabei der Bau eines Reichstagsgebäudes, gleichsam als Ausdruck und Symbol der Reichseinigung und Ort und Sinnbild der deutschen Volksvertretung. In der heftigen Debatte, die der Ausschreibung eines Wettbewerbs vorausging, drückte sich zugleich der politische Anspruch des erstarkten Bürgertums aus, der hier mit den feudalistischen Machtstrukturen kollidierte. Obschon in der geschichtlich notwendigen, jedoch perspektivisch unheilvollen Allianz von Bourgeoisie und Feudaladel die Macht im Staat aufgeteilt war, machte die Diskussion um die Errichtung des Reichstagsgebäudes den permanent schwelenden Interessenkonflikt der Machtblöcke transparent.

Noch im Dezember 1871 wurde vor diesem Hintergrund ein offener Wettbewerb initiiert, als Bauplatz das Grundstück des Grafen Raczynski am Königsplatz gewählt. Schon im Juni 1872 wurde dem Entwurf Ludwig Bohnstedts der erste Preis zuerkannt. Seine Konzeption sah einen kolossalen, horizontal gelagerten Baukörper vor, der die gesamte Baugrundfläche von 150 x 115 Metern in Anspruch nahm. Die axial aufgebaute Platzfassade war dabei von einem triumphbogenartigen Portikus beherrscht, der mit einer monumentalen Quadriga bekrönt ist. Dahinter erhob sich aus der Mitte des mächtigen Baus eine in Glas aufgelöste Kuppel, die den Sitzungssaal des Gebäudes als dessen Herzstück betonte. Bohnstedts Entwurf kam jedoch nicht zur Ausführung. Das vorgegebene Raumprogramm der Ausschreibung war angeblich völlig unzulänglich; vor allem aber verweigerte der dem Kaiser loyal verbundene Athanasius Graf Raczynski die Veräußerung seines Grundstücks. Die parlamentarische Volksvertretung tagte deshalb bis auf weiteres im provisorisch hergerichteten alten Gebäude der ehemaligen Königlichen Porzellanmanufaktur in der Leipziger Straße 4. Dieses Provisorium sollte noch bis 1894 Bestand haben.
Zehn Jahre dauerte es, bis ein zweiter Wettbewerb für den Bau eines Reichstagsgebäudes ausgeschrieben wurde. Nach zwischenzeitlichen intensiven, aber vergeblichen Bemühungen um einen anderen Standort kam man schließlich auf den Königsplatz zurück, nachdem Carl Eduard Nalecz von Raczynski, Sohn des Athanasius, sich 1879 mit der Überlassung des Grundstücks einverstanden erklärte. Unterdessen schrieb im Mai 1876 der Architektenverein zu Berlin eine Monatskonkurrenz zum Standort des Reichstags aus, in der beispielsweise der Architekt F. O. Kuhn – unter dem Motto »Pax« – in räumlicher Verbindung mit dem Königsplatz ein monumentales Forum vor dem Brandenburger Tor mit Reichstag, Reichskanzleramt und Ministerien vorschlug sowie ein unbekannter Verfasser, unter »Versetzung« des Bohnstedtschen Parlamentshauses auf den Alsenplatz, aus dem Königsplatz einen großmaßstäblichen Regierungsstandort entwickelte. Beide Entwürfe drücken in ihrem imperialen Habitus und ihrer offenkundigen Machtgebärde das Selbstverständnis des jungen Kaiserreichs aus, freilich unter republikanischem Vorzeichen. Die Entwürfe blieben, wie viele andere Vorschläge dieser Zeit, Planspiel. Allein die großzügige Schmuckplatzgestaltung des Königsplatzes wurde nach Plänen des damaligen Tiergarteninspektors Neide ab 1878 durchgeführt. Im wesentlichen orientierte sich dessen Entwurf an der schon von Lenné vorgesehenen Aufteilung des Platzes.
Am 1. Februar 1882 wurde dann schließlich der zweite Reichstagswettbewerb ausgeschrieben. Wie beim ersten Wettbewerb war das Reichsamt des Inneren die zuständige Behörde. Knapp 200 eingereichte Entwürfe der besten Architekten Deutschlands und Österreichs hatte die Jury zu begutachten. Zu Siegern wurden die Entwürfe Paul Wallots (Motto: »Für Staat und Stadt«) und Friedrich Thierschs (Motto: »Voluntas regum labia justa«) erklärt. Den Auftrag erhielt schließlich der Frankfurter Wallot. Nach Überarbeitung des Entwurfs konnte 1884 dann der Grundstein gelegt werden, nachdem 1883 das Palais Raczynski abgerissen worden war. Am 5. Dezember 1894 erfolgte durch Kaiser Wilhelm II. dann die feierliche Schlußsteinlegung des Reichstags, dem Sinnbild des von ihm als Greuel empfundenen bürgerlichen Parlamentarismus. Die tiefe Abneigung gegenüber dem von ihm als »Reichsaffenhaus« titulierten Parlament übertrug sich auch auf das Gebäude, das er geringschätzig als »Gipfel der Geschmacklosigkeit« abtat. In der Tat widersprüchlich und befremdlich, wenn man bedenkt, daß der wuchtige Bau in seiner Haltung dem säbelrasselnden, kaiserlichen Imponiergehabe durchaus entgegenkam. Das hohle Pathos seines Selbstverständnisses kommt dann auch letztlich in Kaiser Wilhelms II. Einweihungsrede zum Ausdruck, die in der Ausführung gipfelte: »Es bleibe der Bau ein Denkmal der großen Zeit, in welcher als Preis des schwer errun-

9 Otto March, preisgekrönter Entwurf für ein Königliches Opernhaus am Königsplatz, Berlin, 1912

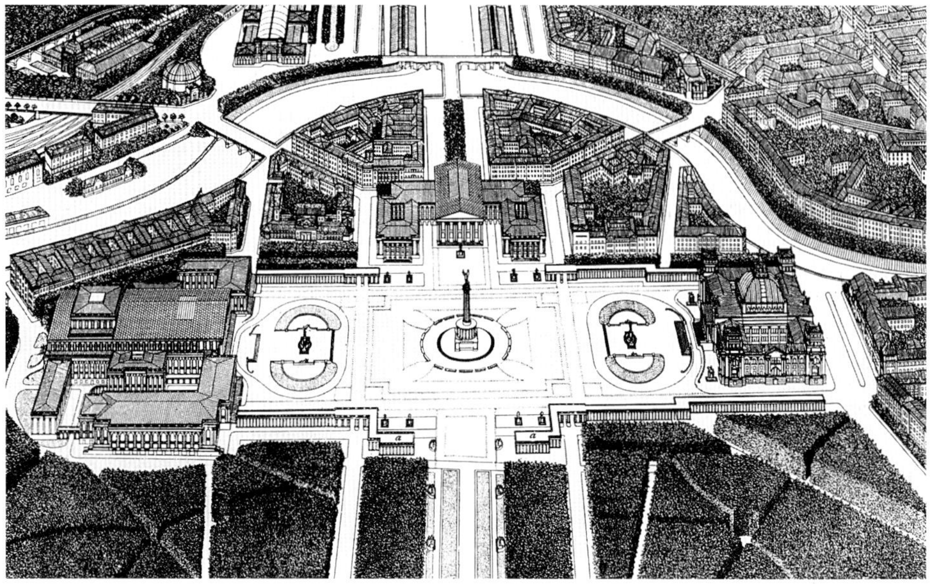

und Arnold Hartmanns, beide von der Idee geleitet, dem Platz durch Gebäude memorialen Charakters eine Geschlossenheit zu verleihen und ihn in Verbindung mit der Siegesallee zu einem symbolschwangeren »vaterländischen Forum«[5] zu gestalten. Diese eindeutig politisch determinierte städtebauliche Motivation spielte auch eine gravierende Rolle im zuvor veranstalteten »Wettbewerb Groß-Berlin« von 1908/09, in dem es darum ging, den inzwischen auf 3500000 Einwohner angewachsenen Großraum Berlin neu zu ordnen und ihm ein übergeordnetes, zusammenfassendes Gefüge zu geben. Seine bedeutsamen Ergebnisse wurden in der »Allgemeinen Städtebauausstellung« von 1910 gezeigt und leidenschaftlich diskutiert, wobei die zukunftsweisenden städtebaulichen Ansätze der Arbeiten in eklatantem Widerspruch zu der dem 19. Jahrhundert verhafteten Architektur der meisten Entwürfe stand. Vor allem der aufsehenerregende Beitrag von Havestadt & Contag, Bruno Schmitz und Otto Blum zeichnete sich durch gewaltige Platzanlagen aus, deren Anschluß an das alte Zentrum und Auftakt für ein überdimensioniertes »Monumentalviertel« der Königsplatz bilden sollte. Diesem Entwurf in Größe und Monumentalität vergleichbar, sah die Arbeit Bruno Möhrings in Zusammenarbeit mit Rudolf Eberstadt und Richard Petersen vor, den Königsplatz als »Forum der Staatsmächte« auszugestalten: »Dem Reichstagsbau sollte ein stolzes Kriegsministerium [gegenüberstehend], auf dem Kleinen Königsplatz ein Bau für das Reichsmarineamt [entstehen].«[6] Keiner der Vorschläge wurde jedoch realisiert. Der Ausbruch des Ersten Weltkriegs sollte zunächst die politischen Bedingungen schaffen für die visionären Tagträume deutschen Großmachtstrebens. In der nationalen Euphorie der ersten Kriegserfolge und in der Gewißheit des siegreichen Ausgangs wollte man den Königsplatz auf Vorschlag von Felix Wolff 1915 zum »Deutschen Forum« ausbauen, dessen beherrschender Bau ein gewaltiges »Pantheon für die gefallenen Helden« bildete. Wolffs Vorschlag war dabei sinnfälliger Ausdruck der ausgeprägten nationalistischen Haltung und Kriegsbegeisterung, die weite Teile der Bevölkerung erfaßt hatten: »Wir Deutschen zweifeln nicht an einem Sieg unserer guten Sache. Solange der Krieg dauern wird, halten wir durch mit allem, was wir sind und haben. Aber einst werden die Glocken den Frieden läuten, und der siegreiche Krieg beendet sein. Dann werden wir der Gefallenen in ernster Trauer gedenken, und den Überlebenden in Freude zujubeln. Und unsere Dankbarkeit gegen die Helden, die ihre Vaterlandstreue mit dem Leben besiegelt haben, wird nach einem sichtbaren

10 »Eiserner Hindenburg« vor der Siegessäule, Berlin, 1915. Holzfigur, die gegen Spenden von einer, fünf, und einhundert Mark mit eisernen, silbernen und goldenen Nägeln beschlagen wurde

11 Felix Wolff,
Entwurf für das »Deutsche Forum«
mit dem »Deutschen Pantheon«,
Königsplatz, Berlin, 1915

Ausdruck der Verherrlichung suchen: Ein Pantheon für die gefallenen Helden. Keine Stelle ist dafür geeigneter als der Königsplatz in Berlin, der geweiht ist durch historische Denkmale nationaler Größe und Herrlichkeit.«[7] Wolffs Entwurf sah neben dem Pantheon »für unsere ... Helden, die das machtvolle Deutschland geschaffen haben«,[8] eine monumentale Platzumgebung vor, die im Norden ein voluminöses Kriegsmuseum auswies und südlich des Pantheons, auf der Charlottenburger Chaussee, ein Siegestor. Zwischen Siegestor und Brandenburger Tor war die Chaussee als abgeschlossener Teil gedacht, der – mit der Siegesallee ein Kreuz ausbildend – »geschmückt [war] mit den Bildsäulen der Helden, der Mauer der Kunst und Wissenschaft, des Handels und der Industrie, die das große Jahrhundert von 1815–1915 haben schaffen helfen: die Männer der Tat, die die hohen Bestrebungen der Hohenzollern-Herrscher auf der Siegesallee verarbeitet und ausgeführt haben.«[9]

Der Pantheonentwurf geriet ebenso schnell in Vergessenheit, wie sich das Kriegsgeschick wendete. Statt dessen wurde im selben Jahr ein überdimensionales hölzernes Standbild des »Eisernen Hindenburgs« vor der Siegessäule errichtet. »Um Mittel für die Kriegsopferversorgung zu erhalten, wurden eiserne, silberne und goldene Nägel verkauft, die in das Standbild eingeschlagen wurden.«[10] Als der Krieg 1918 beendet wurde, verschwand auch der hölzerne Hindenburg von der Bildfläche des Königsplatzes, der jetzt Schauplatz revolutionärer Demonstrationen war, wie er vier Jahre zuvor die Kulisse für die begeisterten Volksmassen bei Kriegsausbruch hergab.

Noch ehe der letzte Donner des Kriegs verhallt war, sannen bereits Planerhirne über den Königsplatz als Zentrum eines (republikanischen) Deutschlands nach dem Krieg nach. So Martin Mächler 1917 in einer Studie, die bereits auf Vorarbeiten aufbaute, die bis in das Jahr 1908 zurückgingen und im Zusammenhang mit der Neuordnung des Verkehrs im Stadtgefüge standen – übrigens eine der Hauptaufgaben des erwähnten »Städtebauwettbewerbs Groß-Berlin«. Mächlers Plan einer »schematischen Massenteilung« wollte die radikale Neuordnung Berlins. »Losgelöst von der historischen Stadtstruktur formuliert Mächler ein Ordnungsprinzip, das auf strenger Abgrenzung einzelner Funktionsbereiche basiert, die sich aus den [vermeintlichen] Erfordernissen der Stadt als Arbeits- und Wohngemeinschaft und als Welt- und Hauptstadt ergaben.«[11] Hauptelement ist auch in seinem Entwurf eine Nord-Süd-Achse, die von einem Nordbahnhof in der Invalidenstraße und einem

12 Martin Mächler,
Entwurf einer Nord-Süd-Achse
mit dem Königsplatz als republikanisches Zentrum, Berlin, 1917

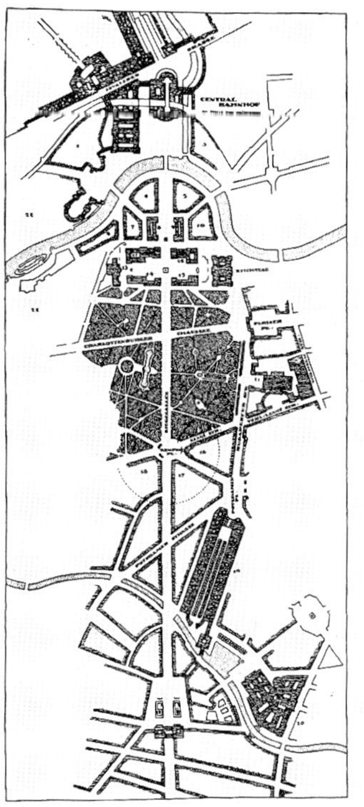

16 Platz der Republik, Berlin, Luftaufnahme vom Luftschiff LZ 127, um 1930

bung zu lösen ist«.[13] Aus einem engeren Wettbewerb mit der erweiterten Aufgabenstellung der Gestaltung des Platzes der Republik, wie jetzt der Königsplatz hieß, ging der Entwurf von Emil Fahrenkamp und Heinrich de Fries als erster Preisträger hervor. Er setzte ebenso auf die totale Neugestaltung des Spreebogens wie Hans Poelzigs aufgefächerte Hochhausscheiben.
Ehe der Reichstagsbrand 1933, nach der sogenannten Machtergreifung der Nationalsozialisten, die qualitativ neue Dimension der kommenden gesellschaftlichen Auseinandersetzungen sichtbar machte, wärmte Otto Kohtz in der dünnen Luft der Wirtschaftskrise, zwischen 1930 und 1932, noch einmal in verschiedenen Varianten seinen Reichshausgedanken auf und suchte mit monumentaler Geste damit den Bestand der Republik zu beschwören.

Der Nukleus der Welthauptstadt »Germania«

Der 30. Januar 1933 brachte – entgegen landläufiger Auffassung – bezüglich der Architektur und des Städtebaus zunächst keine qualitativen Veränderungen. In den Planungsadministrationen wurden allein politisch unliebsame Personen, wie auf allen institutionellen Ebenen, durch Parteigänger ersetzt. So sind dann auch die Planungen für die Reichshauptstadt während der politischen Konsolidierungsphase des Nationalsozialismus bis 1936/37 in ungebrochener Kontinuität mit dem zu sehen, was (vor allem) seit Beginn des Jahrhunderts konzeptionell entwickelt wurde. Auch die Motive verschoben sich inhaltlich nur unwesentlich. Der Königsplatz, wie der zwischenzeitlich als »Platz der Republik« titulierte seit März 1933 wieder hieß, blieb dabei durchgängig die große städtische Herausforderung, der magische Ort politischer Selbstdarstellungsgelüste. Schon 1933 konzipierte deshalb das Stadtplanungsamt auf persönlichen Wunsch Hitlers, dabei im wesentlichen die Ideen Martin Mächlers aufnehmend, eine Nord-Süd-Achse als neue Prachtstraße der Hauptstadt, zu deren zentralem Platz der Königsplatz ausgebaut werden sollte. »Berlin als Reichshauptstadt eines 65-Millionen-Volkes muß städtebaulich und kulturell auf solche Höhe gebracht werden, daß es mit allen Hauptstädten der Welt konkurrieren kann.«[14] Mit dieser Begründung forderte Hitler, daß »an dem bisherigen Königsplatz..., gegenüber und seitlich des Reichstages..., das Reichswehrmini-

17 Albert Speer, »Nord-Süd-Achse«, Berlin, über den Südbahnhof gegen den »Großen Platz« mit der »Großen Halle« gesehen, Modellphoto, letzte Planfassung von 1942

sterium, das Luftfahrt- und das Marine-Ministerium Platz finden. [Die] Siegessäule soll etwas weiter nach Norden verrückt werden, als nördlicher Abschluß des Platzes [sollen] 2 Gedenkhallen für die Helden des Luft- und Seekampfes [entstehen].«[15] Als weiterer Höhepunkt der Achse war ein »gewaltiger Triumphbogen für das unbesiegte Heer des Weltkrieges«[16] vorgesehen. Die vorgelegten Pläne, von der Stadtverwaltung ohnehin nur zögerlich verfolgt, entsprachen in Dimension und Habitus jedoch nicht den Vorstellungen des »Führers«, der sich unzufrieden zeigte und daraufhin den jungen Architekten Albert Speer, der bereits mit dem Ausbau des Reichsparteitagsgeländes in Nürnberg betraut war, im Sommer 1936 beauftragte, auch die »Neugestaltung Berlins« zu übernehmen. Am 30. Januar 1937 wurde Speer schließlich offiziell zum »Generalbauinspektor der Reichshauptstadt Berlin« erklärt, seine Dienststelle, kurz GBI genannt, kam in der Kompetenz einem Ministerium gleich und war direkt dem »Führer« unterstellt. Die Stadtverwaltung und sämtliche nachgeordneten administrativen Stellen wurden dem GBI untergeordnet und zur Zuarbeit verpflichtet. Speers Aufgabe bestand darin, Berlin als die Hauptstadt des Reichs und gleichsam im Vorgriff auf die geplanten Expansionskriege, der Perspektive des zweiten Vierjahresplans (dem faktischen Mobilmachungsplan), zu einer gigantischen Machtzentrale auszubauen. Das Programm hatte dementsprechend keinerlei sozialen Auftrag, sondern war auf Staats-, Partei- und Repräsentationsbauten memorialen Charakters konzentriert, die die Kulisse für die kultischen Inszenierungen des faschistischen Systems bilden sollten. Die »Neugestaltungsplanungen für die Reichshauptstadt« waren dabei nicht mehr auf das Maß des einzelnen Menschen gerichtet, sondern auf die in Blöcken ausgerichteten, gleichgeschalteten Menschenformationen. Ihr Maßstab und Habitus unterschied sich dabei bewußt von den in Berlin bis dahin realisierten NS-Bauten, wie zum Beispiel den Bauten am Fehrbelliner Platz sowie den Messehallen. Anfang 1938 war die Rahmenplanung soweit gediehen, daß die detaillierte Ausarbeitung einzelner Bereiche beziehungsweise Gebäude in Angriff genommen werden konnte, und noch vor Ende des gleichen Jahrs wurde mit großem propagandistischem Aufwand an mehreren Stellen zugleich mit der baulichen Realisierung begonnen. Obschon über die »Neugestaltung« in den Medien wortgewaltig berichtet wurde, blieb der Gesamtumfang der Planungen der Öffentlichkeit vorenthalten, um nicht die Frage ihrer Finanzierung angesichts des kargen Konsumgüterangebots zu provozieren. Die Antwort wäre zugleich Preisgabe der brutalen Kriegsabsichten gewesen.

Der Neugestaltungsplan sah als signifikantes Merkmal und gleichzeitig als »Rückgrat« des neuen Stadtgrundrisses ein Achsenkreuz vor, dessen Straßen in Nord-Süd- und Ost-West-Richtung verliefen und sich im Bereich des Brandenburger Tors schnitten. Die vier Achsenenden schlossen jeweils an den um Berlin geplanten (und inzwischen realisierten) Autobahnring an, der die neue Berliner Stadtgrenze bilden sollte. Vier konzentrische Ringe vervollständigten das Hauptgerüst, das durch eine Vielzahl von Radialstraßen ergänzt wurde. Während die Ost-West-Achse, die Ringstraßen sowie die Radialstraßen zum Teil vorhandene Straßenzüge aufnahmen, die verbreitert beziehungsweise mit Durchbrüchen verbunden werden mußten, stellte die Nord-Süd-Achse in ihrer Trassenführung eine totale Neuanlage dar. Ihre Projektierung stand in engem Zusammenhang mit dem geplanten Umbau des gesamten Berliner Eisenbahnnetzes. Anstelle der bis dahin vorhandenen diversen Kopfbahnhöfe sollten zwei Zentralbahnhöfe entstehen – ein Nordbahnhof und ein Südbahnhof –, die, in Wedding und Tempelhof lokalisiert, die Endpunkte des als »Prachtstraße« gedachten, etwa 7 Kilometer langen Mittelabschnitts der Nord-Süd-Achse darstellen. Schon dieses zentrale Teilstück der Achse, das in der letzten Planfassung eine Breite von circa 140 Metern aufwies, hätte neben den freigesetzten Flächen des innerstädtischen Gleisgeländes den Raum ganzer Stadtviertel eingenommen, die zerstört werden sollten. Allein mehr als 50000 Wohnungen standen in diesem Zusammenhang zur Disposition. Der Gegenwert wäre eine monströse Achse steinerner Tausendjährigkeit, deren »Ruinenwert«[17] schon für die Zukunft einkalkuliert war. Die architektonische Inszenierung der »Prachtstraße« – dem gedachten Höhepunkt der neuen Stadt und die Verkörperung des Nazi-Staats zugleich – offenbart in ihrer Programmatik Stein für Stein, Gebäude für Gebäude die imperiale Perspektive der angestrebten Weltherrschaft, deren Machtzentrum in der Planung des »Großen Platzes« im Spreebogenbereich angelegt war. Ein gewaltiger Südbahnhof eröffnet die Via mortes der Zivilisation. Eine martialische »Beutewaffenallee«, an den siegreichen »Feldzug« gegen Frankreich erinnernd, breitet sich vor ihm aus und bildet den Vorplatz für einen 120 Meter hohen Triumphbogen. In seinem Attikakranz sollen die Namen der 1,8 Millionen deutschen Gefallenen des Ersten Weltkriegs eingemeißelt werden, die damit post mortem zu Siegern erklärt

18 Albert Speer, »Großer Platz« mit Kuppelhalle, Berlin, Modellphoto, Planfassung von 1941/42

19 Albert Speer, Lageplan mit Grundrissen des »Großen Platzes«, Berlin, letzte Planfassung von 1942

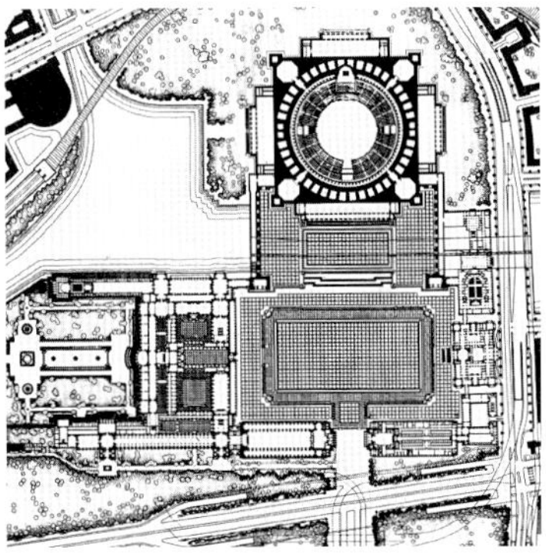

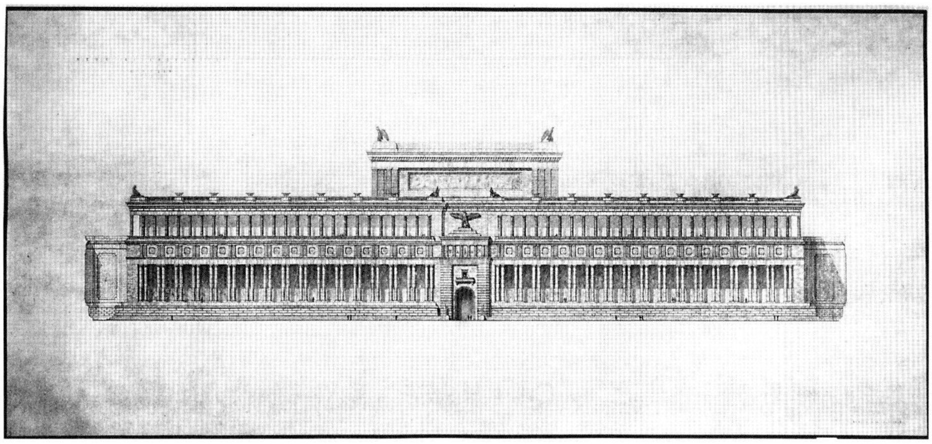

20 Albert Speer, »Adolf-Hitler-Palais« am »Großen Platz«, Berlin, Ansicht, Planfassung von 1940

werden sollten. Gesäumt von dichten, kolossalen Baublöcken inflationären Ausmaßes, führte die Straße auf den »Runden Platz«, an dessen Ausgang die Soldatenhalle, der Ruhmesbau der künftigen Kriegshelden, einem Reichsmarschallamt gegenüberstand und auf das Grün des Tiergartens überleitete, der Distanz schaffte für den Höhepunkt der Achse, den »Großen Platz« mit der »Großen Halle«, dem größten Bauwerk der Welt. In der letzten Planfassung mehr als 300 Meter Kantenlänge im Quadrat messend, begrub es das Alsenviertel und die weiche Biegung der Spree unter seinem 98 Meter hohen Hallenquader, über dem sich eine maßlose Kuppel gegen den Himmel wölbte, deren Laterne von einem Adler gekrönt war, der die Weltkugel in den Krallen hielt. Dieses etwa 320 Meter hohe Monstrum sollte 180 000 Menschen fassen. Die differenzierte Fläche des ehemaligen Königsplatzes, die den »Großen Platz« vor der Halle mit Granit überdeckte, war als Aufmarschplatz für eine Million Menschen angelegt. Unter ihm verlief in zwei Kammern das neue Bett der Spree. Als gefangener Platz, nur von der Achse zugänglich, war er umsäumt von maßstabsloser Machtarchitektur. Anstelle von Kroll erhob sich der »Führerpalast«, fensterlos und nur mit einem Balkon ausgestattet, in 15 Meter Höhe über dem mit schweren Stahltüren verbarrikadierten axialen Hauptportal. Ihm gegenüber der im Maßstab zur Lächerlichkeit degradierte alte Reichstag, der für den nördlich anschließenden neuen »Großdeutschen Reichstag« nur noch Archiv-, Bibliotheks- und Restaurantgebäude gewesen wäre. Den Eingang zum Platz bildeten, in Verbindung mit dem Führerpalast, eine neue Reichskanzlei und das Oberkommando der Wehrmacht. Nördlich der Platzanlage bereitet die 120 x 400 Meter große Fläche eines künstlichen Wasserbeckens die Wirkung der Kuppelhalle vor, die – durch die Spiegelung im Wasser in ihrer Größe verdoppelt – den am Nordbahnhof Ankommenden überwältigt hätte.

Schon 1938 hatten im Spreebogen für den »Großen Platz« die Abrißarbeiten begonnen. 1950 sollten die Bauarbeiten abgeschlossen sein. Im Rahmen einer »Weltausstellung« wollte man mit der »Großen Halle« die gesamte Achsenanlage zwischen den Bahnhöfen einweihen und Berlin feierlich in »Germania« umtaufen. Bis 1942, als man die »Neugestaltungsarbeiten« einstellte, waren bereits erhebliche Teile des Alsenviertels straßenweise abgerissen beziehungsweise ihr Abriß vorbereitet worden. Das »Helden-Mobiliar« der deutschen Geschichte, wie Siegessäule, Bismarck-, Moltke- und Roon-Denkmal sowie die Siegeshalle, wurde am ausgebauten »Großen Stern« zum »Forum des Zweiten Reiches« zusammengefaßt.

Tobten sich die Fieberträume des Kaiserreichs wie die der republikanischen Zeit nur in Planspielen aus, begannen die Nazis also real mit der systematischen Demontage der Stadt, um Platz zu schaffen für die geballte Macht, für die Dekoration der

Gewalt, zu der sie die Architektur im deutschen Faschismus instrumentalisierten. Die totale Indienstnahme der Architektur als machtpolitisches Instrument stand dabei in seiner gesellschaftlichen Funktion in einer direkten Austauschbeziehung zum Eroberungskrieg. Ausdruck dieses Zusammenhangs ist die 1942 vollzogene Ernennung Albert Speers zum »Reichsminister für Rüstung und Kriegsproduktion«. Er und die maßgeblichen Abteilungen seiner GBI managten fortan die deutsche Kriegswirtschaft. Die Architektur hatte zu diesem Zeitpunkt ihre Schuldigkeit getan. Sie fand im Krieg ihre unmittelbare Fortsetzung.
Die Zerstörungen der Reichshauptstadt durch die hypertrophen Welthauptstadtplanungen, wurden dabei im grausamen Bombenkrieg ungeplante Realität: Hitler zu Speer im November 1944 angesichts der Ruinen: »Was hat das alles schon zu sagen Speer! Für unseren neuen Bebauungsplan hätten sie allein in Berlin achtzigtausend Häuser abreißen müssen. Leider haben die Engländer diese Arbeiten nicht genau nach Ihren Plänen durchgeführt. Aber immerhin ist ein Anfang gemacht!«[18]

Die neue (alte) deutsche Mitte
In der Tat bedeutete der 8. Mai 1945 dann auch nicht das Ende der Zerstörungen. Was Naziplanungen, Bombenhagel und Endkampf im Spreebogenareal noch übriggelassen hatten, fiel in den folgenden Jahren der Spitzhacke zum Opfer. Unter dem programmatischen Banner »Abriß für den Wiederaufbau«[19] tilgte man auch noch die letzten Reste des überkommenen Baubestands.[20] Allein das sowjetische Ehrenmal, kurz nach der Kapitulation von der Roten Armee noch im Jahr 1945 nach dem Verständnis der Sieger im »Vaterländischen Krieg« auf der von den Nazis geplanten Nord-Süd-Achse errichtet, bildete den einzigen Neubau in der leergeräumten Szenerie des gespenstischen Ortes. Die Losung verhieß die Schaffung eines neuen Berlins, dem das alte bedenkenlos geopfert werden sollte. Der Krieg, so schien es, hatte hierfür bereits entscheidende Vorarbeit geleistet. Man räumte mit bekannter Gründlichkeit auf, freilich ohne im Gegenzug auch konkrete Gegenwerte zu schaffen. So stand der realen Demontage des Platzes der Republik allein das vor dem Hintergrund des kalten Kriegs damals irreale politische Versprechen einer neuen

21 Platz der Republik, Berlin, 1945, im Vordergrund: sowjetisches Ehrenmal

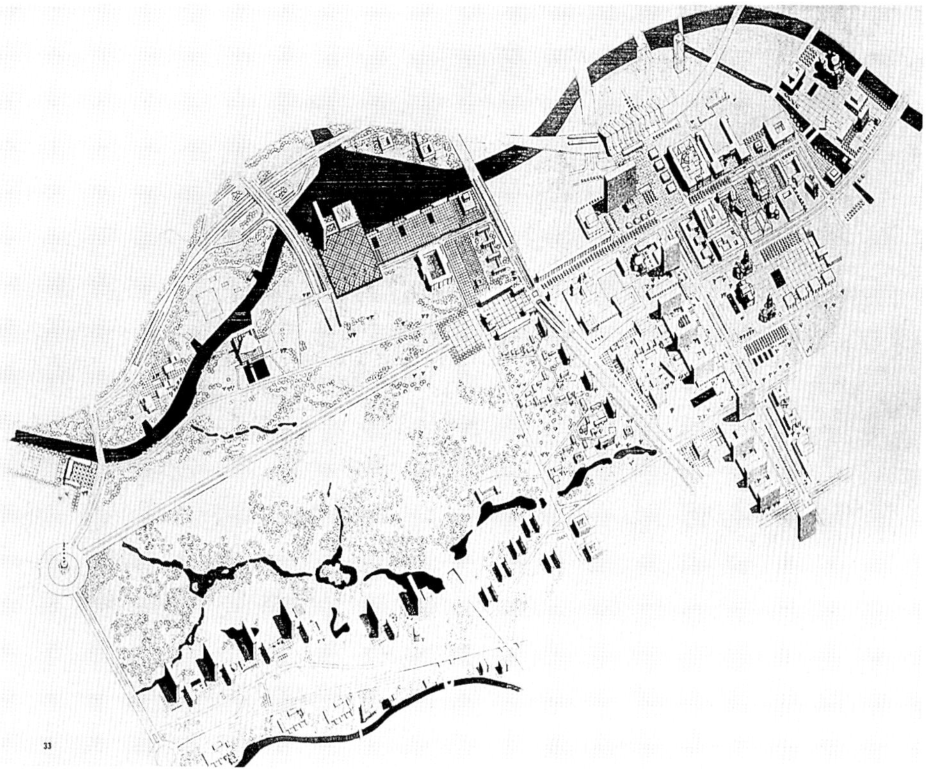

22 Fritz Eggeling, Gerd Pempelfort und Friedrich Spengelin, Wettbewerbsentwurf »Hauptstadt Berlin«, 1957/58, 1. Preis, Isometrie

Hauptstadt eines wiedervereinigten Deutschlands gegenüber, dessen symbolische Mitte zu sein, dem Areal einmal mehr bestimmt war. Ausdruck und zugleich Höhepunkt solchen Denkens war der 1957 ausgeschriebene Wettbewerb »Hauptstadt Berlin«:[21] Die Ausschreibungsintentionen ignorierten hierbei die real vollzogene politische Teilung des Landes. Das gesamte Stadtgebiet wurde großmütig zur Disposition gestellt, vor allem die alte, neue Mitte. Berauscht von der Vision der autogerechten Stadt, »aufgelockert und entmischt«,[22] entwarfen die Planer die »Stadt der Zukunft«. Mit dem beschädigten, aber in großen Teilen noch vorhandenen Berlin hatte das allenfalls beiläufig zu tun. Obwohl permanent mit dem Terminus »Wiederaufbau« in der Öffentlichkeit operiert wurde, ließ keiner der Entwürfe auch nur einen leisen Zweifel aufkommen, daß man in Wahrheit Stadtneubau meinte.
Betrachtet man vor allem die preisgekrönten Arbeiten, so schien den Verfassern die bauliche Manifestation der Demokratie formal nur asymmetrisch und mit dem Charme in Ortbeton gegossener Rasterfassaden denkbar zu sein. Der Platz der Republik im besonderen, ebenso wie der alte Innenstadtbereich generell, wurde dabei in allen Konzeptvorschlägen in seinen historisch-stadträumlichen Bezügen verkehrsgerecht aufgelöst: So gedachten Fritz Eggeling, Gerd Pempelfort und Friedrich Spengelin in ihrem mit dem ersten Preis ausgezeichneten Entwurf, den Uferbereich des zum See erweiterten Spreebogens mit öden, makrostrukturellen Gebäuden und Platzformationen zu bebauen, und ließen das Reichstagsgebäude, seines Platzes beraubt und bis zur Unkenntlichkeit »restauriert«, im wahrsten Sinn des Wortes »links liegen«. Hans Scharoun, mit einem zweiten Preis geehrt, erklärte gar die Stadt zur Landschaft. Dementsprechend wich die Platzfläche der »Weite«, die von einem »politischen Bezirk« gebildet wurde, in den der Reichstag als bloßes Relikt strukturell eingebunden war, dabei »den Ost-West-Verlauf des Urstromtales – mit den Erhebungen des Barnim im Norden (und) des Teltow im Süden«[23] – hervorhebend und betonend.

23 Aldo Rossi,
Wettbewerbsentwurf für das Deutsche Historische Museum, Berlin, 1989,
1. Preis, Gesamtansicht von Süden

Aber auch diese baulichen Konzepte wurden wie schon viele andere Entwürfe zuvor zur Makulatur. Noch ehe sie zur Planreife gebracht werden konnten, wurde mit dem am 13. August 1961 vollzogenen Mauerbau die politische Teilung des Landes buchstäblich »zementiert« und der Umzug von Regierung und Parlament des demokratisch verfaßten Deutschlands vom Provisorium Bonn in die alte Hauptstadt von der Tagesordnung gestrichen. Auf lange Sicht sollte der Spreebogen mit dem Platz der Republik, am Schnittpunkt der politischen Welten gelegen und doch zur Peripherie geworden, nun als »Vorhaltefläche« der Hauptstadt im Wartestand vor sich hin dämmern, ehe er in den achtziger Jahren vor dem Hintergrund einer Realpolitik, die sich in der Zweistaatlichkeit langfristig eingerichtet hatte, im Vorfeld der 750-Jahr-Feier wieder in den Mittelpunkt des Interesses rückte. Aber anstelle der Einrichtung politischer Funktionen sollte gleichsam als Ersatzhandlung nun der Geschichte das Feld bereitet werden. Berlin (West) wurde anläßlich seines Jubiläums der Bau eines Deutschen Historischen Museums (DHM) in Aussicht gestellt. Als Ort hatte man dafür den Platz der Republik ausgewählt. Ein im Dezember 1985 ausgeschriebener städtebaulicher Wettbewerb sollte den exakten Standort des Museumskomplexes klären und den möglichen baulichen Kontext. Ihm folgte ein Realisierungswettbewerb für das Museum, aus dem schließlich Aldo Rossi mit einer aufsehenerregenden Arbeit als Sieger hervorging. Sein Entwurf faßte unterschiedliche Baukörper – jeder durch eine spezifische Symbolik überhöht – zu einer phantasievollen architektonischen Raumkomposition zusammen und suchte damit der dichten Masse des torsierten Reichstags eine gleichsam aufgegliederte, poetisch aufgefaßte Gebäudefigur entgegenzusetzen. In dem dann mehrfach überarbeiteten Entwurf, der bis 1989 zur Baureife gelangt war, sah Christoph Stölz, der zwischenzeitlich zum Direktor des DHM berufen wurde, gar die »Erinnerung an die Vergangenheit, die subtile Kenntnis der modernen Gesellschaft und demokratische Grundüberzeugung … zu einer Symbiose geworden…«.[24]

Auch dieses kontrovers diskutierte, große Projekt wurde, ehe es Realität werden konnte (der Grundstein war schon Ende 1987 in einer feierlichen Zeremonie gelegt), von den politischen Ereignissen überholt und war so zu einer der unzähligen Planungsepisoden geworden, welche sich mit dem Ort der »Leere voller Pläne« (Vittorio Magnago Lampugnani) untrennbar verbinden. Durch die 1990 vollzogene Wiedervereinigung und den 1991 erfolgten »Hauptstadtbeschluß« ist der Spreebogen mit dem Platz der Republik nun von neuem der auserkorene Ort, an dem sich das künftige Deutschland seinen architektonischen Ausdruck zu verschaffen gedenkt.

24 Der »wiederhergestellte« Reichstag mit dem Platz der Republik, Berlin, Aufnahme 1967

Anmerkungen

1 Der vorliegende Aufsatz baut auf einer Reihe von Vorarbeiten auf. In wesentlichen Teilen aktualisiert, pointiert und erweitert er den unter dem Titel »Platz für die politische Macht« erschienenen Text, in: Brigitte Jacob, Wolfgang Schäche und Clarissa Soltendiek, *Die Deutsche Mitte – Ein Freilichtmuseum,* Berlin 1986, S. 15ff.

2 *Die Bauwerke und Kunstdenkmäler von Berlin – Bezirk Tiergarten,* bearb. von Irmgard Wirth, Berlin 1955, S. 204.

3 Michael S. Cullen, *Der Reichstag, Die Geschichte eines Monuments,* Berlin 1983, S. 240.

4 Klaus Dettmer, Die Grundsteinlegungs-urkunden der Siegessäule, in: Hans J. Reichhardt (Hrsg.), *Berlin in Geschichte und Gegenwart. Jahrbuch des Landesarchiv Berlin 1984*, Berlin 1984, S. 59.

5 Werner March (Hrsg.), *Otto March, 1845–1912,* Tübingen 1972, S. 106.

6 Hans Schliepmann, *Die neuen Entwürfe zum Berliner Königlichen Opernhaus* (XII. Sonderheft der Berliner Architekturwelt), Berlin 1913, S. XI.

7 Felix Wolff, *Das Deutsche Forum*, Sonderdruck, Berlin 1915, S. 1.

8 Ebd., S. 3.

9 Ebd.

10 Helge Pitz, Wolfgang Hofmann und Jürgen Tomisch, *Berlin-W. Geschichte und Schicksal einer Stadtmitte,* Bd. II, Berlin 1984, S. 9.

11 Ebd., Bd. I, S. 194.

12 Ebd., Bd. II, S. 99.

13 Ebd., S. 100.

14 Jost Dülffler, Jochen Thies und Josef Henke, *Hitlers Städte. Baupolitik im Dritten Reich,* Köln/Wien 1978, S. 92.

15 Ebd., S. 97.

16 Ebd.

17 Albert Speer, *Erinnerungen,* Frankfurt am Main/Berlin/Wien 1969, S. 69.

18 Albert Speer, *Spandauer Tagebücher,* Frankfurt am Main/Berlin/Wien 1975, S. 309.

19 Von der Stadt initiierte offizielle Aufschrift der Baustellenschilder in Abrißbereichen.

20 Allein die ehemalige Schweizer Gesandtschaft in der Fürst-Bismarck-Straße und der ramponierte Reichstag überlebten die eilfertigen Abrißkampagnen. Wie wenig der architektur- und stadthistorische Wert des Reichstags von Interesse war, offenbart die zwischen 1957 und 1973 erfolgte »Wiederherstellung« des Gebäudes. Außen zum Torso verstümmelt und innen total entkernt und räumlich neu definiert, war der Wiederaufbau im Ergebnis nahezu einem Abriß gleichzusetzen.

21 Vgl. die Ausschreibungsbroschüre, *Berlin-Planungsgrundlagen für den städtebaulichen Ideenwettbewerb »Hauptstadt Berlin«,* hrsg. vom Bundesminister für Wohnungsbau, Bonn, und vom SenBauWo Berlin, Berlin 1957.

22 Entsprechend dem Leitbild, das in der programmatischen Schrift von Johannes Göderitz, Roland Roland und Hubert Hoffmann, *Die gegliederte und aufgelockerte Stadt,* Tübingen 1957, niedergelegt ist.

23 Vgl. Peter Pfankuch (Hrsg.), *Hans Scharoun – Bauten, Entwürfe, Texte* (Schriftenreihe der Akademie der Künste), Bd. 10, Berlin 1974, S. 260.

24 Christoph Stölz, in: Aedes-Galerie für Architektur (Hrsg.), *Aldo Rossi,* Deutsches Historisches Museum, Berlin 1989, S. 4.

1 Fritz Schumacher,
Nietzsche-Denkmal, Studie,
1898–1900

Reformwille zur Macht. Der Palazzo Pitti und der deutsche Zyklopenstil

Wolfgang Pehnt

Für Heinrich Klotz

Im Jahre 1911 standen, unabhängig voneinander, zwei deutsche Italienreisende mit ausgeprägten Architekturinteressen vor dem Florentiner Palazzo Pitti. Beide hielten den Eindruck dieser Kaufmanns- und später landesfürstlichen Residenz für einen Höhepunkt ihres Florenzaufenthalts. Der dreißigjährige Philosoph Leopold Ziegler, zu jener Zeit Gast in der Villa Romana, beschrieb den mächtigen Palast in seiner *Florentinischen Introduktion* als »ein singuläres Kunstwerk höchsten Ranges«.[1] Der vierundzwanzigjährige Architekt Erich Mendelsohn, im September und Oktober auf Italienreise, rühmte den Palazzo in noch stärkeren Tönen als »Sinnbild der Höhe, bis zu der der Mensch überhaupt hinaufkam«. Dagegen seien »alle Dome der Gotik, alle Kuppelkirchen der Renaissance... Bilder eines kindlichen Traumes, mystische Phantasie eines überirdischen Reiches«. Angesichts des Palazzo Pitti stellte der junge Mendelsohn fest: »Es gibt keine Frage mehr, keine Ahnung über die ›Grenzen der Menschheit‹. Jener steht jeder Antwort. Das ist die Grenze und hoch genug. Wohl dem, der sich ihr nähert.«[2]

Beide Autoren beschrieben und analysierten unterschiedliche Fassaden des Palasts. Ziegler ging mit kunsthistorisch geschultem Auge auf den ältesten, ursprünglich nur siebenachsigen Bauteil an der Straßenseite ein, als dessen Urheber Vasari und mit ihm ein Teil der späteren Autoren Filippo Brunelleschi angenommen haben.[3] Die Form der Fenster mit ihrer steiler geführten äußeren Bogenlinie sah Ziegler im Zusammenhang mit der Notwendigkeit, die Fugen der Keilsteine in die Fugen der mächtigen Quaderschichten einmünden zu lassen. Mendelsohn begeisterte sich an der Gartenseite, am Arkadenhof Bartolomeo di Antonio Ammanatis, einem Hauptwerk des toskanischen Manierismus. Aber beide Autoren ordneten ihre Seherlebnisse einem zeitgenössischen Kontext ein.

So erörterte Ziegler, kurz bevor er auf den Palazzo Pitti zu sprechen kam, die modernen Meisterwerke der Technik und fragte sich und seine Leser, warum die Lokomotiven und Kraftwagen ästhetisch nie Wohlgefallen auszulösen pflegten (was andere Zeitgenossen entschieden anders beurteilten). Auch die Baumeister der Gegenwart dürften nicht glauben, eine Erneuerung der Architektur zu bewirken, indem sie sachlich konstruierten, aber vergäßen, daß jedes Bauwerk zugleich ein anschauliches körperliches Ganzes, ein kubisches Raumbild bieten müsse. Die Fassade des Palazzo Pitti war ihm ein Beleg dafür, wie »der technische Gedanke sich ungezwungen umsetzt in eine architektonische Sinnbildlichkeit«.[4] Ein Thema war aufgenommen worden, das in der zeitgenössischen Architekturproduktion aktuell war und vielen Kritikern in den Industriebauten von Peter Behrens – die Turbinenhalle in Berlin-Moabit war zwei Jahre zuvor fertiggestellt worden – vorbildlich behandelt schien.

Der andere Florentiner Gast von 1911, Erich Mendelsohn, erklärte den Palazzo zu einem »Symbol für den ungestümen Reformwillen zur Macht über die Stadt und die Menschen«. Abermals meint man, eine Anspielung auf gegenwärtige Architektur herauszuhören. Auch Peter Behrens hatte der monumentalen Kunst »naturgemäß« die Stelle zugewiesen, wo ein Volk am tiefsten bewegt werde: »Es kann der Ort sein, von dem Macht ausgeht«.[5] Statt aller ins Ferne schweifenden Träume und Sehnsüchte fand Mendelsohn im Palazzo Pitti das Menschenmögliche geleistet und zu sichtbarer Anschauung geworden: »Frei von Kastengeist und Enge, mit der Leichtigkeit eines weitsichtigen lebendigen Geistes, der alles kann, weil er Recht und Fähigkeit zu solchem Willen hat.«[6] In der Deutung des Nietzsche-Lesers Mendelsohn, der seine Verlobte brieflich immer wieder zur Lektüre Nietzsches anhielt und ihr Werke des Philosophen referierte, wurden die Schöpfer des Palasts zu wahren Übermenschen. Und in der Tat: »Das monumentale Bauwerk, das seit alters die Mitarbeit vieler zur Voraussetzung hatte und die Spuren der vielen an sich trug, war«, wie Heinrich Klotz in seinem Brunelleschi-Buch bemerkte, »zum Werk eines

4 Paul Bonatz und Friedrich Eugen Scholer,
Bahnhof Stuttgart, 1911–1928

sigen Sinn« war er ein »starker junger Trieb unserer neuen Kunst« (Albert Hofmann).[19] Neben den zivilisierten Neoklassizisten boten die Gigantomanen eine Alternative zum auslaufenden Art Nouveau. Nach den Schöngeistern und neben den gebildeten Philologen übernahmen die Kraftmenschen das Kommando.
Details schlossen sich in diesen Denkmälern oder zumindest denkmalhaften Bauten zu dräuenden Silhouetten mit einfachen Konturen und horizontalen Fassadenabschlüssen zusammen. Ornament fand nur Eingang, wenn es ikonographisch erwünschte Inhalte mitteilte oder starke Emotionen abstrahlte. Flankierende Pylonen nahmen die Bauvolumen in die Pflicht. Türme mit kuppelartigen Aufsätzen erinnerten – Zufall oder nicht – auffallend oft an das Grabmal des Ostgotenkönigs Theoderich in Ravenna. Arnold Böcklins *Toteninsel*-Variationen steuerten die sepulkrale Stimmung und manchmal auch die Zypressen bei. Auf dem Papier entfalteten sich solche Visionen noch üppiger als in der Realität. »Diese Wickingergräber [sic!], Bismarcktürme, Tempel ohne Bestimmung, Ruhmeshallen und Schloßbauten, schwarz mit Kohle vor wilde Gewitterhimmel – die immer mit zur Architektur gehören – gestellt und das Ganze theaterhaft beleuchtet, sind wahrhaft monströs«, seufzte Karl Scheffler.[20]
Die Monumentalität solcher Bauten und Pläne war von äygptischer oder assyrischer Baukunst inspiriert oder von der spätromanischen Baukunst der Kaiserdome und Pfalzen. Ein zeitlich näherliegendes Vorbild war das Werk des Architekten Henry Hobson Richardson, von dem Louis Sullivan in bester Whitmanscher Rhetorik ausrief: »Hier ist ein *Mann* ... ein wirklicher Mann, ein männlicher Mann; eine virile Kraft – breit, kräftig, mit einer überwältigenden Energie – ein ganzer Mann.« Richardsons öffentliche und private Bauten an der Ostküste und im Mittelwesten beeindruckten mit ihren schweren, geschlossenen Mauern und ihrem »modern romanesque« die europäischen Architekten, wie zum Beispiel die skandinavischen Nationalromantiker.[21] Deutschen Architekten hatte 1897 der Band Karl Hinkeldeyns und Paul Graefs – *Neubauten in Nordamerika* – das Werk Richardsons nahegebracht. Bruno Schmitz, der wilhelminische Denkmälerspezialist, kannte die

5 Fritz Schumacher,
Krematorium, Dresden-Tolkewitz,
1908–1911

6 Bruno Schmitz,
Völkerschlachtdenkmal, Leipzig,
1913

Arbeiten Richardsons schon längst aus eigener Anschauung, da er 1888 im Zusammenhang mit dem Projekt eines Siegesdenkmals für den Staat Indiana eine Amerikareise unternommen hatte.
Daß der Palast des Luca Pitti in der Ahnengalerie des Vorkriegsmonumentalismus seinen Platz behauptete, hängt mit der Konsequenz seiner Komposition zusammen. Dieser grandioseste aller Quattrocentopalazzi verzichtete an der Stadtseite auf den humanistischen Apparat der klassischen Formen, eine gliedernde Pilasterordnung oder das ausgreifende und den Bau nach oben definitiv abschließende Kranzgesims und differenzierte die Stockwerke nur durch Größe und Form der Wandöffnungen. Das Relief der Bossen im Erdgeschoss wird in den Obergeschossen nicht so stark zurückgenommen, daß von unten nach oben ein Effekt der Sublimierung einträte. Da die Vertikalität der hohen Fenster durch die Horizontalität der Balustradenbänder konterkariert wird, entsteht ein gleichmäßiges Wandfeld. Verböte nicht die Mauerschwere einen Vergleich, ließe sich an die Curtain Walls moderner Bürohäuser denken. Denn auch am Palazzo Pitti umschließt den Gebäudewürfel eine fast einheitlich strukturierte Fläche. Sie hat es ermöglicht, daß die Architekten der späteren Erweiterungen leichtes Spiel hatten: Die Fortsetzbarkeit des Bauwerks war bereits in der Urfassung angelegt. Zudem offenbarte der rigorose Maßstabsbruch, den der Palazzo Pitti im Verhältnis zur mittelalterlichen Stadt noch rücksichtsloser

7 Ludwig Mies van der Rohe, Wettbewerbsentwurf für das Bismarck-National-Denkmal auf der Elisenhöhe bei Bingerbrück/Bingen, 1910, Photocollage
© 1997 The Museum of Modern Art, New York

als die anderen Bankiersresidenzen des 15. Jahrhunderts vollstreckte, eine frühkapitalistische Ungeniertheit, die dem Spätkapitalismus des 19. und frühen 20. Jahrhunderts imponieren mußte. Denn auch das Zeitalter Wilhelms II. trat in eine neue urbanistische Größenordnung ein, die mit radikalen Verstößen gegen den bisherigen städtebaulichen Maßstab zusammenging.

Für die weniger kritischen Zeitgenossen war der Zyklopenstil die gegebene Ausdrucksform für die neuen, die Welt bewegenden Kräfte: für die Großindustrie. »Wucht, Strenge und Knappheit entsprechen dem organisierten Arbeitsleben, das sich darin abspielt« (Walter Gropius). Liebenswürdigkeit und Freundlichkeit hatten an diesen Orten nichts zu suchen. »Es ist die Kunst…, die man nicht liebhaben kann, vor der man niedersinkt, die uns erschauert, uns durch ihre Größe seelisch überwältigt.«[22] Peter Behrens war der Architekt, der solche »zyklopischen Tempel der Arbeit«, solche »Stätten der Erhebung«, solche »steinernen Redensarten« errichtet hatte.[23] Jeder einschlägig bewanderte Leser dürfte sich bei diesen Formulierungen Adolf Behnes aus dem Jahre 1920 an die massiv scheinenden Eckpylonen der Behrensschen Turbinenfabrik in der Berliner Huttenstraße (1908–1909) erinnert haben, die um der monumentalen Wirkung willen die sichtbare Stahlkonstruktion der Dreigelenkbinder an der Seitenfront abgelöst und fürs Auge befestigt hatten.

Dieser Zusammenhang zwischen zeitgenössischer Technik und architektonischem Zyklopentum – die »Verwandlung der konstruktiven Mittel in ein plastisches Symbol«[24] – hatte auch dem Philosophen Leopold Ziegler schon eingeleuchtet, als er im Jahre 1911 vor der Fassade des Palazzo Pitti stand.

1 Leopold Ziegler, *Florentinische Introduktion zu einer Theorie der Architektur und der bildenden Künste,* Leipzig 1912, zit. nach Nachdruck, Braunschweig/Wiesbaden 1989, S. 22 ff., Zitat S. 24.

2 Erich Mendelsohn an Luise Maas, seine spätere Frau, 3. 10. 1911, Kunstbibliothek, Stiftung Preußischer Kulturbesitz, Berlin. Einer der zahlreichen unveröffentlichten Briefe aus dem Nachlaß Mendelsohns.

3 Die Zuschreibung ist bis heute kontrovers. Der Bauherr Luca Pitti erwarb erst Jahre nach Brunelleschis Tod im Jahre 1446 die für den Bau des Palastes notwendigen Grundstücke. Nach Piero Sanpaolesi (»Il Palazzo Pitti e gli architetti fiorentini della discendenza brunelleschiana«, in: *Festschrift für Ulrich Middeldorf,* Berlin 1968, S. 124 ff.) legten Laura Baldini Giusti und Fiorella Facchinetti Bottai wieder »un altra lancia in favore di messer Filippo« ein (»Documento sulle prime fasi costruttive di Palazzo Pitti«, in: *Filippo Brunelleschi. La sua opera e il suo tempo,* Florenz 1980, Bd. 2, S. 703 ff., Zitat S. 718).

4 Ziegler 1912 (Anm. 1), S. 22.

5 Peter Behrens, »Was ist monumentale Kunst?«, in: *Kunstgewerbeblatt. Neue Folge,* 20, 1908–1909, H. 3, S. 46.

6 Mendelsohn 1911 (Anm. 2).

7 Heinrich Klotz, *Filippo Brunelleschi. Seine Frühwerke und die mittelalterliche Tradition,* Stuttgart 1990, S. 157.

8 Friedrich Nietzsche (April 1886), *Werke und Briefe. Historisch-kritische Gesamtausgabe,* München 1934 ff., Bd. 7, S. 177; Giorgio Colli und Mazzino Montinari (Hrsg.), *Friedrich Nietzsche, Götzen-Dämmerung. Kritische Studienausgabe in 15 Bänden,* München/Berlin 1980, Bd. 6, S. 118; vgl. Theo Meyer, *Nietzsche und die Kunst,* Tübingen/Basel 1993, S. 105 ff.

9 John Ruskin, *The Seven Lamps of Architecture* (1849), zit. nach der deutschen Ausgabe: *Die sieben Leuchter der Baukunst,* Dresden 1900, S. 151, Nachdruck: Dortmund 1994.

10 Jacob Burckhardt, *Der Cicerone,* Leipzig/Berlin 1901[8], Bd. 2, S. 115.

11 Mendelsohn 1911 (Anm. 2); Ziegler 1912 (Anm. 1), S. 23.

12 Jacob Burckhardt: »Man fragt sich, wer denn der weltverachtende Gewaltmensch sei, der mit solchen Mittel versehen, allem bloss Hübschen und Gefälligen so aus dem Wege gehen mochte?«, in: Burckhardt 1901 (Anm. 10), S. 115.

13 Behrens 1908–1909 (Anm. 5).

14 Erich Haenel spricht vom »Stimmungsstil« der »Monumentalisten« (»Neue Arbeiten von Wilhelm Kreis«, in: *Dekorative Kunst,* 7, November 1903, H. 2, S. 43), Julius Posener von »Wilhelminismus«. Der Begriff ist mißverständlich, da er sich zwangsläufig auf die gesamte Epoche Wilhelms II. bezieht und nicht nur auf die »Architektur des Auftrumpfens« (*Berlin auf dem Wege zu einer neuen Architektur. Das Zeitalter Wilhelms II.,* München 1979, S. 81 ff.). Vgl. auch Karl-Heinz Hüter, *Architektur in Berlin. 1900–1933,* Dresden/Stuttgart 1988, S. 46.

15 Karl Scheffler, »Heinrich Tessenows Zeichnungen«, in: *Kunst und Künstler,* 15, 1916–1917, S. 24; Karl Scheffler, *Moderne Baukunst,* Leipzig 1908, S. 100. Das von Scheffler geprägte Wort vom »künstlichen Zyklopenstil« zitierte Adalbert Matthaei billigend in: *Deutsche Baukunst. IV. Im 19. Jahrhundert und in der Gegenwart,* Leipzig/Berlin 1920, S. 86.

16 Gustav Adolf Platz, *Die Baukunst der neuesten Zeit,* Berlin 1927, S. 33.

17 Fritz Schumachers Manuskript in der Hamburgischen Staats- und Universitätsbibliothek Hamburg (Schumacher-Nachlaß) bricht in der Erörterung der Sakralbauten Brunelleschis ab. Im weiteren Plan des Buchmanuskripts ist der Palazzo Pitti als Stichwort notiert. Für den Hinweis bin ich Hartmut Frank und Christian Weller dankbar.

18 Walther Rathenau, »Das Denkmal der Unreife«, in: Alfred Lichtwark und Walter Rathenau, *Der rheinische Bismarck,* Berlin 1912, S. 25; Hüter 1988 (Anm. 14), S. 46, möchte an Wortprägungen wie »Teutonismus« oder »Neuteutonenstil« anknüpfen, um diese zeitgenössische Vorliebe zu bezeichnen. Aber nicht nur Teutonen pflegten Pathos. Der »Zyklopenstil« war ein zwischen Chicago und Helsinki verbreitetes internationales Phänomen.

19 Siehe Albert Hofmann, »Der Wettbewerb zur Erlangung von Entwürfen für ein Bismarck-Denkmal«, in: *Deutsche Bauzeitung,* 36, 1902, S. 33 ff.

20 Scheffler 1908 (Anm. 15), S. 101. Eine zeittypische Begründung für die Popularität des Theoderich-Grabs unter deutschen Denkmalarchitekten gab Hubert Schrade: Jener Germanenfürst begann »in seinen letzten Lebensjahren…, in denen er sein Denkmal erbauen ließ, sich vom Römischen abzuwenden und an Möglichkeiten der Einigung aller Germanen zu denken«, in: *Das Deutsche Nationaldenkmal,* München 1934, S. 100.

21 Louis Sullivan, *Kindergarten chats,* zit. nach Ausgabe New York 1957, S. 28 f.; Cornelius Gurlitt, »Deutsche Baukunst«, in: *Deutsche Kunst und Dekoration,* 5, 1899–1900, S. 212 ff.

22 Walter Gropius, »Monumentale Kunst und Industrie«, in: Hartmut Probst und Christian Schädlich (Hrsg.), *Walter Gropius. Werkverzeichnis und Ausgewählte Schriften,* Berlin 1986–1988, Bd. 3, S. 28.

23 Adolf Behne, »Fabrikbau als Reklame«, in: *Das Plakat,* 11, 1920, H. 6, S. 275; vgl. Karin Wilhelm, *Walter Gropius. Industriearchitekt,* Braunschweig/Wiesbaden 1983, S. 19.

24 Ziegler 1912 (Anm. 1), S. 21.

Erstveröffentlichung dieses Aufsatzes in der auf 100 Exemplare limitierten Kunstedition *Der Kunstklotz,* eine Festgabe für Heinrich Klotz in der Edition Cantz, Ostfildern 1995–1996.

1 Erich Mendelsohn,
Woga-Komplex mit ehemaligem
Universum-Lichtspieltheater am
Kurfürstendamm, Berlin, 1927/28,
Umbau: Jürgen Josef Sawade, 1978–1981
Photo: Siegfried Büher, Berlin

Eine Anmerkung zu Mendelsohn

Kenneth Frampton

Bevor wir Architekten uns ganz und gar mit unserer Unfähigkeit abfinden, es zu irgendeiner Art kohärenten Städtebaus zu bringen, geschweige denn überhaupt allgemeingültige Formen der Bebauung neu zu schaffen, sollten wir uns an einen Kollegen zurückerinnern, der in unserem gegenwärtigen Dilemma ein wegweisendes Vorbild sein könnte: Erich Mendelsohn. Es soll hier genügen, auf die Aspekte seines Werks hinzuweisen, die überaus bedeutsam für die Überwindung der Probleme sein könnten, mit denen wir heute in Architektur, Städtebau und Umweltschutz zu kämpfen haben. Zu den subtilen und einzigartigen architektonischen Mitteln, die Mendelsohns Vision eigen waren, gehörte vor allem seine Fähigkeit, aus unspektakulären Bauaufgaben monumentale städtische Formen zu schaffen. Wir sehen dies ganz deutlich bei seiner Umsetzung des Kaufhauses, jenem neuen städtischen Bautyp des 20. Jahrhunderts: beim Kaufhaus Petersdorff in Breslau (1927) zum Beispiel oder dem berühmten Kaufhaus Schocken in Stuttgart (1926–1928). Was diese Bauwerke architektonisch so außergewöhnlich macht, ist die dynamische horizontale Ausrichtung ihrer Gesamtform, der – beim Stuttgarter Gebäude – der Vertikalschub eines Treppenturms entgegenwirkt: ein halbrunder, gläserner Schaft, der sich durch die konsequente Horizontalität seiner Fensterbänder wieder in den Rhythmus des Hauptgebäudes integriert. Das Moment von Punkt und Kontrapunkt in Mendelsohns Werk erklärt zum Teil die immer noch aktuelle Bedeutung seiner Originalität. So zum Beispiel, wenn er in einem Baukörper architektonische Kräfte vereint, die eigentlich antithetisch sind. Folgt seine Großform exakt den Umrissen des Geländes, wird deren Horizontalität zwar auch in den Fensterbändern anderer Gebäudeteile fortgeführt, aber durch einen Treppenturm, eine eingezogene Ecke, eine betonte Dachform oder irgendein anderes vertikales Element konterkariert.

Viel von dieser kontrapunktischen Dynamik ist bereits in den zahlreichen Skizzen erkennbar, die Mendelsohn zwischen 1915 und 1918 in den Schützengräben des Ersten Weltkriegs anfertigte. Diese meist ohne Grundrisse, flüchtig hingeworfenen perspektivischen Zeichnungen – denen von Antonio Sant'Elia vergleichbar – nahmen bis in die frühen zwanziger Jahre immer stärker expressionistische Züge an. Um diese Zeit fand ja dann Mendelsohns Leidenschaft für zoomorphe Plastizität ihren Höhepunkt in seinem berühmten Einsteinturm, der 1921 bei Potsdam fertiggestellt wurde. Stünde dieser jedoch für seine endgültige architektonische Entwicklung, Mendelsohn wäre für uns heute wahrscheinlich nicht von größerem Interesse als etwa sein Amsterdamer Kollege Michel de Klerk, den er sehr bewunderte. De Klerk behauptet zwar seinen Platz in der Geschichte der modernen Architektur, aber städtebaulich haben seine Ideen, wenn es um großmaßstäbliche Lösungen geht, kaum mehr Bedeutung für uns. All das schien Mendelsohn intuitiv vorausgesehen zu haben, als er in einem berühmt gewordenen Brief an seine Frau schrieb:

»Der Analytiker – Rotterdam – lehnt die Vision ab. Der visionäre Amsterdamer begreift nicht die kühle Sachlichkeit. Gewiß, das primäre Element ist die Funktion, aber Funktion ohne sinnlichen Beistrom bleibt Konstruktion. Mehr als je stehe ich zu einem Versöhnungsprogramm. ... Die funktionelle Dynamik ist das Postulat.«[1]

In Mendelsohns frühen Skizzen wird gewöhnlich nur seine Affinität zur Dynamik des Futurismus und Expressionismus gesehen. Die Art und Weise jedoch, wie beispielsweise der Einsteinturm dem Ideal von Bruno Tauts *Stadtkrone* von 1919 entspricht, verrät, daß diese Konzeption den entscheidenderen Einfluß auf die städtebaulichen Qualitäten in Mendelsohns Werk gehabt haben muß. Ja, ich möchte behaupten, Mendelsohns Aktualität gründet in erster Linie auf seiner großmaßstäblichen Sehweise und die Erfindung der *Großbauform* als einem Instrument, das über die programmatischen Grenzen des einzelnen Gebäudes beziehungsweise der einzelnen Bauaufgabe hinausgeht und sie mit der umgebenden Stadtstruktur oder der Landschaft zusammenhängend moduliert.

2 Erich Mendelsohn, Kaufhaus Schocken, Stuttgart, 1926–1928, Treppenturm A

3 Erich Mendelsohn,
Business Centre in Haifa, 1923,
städtebaulicher Entwurf

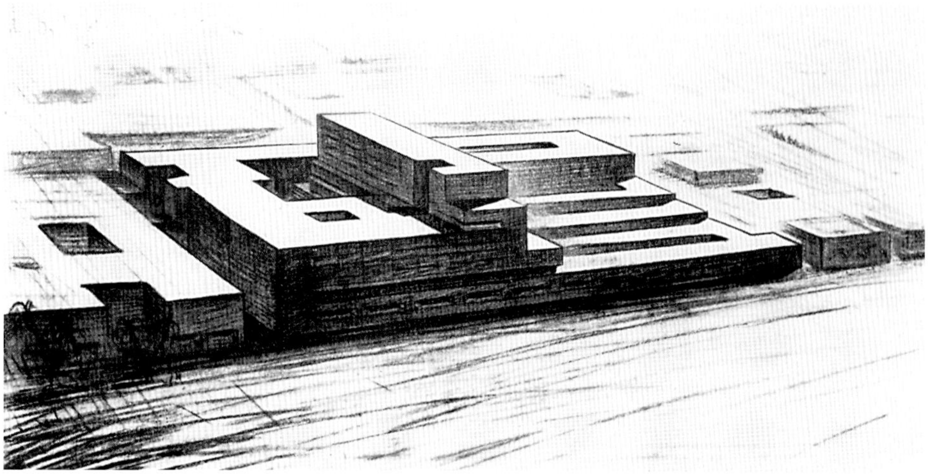

Mendelsohn entwickelte eine solche topographische Dimension erstmals in kleinem Maßstab bei der Villa für Dr. Sternefeld, die 1923 in Berlin-Charlottenburg entstand. Der durchgehende horizontale Rhythmus des Hauses setzt sich in Mauern unterschiedlicher Höhe fort, die in das Grundstück führen. Diese Mauern umschließen den Garten und entsprechen in ihrer konstrastierenden Linearität der Topographie der unmittelbaren Umgebung, vor allem dem angrenzenden Kiefernwäldchen. Die Auswirkungen einer solchen plastischen und programmatischen Strategie in größerem städtebaulichem Maßstab deutete sich bereits in Mendelsohns preisgekröntem Wettbewerbsentwurf für ein Business Centre in Haifa aus dem gleichen Jahr an – ein Projekt, das übrigens ebenso wie die Villa Sternefeld und das Gebäude des *Berliner Tageblatts* in Zusammenarbeit mit dem jungen Richard Neutra entstand. Mendelsohn, der eine bodenständige, plastische Form jeder Art von prismatischer, flächenhafter Abstraktion vorzog, hatte sogar den Mut, sein kleines Geschäftszentrum für Palästina mit Le Corbusiers megalomaner Vision einer Stadt für drei Millionen Einwohner zu vergleichen. Le Corbusiers berühmte *Ville contemporaine* war 1922 im Salon d'Automne in Paris ausgestellt. So zieht Mendelsohn in einem Vortrag mit dem Thema »Die internationale Übereinstimmung des neuen Baugedankens oder Dynamik und Funktion« von 1923 vor der Gesellschaft »Architectura et Amicitia« in Amsterdam den folgenden Vergleich zwischen Le Corbusiers Idealstadt und seinem eigenen, höchst realistischen Projekt für Haifa:

4 Erich Mendelsohn,
Gebäude des »Berliner Tageblatts«,
1923, Ansicht der Ecke

»In diesem französischen Plan unterstützen die Leitbahnen der Hauptverkehrsstraße in ihrer horizontalen Lagerung und kubischen Geschlossenheit ausgezeichnet den Schnellverkehr. Er durchschneidet in gerader Linie Vorstädte und City. – Aber die Dominante der Innenstadt unterliegt einem zu eindeutigen Schema, um dem Organismus des ganzen Systems die zwangsläufige Bewegtheit unseres modernen Lebens mitzuteilen. Auch die Hochhäuser selbst stehen unvermittelt auf der Ebene, ohne Zusammenhang mit den übrigen Zellelementen.
Dagegen zeigt diese geringere Aufgabe – es handelt sich hier nur um die Bebauung eines Geschäfts*viertels* – den, scheint mir, gelungenen Versuch, einen klaren Ausdruck für unsere kommenden Städte zu schaffen. – Hier sind Terrassen, Bazare, Blockfronten der Straße, Kino, Hotel und Bürohochhaus zum Organismus zusammengefaßt, aus der Funktion ihrer Einzelaufgaben wie in der Dynamik des Ganzen. – Selten, scheint mir, hat sich die Ordnung der Welt so eindeutig offenbart, selten nur der Logos des Seins weiter geöffnet als in dieser Zeit des vermeintlichen Chaos. – Denn wir alle sind aufgerüttelt von elementaren Ereignissen, wir hatten Zeit, Vorurteile und satte Genügsamkeit von uns abzutun. – Wir wissen als Schaffende selbst,

wie sehr verschieden die Bewegungskräfte, die Spannungsspiele im einzelnen sich auswirken. – Um so mehr ist es unsere Aufgabe, der Aufgeregtheit die Besinnung entgegenzusetzen, der Übertreibung die Einfachheit, – der Unsicherheit – das klare Gesetz; – aus der Energiezertrümmerung die Energieelemente wiederzufinden, aus den Elementen ein neues Ganzes zu formen.«[2]

Beim 1920 entworfenen Gebäude des *Berliner Tageblatts* hatte Mendelsohn bereits einen ähnlichen Ansatz gewählt. In diesem Fall erklärt sich dies zwar aus etwas anderen Bedingungen, wiederum ist aber die großstädtische Sichtweise maßgebend; das Zeitungsgebäude folgt bereits einer Strategie, die der Architekt auch für Haifa anwenden wird:

»Das Haus des Berliner Tageblatts steht am Schnittpunkt zweier verkehrsreicher Straßen im Zentrum der Stadt. Die Straßen sind verhältnismäßig schmal. Das Gebäude überragt schon an und für sich weit die Nachbarhäuser durch die Ausgedehntheit seiner beiden Flanken und durch die Höhe seiner 8 Stockwerke. Ein reel-

5 Erich Mendelsohn, Kaufhaus Schocken, Chemnitz, 1928/29

6 Erich Mendelsohn, Aufnahme aus seiner Publikation »Amerika. Bilderbuch eines Architekten«, 1926

ler Angriff irgendeiner Gewalt, wie z.B. beim Molenkopf, findet naturgemäß nicht statt. Aber hier ist das Haus kein unbeteiligter Zuschauer der sausenden Autos, des hin und her flutenden Verkehrs, sondern es ist zum aufnehmenden, mitwirkenden Bewegungselement geworden.
Wie es im ganzen Ausdruck sichtbar das schnelle Tempo der Straße, die bis zum äußersten gesteigerte Bewegungstendenz zur Ecke aufnimmt, so bändigt es gleichzeitig durch die Ausgeglichenheit seiner Kräfte die Nervosität der Straße und der Passanten. Das weitausladende keramische Gesims, das den alten Bau vom neuen trennt, zieht scharf zur Ecke, fällt herab und ladet in den energisch vorspringenden Baldachin über dem Eingang aus. Auch das Detail ist in diese Tendenz einbezogen. – Dieses Bild der Fensterreihe wird scherzhafterweise in meinem Atelier genannt: ›Die Einfahrt der Mauretania in den Berliner Westhafen‹. Mir scheint diese Bemerkung ebensoviel Ironie wie Wahrheit auszusprechen. Indem es nämlich den Verkehr teilt und leitet, steht das Gebäude trotz aller Bewegungstendenz als unverrückbarer Pol in der Bewegtheit der Straße.«[3]
Wie sich an der Genauigkeit dieser Beschreibung erkennen läßt, geht Mendelsohn sowohl zum Futurismus als auch zum Purismus auf Distanz, während eine emphatisch expressionistische Haltung deutlich hervorzutreten scheint: Man denkt an Henry van de Veldes Ästhetik der Formgewalt, die mit der Mendelsohns verwandt ist. Jedoch ließen Mendelsohns maßvolle Beschwörungen großstädtischer Bewegung und Geschwindigkeit eine Dominanz dynamischer Plastizität nicht zu. Vielmehr gebietet Mendelsohns reiferes Werk der in seinen frühen Skizzen latent vorhandenen Tendenz expressiven Überschwangs bewußt Einhalt. Dies scheint ihm dadurch zu gelingen, daß er stets zwei gegensätzliche Triebkräfte auszugleichen versteht. Einmal geschieht dies durch die verhaltene Dynamik der gebauten Form, deren Statik auf Schub und Gegenschub der Schwerkraft reagiert – so als ob die im Tragwerk wirkenden Kräfte buchstäblich Balken und Stützen krümmten, um die aufliegenden Lasten zu parieren. Darüber hinaus war Mendelsohn, wie wir gesehen haben, der Überzeugung, ein modernes städtisches Gebäude habe dem ständigen Fluß des großstädtischen Verkehrs emphatisch zu entsprechen. Seine ästhetische Lösung dieser einander entgegenwirkenden Kräfte – erstens der statischen und zweitens der dynamischen – war entsprechend zweigeteilt. Einerseits wollte er die Vitalität der modernen Stadt durch die horizontale Dynamik der gebauten Form zum Ausdruck bringen, andererseits suchte er diese Form so abzustimmen, daß eine tiefe, fast alpine Ruhe erzeugt wurde, die der unaufhörlichen Bewegung der industriellen Zivilisation trotzte, aus welcher die Form letztlich resultierte.
Mendelsohn wurde mit dieser Zivilisation an ihrem Ursprungsort konfrontiert, als er, von Rudolf Mosse finanziell unterstützt, 1924 zum ersten Mal Amerika besuchte. Von den 77 Photographien seines nach Rückkehr aus den Staaten 1926 veröffentlichten Buchs *Amerika. Bilderbuch eines Architekten* sind die eindrucksvollsten seine langzeitbelichteten Nachtaufnahmen des durch die Straßen von New York fließenden Verkehrs vor den spektakulären, glitzernden Ladenfronten und den Leuchtreklamen am Himmel. Hier genau entstanden die Bilder lichtdurchfluteter Energie, die Mendelsohn 1928/29 unter anderem in seinem Kaufhaus Schocken in Chemnitz realisieren wird.
Mendelsohn erstarrte vor den amerikanischen Wolkenkratzern, dagegen war er offensichtlich eingenommen von Bauten Frank Lloyd Wrights wegen deren rhythmischer Horizontalität. Diese übernahm er in seine Vision der verdichteten Stadt, wie wir sie in seinem Woga-Komplex (1926–1931) entdecken können. Dieses drei- bis siebengeschossige Gebäudeensemble, von der Wohnhausgrundstücksverwertungs AG (WOGA) in Auftrag gegeben, war für ein Areal im Zentrum Berlins bestimmt und wurde in modifizierter Form etwa zwei Jahre später auch realisiert.

7 Erich Mendelsohn, Universum-Lichtspieltheater, Berlin, 1928, Lichtbänder des Kinosaals

8 Erich Mendelsohn, Textilfabrik in Leningrad, 1925, Modellphoto

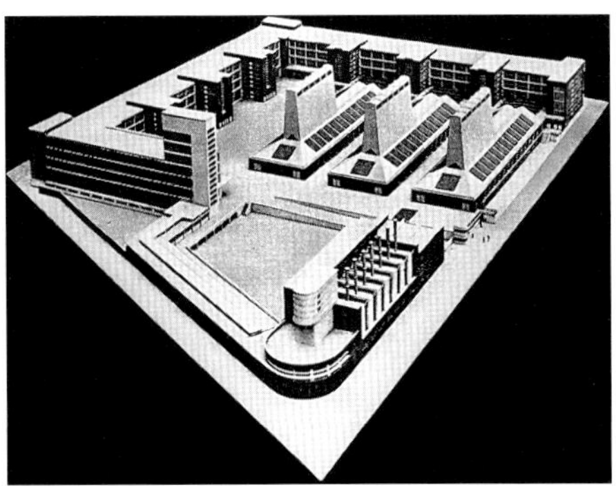

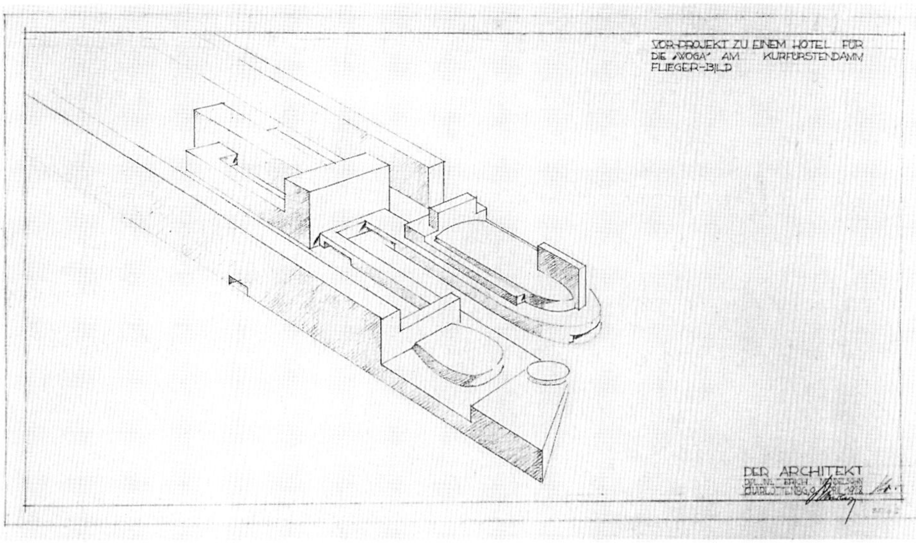

9 Erich Mendelsohn, Woga-Komplex, Vorprojekt zu einem Hotel, Berlin, 1928

Die städtebauliche Kontinuität der Anlage gipfelt im Kino Universum, das eindeutig als »Stadtkrone« des Komplexes vorgesehen war. Die horizontalen Linien, welche die Anlage äußerlich zusammenhalten, werden innen in den dynamisch zusammenführenden Lichtbändern des Kinosaals wiederaufgenommen.

Mendelsohn nutzte den Bedarf an fragmentarischen städtischen Eingriffen als Gelegenheit, vereinheitlichende Großbauformen zu schaffen, wobei er stets die horizontale Dynamik der Großstadt und nicht ihr Höhenpotential betonte. Dieses Prinzip liegt offenkundig auch seinem Verwaltungsgebäude des Deutschen Metallarbeiter-Verbands zugrunde, das 1929 in Berlin ausgeführt wurde, wie auch seiner weit ehrgeizigeren unrealisierten Planung für den Alexanderplatz. Letztere, ein 1931/32 entworfener Mehrzweckkomplex, hätte in einer zusammenhängenden Form Büros, ein Kino, eine Versammlungshalle und ein Hotel in sich vereint.

Fern der hektisch dynamischen Großstadt modifizierte Mendelsohn seine Strategie und plante nach innen gekehrte »Miniaturstädte«, etwa die Hutfabrik Friedrich Steinberg, Herrmann & Co. in Luckenwalde (1921–1923) und die Trikotagen- und Strumpfwarenfabrik Krasnoje Snamja in Leningrad (1925). Das Verwaltungsgebäude des Deutschen Stickstoff-Syndikats in Berlin-Wilmersdorf von 1929 und das in Zusammenarbeit mit Serge Chermayeff konzipierte und 1935 in Bexhill-on-Sea in England realisierte De-La-Warr-Kurhaus zeugen vom selben introvertierten Prinzip, sozusagen von der Umkehrung der von Gropius und Meyer beim Dessauer Bauhaus von 1926 angewandten kontrapunktischen Prinzipien. Arnold Whitticks Beschreibung des De-La-Warr-Kurhauses von 1940 ist es wert, zitiert zu werden, da hier sehr präzise charakterisiert wird, was Mendelsohn in England zu erreichen suchte. Nach seiner Schilderung der horizontalen Bewegung des Gebäudes fährt Whittick fort:

»Die Konzerthalle mit Ballsaal, wo abends die meisten Aufführungen und Tanzveranstaltungen stattfinden, ist größtenteils von einer massiven Mauer mit wenigen kleinen Öffnungen umschlossen, wohingegen das Restaurant ein langer, schmaler Streifen mit einer Glaswand ist, die sich in Teilen aufschieben läßt und sich zur Terrasse und zum Meer öffnet, während die Bibliothekshalle ebenfalls eine zum Meer hin verglaste Wand hat. An der zum Parkplatz orientierten Nordseite ist die Wand massiv, abgesehen von einer Reihe kleiner Fenster der Küchen im Erdgeschoß. … Es ist zu hoffen, daß dieser Pavillon [das De-La-Warr-Kurhaus], der die wissenschaftlich hervorragend fundierte Bauweise zum Zwecke der Gesundheit, des

10 Erich Mendelsohn, Planung für den Alexanderplatz in Berlin, 1931

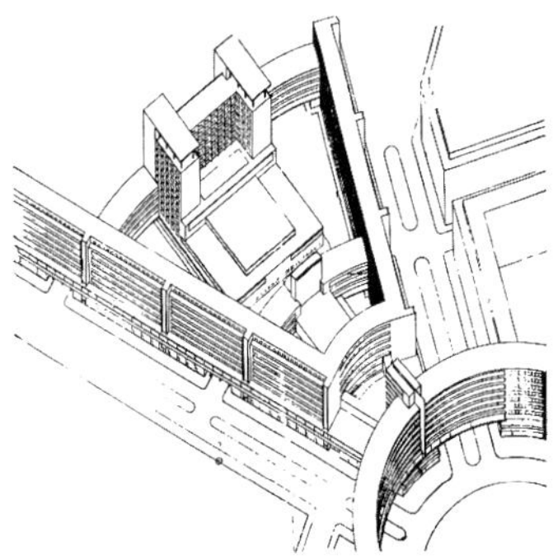

11 Erich Mendelsohn mit Serge Chermayeff, De-La-Warr-Kurhaus, Bexhill-on-Sea (Großbritannien), 1933–1935, Modell der Gesamtanlage

Komforts und des Vergnügens mit einem Bauwerk von beträchtlicher Schönheit verbindet, nur einen Anfang bedeutet. Denn die ihm benachbarten Gebäude vertreten das planlose Wachstum jener Jahre und bilden eine widersprüchliche Gruppe ohne erkennbare Merkmale. Es wäre eine gute Idee, sie zu beseitigen und die mit diesem neuen Pavillon so eindrucksvoll begonnene Bebauung nach Osten und Westen entlang der ganzen Vorderseite von Bexhill fortzusetzen. Seine Bedeutung, die mit diesem Anfang bereits erheblich gewonnen hat, würde Bexhill zu einem der fortschrittlichsten und bekanntesten Seebäder in Europa machen.«[4]

Whittick versteht die ausgleichenden, korrigierenden Möglichkeiten der Mendelsohnschen *Großbauform* für eine moderne städtebauliche Entwicklung nur allzu gut. Aber seit den über fünfzig Jahren, die nach seinen obigen Einschätzungen vergangen sind, ist es heute noch viel schwerer geworden, städtebauliche Sünden rückgängig zu machen.

Bedenkt man Mendelsohns expressionistische Neigungen, so ist es naheliegend, Parallelen zu den Arbeiten von Hans Scharoun oder Hugo Häring auszumachen und – mit einigem Abstand – vielleicht auch zu denen Hans Poelzigs. Mit Sicherheit gibt es Affinitäten zu Scharouns Wohnheim auf der Werkbundausstellung in Breslau von 1929 oder Härings Gut Garkau bei Lübeck von 1924/25, wobei letzteres erstmals Härings Theorie von den notwendigen Beziehungen zwischen dem *Organwerk* und dem *Bauwerk* demonstrierte. Keiner dieser Architekten erreichte aber je in seinen Projekten die Urbanität und Ausgewogenheit, die Mendelsohns Städtebau im besten Sinn auszeichnen. Persönlich stand Mendelsohn Poelzig vielleicht am nächsten, dessen Auffassung von der Bedeutung der Großbauform für die moderne Stadt er sicher teilte. Poelzigs Haus des Rundfunks in Berlin oder der für Hamburg 1928 geplante Bürokomplex sind hierfür gute Beispiele, aber auch ähnliche Großbauformen derselben Richtung – man denke beispielsweise an Fritz Högers Chilehaus in Hamburg oder Emil Fahrenkamps Shell-Haus in Berlin. Was Mendelsohn jedoch von den genannten Architekten unterscheidet, ist nicht nur sein besonders ausgeprägtes Gefühl für Maßstab und Rhythmus, sondern auch die Tatsache, daß er stets die Horizontale betonte und nicht – wie es im Werk von Poelzig und Höger der Fall ist – die Addition der Gebäudeteile, aus denen das Gesamtvolumen komponiert wurde.

12 Erich Mendelsohn, De-La-Warr-Kurhaus, Bexhill-on-Sea (Großbritannien), 1933–1935, Entwurfsskizze mit Hotel, Pavillon und Kino

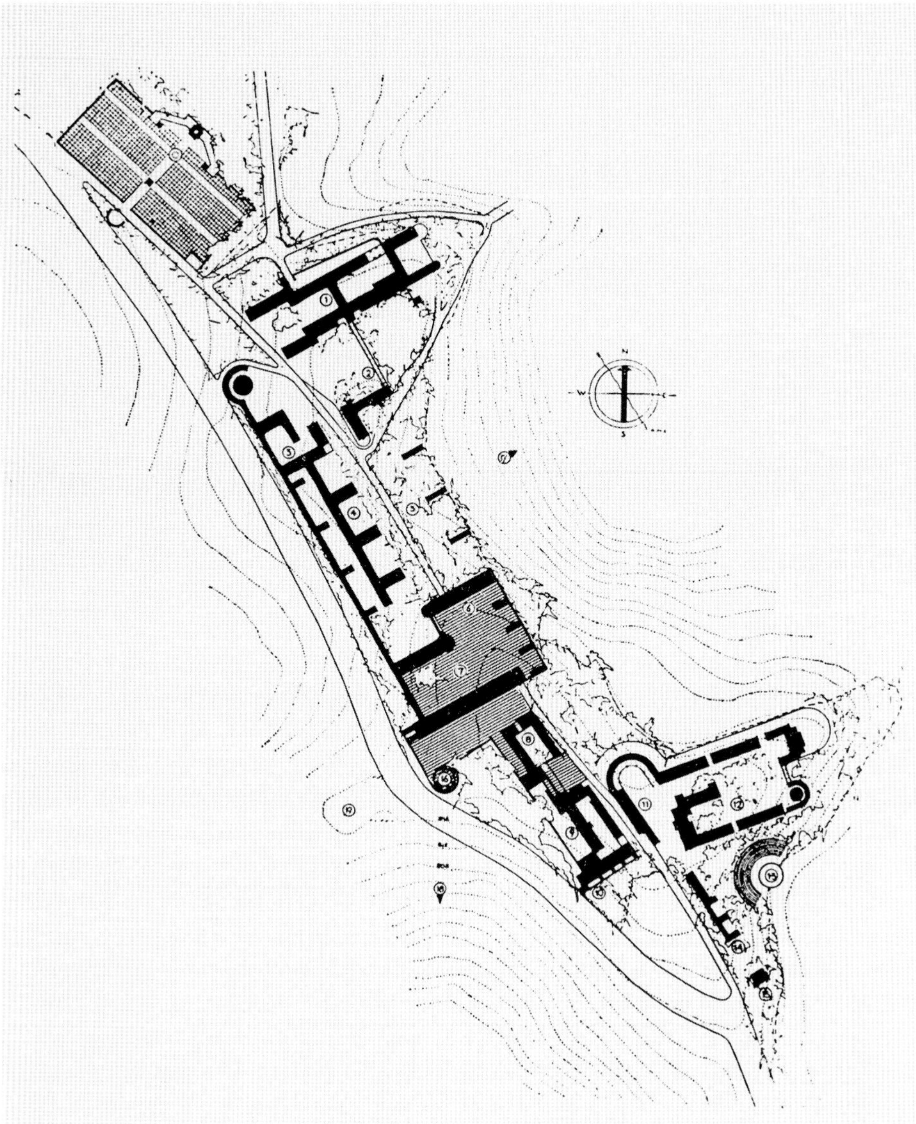

13 Erich Mendelsohn, Hadassah-Universitäts-Kliniken, Berg Scopus bei Jerusalem, 1936–1938, Lageplan

Die Kontinuität der Horizontalen ist noch stärker ausgeprägt bei Mendelsohns Bauten in Palästina, wo er seine Architektur der offenen Wüstenlandschaft entgegenstellen mußte; deutlich zu sehen beispielsweise bei den Hadassah-Kliniken auf dem Berg Scopus bei Jerusalem, erbaut 1938 als Teil der Hebrew University. Es schmerzt, wie sehr dieser monumentale, auf einem langgestreckten Hügel errichtete Komplex im Laufe der Jahre durch eine unsensible Erweiterung nach der anderen total verunstaltet wurde und damit auf einen beklagenswerten Architekturbarbarismus verweist, der Mendelsohn bereits vor einem halben Jahrhundert bewußt war, als er schrieb:
»Ich habe alle Gebäude auf dem Skopus besichtigt. Ein gottgeborenes Stück Land – zwischen Dead Sea und Mediterranee – ist von Teufelshänden verdorben worden. Ein jämmerliches Stümpern von Inkompetenz und Selfcomplacency. Ich fühle mich wie Jeremias – tief bedrückt und innerlich verletzt. Das hält noch vor und macht mich selbst widerspenstig, hart und unsicher.«[5] Und: »Es handelt sich nicht nur um Rosenblum building, hostel building, Hadassah, sondern um die neue Planung der gesamten Universitätsanlage, die unbeschreiblich erschütternd grossartig liegt, aber

14 Erich Mendelsohn,
Haus Chaim Weizmann, Rehoboth
bei Tel Aviv, 1936/37

erschütternd kleinmütig aufgetakelt, hingerotzt ist. (Hierfür will ich den High Commissioneer erwärmen. Eine schöne Aussicht, wenn auch erst in Jahren vollendbar ...)«[6]

Der Hadassah-Komplex, eine mit poliertem Jerusalem-Stein senkrecht verkleidete Stahlbetonkonstruktion, verlangte von Mendelsohn eine völlige Veränderung seiner architektonischen Syntax. Das Wüstenklima erforderte eine starke Verkleinerung der Fenster, so daß Kontinuität nur durch die Horizontalität des Gesamtvolumens erreicht werden konnte. Da die Bauherrschaft bei diesem Projekt die für Mendelsohn charakteristische geschwungene Form als verbindendes Element ablehnte, übernahmen »Podium« und Dach die Aufgabe, die bauliche Anlage zusammenzubinden.

So wie Mendelsohn bei seinem Gebäudekomplex auf dem Berg Scopus die Topographie einbezog, tat er es noch entschiedener in seiner Skizze für eine Synagoge in den Bergen von Judäa aus dem Jahr 1934 und in seinem Entwurf für das Haus Weizmann, das 1936/37 auf den Sanddünen von Rehoboth errichtet wurde. Über dieses Haus schrieb er mit Bezug auf sein eigenes Wohnhaus in Berlin:

»Die Hügellage und das flache Meer. Ich sehe ein Haus vor mir, das dem von Rupenhorn ähnlich sieht, aber von grösserer innerer Vitalität. ... Ein Haus, eine herrschaftliche Residenz. Es steht an der richtigen Stelle, es erhebt sich dort, wo das Grundstück abfällt. Judäa und seine Täler gehören ihm, denn es gibt den Blick in weite Fernen frei, aber dann zieht es sich in die Frische seines Innenhofes zurück ...«[7]

Wie Alvar Aalto, der elf Jahre jünger war, entwarf Mendelsohn seine wichtigen, öffentlichen Bauten als Großbauformen; allerdings kommen bei ihm im Gegensatz zu Aalto keine geneigten Dächer vor, wie zum Beispiel bei dessen Rathaus in Säynätsalo von 1949 oder der 1979 in Helsinki errichteten Konzerthalle »Finlandia«. Beide Architekten aber gestalteten das moderne Monument als geologische Metapher, die wie eine städtische Schichtung oder alternativ als Auswuchs aus der Landschaft geschaffen wurde.

Wir sind zur allgemeinen Bedeutung von Mendelsohns Werk für die heutige Zeit zurückgekehrt, zum offenkundigen Bedarf an städtebaulichen Großformen, um der chaotischen Formlosigkeit der Megalopolis Struktur und Identität geben zu können.

Aus dem Englischen von Romana Schneider

1 Zit. nach Oskar Beyer (Hrsg.), *Erich Mendelsohn. Briefe eines Architekten,* München 1961, S. 57.

2 Zit. nach Erich Mendelsohn, *Das Gesamtschaffen des Architekten. Skizzen, Entwürfe, Bauten*, Berlin 1930, S. 34.

3 Ebd., S. 28.

4 Zit. nach: Arnold Whittick, *Eric Mendelsohn*, 2. Aufl., London 1956, S. 102.

5 Brief Erich Mendelsohns an Luise Mendelsohn vom 27. 12. 1934. Originalabschrift aus dem Besitz von Ita Heinze-Greenberg.

6 Brief Erich Mendelsohns an Luise Mendelsohn vom 12. 12. 1934. Vgl. Anm. 5.

7 Zit. nach Bruno Zevi, *Erich Mendelsohn,* Zürich 1983, S. 144.

1 El Lissitzky,
Wolkenbügel, 1923

Das Monumentale: latent oder offenkundig

Jean-Louis Cohen

Die Strategien der Bewegung der Moderne sollen, so viele ihrer unmittelbaren Protagonisten und die meisten ihrer Chronisten, nicht nur zur Monumentalarchitektur, sondern zum Begriff des Monuments überhaupt entschieden in Opposition gestanden haben. Das träfe allerdings nur dann zu, wenn die radikalen Architekten sich sämtlichen Gedenkprogrammen verweigert und die seit den zwanziger Jahren veranstalteten spektakulären Großwettbewerbe für die Zentralen der politischen oder wirtschaftlichen Organisationen der Neuzeit entschlossen boykottiert hätten. Bekanntermaßen war dem nicht so, und die Tendenz zum Monumentalen ist keineswegs zusammen mit den Eklektizismen des 19. Jahrhunderts verschwunden.

Als Le Corbusier 1923 in der *Fröhlichen Wissenschaft* von Friedrich Nietzsche den Text »Sanctus Januarius« entdeckt – der mit ihm befreundete Maler Amédée Ozenfant hatte ihm das Buch geschenkt –, unterstreicht er in der Passage »Architektur der Erkennenden«: »Es bedarf einmal und wahrscheinlich bald einmal der Einsicht, was vor Allem unseren grossen Städten fehlt: stille und weite, weitgedehnte Orte zum Nachdenken, Orte mit hochräumigen langen Hallengängen für schlechtes und allzu sonniges Wetter, wohin kein Geräusch der Wagen und der Ausrufer dringt und wo ein feiner Anstand selbst dem Priester das laute Beten untersagen würde: Bauwerke und Anlagen, welche als Ganzes die Erhabenheit des Sich-Besinnens und Bei-Seitegehens ausdrücken.«[1]

Als Gegengewicht zu der »sehr viel zu pathetischen und zu engen Sprache« der Kirchengebäude verlangt Nietzsche Orte, in denen wir wandeln können, um »*in uns* spazieren [zu] gehen«. Obgleich diese Lektüre wohl ohne unmittelbaren Einfluß auf die Werke von Le Corbusiers puristischer Schaffensperiode blieb, hatte sie dreißig Jahre später einige Wirkung auf die Entwürfe für Chandigarh. Übrigens war er bei weitem nicht der einzige Architekt unter den Lesern des deutschen Philosophen. Zahlreiche große Vertreter der europäischen Architektur vermochten aus Nietzsches Schriften die Sehnsucht nach modernen Entsprechungen des Turms oder der Pyramide zu lesen, obgleich diese Haltung scheinbar zu dem Nihilismus, der in anderen Teilen seines Werks zum Ausdruck kommt, im Widerspruch steht.

Interessanterweise findet sich eine der ergiebigsten Reflexionen über die Frage des Denkmals einige Jahre nach Nietzsches Tod in einer 1903 veröffentlichten Schrift des Wiener Kunsthistorikers Alois Riegl mit dem Titel *Der Moderne Denkmalkultus*.[2] Obgleich der Autor von der Erhaltung des bestehenden Erbes ausgeht, bahnt er einem zukunftsgerichteten Denken den Weg. Der direkte Einfluß von Riegls schmalem Werk ist ganz sicher verschwindend gering gewesen, doch die Darstellung des Problems bleibt erhellend. Riegl schafft eine überzeugende Kategorisierung der Denkmäler, zunächst nach ihrer Intentionalität – *gewollt* oder *ungewollt* –, sodann nach *Kunstwert* und *Erinnerungswert*, dem *Alterswert*, dem *historischen Wert*, dem *Entwicklungswert* und schließlich dem *Neuheitswert*.

Obgleich seine Untersuchung sich vornehmlich den Problemen der Erhaltung von *historischen* Denkmälern widmet, schließt Riegl den Gebrauchswert für die Gegenwart nicht aus und fragt daher nach dem *Gegenwartswert* mancher Monumente. Für ihn besitzen die meisten Denkmäler »die Fähigkeit, auch solche sinnliche[n] oder geistige[n] Bedürfnisse von Menschen zu befriedigen, für deren Stillung sich ebensogut (wo nicht noch besser) neue moderne Gebilde eignen würden«. Die modernen Monumente weisen für ihn zugleich einen *Gebrauchswert* und einen *Kunstwert* auf. Riegl unterscheidet namentlich den elementaren *Kunstwert* oder *Neuheitswert* von einem relativen *Kunstwert*, »der mit dem modernen *Kunstwollen* identisch« ist.[3]

Riegls Differenzierung wirft ein deutliches Licht auf Gegensätze, die die Architektur des 20. Jahrhunderts durchziehen werden, aufgeworfen durch unterschiedliche Auffassungen des *Kunstwerts*. Die Konservativen setzen ihn mit der Kontinuität »bewährter« Kompositionsmethoden gleich, wobei die verwendeten Elemente frei-

2 Walter Gropius,
Denkmal für die Märzgefallenen,
Weimar, 1920–1922
Zeichnung: Farkas Molnár

3 Ludwig Mies van der Rohe,
Denkmal für Karl Liebknecht und
Rosa Luxemburg, Berlin, 1926

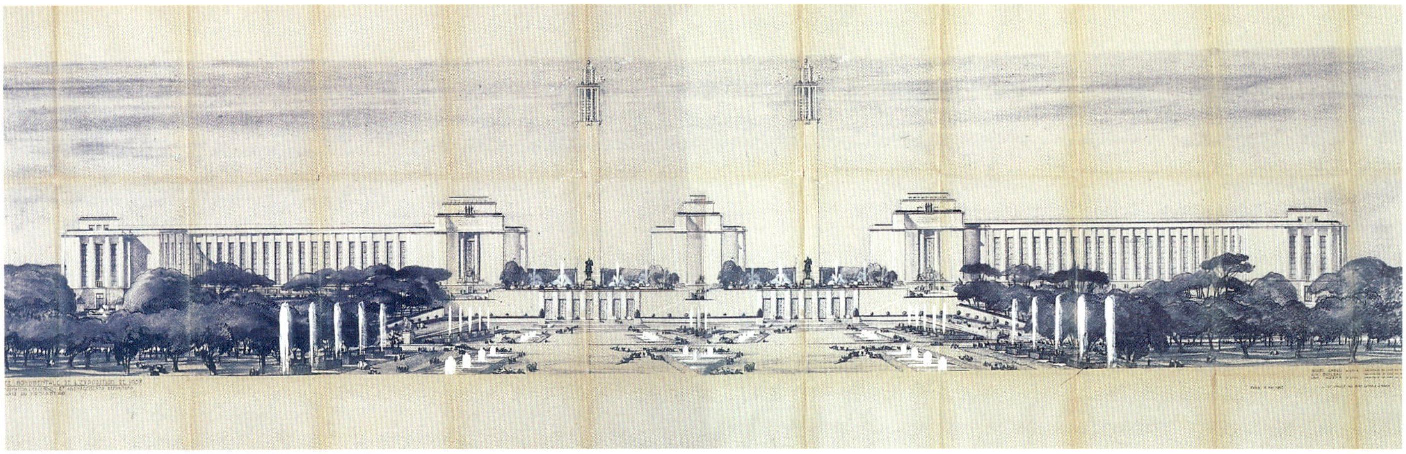

4 Jacques Carlu, mit Louis Boileau und Léon Azéma, Palais de Chaillot, Paris 1937, Hauptfassade

5 Hugh Ferriss, die drei Wolkenkratzer der zukünftigen Stadt, 1929

lich auch neuen Zwecken dienstbar gemacht werden können; die radikalen Architekten hingegen sehen den *Kunstwert* viel eher in ästhetischen Strategien, die auf neuen Modellen fußen, welche meist von außen in die Architektur getragen werden. In dem von diesem Gegensatzpaar abgesteckten Raum spielen sich die grundsätzlichen Kontroversen ab.

Moderne und Bedürfnis nach dem Monumentalen

Das Bedürfnis nach dem Monumentalen verschwindet im 20. Jahrhundert durchaus nicht unter dem Druck der Moderne, es besteht fort und erneuert sich mit Hilfe der verschiedensten Quellen und Helfer. Bis zu einem gewissen Grad kann man von einer Demokratisierung des Bedürfnisses nach dem Monumentalen sprechen, insofern als gesellschaftliche Kräfte, von denen bislang keine Bauaufträge hatten ausgehen können, imstande sind, eine monumentale Architektur zu formulieren und zu realisieren. Was das *Denkmal* im eigentlichen Sinn angeht, so zeigt sich die Dimension des Gedenkens oder Erinnerns häufig in Bauten der Staatspolitik oder anderer politischer Kräfte: sei es das Gedenken an die Napoleonischen Schlachten (Völkerschlachtdenkmal von Bruno Schmitz in Leipzig) oder an das Risorgimento (Denkmal für Viktor Emanuel II. von Giuseppe Sacconi in Rom), sei es dasjenige an andere Schlachten, an die Gemetzel der Kriege und Revolutionen – neben der umfangreichen sowjetischen Produktion seien hier nur Walter Gropius' Märzgefallenendenkmal und Mies van der Rohes Denkmal für Karl Liebknecht und Rosa Luxemburg erwähnt.

Außerdem verlangten die neuen ökonomischen und politischen Kräfte ausdrücklich monumentale Gebäude als Sitz ihrer Führung oder ihres Apparats. Dies wirkt sich nicht nur in Form der umfangreichen Bauprogramme aus, an die man als erstes denkt: die großen Paläste der Nationalsozialisten oder Stalins. Ganz offensichtlich versuchen autoritäre und totalitäre Regime, mit architektonischen Mitteln die symbolische Struktur der Städte umzugestalten – durch städtebauliche Ensembles oder Konzentrationspunkte, welche zu den traditionellen Zentren in Konkurrenz treten. Diese exhibitionistische Tendenz der monumentalen Äußerung wird sogar an eher abgelegenen Orten spürbar, so an den nationalsozialistischen Konzentrationslagern, denen durch Tore, Türme und pseudomittelalterliche Elemente der Anschein von Zitadellen gegeben wurde.[4] Auch demokratische Regierungen verwerfen jedoch die monumentale architektonische Rhetorik durchaus nicht – man denke an das Pariser Palais de Chaillot oder an die Säulen des Federal Triangle in Washington.

Weiter ist das Monumentale ein Grundelement in der Planung und Anordnung der amerikanischen Wolkenkratzer. Eng an Finanzwelt und Handel gebunden,[5] dienen die Gebäude an der Südspitze Manhattans zugleich einer symbolischen Strategie der Identifikation der Unternehmen (die großen Tageszeitungen und Unternehmen wie Woolworth und Singer) oder der Administration (Stadtverwaltung von New York) mit deren Wolkenkratzern. Und auf die Frage, wie das architektonische Durcheinander, das durch die Konkurrenz der Riesengebäude entsteht, visuell zu rationalisieren wäre, antwortet beispielsweise Hugh Ferriss mit dem Entwurf eines enormen dreigeteilten Bauwerks aus Megawolkenkratzern, aus wahrhaften Tempeln der Wirtschaft, Wissenschaft und Kunst.[6]

Die Politik der Konzerne verzichtet nicht auf das Monumentale: Albert Kahns großer »Bürobienenkorb« für General Motors in Detroit ist ein Vorbild für den moderneren, dynamischeren Entwurf von Hans Poelzig für die I.G. Farben in Frankfurt am Main. In Zeiten, da das äußere Erscheinungsbild der Fabriken zur Werbestrategie der Unternehmen gehört, werden auch die Produktionsorte monumental (wiederum Albert Kahn).[7] Und natürlich verwenden gerade die Presse und die anderen Medien häufig monumentale Architektur zur Verstärkung ihrer öffentlichen Präsenz.[8]

6 Albert Kahn, Verwaltungsgebäude von General Motors, Detroit, 1924

Monumentalität und Gesellschaftspolitik

Die Monumentalisierung der Moderne beschränkt sich freilich nicht auf die Zentren der Industrie, sondern betrifft gleichermaßen die Orte von Waren- und Menschenverkehr: so die Bahnhöfe, die im 20. Jahrhundert unablässig errichtet wurden oder wiedererrichtet werden mußten (in Frankreich nach 1945, aber auch bereits nach 1918). Das Aufkommen der Flughäfen ging einher mit der Suche nach monumentalen Formen, die für die horizontale Ausdehnung der Gebäude geeignet waren und zugleich den Konflikt zwischen der Stadtarchitektur und dem technisch gegebenen Raumbedarf der Flugzeuge und deren Wartung lösten. Die Zunahme der Bevölkerung in den Städten und des Warenaustauschs bedingte auch das Entstehen von Großmärkten, Molkereizentralen und nicht zuletzt von Friedhöfen. So wurden zum Beispiel ab 1900 zahlreiche moderne Krematorien geplant und errichtet.

Im Bereich der gesellschaftlichen Reproduktion sucht die auf Modernisierung bedachte Gesellschaftspolitik nach Visualisierungen der Versorgungssysteme inner-

7 Telephone Building, Municipal Building, Woolworth Building und Transportation Building in New York, vom Hudson River aus gesehen, Aufnahme um 1915

8 Auguste Perret,
Musée des Travaux Publics, Paris,
1937

halb des städtischen Raums. So bringen die Bildungspolitik, die sich seit Ende des 19. Jahrhunderts formte, und die Sport- und Gesundheitspolitik, die sich bald dazugesellte, ausdifferenzierte bauliche Hierarchien hervor. Auch eine weitere neue Komponente, die Kultur, jetzt ein Teil des öffentlichen Zusammenlebens, schafft sich ihre Gebäude: von den sozialistischen Volkshäusern bis zu den Kulturzentren, Clubs und Volkspalästen, die bisweilen architektonische Zwiesprache mit den Kirchen halten und mit den Kinos, jenen Tempeln der kommerziellen Kultur. Diese Politik kommt den Überlegungen derjenigen Architekten entgegen, die die Orte, an denen die Öffentlichkeit sich versammelt, zentral in der Stadt verankern wollen, wie es zum Beispiel in dem von Bruno Taut geprägten Begriff der »Stadtkrone« zum Ausdruck kommt.

Auch die Wohnarchitektur ist vom Monumentalen fasziniert. Da nun Unternehmen, Stadtverwaltungen, Genossenschaften oder der Staat Wohnungsbauprogramme von unerhörtem Umfang in die Wege leiten, stellt sich natürlich die Frage nach deren Lesbarkeit. Wie soll man Häuserblöcke, Inselchen der Rationalität, in den vom Markt regierten städtischen Ozean plazieren? Der Wunsch nach einer identifizierbaren Struktur dieser Programme führt schnell zu monumentalen Schöpfungen: die Wiener *Höfe*, die Hochhaussiedlungen am Pariser Stadtrand, die Türme oder langgestreckten Gebäude in den Niederlanden und so weiter.

Diese rege Nachfrage forderte intellektuelle Problembewältigung und angemessene Planungsstrategien von den konkurrierenden Strömungen der europäischen Baukultur. Den Parteigängern schlichter Reproduktion und behutsamer Anpassung konservativer Methoden bereitete dies über das Problem des schieren Maßstabs hinaus keinerlei Schwierigkeiten. Diejenigen Architekten hingegen, die sich für radikale Neuerungen einsetzten, mußten sehr viel diffiziler mit Doktrinen und Planungen jonglieren, wenn sie dieser Situation entsprechen wollten, ohne der monumentalen Tradition zu folgen.

Vor dreißig Jahren haben Colin Rowe und Robert Slutzky die an die Materialien gebundene »wesensmäßige« Transparenz der als »erscheinungsmäßig« angesehenen Transparenz der Räume gegenübergestellt.[9] Analog zu ihrer Darstellung könnte man auch den Begriff des Monumentalen neu fassen. So ließe sich in der Bauproduktion seit 1900 eine *offenkundige*, manifeste Monumentalität erkennen, die vorgefundene Schemata reproduziert – sie, falls nötig, allenfalls leicht verändert und anpaßt – aus einer gewissen Angst davor, die Kontinuität preiszugeben, den Kontakt mit den Programmen, Methoden und Formen der Vergangenheit zu verlieren. Um sich von dieser Haltung abzugrenzen, weigerten sich die Anhänger der verschiedenen Strömungen der Moderne lange, überhaupt Monumentales zu bauen. Nichtsdestoweniger pflegten sie eine Art *latenter* Monumentalität, indem sie auf Umwegen einer entsprechenden Nachfrage zu genügen suchten und dabei nicht das Monumentale als solches verwarfen, sondern es insgeheim neuen Gestaltungen zuführten.

Die Sackgassen des offenkundig Monumentalen

Die akademische Architektur wurde von den radikalen Ansätzen des 20. Jahrhunderts nicht etwa weggefegt, sondern erlebte eine lange Agonie, durchsetzt von spektakulären Zuckungen, deren jüngste im postmodernen Neoklassizismus der achtziger Jahre bestand. Bereits gegen Ende des 19. Jahrhunderts hatten die Theoretiker der Pariser École des Beaux-Arts aus Axialität, Symmetrie, Integration der Künste und figurativer Rhetorik ihre konservative Doktrin formuliert und diese mittels des Umbauprogramms von Haussmann der französischen Kapitale eingeschrieben, eine Doktrin, die zu ihrer Zeit als alleinherrschend gelten und geradezu einen vorweggenommenen »international style« prägen konnte.[10]

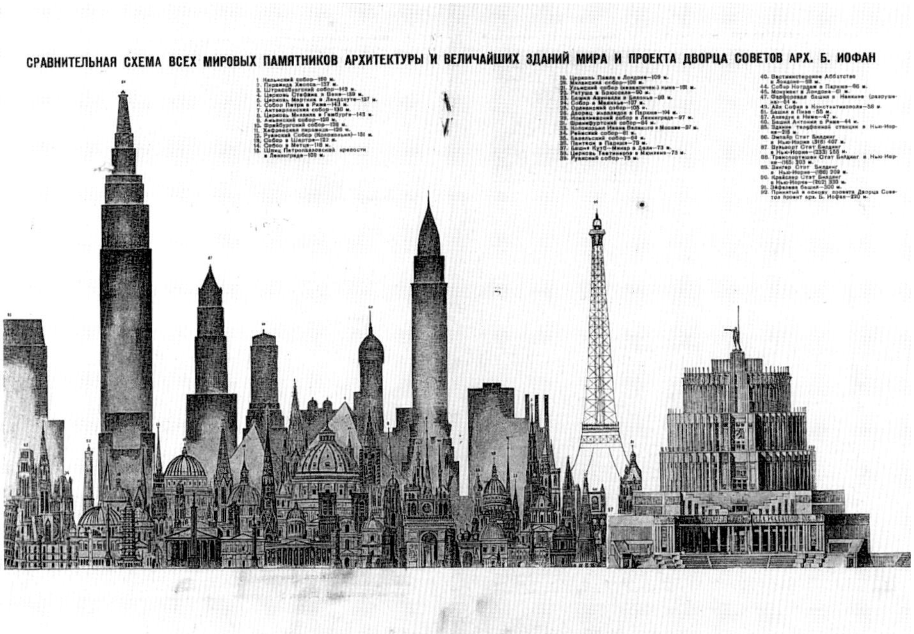

9 Boris Iofan, Wettbewerbsentwurf für den Sowjetpalast, Moskau, 1932, Vergleich mit den größten Bauten der Welt

Dabei fehlte es auch zu jener Zeit nicht an Reformversuchen. Wenn Otto Wagner in Wien die Verwendung klassischer Elemente verweigerte, bezweifelte er doch keineswegs die grundlegenden Kompositionsprinzipien der akademischen Schule. Camillo Sitte seinerseits sucht vor allem eine malerische Ausrichtung bei der Plazierung der Bauwerke – ein Prinzip, das die ersten Städteplaner und Entwerfer der Gartenstädte wiederaufnehmen sollten. Zwar wurde die akademische Bautradition – durch die Verwendung manch neuer industrieller Materialien und die Erweiterung der Ornamentik – durch Bewegungen wie die Sezession und den Jugendstil oberflächlich gesehen transformiert, jedoch konnte der moderne Traditionalismus, etwa eines Auguste Perret, sie nicht grundsätzlich in Frage stellen. Die Verbindung eines architektonischen Rationalismus, der sich in der Struktur der Gebäude ausdrückte, mit den hergebrachten axialen und hierarchischen Kompositionen verfestigte sich unter anderem in dem Bau des Musée des Travaux Publics von 1937.

Die akademischen Architekten behalten praktisch während der gesamten ersten Hälfte unseres Jahrhunderts die Kontrolle über die großen öffentlichen Aufträge. Sie planen als einzige die Denkmäler nach dem Ersten Weltkrieg und errichten die meisten des Zweiten Weltkriegs. Sie gewinnen die großen Wettbewerbe wie den für den Völkerbundpalast in Genf und bleiben die vorherrschende Kraft bei der Konzeption der internationalen Ausstellungen, bisweilen um den Preis einer gewissen Anpassung an das, was gerade im Schwange war. Die Staatspolitik favorisiert meist Lösungen aus der etablierten Elite der Zunft, bis auf wenige Ausnahmen – darunter die ersten Pläne der Bolschewisten, diejenigen in der Tschechoslowakei und einige wenige in Italien.

Allen totalitären Regimen war die Absicht gemein, die Stadt vollkommen durchzuformen, was dazu führte, daß praktisch der gesamte städtische Raum monumentalen Praktiken unterzogen wurde. Das gilt vor allem im Kontext des »sozialistischen Realismus« der UdSSR, wo eine *architecture parlante* praktiziert wurde, die mit erkennbaren Zeichen die staatlichen, kulturellen und wirtschaftlichen Organisationen sichtbar machte und auch für den Wohnungsbau besondere monumentale Lösungen entwickelte. Dieses Programm reicht bis zu Gebäuden, die als rein technisch gelten, darunter Schleusenbauwerke an Kanälen oder U-Bahn-Stationen. Das

10 J. J. P. Oud, Shell-Verwaltungsgebäude, Den Haag, 1938

11 Antonio Vilar, Automobil-Club, Buenos Aires, 1943

12 André Lurçat, Wettbewerbsentwurf für die Akademie der Wissenschaften, Moskau, 1934

Stadtensemble wird in diesen Fällen zu einer geschlossenen monumentalen Einheit transformiert, in allen Details festgelegt, vom wichtigsten Gebäude der Macht – Iofans plumpem Palast des obersten Sowjets – bis hinunter zu den Telephonzellen.[11]
Der institutionelle und ideologische Widerstand konservativer Ideologien brachte so manch modernen Architekten in Versuchung, diesem Druck nachzugeben. Das wirkt sich in den dreißiger Jahren bei mehreren Projekten von Le Corbusier und Mies van der Rohe direkt aus. Auch andere Protagonisten der Moderne, die in den zwanziger Jahren zu den Radikalen gehört hatten, beugten sich teilweise der Tradition und integrierten klassische Elemente. Eine solche Hinwendung zum Symmetrischen und zum Monumentalismus zeigt sich 1934 im Werk des Franzosen André Lurçat, namentlich in seinem Entwurf für den Wettbewerb der Moskauer Akademie der Wissenschaften, der unter dem ideologischen Druck des Stalinismus entsteht.[12] Lurçat gewinnt für seine Unternehmung übrigens den Schriftsteller Paul Nizan, der ihm bescheinigt, er habe den gesunden Anteil des Funktionalismus bewahrt, diese Theorie jedoch überwunden, sei weitergegangen und zu den Anforderungen des monumentalen Bauens durchgedrungen.
Ein anderer Vertreter dieser Rückkehr zum manifest Monumentalen, das aus seinen Werken der zwanziger Jahre vollkommen verbannt war, ist J. J. P. Oud mit seinem Firmensitz für Shell in Den Haag; der Entwurf fußt auf Gedanken, die denen Lurçats entsprachen, war aber nicht unter dem Druck der sowjetischen Diskussion entstanden.[13] Die Symmetrie dieses Gebäudes bescherte ihm übrigens sarkastische Kritik von Philip Johnson, der enttäuscht war von der Entwicklung des Architekten, den er in den Vereinigten Staaten bekanntgemacht hatte, zumal bei der Ausstellung des Museum of Modern Art im Jahre 1932. Lurçats und Ouds Entwürfe verbinden monumentale Kompositionen mit nach wie vor modernen architektonischen Elementen und Kompositionen. Parallel entstehen andere Arten von hybriden Bauwerken, in denen verschiedene monumentale Strömungen koexistieren. Ein Beispiel ist der Automobile Club von Buenos Aires, 1943 von Antonio Vilar erbaut, der den sachlichen Halbzylinder des Parkhauses hinter dem düsteren Portikus seiner zur Avenida del Libertador weisenden Fassade verbirgt. Der Kontrast dieser beiden Gebäudeteile verstärkt sich noch durch den Gegensatz zwischen dem Backstein, mit dem das sechsgeschossige Parkhaus verkleidet ist, und der steinernen zwölfgeschossigen Fassadenfront.

13 Le Corbusier, Entwurf eines Denkmals für Paul Vaillant-Couturier, Villejuif, 1938

Die Strategien des latent Monumentalen

Im Jahre 1943 dann scheinen die Forderungen der Moderne wieder in das Denken der radikalen Architekten und Kritiker Einzug zu halten, als nämlich José Luis Sert, Fernand Léger und Sigfried Giedion in den Vereinigten Staaten ihre »Nine Points on Monumentality«[14] verfassen. Sie stellen hier fest: »Die letzten hundert Jahre waren Zeuge der *Entwertung der Monumentalität*« (Punkt 4). Und: »Dieser Verfall und Mißbrauch der Monumentalität ist der Hauptgrund, weshalb die modernen Architekten Monumenten mißtrauen« (Punkt 5). Dieses Mißtrauen und die daraus folgende Ablehnung war, das muß man allerdings sagen, weder einmütig noch global.

Obgleich aber das traditionelle Monument von den radikalen Modernisten abgelehnt wurde, griffen sie dennoch mehr oder weniger verstohlen zu Lösungen, die Monumentales in sich bargen. Der latente Monumentalismus erscheint dort, wo man versucht, sich von der repetitiven Textur der Stadt zu unterscheiden, und zwar durch Gebäude, die für besondere kollektive Werte stehen sollen. Die Strategie beim Erzeugen dieses Unterschieds bringt die Modernen in Widerspruch zu den Konservativen und den Traditionalisten. Während sie wie gesagt das Monument eigentlich ablehnten, blieben sie einer Differenzierung anhand nichtakademischer Techniken verhaftet. So wurden die von der École des Beaux-Arts vorgegebenen Prinzipien von Hierarchie und Zentralität und die romantische Formensprache durch Anordnungsprinzipien ersetzt, die auf anderen Paradigmen fußten.

Wenn der von Riegl definierte *Erinnerungswert* prädominiert, kann ein eher symbolisches als buchstäbliches Prinzip greifen – so, wie es Denkmäler erlauben. Obgleich die beiden Weltkriege die *Denkmal*-Frage nur noch dringlicher stellen, blieb sie offen. Das von Walter Gropius 1923 auf dem Weimarer Friedhof errichtete Märzgefallenendenkmal ist eine Metapher des revolutionären Eifers, der zu derselben Zeit auch in zahlreichen Projekten in Rußland beschworen wird, im Rahmen von Lenins »Monumentalpropaganda«, die vor allem das Gedenken an die Höhepunkte der Revolutionsgeschichte und der Arbeiterbewegung fördern sollte. In Mies van der Rohes Denkmal für die ermordeten Karl Liebknecht und Rosa Luxemburg auf dem Friedhof in Berlin-Friedrichsfelde entsteht der stärkste Eindruck durch die realistische Wirkung der Mauer, gefördert noch durch das Spiel mit

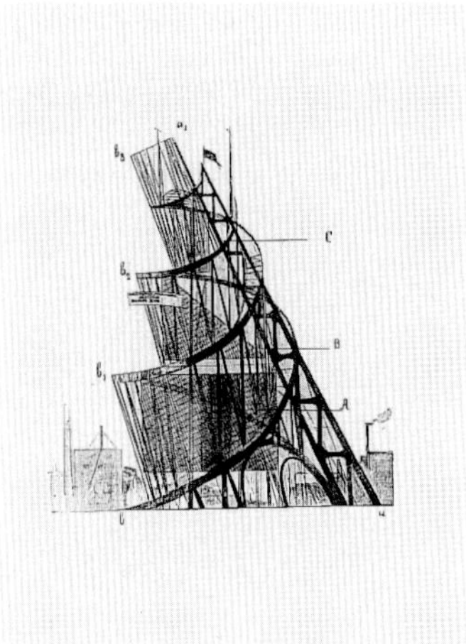

14 Wladimir Tatlin,
Entwurf eines Denkmals für die Dritte Internationale, 1919/20

15 Giuseppe Terragni,
Monumento ai caduti, Como, 1932

kantigen Backsteinblöcken. Mies bestätigt in einem Interview, daß er die Mauer bewußt quadratisch angelegt hat, denn »Klarheit und Wahrheit sollten sich begegnen – gegen den Dunst, der aufgestiegen war und die Hoffnungen gemordet hatte. Die Hoffnungen ... auf eine beständige deutsche Republik.«[15]

Ein weiteres Projekt für die kommunistische Linke, diesmal von Le Corbusier, der damals seine konservativen Kontakte vergessen machen wollte, ist das Denkmal für Paul Vaillant-Couturier, das 1938 ebenfalls eine Strategie des Symbols verkörpert. Dieses große Ensemble von geometrischen Körpern sollte ursprünglich an einer großen Ausfallstraße nach Paris errichtet werden, auf dem Gebiet der Gemeinde Villejuif, deren Bürgermeister Vaillant-Couturier gewesen war. Mit seiner horizontalen Ausrichtung, seinem Maßstab und dem Aufstellungsort erprobt dieses Denkmal die neuen, von der Geschwindigkeit erforderten Wahrnehmungsweisen und ist so ein Meilenstein für das Nachdenken über den Straßenraum im Zeitalter des Automobils. Le Corbusier schreibt: »Das Denkmal trotzt der Route d'Italie«, es »bietet sich von sehr weit den Reisenden dar ... als wäre es der erste Grenzstein von Paris«, und so kann es »eine Botschaft mitteilen«.[16] Diese Botschaft geht von den figurativen Komponenten des Denkmals aus, die ein in sich widersprüchliches Ensemble bilden: mit den »drei symbolischen Motiven«, nämlich »dem Kopf des Redners, der Hand des Redners, dem Buch«. Gerade diese Hand ist nicht uninteressant. Für Le Corbusier ist sie ein Widerhall der »ausgestreckten Hand« des Führers der französischen kommunistischen Partei, Maurice Thorez, die er in einer Rede im April 1936 den katholischen Arbeitern reichte und die dann zu einem Symbol der antifaschistischen Einheit wurde. Nach 1945 hat das Motiv der Hand diese politischen Konnotationen verloren und wird zum Symbol von Geschenk und Austausch. Angesichts dieser gewandelten Bedeutung verwendet Le Corbusier nun »die geöffnete Hand« neu, bevor sie später als Denkmal die Realisierung von Chandigarh beschließen soll.

Der wesentliche Beitrag der Moderne ist jedoch die Reflexion über das Monument in seiner Kraft der *Antizipation*, als Evokation der Zukunft also, nicht in der Funktion des Gedenkens oder Erinnerns. Hier tritt der von Riegl formulierte *Gegenwartswert* zutage; möglicherweise könnte man sogar von einem *Zunkunftswert* sprechen. Ein Zeugnis der Begegnung von Vergangenheit und Zukunft ist das *Monumento ai caduti*, das Gefallenendenkmal von Giuseppe Terragni, nach einem Entwurf von Antonio Sant'Elia in Como realisiert. Hier ist das Gedenken nur noch potentiell, ist an die seltenen Male geknüpft, bei denen an dem Ort des Monuments Zeremonien stattfinden; das Werk selbst aber materialisiert eine Antizipation der futuristischen Architektur, wie sie sich in Bauten der Schwerindustrie ausdrücken wird. Das fällt hier natürlich um einiges abstrakter aus als in Denkmälern im buchstäblichen Sinne, wie zum Beispiel dem Denkmal für die gefallenen Matrosen von Quirino De Giorgio (1930) in Form eines gepanzerten Bugs ...

Auf der Suche nach Möglichkeiten, die revolutionäre Dynamik zu verkörpern und die Bedeutung der Industrie darzustellen, entwickelte die russische Avantgarde einen theoretischen Rahmen und ein sehr ergiebiges Arsenal von Projekten. Einer der ersten Theoretiker des Konstruktivismus, Alexej Gan, regte an, die neuen Werke auf dem Begriff »Tektonik« zu gründen, der auf die Bewegung der Massen verweisen und zugleich ein vulkanisches Phänomen evozieren sollte. Eine solche Tektonik wollen die theoretischen Projekte der verschiedenen Strömungen in der Folgezeit herausarbeiten, von Wladimir Tatlins Denkmal für die III. Internationale bis hin zu den dynamischen Projekten der rationalistischen Architekten der ASNOVA (Assoziation neuer Architekten) wie Ladowskij oder Krinskij.

In ihren Projekten werden das Figurenregister und das realistische Pathos der früheren Denkmäler ersetzt durch die Evokation der Industriewelt. Diese öffentli-

16 Hannes Meyer und Hans Wittwer, Wettbewerbsprojekt für den Völkerbundpalast in Genf, 1926/27

chen Bauten wollen die Zukunft des Proletariats zeigen und setzen sie in eins mit der industriellen Entwicklung. Die verschiedensten Projektstrategien werden zu diesem Zweck entwickelt. Der Turm von Tatlin besteht aus »Eisen, Glas und Revolution«, er tritt in Konkurrenz zum Pariser Eiffelturm und entwickelt das Potential der Fetischmaterialien der Schwerindustrie, auf deren Produktion der Fünfjahresplan gerichtet war.

Die Projekte von Wladimir Krinskij oder Iwan Golosow hingegen verwenden die Motive der aneinandergereihten Sägedächer oder der vertikalen Hochöfen und spielen damit konkret auf Industriegebäude an. Auch der Wettbewerbsentwurf von Hannes Meyer für den Völkerbundpalast kann dieser Richtung zugeordnet werden. Das Paradigma der Maschine schließlich wird dann von den Konstruktivisten radikaler gefaßt, wenn Moissej Ginsburg eine an der tayloristischen Produktion angelehnte Darstellungsmethode sucht.

17 Le Corbusier,
Mundanéum, Genf, 1928, Projekt

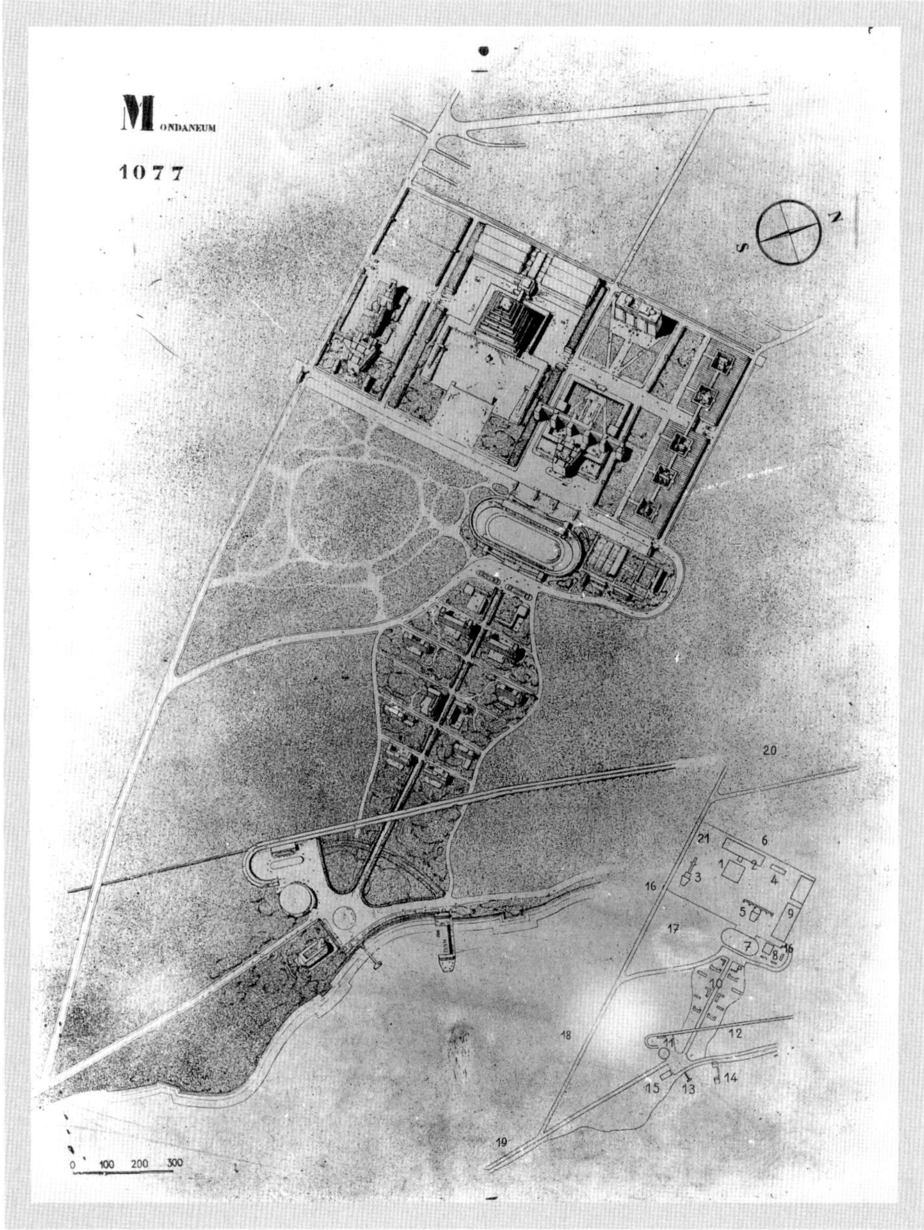

All diese Strömungen begegnen einander in den Wettbewerben Ende der zwanziger Jahre bis 1935. Die Ausschreibungen für den Sowjetpalast (1921–1934) und für das Volkskommissariat für die Schwerindustrie (NKTP, 1934/35), die das Antlitz Moskaus umgestalten sollten, führten zu Projekten, die jede Kontinuität der russischen monumentalen und ebenso der klassizistischen Tradition leugneten und statt dessen riesenhafte Anspielungen auf die industrielle Produktion in die Hauptstadt bringen wollten. Konstantin Melnikows poetisches Projekt für das NKTP oder auch dasjenige Leonidows mit seinen deformierten industriellen Körpern sind die deutlichsten Vertreter dieses programmatischen Sakrilegs. Der Traumcharakter dieser Gebäude, die dem Kreml Turbinenständer oder Kohleverflüssigungstürme gegenüberstellen wollten, findet sich dadurch bestätigt, daß der hier eingeleitete Prozeß mit den beiden Bewegungen koinzidiert, die laut Freud die Traumarbeit kennzeichnen: »Verschiebung« (hier der Elemente von Industrieanlagen) und »Verdichtung« (die Elemente werden bei dem Transfer deformiert und komprimiert).[17]

Nachdem El Lissitzky zu Beginn der zwanziger Jahre die Lenin-Rednertribüne und das Projekt »Wolkenbügel« geschaffen hatte – das eine Projekt arbeitet mit dem Motiv des Metallbaus, das andere mit dem des Wolkenkratzers –, denkt er über die Grenzen des Architektonischen nach, als er sich intensiverer Verlagstätigkeit zuwendet. Bereits 1924 hatte er in einem Artikel für *L'Esprit Nouveau* die »Mécanomanie« ironisiert,[18] die in Rußland das Äquivalent zum Denkmal-Größenwahn gewesen sein mag, wie Boullée ihn im revolutionären Frankreich sah. In einem Beitrag für das *Gutenberg-Jahrbuch* 1927 meint er, in der Sowjetunion werde das Buch »zum monumentalsten Kunstwerk«,[19] ein so großes Publikum erreiche es.

Wie tief die Kontroverse innerhalb der europäischen Avantgarde ging, wurde durch die Debatte deutlich, die 1928 anläßlich des »Mundaneum«-Projekts von Le Corbusier ausbrach. Der Übersichtsplan dieses Entwurfs einer »Weltstadt«, erstellt für den belgischen Philanthropen Paul Otlet in der Nähe von Genf, ist im Goldenen Schnitt gehalten; überdies will Le Corbusier dem »Weltmuseum«, dem Kernstück des Ensembles, die äußere Gestalt eines Zikkurats geben, eines babylonischen Stufenturms. Damit zieht er heftige Polemik von El Lissitzky und dem Prager Kritiker Karel Teige auf sich. Für diesen verkörpert das »Mundaneum«-Projekt den »Irrweg der Monumentalität (einer anderen, weniger brutalen Monumentalität als die der größenwahnsinnigen deutschen Architektur), den Irrweg des Palasts«. Er schreibt: »Das Kriterium der Nutzbarkeit, das einzig gültige Kriterium in der architektonischen Produktion, hat die moderne Architektur dahin geführt, die ›monströsen Körper der Monumentalität‹ aufzugeben und statt dessen ihr Gehirn zu pflegen: *anstelle und an der Stelle der Monumente schafft die Architektur jetzt Instrumente.*«[20]

Für Teige findet sich das Monumentale so auf den schlichten *Gebrauchswert* reduziert, wie Riegl ihn definiert hatte. Diese Reduktion, ja dieser totale Verzicht auf die Dimensionen des Erinnerns und des Symbols, schafft die Voraussetzungen dafür, daß das Monument nicht mehr von der Grundtextur der Stadt unterscheidbar ist. In der Tat orientiert sich die Nachfrage nach Monumentalem neu und richtet sich jetzt auf jene »Instrumente« par excellence: die großen Wohngebäude. Das moderne Monument ist jetzt das große Kollektivwohnhaus, das isoliert irgendwo außerhalb der funktionalen Stadt steht. Fast scheint innerhalb dieses sich antiakademisch gerierenden Monumentalismus jedes Gebäude tendenziell zum Monument zu werden: Dies gilt zumal für die kreuzförmigen oder »cartesianischen« Wolkenkratzer, die Le Corbusier zwischen 1925 und 1937 in seine Pläne für Paris einbringt. Die Skizzenfolge, mit der er zeigen will, daß seine Gebäude die moderne Entsprechung zu Notre-Dame, dem Invalidendom oder dem Triumphbogen sind, bestätigt mit einer Art metonymischer Schlußfolgerung, daß die Büros und Wohnungen, die er sich vorstellt, dazu berufen sind, Monumente zu sein, sogar wenn zu seinem Bedauern »die Akademiker nein sagen«.

Aldo Rossi sah im Unterschied zwischen dem »konstituierenden Gewebe« der Wohnviertel und den daraus hervorragenden, isolierten Monumenten die Grundlage städtischer Struktur; so stellt er es in *L'architettura della città* dar.[21] Wenn nun aber jedes Wohngebäude einen Monumentstatus beanspruchen kann, ist diese Kontinuität der Entstehungsweise der historischen Stadt gebrochen.[22] Das Radikale an den modernen Bauvorhaben erweist sich an diesem Verwischen des Unterschieds zum Monument viel deutlicher als an allem strategischen oder formalen Aufbegehren. Hier wird das Latente offenkundig: durch die Liquidierung eines Kontexts, mit dem zuvor eine subtilere Beziehung gepflegt wurde. Sämtliche in die Senkrechte strebenden Stadtplanungen sind eine Folge dieser Haltung, dank derer nach 1945 in allen europäischen Metropolen Wolkenkratzer aufkamen, und zwar nicht etwa als »objektive« Folge der allzu großen baulichen Verdichtung, sondern durchaus als verschleierte monumentale Geste.

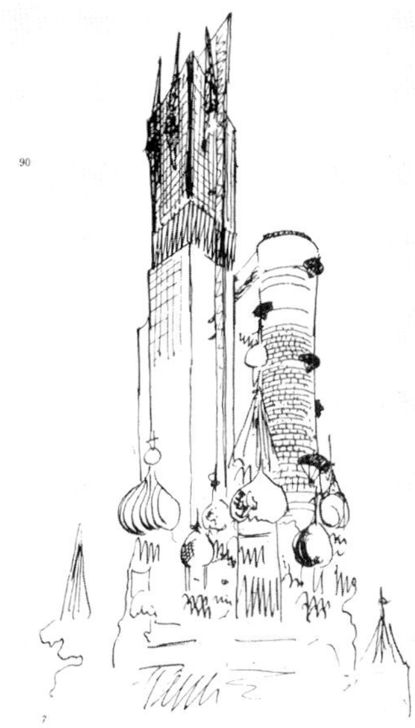

18 Iwan Leonidow,
Wettbewerbsentwurf für das Volkskommissariat der Schwerindustrie,
Moskau, 1934/35

19 Le Corbusier,
»Ici, l'académisme dit, Non!«,
Zeichnung aus »Précisions«, 1930

1 Ludwig Mies van der Rohe, Wettbewerbsentwurf für ein Bank- und Bürogebäude in Stuttgart, 1928, Photomontage

»Ein deutlicher Strich durch die Achse der Herrscher«. Diskussionen um Symmetrie, Achse und Monumentalität zwischen Kaiserreich und Bundesrepublik

Winfried Nerdinger

Achse, Symmetrie und Monumentalität sind seit der Antike architektonische Mittel zum Ausdruck von Macht und Herrschaft beziehungsweise zur Unterordnung des einzelnen unter die Wirkung übergreifender Großstrukturen. Von den altorientalischen Achsen-, Rampen- und Tempelsystemen über das römische Castrum und die Via triumphalis zu den barocken Herrschaftsgesten von St. Peter oder Versailles sind diese »dauernden Sinnbilder der Macht«[1] allgemein geläufig. In einem Aufsatz über »soziologische Ästhetik« lieferte Georg Simmel bereits 1896 die beste Beschreibung dieser Zusammenhänge: »Die Tendenz zu Symmetrie, zu gleichförmiger Anordnung der Elemente nach durchgehenden Prinzipien ist allen despotischen Gesellschaftsformen eigen. ... Die symmetrische Anordnung macht die Beherrschung der Vielen von einem Punkt aus leichter. Die Anstöße setzen sich länger, widerstandsloser, berechenbarer durch ein symmetrisch angeordnetes Medium fort, als wenn die innere Struktur und die Grenzen der Teile unregelmäßig und fluktuierend sind.«[2] – »Wenn Dinge und Menschen unter das Joch des Systems gebeugt – d.h. symmetrisch angeordnet – sind, so wird der Verstand am schnellsten mit ihnen fertig. Daher hat sowohl der Despotismus wie der Sozialismus besonders starke Neigungen zu symmetrischen Konstruktionen der Gesellschaft.«[3] Über den Zusammenhang von Herrschaft und Form hinaus sieht Simmel aber auch den »Reiz der Symmetrie«, das Hinzuwachsen einer ästhetischen Anziehungskraft, »die die Autokratie, die Unbedingtheit des einen Staatswillens auf viele Geister ausübt«.[4] So wie sich nach Simmel Despotie und Symmetrie entsprechen, so ist »die liberale Staatsform umgekehrt der Asymmetrie zugeneigt«. Simmel erläutert dies am Beispiel von England, wo die Symmetrie abgelehnt und die Anomalie geschützt wird: Das gesamte englische Verfassungsleben besteht darin, daß keine Normen von größerem Umfang aufgestellt werden, »als es der besondere Fall, um den es sich gerade handelt, erfordert«. Doch auch die Asymmetrie, die Befreiung des Individuellen, gewinnt einen ästhetischen Reiz, der aus dem Gefühl stammt, »daß diese Organisation das innere Leben des Staates zum typischsten Ausdruck und in die harmonischste Form bringe«.

Die von Simmel beschriebenen Zusammenhänge zwischen Staatsform und Architektur sollen im folgenden im Hinblick auf den mehrfachen Wechsel der Staatsform in Deutschland im 20. Jahrhundert und die damit verbundenen Forderungen an die Architektur nochmals hinterfragt werden.

Im »imperialen Zeitalter« (Eric J. Hobsbawm) sind Axialität, Symmetrie und Monumentalität keineswegs eindeutig der herrschenden reaktionären Staatsform zuzuordnen. Seit dem Erscheinen von Camillo Sittes *Der Städte-Bau nach seinen künstlerischen Grundsätzen* 1889 waren zwar die Architektur- und Städtebaudiskussionen zwei Jahrzehnte lang von dem Thema »krumme oder gerade Straßen«, Symmetrie oder Unregelmäßigkeit beherrscht, aber hinter Sittes Kampf gegen die »Modekrankheit Symmetrie« standen keine progressiven politischen Vorstellungen. Im Gegenteil, sein Verweis auf die Vorbildfunktion mittelalterlicher Platz- und Straßenanlagen zielte sowohl auf die Schaffung eines Heimatgefühls durch Architektur – und damit auf eine Bindung der Stadtbevölkerung an die Scholle – als auch auf eine bessere, das heißt wirtschaftlichere Ausnutzung des Bodens.[5] Die Antisymmetrie Sittes ist also politisch reaktionär motiviert. Umgekehrt konzipierte Otto Wagner seinen axialsymmetrischen Entwurf einer Großstadt bewußt gegen Sitte und die malerischen oder heimattümelnden Formen, denn »unser demokratisches Wesen ... hat die Uniformität unserer Wohnhäuser zur Folge ... aus ihrer Zusammenlagerung entstehen daher lange und gleiche Straßeneinfassungsflächen«.[6] Wenn Wagner die Axialsymmetrie empfahl, weil etwas »Selbstbewußtes in einer symmetrischen Anlage«[7] liege, dann zielte er also auf einen »demokratischen« Ausdruck in der Stadtform.

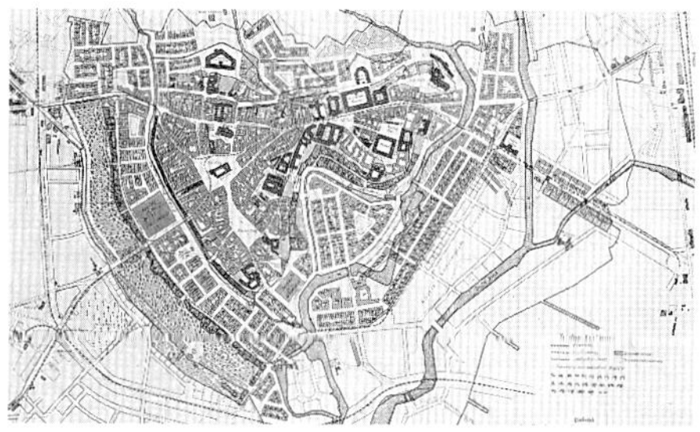

2 Camillo Sitte, Entwurf für die Stadterweiterung von Olmütz, 1894

3 Otto Wagner, Übersichtsplan des 22. Wiener Gemeindebezirks, 1910/11

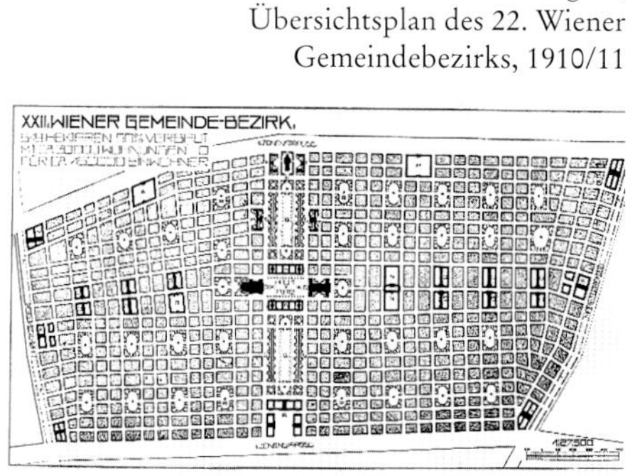

Im wilhelminischen Deutschland dürfte jedoch die Zuordnung von Axialität und Monumentalität zum herrschenden System allgemein geläufig gewesen sein. So konzipierte zum Beispiel Wilhelm II. seine Siegesallee in Berlin als architektonisch-plastische Demonstration der preußischen Adelsgenealogie gegen das von ihm verachtete »demokratische« Reichstagsgebäude, der Rembrandtdeutsche Julius Langbehn forderte »echte Monumentalität«[8] als »deutsche Kunst der Zukunft«, Moeller van den Bruck definierte den preußischen Stil als alle Deutschen »einigende Monumentalität«,[9] und aus dem Werkbundkreis entwickelte sich die Idee eines »neudeutschen« Monumentalstils.[10] Auch die Auseinandersetzungen um die Gestaltung des Berliner Königsplatzes in ein »vaterländisches Forum«[11] belegen, daß zumindest an Orten von zentraler Bedeutung ein Bezug zwischen Architektur und Politik immer präsent war. Vor dem Ersten Weltkrieg finden sich allerdings kaum Stimmen, die gegen den architektonischen Ausdruck der herrschenden Macht protestieren. Zu den wenigen zählt Paul Scheerbarth, der in einigen Artikeln das »Uniformwesen« der Hausfassaden und die schnurgeraden Straßenachsen als »Militarismus in der Architektur«[12] angriff. Analog nannte Josef Frank nach dem Weltkrieg die symmetrisch-gleichförmigen Wohnkisten »Menschenfresserarchitektur«.[13]

Als Bruno Taut gegen Ende des Ersten Weltkriegs seine Publikation *Die Stadtkrone* verfaßte und überlegte, welche Institution oder Idee »als Ausdruck des höchsten Bauwillens der neuen Stadt«[14] die bekrönende Spitze einer neuen Stadtanlage einnehmen sollte, kam er auf den »Sozialismus im unpolitischen, überpolitischen Sinne, fern von jeder Herrschaftsform«, der sich in Volks- und Kristallhäusern manifestieren sollte. Architektonisch ist Tauts »Stadtkrone« jedoch ganz konventionell axialsymmetrisch mit Monumentalbauten konzipiert. Der geläufige Ausdruck von Herrschaftsformen wird beibehalten, aber mit neuem Inhalt gefüllt, vergleichbar etwa der ebenfalls noch im Ersten Weltkrieg konzipierten, architektonisch diffusen »Friedensstadt« von Kampffmeyer oder der schlichten Umbenennung von Max Bergs »Jahrhunderthalle« in Breslau 1919 in »Dom der Republik« zur Feier von Revolution und neuem Staat. Erst acht Jahre später verwies Adolf Behne darauf, daß mit den alten Formen doch auch die alten Inhalte transportiert werden und daß deshalb die Idee der »Stadtkrone« ein Unding für die moderne Zeit sei. Zur »Stadtkrone« gehöre der Mauerkranz, die moderne Stadt müsse jedoch »offen nach allen Seiten« sein: »Wir müssen es uns zum Gesetz machen, daß wir keinerlei Form der Vergangenheit als Muster für unser Schaffen hinstellen, wenn wir nicht bereit sind, auch ihren *sachlichen Inhalt* zu bejahen.«[15] Deshalb lehnte Behne jede Übernahme historischer Formen ab, da damit immer alte Herrschaftsformen verbunden waren, und proklamierte eine ahistorische, radikal aus den Funktionen entwickelte Moderne als einzig möglichen Ausdruck einer neuen Zeit.

Nach dem Sturz des Kaiserreichs und der Etablierung der ersten deutschen Demokratie führte die intensive Diskussion – auch in der Architektur – über einen radikalen Neuanfang, über die Schaffung eines neuen Menschen in einer neuen Welt erstaunlicherweise nur in ganz wenigen Fällen – dazu zählt Peter Behrens' Verdikt »Monumentalkunst, ästhetischer Imperialismus«[16] – zur Kritik an den hergebrachten architektonischen Herrschaftsformen. Die zahllosen Beiträge und Diskussionen über »Die Kunst im neuen Staate«[17] bezogen sich weniger auf ein bestimmtes Formenvokabular als auf die Freiheit für alle Kunstformen. Die Architekten des »Arbeitsrats für Kunst« und der »Gläsernen Kette« propagierten zwar in den ersten Monaten nach der Revolution ihre Ideale: ein kristallines Gemeinschaftshaus oder eine Architektur aus Glas und Kristall in der reinen Welt der Alpen,[18] der wesentliche gestalterische Impuls war aber eine radikale Abwendung von aller bisherigen Gestaltung – im Sinne von Tauts Antistadtmanifest »Laßt sie zusammenfallen die gebauten Gemeinheiten« – ohne wirklich neue formale Alternativen: »Die Gegen-

4 Max Berg, Jahrhunderthalle, Breslau, 1913

wart müssen wir preisgeben. Eine Generation muß einmal diese Aufgabe übernehmen, abseits vom alten Hause das Fundament zu legen für ein Neues. ... Soll das neue Haus ... nicht ebenso fehlerhaft werden wie das alte, so müssen etliche sich der Mitarbeit an den Reparaturen entziehen, um Zeit zu haben für das Haus der Zukunft. ... Denen, die am Haus der Vergangenheit reparieren, damit es noch eine Weile auch für die Gegenwart ausreiche, ist die Anerkennung der Zeitgenossen gewiß; wir halten es für unsere höhere Pflicht, das Haus der Zukunft zu bauen.«[19]

Eine konkrete Architektur des Neuanfangs konnte schon von diesem eskapistischen Ansatz her kaum entstehen, und die Kristallträume vom Haus für den Neuen Menschen im Neuen Staat erlahmten schon bald in den täglichen Nöten der Jahre bis zur Inflation 1923. Da vom Max-Reinhardt-Theater über die Luna-Park-Dekoration bis zum Scala-Casino das gleiche expressionistische Formenrepertoire verwendet wurde, mit dem von den Utopisten die kristallin-reine neue Welt evoziert wurde, war dieses Vokabular zudem bald für utopische Träume diskreditiert.

Die Ablehnung historischer und insbesondere historistischer Architektur sowie der Gründerzeitstadt, die mit dem »Moder«[20] der alten Zeit parallelisiert wurden, und die konstante Berufung auf das Neue – die »Neue Zeit«, den »Neuen Menschen«, das »Neue Bauen« – implizieren sicher auch ganz allgemeine politische Bekenntnisse gegen die untergegangene Monarchie und für die neue demokratische Staatsform, auch wenn viele politische Schwärmereien aus den Avantgardekreisen nicht von der Weimarer Republik erfüllt worden waren. Auch ein Leitbegriff des Neuen Bauens wie »Befreiung«[21] – des Wohnens, des Bauens, der Konstruktion, der Frau in der Küche und so weiter – kann als vages Bekenntnis zur neuen Zeit und damit zur neuen Staatsform interpretiert werden. Insofern ist die Architekturdiskussion in der gesamten Weimarer Republik durchaus politisiert, aber – hinsichtlich des Neuen Bauens – eben nur in einer Art von überparteilichem Bekenntnis zum neuen Staat. Konkrete politisch gefärbte Diskussionen über die Architektur wie in der frühen Sowjetunion, wo zwischen bourgeoisem und sozialistischem Bauen, reaktionären und revolutionären Materialien unterschieden wurde, finden sich dagegen in Deutschland bis gegen Ende der Weimarer Republik ganz selten.

So wurde auch das Bauhaus von Walter Gropius 1919 bewußt als unpolitische *Gemeinschaft* außerhalb der *Gesellschaft* – analog dem von Ferdinand Tönnies entwickelten Gegensatz – konzipiert, und als Oskar Schlemmer 1923 im Alleingang

5 Frank Lloyd Wright (1869–1959), perspektivische Ansicht eines Wohnhauses

6 Cornelis van Eesteren und Theo van Doesburg,
Maison particulière, Kontra-Konstruktion, 1923

vom Bauhaus als der »Kathedrale des Sozialismus«[22] sprach, distanzierten sich Gropius und der Meisterrat ausdrücklich davon. Der Begriff »Baubolschewismus« fiel zwar schon 1924, aber bezeichnenderweise in einer Schweizer Diskussion um die Traditionslosigkeit der modernen Architektur. Nach der Stuttgarter Ausstellung am Weißenhof 1927 wurde auch in Deutschland das Neue Bauen als »Baubolschewismus« denunziert, anfangs noch im allgemeinen Sinn von Wurzel- und Traditionslosigkeit; bald jedoch wurde den Architekten der Weißenhof-Siedlung von Konservativen und Nationalen neben Internationalität und mangelnder Traditionsverbundenheit auch kommunistische Gesinnung vorgeworfen.[23] Vom konservativ reaktionären Architektenbund »Der Block« sowie von den Rassisten Nonn, Senger und Schultze-Naumburg und dann natürlich vom »Kampfbund für deutsche Kultur« wurde das Neue Bauen systematisch mit Moskau, Bolschewismus und Kommunismus parallelisiert. Von nun an sind die Zeitungen und Zeitschriften voll mit politisch gefärbten und motivierten gegenseitigen Diffamierungen. Erst 1931 entwickelten einige sozialistische oder kommunistische Architekten wie Arthur Korn, Alfred Gellhorn und Martin Knauthe mit einer dezidiert politischen Architekturmanifestation, der »Proletarischen Bauausstellung«[24] in Berlin, ein Gegenprogramm, und im gleichen Jahr verfaßte Adolf Behne den Aufsatz »Form und Klassenkampf«,[25] den einzigen fundierten Versuch einer Erklärung des Zusammenhangs zwischen ornamentloser Architektur und moderner Gesellschaftsform.
Bei den Architekten selbst finden sich kaum Aussagen zum politischen Gehalt ihrer Bauten. Aber auch ohne konkreten politischen Bezug lieferte das Neue Bauen durch die Abwendung von symmetrischen Formen und monumentalem Eindruck eine Alternative zu den bisherigen Ausdrucksformen von Macht und Herrschaft. Einen wichtigen Anstoß zur Auflösung von Monumentalformen, Axialität und Symmetrie gaben die »organische Architektur« Frank Lloyd Wrights und die Arbeiten der holländischen Gruppe De Stijl, die eine neue Harmonie aller Gestaltung als Grundlage für eine universale Harmonie der Welt forderte. Theo van Doesburg erklärte 1922, »durch die vollkommene Zerstörung der Symmetrie-Achse hat die neue Architektur das Hinten, Vorn, Links, Rechts, ja, falls möglich Oben und Unten gleichgemacht. Weder das eine noch das andere dominiert.«[26] Das Entwurfsprinzip von De Stijl, die harmonische Ponderation einzelner, unterschiedlicher Teile, im Gegensatz zum hierarchischen Aufbau, wurde in der deutschen Architektur dann besonders durch Mies van der Rohes Entwurf eines Betonhauses von 1923 bekannt, bei dem er den geschlossenen Baukörper aufsprengte und die einzelnen Teile ausbalancierte.[27] Als Walter Gropius genau nach diesem Modell das Bauhaus-Gebäude 1926 in Dessau errichtete, argumentierte er ausschließlich im Sinn der von ihm seit 1923 vertretenen sogenannten neuen Baulehre, es handle sich um ein Beispiel »der neuen Gleichgewichtslehre, die die tote Gleichheit der sich entsprechenden Teile in eine unsymmetrische aber rhythmische Balance wandelt«.[28]
Auch die wohl radikalsten Vertreter des Neuen Bauens – Hans Schmidt und Mart Stam, beide dem Kommunismus zumindest nahestehend – wandten sich in ihrer Zeitschrift *ABC* nur unter solchen formalen Aspekten gegen Monumentalität. So verdammten sie den Stuttgarter Bahnhof als »Beispiel pathetischer Monumentalität«,[29] da er komponiert und deshalb starr sei. Lebensfähig sei nur das Fortschreitende, und deshalb müsse die moderne Architektur offen und beweglich gestaltet sein. Am Beispiel der Stadtplanung von Rotterdam demonstrierten sie anhand rein formaler Kriterien den »Zusammenbruch der Monumentalität« und plädierten für eine offene Bauweise. Und selbst ein politisch engagierter Architekt wie Hannes Meyer argumentierte nicht politisch, sondern biologisch, als er die Symmetrie für den Neubau der Gewerkschaftsschule in Bernau ablehnte: »Unmöglich kann, wenn man die Forderung des Lebens als höchste anerkennt, eine regelmäßige symme-

7 Hannes Meyer mit Hans Wittwer, Bundesschule des Allgemeinen Deutschen Gewerkschaftsbundes, Bernau/Berlin, 1928–1930

trische Figur entstehen. Die Architektur, die vom Menschen ausgeht, kann keine Achse ausbilden.«[30] Die Gewerkschaftsschule von Meyer ist ein Musterbeispiel für die Auflösung und Rhythmisierung der Baukörper nach Funktionen. Politische Zusammenhänge sind allenfalls bei den drei architektonisch inszenierten Schornsteinen am Eingang zu erkennen, die vielleicht als Symbole für Genossenschaft, Gewerkschaft oder Partei interpretiert werden können.[31]
Auf die Idee, einen asymmetrisch ponderierten Bau als »demokratisches« Gegenstück zum hierarchisch gegliederten, symmetrischen Monumentalbau zu bezeichnen, kam in der Weimarer Republik allerdings niemand. Asymmetrie wurde zwar häufig als Kennzeichen des Neuen Bauens genannt – für Hitchcock und Johnson war sie eine der drei Prinzipien des »international style« –,[32] es finden sich jedoch durchaus auch Beispiele symmetrisch moderner Gestaltung, wie etwa das Gebäude des Hamburger Kunstvereins oder die Turnhalle in Farmsen von Karl Schneider.[33] Aber dessen Symmetrie baut keine Hierarchie von Bauteilen und Funktionen auf, es entsteht kein starrer Block mit einer Symmetrieachse als Führungslinie. Das ist der entscheidende Unterschied zu Bauten wie etwa dem gleichzeitig erbauten Hygiene-Museum von Wilhelm Kreis in Dresden, die nach symmetrisch axialen Ordnungsprinzipien aufgebaut sind und nur scheinbar durch Ornamentlosigkeit und kubische Baukörper einen modernen Eindruck erwecken. Der Bau von Kreis gibt sich sogar modernistisch mit seiner Schiffsmetaphorik, er ist jedoch völlig starr nach den Prinzipien des repräsentativen Monumentalbaus entworfen; hier fehlt ein entscheidendes Gestaltungskriterium des Neuen Bauens, nämlich der innere Aufbau nach Funktion und Konstruktion. Ornamentlosigkeit und weiße kubische Erscheinung allein bringen eben noch keinen modernen Bau hervor.[34] Peter Meyer sprach deshalb im Hinblick auf Kreis von einem zur »Spärlichkeit reduzierten Pathos«. Dieses reduzierte Pathos konnte dann auch nach 1933 ohne Änderung der Baustruktur sofort wieder mit Säulen und Pilastern dekoriert werden.
Allerdings zeigt sich, daß mit zunehmender Konsolidierung der Wirtschaft in der zweiten Hälfte der zwanziger Jahre auch zunehmend Bauten für wirtschaftliche Großunternehmen entstanden, deren Raum-, Funktions- und Repräsentationsansprüche häufig auch von modernen Architekten mit monumental wirkenden Großformen gestaltet wurden. Beispiele für eine derartige repräsentative Konzern- und

8 Karl Schneider, Turnhalle der Gemeinde Farmsen bei Hamburg, 1926–1928, Ansicht von Osten

Verwaltungsarchitektur sind das Columbushaus von Mendelsohn in Berlin, die Zentrale der IG Farben von Poelzig in Frankfurt am Main oder der symmetrische Klotz des Karstadt-Gebäudes von Curt Günther und Pilipp Schaefer am Hermannplatz, dessen Geste eines »Hallo Amerika!« Bruno Taut einen bedenklichen, aber »höchst zeitgenössischen Bluff«[35] nannte. Ob hier allerdings eine »monumentale Moderne«[36] im Entstehen war, ist zweifelhaft, es könnte eher von einer Transformation der Prinzipien des Neuen Bauens gesprochen werden, ein Vorgang, der dann bei der Wiederaufbauarchitektur der fünfziger Jahre genauer verfolgt werden kann. Etwas konkreter werden die Zusammenhänge zwischen Neuem Bauen und Politik, wenn die Förderung der modernen Architektur in einigen sozialdemokratisch regierten Kommunen genauer betrachtet wird. Die Verbindung ist jedoch keineswegs durchgehend oder gar zwingend. Von den etwa vierzig Großstädten mit sozialdemokratischer Mehrheit in der Weimarer Republik bevorzugten nur einige wenige die moderne Architektur. Nur durch das persönliche Engagement einiger Oberbürgermeister wie Max Brauer in Altona und Hermann Beims in Magdeburg kam es zu einer engeren Verbindung von Parteipolitik und moderner Architektur. So konnten Gustav Oelsner in Altona, Johannes Göderitz in Magdeburg, Ernst May und Martin Elsässer in Frankfurt sowie Martin Wagner und Bruno Taut in Berlin ganz offensichtlich ihre modernen Bauten als Ausdruck der jeweiligen Stadtratsmehrheiten verwirklichen, und entsprechend existieren Parteiwerbungen mit Architektur wie: »Das Bauen im roten Magdeburg«,[37] der Friedrich-Ebert-Block in Hamburg-Altona als »praktischer Sozialismus«[38] oder die Wahlwerbung der SPD in Berlin mit der Hufeisensiedlung. Einige Bauten, wie etwa das »Haus der Jugend«[39] in Altona, sind ganz bewußt als Demonstration eines politischen Programms errichtet worden. Trotzdem hüteten sich auch die Politiker – beispielsweise bei der Einweihung von Siedlungen oder öffentlichen Bauten –, über allgemeine Assoziationen zwischen ihren politischen Planungen und der modernen Architektur hinauszugehen. Und selbst in den eindeutig politisch konzipierten Kulturzeitschriften zur Selbstdarstellung und zur Propagierung der städtischen Leistungen im Rahmen einer neuen modernen Lebensform, etwa *Das Neue Frankfurt* und *Das Neue Berlin*, fehlen konkrete politische Aussagen zu Architektur und Gestaltung fast völlig. Auch einzelne regionale, mit politischen Assoziationen durchsetzte Architekturdiskussionen sollten nicht überbewertet werden. So war der sogenannte »Zehlendorfer

9 Wilhelm Kreis,
Deutsches Hygiene-Museum,
Dresden, 1926–1930

10 Johannes Göderitz, Stadthalle Magdeburg, 1926/27, Vorentwurf mit Ausstellungsgelände und Ausstellungsturm von Albinmüller

Dächerkrieg« zunächst eine Demonstration unterschiedlicher Architektur von zwei Baugenossenschaften, die nur kurzfristig in einigen Berliner Zeitschriften kursierte. Erst durch die demonstrative Konfrontation mit entsprechender Unterschrift in Albert Sigrists (das ist Alexander Schwab) gesellschaftspolitisch engagiertem *Buch vom Bauen*[40] (1930) wurde dieses Gegenüber von Sattel- und Flachdächern, das sich ganz ähnlich vielfach in der Weimarer Republik fand und höchstens regional diskutiert wurde, zu einem Symbol für eine in Gestalt der Architektur konkretisierte politische Auseinandersetzung.

Bezeichnenderweise finden sich in der Weimarer Republik auch kaum Idealentwürfe, an denen eine zukünftige neue Gesellschaftsordnung diskutiert worden wäre. Sowohl die genossenschaftliche Siedlung von Gropius, Fischer und Paulsen, in der die Bewohner ohne Vermieter oder Zwischenhändler leben und einkaufen sollten,[41] als auch die »Genossenschaftsstadt« von Ludwig Hilberseimer wurden primär als betriebswirtschaftliche Modelle und nur am Rande als politisches Experiment einer »Insel Utopia ... inmitten der kapitalistischen Welt«[42] diskutiert.

Betrachtet man schließlich Achsen als Indikator für den Ausdruck von Macht, dann zeigt sich, daß Achsenplanungen in der Weimarer Republik keineswegs verpönt waren. Die Scheu vor großen Achsen entstand erst nach 1945 als Reaktion auf die NS-Planungen; diese Berührungsangst sollte nicht zurückprojiziert werden. Zahlreiche städtebauliche Konzepte der ersten Nachkriegszeit von Bruno Möhring, Walter Schwagenscheidt oder Max Berg zeigen große Achsen, symmetrisch gerahmt von mächtigen Baublöcken. Auch Cornelis van Eesteren, der Präsident der CIAM (Congrès Internationaux d'Architecture Moderne), scheute sich nicht vor Achsen und Monumentalität bei seinem preisgekrönten Wettbewerbsbeitrag für den Umbau der Straße Unter den Linden, und Le Corbusiers Entwurf von 1922 für eine

»Ville contemporaine« mit Triumphbogen zeugt von geradezu barocker Axialität und Symmetrie. Immerhin gehörte Le Corbusiers Planung als einziges städtebauliches Beispiel zu dem erlesenen Kreis moderner Architektur, den Gropius zur Bauhaus-Woche in Weimar 1923 für die programmatische Ausstellung »Internationale Architektur« zusammenstellte. Insbesondere Ludwig Hilberseimer war davon so beeindruckt, daß er 1927 seinen eigenen, ebenfalls axialsymmetrisch aufgebauten Stadtentwurf als direkte Auseinandersetzung mit Le Corbusier präsentierte.
Bewußt geknickte Achsen, wie etwa in Tauts Hufeisensiedlung, könnten zwar als Absage an hierarchisch gegliederte Architektur interpretiert werden, aber es ging Taut, wie Tilman Buddensieg aufzeigte,[43] letztlich nicht um antihierarchischen Aufbau oder die zentrierende Wirkung des Hufeisens als Gemeinschaftssymbol, sondern um eine rhythmische Bewegung in und durch die gesamte Siedlung, die alle Bewohner und Besucher erfassen und sowohl zum Hufeisen, aber auch zur Schule, der Keimzelle des Neuen Menschen, führen sollte.
Eine konkrete Auseinandersetzung um die »politische Symbolik«[44] im Städtebau fand in Deutschland erstmals im Zusammenhang mit dem Wettbewerb zur Bebauung des Ulmer Münsterplatzes 1925 statt. Auch diese kurze Diskussion sollte nicht überbewertet werden, denn es handelt sich letztlich um einen Disput zwischen den Vertretern zweier gegensätzlicher Architekturschulen, der Theodor-Fischer-Schule in Stuttgart und München und der Friedrich-Ostendorf-Schule in Karlsruhe. Nachdem Paul Bonatz in der Zeitschrift *Städtebau* über den Wettbewerb und die Fischer-Schule geschrieben und alle Lösungen mit axialer Beziehung zum Münster abgelehnt hatte,[45] versammelte Werner Hegemann in *Wasmuths Monatsheften für Baukunst* 22 Gegenstimmen, die alle *für* eine Lösung mit axialer Blickführung plädierten.[46] In der gesamten Argumentation, für die Hegemann immerhin Beiträge von Fritz Schumacher, Karl Gruber, Paul Wolf und sogar Fiske Kimball einbrachte, fällt kein einziges Wort über eine eventuelle politische Symbolik der Achse. Dies geschieht erst in dem Beitrag des Fischer-Schülers Peter Meyer mit dem Titel »Axiale Architektur«,[47] der in der Schweiz erschien und von der Zeitschrift *Die Baugilde* als gezielte Gegenstimme wiederabgedruckt wurde. Meyer ordnete alle axialen Lösungen dem Einfluß oder der Schule Ostendorfs zu und erklärte, die Achse gehöre zum Barock, sie sei an dessen »Weltbild gebunden«, sei zutiefst verwandt der politischen Form des Absolutismus und drücke »mit dem Anspruch eines Zentrums ... unbedingte Herrschaft und eine Umgebung livrierter Lakaien aus«. Eine Achse befehle, ihrer Umgebung zu dienen, und deshalb fragte Meyer: »Wer aber darf sich heute anmaßen, derart anspruchsvoll aufzutreten?« Weiter ging Peter Meyer nicht. In der sich anschließenden Diskussion wurde diese Argumentation kaum gestreift, man stritt sich im wesentlichen über die Frage, ob das Mittelalter überhaupt Achsen gekannt habe. In einem abschließenden Beitrag[48] berief sich Meyer zwar auf Lewis Mumford,[49] der Beziehungen zwischen klassizistischer Architektur, Großgrundbesitz und Sklavenarbeit aufgezeigt habe, aber er selbst zog sich auf Jacob Burckhardts Begriff vom »Staat als Kunstwerk« zurück und relativierte seinen ganzen Ansatz dahingehend, daß in diesem Kunstwerk alle Gliederungen zum Ausdruck kommen könnten, insofern sei »weder ›absolutistisch‹ noch ›demokratisch‹ ein Werturteil«. Erst in der NS-Zeit nahm Peter Meyer in der Schweiz seine Angriffe gegen Monumentalität und Achse wieder auf, die in einem bösen Nachruf zum Tod von Peter Behrens kulminierten, in dem er dessen Monumentalbauten von der AEG-Turbinenfabrik über die Petersburger Botschaft bis zum Hochhaus am Alexanderplatz eine »Architektur als Ausdruck der Gewalt«[50] nannte und mit einer Art präfaschistischer Gesinnung parallelisierte.
Nur noch ein weiteres Beispiel einer Auseinandersetzung mit politischer Symbolik der Architektur in der Weimarer Republik ist bekannt, aber auch dieser Ansatz

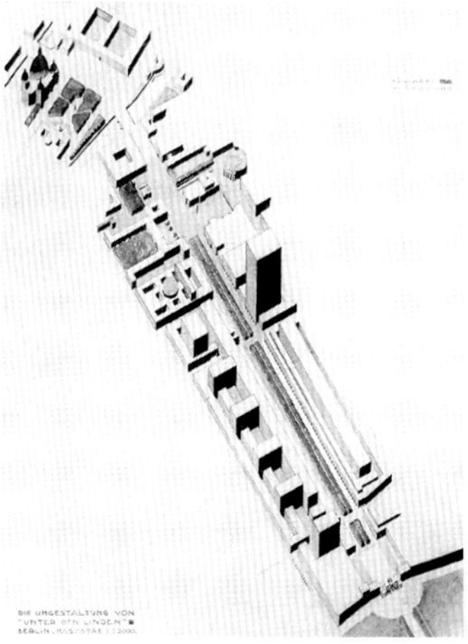

11 Cornelis van Eesteren, Wettbewerbsentwurf für »Unter den Linden«, Berlin, 1925, Kennwort: »Gleichgewicht«

12 Le Corbusier, Ville contemporaine, 1922, Ausschnitt mit Triumphbogen Photo: H. Roger Viollet

13 Ludwig Karl Hilberseimer, Projekt Hochhausstadt, 1924, Perspektive Ost-West-Straße

führte nicht zu einer breiteren Diskussion, obwohl es sich doch um den Platz der Republik in Berlin, also um das architektonisch und begrifflich artikulierte Zentrum der neuen Demokratie handelte. 1927 legte Hugo Häring einen Entwurf vor, in dem eine »Straße der Republik« vom Reichstag, flankiert von den Ministerien, zum Reichspräsidentenpalais führen sollte.[51] Fast gleichzeitig schrieb Häring in den *Sozialistischen Monatsheften* einen Beitrag gegen den Wettbewerb zum Ausbau der Achse Unter den Linden. Massiv wandte er sich dagegen, sich mit dieser »großen Sieges- und Paradestraße ... des soeben entthronten Absolutismus«, dem »beschämenden Dokument dieser Zeit und seiner Baumeister«,[52] zu beschäftigen: »Ein Baumeister, für den die Ordnung der Dinge im Raum noch einen tieferen Sinn hat als den einer einfachen Platzgestaltung, hätte wenigstens diese Tat [die ›absolutistische‹ Achse vom Stadtschloß zum Charlottenburger Schloß] revidiert und von der Alsenbrücke bis zum Kemperplatz die große Straße der Republik gezogen, um zunächst einen klaren und deutlichen Strich durch diese Achse der Herrscher zu machen. ... Es wäre dann wohl nicht bei dem Strich allein geblieben, sondern er hätte gewiß den Platz der Republik zu einer großen Manifestation des neuen politischen Willens aufgebaut: Hie Volk, dort Schloß. Der ganze Kanalbogen schlägt ja einen prächtigen Halbkreis um diesen Raum, der geradezu berufen ist, eine ganze Stadt der politischen Arbeit in sich aufzunehmen.« Anläßlich eines Wettbewerbs[53] zum Platz der Republik modifizierte Häring 1929 seinen Entwurf von 1927 und plante eine große Freitribüne für das Volk als Pendant zum Reichstag. Volksvertreter und Volk sollten in direkte Korrespondenz treten. Wie das funktionieren und was dort genau passieren sollte, bleibt aber völlig unklar; es geht Häring wohl eher um eine große »demokratische« Geste mit der Architektur. In einer begleitenden Erläuterung äußerte er sich zum Zusammenhang von Architektur und Politik mit einer Deutlichkeit, wie sie sonst nie in der Weimarer Republik zu hören war: »Das Ziel meiner Studie ist zunächst, die durch die politische Umgestaltung geforderte und klar vorgezeichnete städtebauliche Umgestaltung zu umreißen und darzustellen, also die heutige Aufgabe vom heutigen Bauherrn aus, dem nunmehr souveränen Volk, nach ihrem Inhalt und ihren wesentlichsten Grundlagen zu ermitteln.«[54]

Auch Häring arbeitete mit Achsen und übernahm auch direkt Elemente aus Martin Mächlers großer Berlin-Planung von 1917/19, die wenig später zur Grundlage von Albert Speers Nord-Süd-Achse in der NS-Zeit wurde. An der Stelle der Häring-

14 Hugo Häring, Entwurf zur Umgestaltung des Platzes der Republik in ein republikanisches Forum, Berlin, 1929, Lageplan

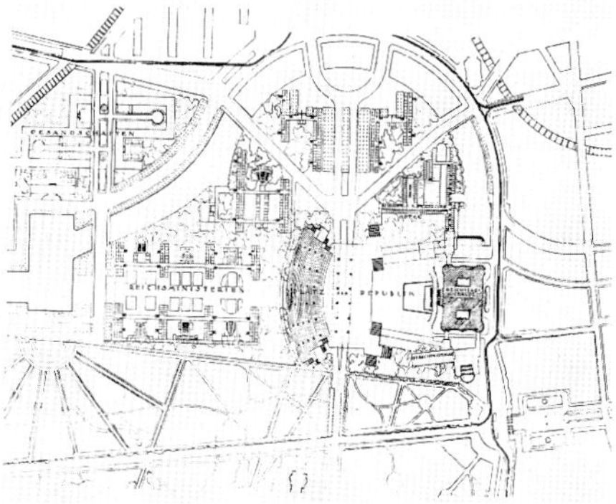

schen Tribüne des Volks plante Speer allerdings dann den Palast Adolf Hitlers, und in den Scheitel des Spreebogens, den Häring als Blickachse offenließ, wollte Speer die große Kuppelhalle als zentrales Machtzeichen für den Weltherrschaftsanspruch der Nazis setzen. Nicht Achse, Symmetrie und Monumentalität an sich, sondern deren Nutzung und gesellschaftlicher und politischer Zusammenhang sind eben entscheidend für jede Bewertung.

Eine Betrachtung von Achse, Symmetrie und Monumentalität in der Zeit des Nationalsozialismus erscheint ziemlich müßig. Eine wahre Manie für symmetrisch axiale Bauten beherrschte sehr schnell die Entwürfe nicht nur für offizielle Repräsentationsbauten, sondern für nahezu alle Bauaufgaben.[55] Die immanenten hierarchischen Ordnungsprinzipien von Symmetrie und Achse wurden – von den ersten Aufmarschplätzen bis zum Reichsparteitagsgelände, von den Gauforen, die Deutschland überziehen sollten, bis zu den Gliederungen der Städte in blockartige »Siedlungszellen«[56] – in ebenso stupider wie immer maßstabsloserer Form in Architektur umgesetzt. Die hierarchische Gliederung der Gesellschaft von den Volksgenossen bis zum »Führer« und die Ausrichtung des gesamten Volks nach militärischen Ordnungs- und Gehorsamsprinzipien ist auch Grundlage nahezu aller architektonischen Entwürfe. Der Ausrichtung auf einen Willen entspricht die Einordnung des Volks in militärische Disziplin oder, nach Alfred Rosenberg: »Die deutsche Nation ist eben drauf und dran, endlich ihren Lebensstil zu finden. … Es ist der Stil einer marschierenden Kolonne.«[57] Dementsprechend wurden auch immer wieder die gereihten Baublöcke oder Säulen mit dem Marschschritt der braunen Kolonnen verglichen. Die Primitivität der meisten NS-Planungen, die nur darauf zielten, alle bisherigen Straßenachsen und Baudimensionen quantitativ zu übertreffen, braucht hier nicht weiter ausgeführt und kommentiert werden.

Da in den dreißiger Jahren aber in zahlreichen Ländern mit unterschiedlichen politischen Systemen »monumentale«, zumeist vom Klassizismus[58] inspirierte Architektur entstand, gerieten die geläufigen Zuordnungen von Architektur, Macht und Politik durcheinander. In der Schweizer Zeitschrift *Das Werk* entwickelte sich im Anschluß an eine Besprechung der Pariser Musées d'Art Moderne eine längere generelle Diskussion über »das Problem des Monumentalen«, das nach Peter Meyer »heute wieder in den Mittelpunkt der Modernität rückt«.[59] Für Meyer waren die »fabrikmäßig instrumentierten Wohnhäuser« des Neuen Bauens »um nichts richtiger als palastmäßig monumentalisierte Wohnhäuser«[60] der Diktaturen. Den Gegnern jeder monumentalen Form, wie Hans Schmidt oder dem Schweden Gunnar Sundbärg, stellte Meyer aber eine Art legitimes architektonisches »Staatspathos« entgegen: »Staat und Gesellschaft haben keine Ursache, Hungerkuren in Sachen Monumentalität durchzumachen, weil sich die Architekten daran den Magen verdorben haben. Monumentale Aufgaben werden gestellt und fordern eine Lösung, und vor dieser Aufgabe stehen die modernen Architekten mit leeren Händen. Wir sehen, wie jeder Staat, ob demokratischer, faschistischer oder kommunistischer Färbung, für Bauten, an denen das Staatspathos haftet, jene höhere Tonart fordert, die ihren Ausdruck im Monumentalen findet.«[61] Meyer übersah, daß den Pervertierungen von Achse, Symmetrie und Monumentalität als Instrumente zur Ein- und Unterordnung bereits einige Architekten aus demokratischen Ländern demonstrativ organisch geschwungene Formen und geknickte Achsen als Zeichen einer an Mensch und Natur orientierten Architektur entgegengestellt hatten. Sowohl Alvar Aaltos finnischer Pavillon auf der Weltausstellung in New York 1939 – mit seiner wellenförmigen Diagonalbewegung durch den Raum – als auch die gleichzeitige Schweizer Landesausstellung von Hans Hoffmann können in ihrer asymmetrischen und antihierarchischen Konzeption als »Gesten gegen den Faschismus«, wie der schreibende Architekt Max Frisch treffend formulierte, interpretiert werden.

15 Dondel, Aubert, Viard und Dastugue
Musées d'Art Moderne, Paris, 1937, Gartenseite

16 Egon Eiermann mit Sep Ruf, Deutsche Pavillongruppe auf der Weltausstellung, Brüssel, 1958

Nach dem Zweiten Weltkrieg herrschte insbesondere in der Bundesrepublik bei vielen Architekten eine Art Berührungsangst beziehungsweise eine Abwehrhaltung gegenüber den durch den Nationalsozialismus pervertierten Ausdrucksformen der Macht. Antisymmetrie, Antiaxialität und Antimonumentalität wurden geradezu zum »demokratischen« Programm in der Architektur stilisiert. Als Gegenstück zur Schwere und Disziplin des öffentlichen Lebens der dreißiger ist ein Kennzeichen der fünfziger Jahre in der Bundesrepublik eine Verschlankung und Bewegung der Formen, eine Entmaterialisierung der Konstruktionen und ein bewußtes Brechen von Achsen.[62] Dies läßt sich an vielen Beispielen von Hans Schwipperts aufgeglastem Bonner Bundeshaus über den schwebenden, entmaterialisierten deutschen Pavillon von Egon Eiermann und Sep Ruf für die Weltausstellung in Brüssel bis zum »provisorischen« Umbau des Reichstags von Paul Baumgarten aufzeigen. Die Brechung von Symmetrien und Achsen wurde zu einer bewußten Demonstration einer antihierarchischen, menschlichen, »demokratischen« Haltung – insbesondere von Hans Scharoun mit seinen Bauten und Planungen, von Wohngehöften und Schulen bis zur Plazierung der Berliner Staatsbibliothek mitten auf der preußischen Staatsstraße A 1. Vielleicht am deutlichsten ist diese Haltung in der Versöhnungskirche von Helmut Striffler in Dachau architektonisch ablesbar, wo sich die gesamte Anlage aus abgeknickten Formen und Bewegungen aufbaut: »An einem Ort, wo der rechte Winkel – vom Appellplatz bis zum Prügelblock – alles prägte, wollte der Architekt ganz bewußt diese entsetzliche Gesetzmäßigkeit überwinden.«[63]
Betrachtet man das gesamte Baugeschehen in der Bundesrepublik, dann sind derartige Beispiele »architektonischer Trauerarbeit« schon in den fünfziger Jahren eher eine Randerscheinung. Spätestens seit 1989 scheinen auch in Deutschland Achsen, Symmetrie und »steinerne Monumentalität« wieder adäquate Mittel zum Ausdruck von Macht und Herrschaft.

17 Helmut Striffler, Versöhnungskirche, Dachau, 1967

1 In Abwandlung der Definition der Renaissancearchitektur von Jacob Burckhardt, in: *Die Baukunst der Renaissance in Italien,* Basel 1970, S. XVII; zum Thema vgl. Hans G. Sperlich, »Berührungen zwischen Symmetrie und Macht in der Architektur«, in: *Symmetrie,* Bd. 1, Ausst.-Kat. Darmstadt 1986, S. 273–290, und Anna Teut, »Wider die Diktatur des Eindeutigen. Zum Problem Symmetrie/Asymmetrie in Architektur und Städtebau«, in: ebd., S. 307–330; Lawrence J. Vale, *Architecture, Power, and National Identity,* New Haven 1992; Winfried Nerdinger, »Politische Architektur – Betrachtungen zu einem problematischen Begriff«, in: Ingeborg Flagge und Wolfgang Jean Stock (Hrsg.), *Architektur und Demokratie,* Stuttgart, 1992, S. 10–31.

2 Georg Simmel, »Soziologische Ästhetik«, in: ders., *Aufsätze und Abhandlungen 1894–1900,* Gesamtausgabe Bd. 5, Frankfurt am Main 1992, S. 197–214, Zitat S. 203.

3 Georg Simmel, *Philosophie des Geldes,* Gesamtausgabe Bd. 6, Frankfurt am Main 1989, S. 681f.

4 Simmel 1992 (Anm. 2), S. 204, dort auch folgendes Zitat.

5 Vgl. dazu Winfried Nerdinger, *Theodor Fischer – Architekt und Städtebauer 1868–1938,* Berlin 1989, S. 22–46.

6 Otto Wagner, *Die Großstadt,* Wien 1911, S. 3.

7 Otto Wagner, *Moderne Architektur,* Wien 1896, 4. Aufl. unter dem Titel *Die Baukunst unserer Zeit,* Wien 1911; vgl. August Sarnitz, »The Architecture of the Großstadt«, in: Harry Francis Mallgrave (Hrsg.), *Otto Wagner,* Santa Monica 1993, S. 85–112.

8 Julius Langbehn, *Rembrandt als Erzieher. Von einem Deutschen,* Leipzig 1890, S. 35ff., S. 107ff.

9 Arthur Moeller van den Bruck, *Nationalkunst für Deutschland,* Leipzig 1909; ders., *Der preußische Stil,* 2. Aufl. München 1922; zu Langbehn 1890 (Anm. 8) und Moeller van den Bruck vgl. die immer noch gültige Studie von Fritz Stern, *Kulturpessimismus als politische Gefahr. Eine Analyse nationaler Ideologie in Deutschland,* Bern/Stuttgart 1963.

10 Vgl. dazu mit weiteren Belegen Winfried Nerdinger, »Monumentalarchitektur und ›neudeutsche Moderne‹ vor 1914«, in: *Hermann Billing – Architekt zwischen Jugendstil und Neuem Bauen,* Ausst.-Kat. Karlsruhe 1997, S. 49–57, und Werner Oechslin, »Politisches, allzu Politisches. ›Nietzschelinge‹, der ›Wille zur Kunst‹ und der deutsche Werkbund vor 1914«, in: Hermann Hipp und Ernst Seidl (Hrsg.), *Architektur als politische Kultur,* Berlin 1996, S. 151–190.

11 Wolfgang Schäche, »Platz für die staatliche Macht«, in: Jochen Boberg u.a. (Hrsg.), *Die Metropole. Industriekultur in Berlin im 20. Jahrhundert,* München 1986, S. 238–251.

12 Vgl. Mechthild Rauch, »Versteinern und Verglasen«, in: *Der Architekt,* Januar 1996, S. 19ff.

13 Zit. nach Peter Meyer, »Situation der Architektur um 1940«, in: *Das Werk,* 1940, S. 251.

14 Bruno Taut, *Die Stadtkrone,* Jena 1919, S. 59.

15 Adolf Behne, *Neues Wohnen – Neues Bauen,* Leipzig 1927, 2. Aufl. 1930, S. 73f.

16 Peter Behrens, »Das Ethos und die Umlagerung der künstlerischen Probleme«, in: Graf H. Keyserling (Hrsg.), *Der Leuchter. Jahrbuch der Schule der Weisheit,* Darmstadt 1920, S. 324, zit. nach Fritz Neymeyer, »Aufbruch zur Moderne: Neues Bauen in Berlin«, in: *Berlin 1900–1933,* Ausst.-Kat. Berlin 1987, S. 47.

17 Arbeitsrat für Kunst, *Ja! Stimmen des Arbeitsrates für Kunst in Berlin,* Berlin 1919; »Die Kunst im neuen Staat«, in: *Kunstchronik und Kunstmarkt,* 1920.

18 Bruno Taut, *Alpine Architektur,* Berlin 1919; vgl. Iain Boyd Whyte, *Bruno Taut – Baumeister einer neuen Welt,* Stuttgart 1981.

19 Adolf Behne, in: *Ruf zum Bauen,* zweite Buchpublikation des Arbeitsrats für Kunst, Berlin 1920, S. 4f.

20 Bruno Taut, *Die neue Baukunst in Europa und Amerika,* Stuttgart o.J. (1929), S. 14.

21 Vgl. Sigfried Giedion, *Befreites Wohnen,* Zürich/Leipzig 1929; umfassende Analyse bei Andreas K. Vetter, *Die »Befreiung« des Wohnens. Ein Architekturphänomen der 20er und 30er Jahre,* maschinenschriftliche Dissertation, Heidelberg 1996.

22 Vgl. Hans Maria Wingler, *Das Bauhaus 1919–1933,* Bramsche 1968.

23 Vgl. Richard Pommer und Christian F. Otto, *Weissenhof 1927 and the Modern Movement in Architecture,* Chicago/London 1991.

24 Vgl. Kurt Junghanns, »Vor 50 Jahren: Erste Proletarische Bauausstellung in Berlin 1931«, in: *Architektur der DDR,* 1981, S. 305–307.

25 Adolf Behne, »Form und Klassenkampf«, in: *Sozialistische Monatshefte,* Bd. 73, 1931, S. 362–365.

26 Zit. nach Anna Teut, »Achse und Symmetrie als Medium der Subordination. NS-Architektur redivivus«, in: *Daidalos,* 1985, H. 15, S. 104.

27 Vgl. Wulf Tegethoff, *Mies van der Rohe. Die Villen und Landhausprojekte,* Krefeld 1981, S. 15ff.

28 Walter Gropius, *Bauhausbauten Dessau,* München 1931.

29 Hans Schmidt und Mart Stam, »Komposition ist Starrheit – lebensfähig ist das Fortschreitende«, in: *ABC – Beiträge zum Bauen,* 1926, 2. Serie, Nr. 1, S. 1, dort auch folgendes Zitat.

30 Hannes Meyer, »Die Bundesschule des ADGB in Bernau bei Berlin«, in: ders., *Bauen und Gesellschaft – Schriften, Briefe, Projekte,* Dresden 1980, S. 63–67.

31 Vgl. Winfried Nerdinger, »Anstößiges Rot. Hannes Meyer und der linke Baufunktionalismus – ein verdrängtes Kapitel Architekturgeschichte«, in: *hannes meyer 1889–1954, architekt urbanist lehrer,* Berlin 1989, S. 12–29.

32 Henry-Russell Hitchcock und Philip Johnson, *International Style: Architecture since 1922,* New York 1932, Reprint 1966, S. 56ff.: »second principle: concerning regularity«.

33 Robert Koch und Eberhard Pook, *Karl Schneider – Leben und Werk,* Hamburg 1985.

34 Vgl. Winfried Nerdinger und Ekkehard Mai (Hrsg.), *Wilhelm Kreis – Architekt zwischen Kaiserreich und Republik 1873–1955,* München 1994.

35 Taut 1919 (wie Anm. 18), S. 64.

36 So der Titel einer wenig brauchbaren Arbeit von W. Raith; ähnlich unqualifiziert die Kompilation von Franco Borsi, *L'ordine monumentale in Europa,* Mailand 1986.

37 Vgl. *Die rote Stadt im roten Land,* hrsg. vom Parteikomitee, Magdeburg 1929.

38 Vgl. Gert Kähler, *Wohnung und Stadt,* Braunschweig 1985, S. 140, dort wird der Zusammenhang zur Parteipolitik genau differenziert; zur geringen Identifikation der Hamburger Sozialdemokraten mit der Architektur ihres Wohnungsbaus vgl. ebd., S. 83.

39 Vgl. Christoph Timm, *Gustav Oelsner und das neue Altona – Kommunale Architektur und Stadtplanung in der Weimarer Republik,* Hamburg 1984.

40 Albert Sigrist (Alexander Schwab), *Das Buch vom Bauen. Neue Technik, Neue Baukunst, Städtebau in sozialistischer Sicht,* Berlin 1930.

41 Vgl. Winfried Nerdinger, *Der Architekt Walter Gropius,* 2. Aufl. Berlin 1996, S. 120ff.

42 Vgl. die Diskussion zwischen Alexander Schwab und Ludwig Hilberseimer in der Werkbundzeit, in: *Die Form,* 1929.

43 Tilman Buddensieg, »Bruno Tauts Versuche einer gemeinschaftsbildenden Architektur«, in: *Neue Heimat,* 27 (1980), S. 48–53, 98–100.

44 Schwab 1930 (Anm. 40), S. 112.

45 Paul Bonatz, »Der Wettbewerb Ulmer Münsterplatz und die Fischerschule«, in: *Städtebau,* 1925, S. 52f.; vgl. die Zusammenstellung: »Aus dem Ulmer Federkrieg um den Münsterplatz«, in: *Städtebau,* 1925, S. 52–63.

46 »22 Äußerungen über den Ulmer Münsterplatz«, in: *Wasmuths Monatshefte für Baukunst,* 1925, S. 398–414.

47 Peter Meyer, »Axiale Architektur«, in: *Die Baugilde,* 1925, S. 1177–1183, dort folgende Zitate; vgl. auch Adolf Behne, »Vernunft oder Repräsentation im Städtebau«, in: *Sozialistische Monatshefte,* 1929, Bd. 68, S. 225f.

48 Peter Meyer, »Axiale Architektur«, in: *Die Baugilde,* 1925, S. 1587–1589.

49 Lewis Mumford kritisierte später in seinem Hauptwerk *The City in History,* New York 1961, S. 403f., beispielsweise die Achsenplanung von L'Enfant für Washington: »Despite L'Enfant's firm republican convictions, the design he set forth for the new capital was in every respect what the architects and servants of despotism had originally conceived. He could only carry over into the new age the static image that had been dictated by centralized coercion and control.«

50 Peter Meyer, »Architektur als Ausdruck der Gewalt«, in: *Das Werk,* 1940, S. 160–164.

51 Vgl. Jurgen Joedicke und Heinrich Lauterbach, *Hugo Häring,* Stuttgart 1965.

52 Hugo Häring, »Die Aspekte des Städtebaus«, in: *Sozialistische Monatshefte,* 1926, H. 2, S. 87–89.

53 Vgl. »Der Berliner Platz der Republik«, in: *Wasmuths Monatshefte für Baukunst,* 1930, S. 51–56.

54 Hugo Häring, »Der Platz der Republik. Pläne zur Neugestaltung«, in: *Das neue Berlin,* 1926, H. 4, S. 70–72.

55 Vgl. die Zusammenstellung aller Bauten und Planungen in Bayern während der NS-Zeit bei Winfried Nerdinger (Hrsg.), *Bauen im Nationalsozialismus. Bayern 1933–1945,* München 1993.

56 Vgl. Werner Durth, *Deutsche Architekten,* Braunschweig 1986, S. 176ff.

57 Alfred Rosenberg, *Reden und Aufsätze von 1933–1935,* München 1936, S. 303, zit. nach Teut 1985 (Anm. 26), S. 108.

58 Vgl. Winfried Nerdinger, »Baustile im Nationalsozialismus: Zwischen Klassizismus und Regionalismus«, in: *Kunst und Macht im Europa der Diktatoren 1930–1945,* Ausst.-Kat. London/ Berlin 1996, S. 322–325.

59 Peter Meyer, »Anmerkungen zum Musée de l'art moderne in Paris«, in: *Das Werk,* 1938, S. 120.

60 Peter Meyer, »Zur Situation II«, in: *Das Werk,* 1941, S. 120.

61 Peter Meyer, »Überlegungen zum Problem der Monumentalität als Antwort an Hans Schmidt«, in: *Das Werk,* 1938, S. 123–128, Zitat S. 124; mehrere Beiträge zum Thema Monumentalität finden sich in den Jahrgängen 1938–1941 von *Das Werk.*

62 Vgl. Winfried Nerdinger, »Materialästhetik und Rasterbauweise – Zum Charakter der Architektur der 50er Jahre«, in: *Architektur und Städtebau der fünfziger Jahre* (Schriftenreihe des deutschen Nationalkomitees für Denkmalschutz), Bd. 41, Bonn 1990, S. 38–49.

63 Zit. nach Birgit-Verena Karnapp, *Kirchen in München und Umgebung nach 1945,* München 1996, S. 194.

1 Lovis Corinth,
»Kind im Bettchen«, 1924, erworben 1926 von der Nationalgalerie Berlin, 1937 von den Nationalsozialisten konfisziert und in der Ausstellung »Entartete Kunst« gezeigt

NS-Stil als Machtmittel

Hans-Ernst Mittig

Im Jahre 1984 zeigte die Ausstellung »Von Berlin nach Germania« eine »totale Indienstnahme der Architektur durch den Nationalsozialismus als machtpolitisches Instrument«.[1] Ebenso populär war aber bereits die Annahme, gerade die repräsentativen Bauten für Staat und Partei hätten manch anderen in nichtfaschistischen Gesellschaften geglichen, sie seien von ihrer Nutzung durch die NS-Machthaber also nicht sichtbar geprägt. Der bekannteste Verfechter dieser These hatte 1969 versucht, die Ähnlichkeit seiner Werke mit gleichzeitig entstandenen in Sowjetrußland und Italien, aber auch in Amerika, England und Frankreich zu belegen.[2] Ein Aufsatz Lars Olof Larssons (1978) und auch neueste Publikationen lassen die NS-Architektur in einem weltumfassenden Neoklassizismus aufgehen.[3] Für die Siedlungsarchitektur der Jahre 1933 bis 1945 wird die ältere Bezeichnung »Heimatschutzarchitektur« verwendet;[4] die damals entstandene Industriearchitektur gilt als Teil der »Moderne«.[5] Die halbrichtige Beobachtung, die Außenarchitektur des NS-Regimes sei »neoklassizistisch« oder »traditionalistisch«, genügt vielen für die Behauptung, sie könnten Architektur des Dritten Reichs nicht von solcher aus früherer Zeit und in anderen Ländern unterscheiden. Implizit wird Erkennbarkeit aber dann angenommen, wenn zum Beispiel die Berliner Stalinallee und die KZ-Gedenkstätte Buchenwald einer Ähnlichkeit mit NS-Architektur geziehen werden.[6] Wie widersprüchlich Äußerungen zur Formspezifik von NS-Architektur sind, wurde deutlich, als die Einführung in den Sammelband *Faschistische Architekturen* (1985) diese Bezeichnung für unsachgemäß erklärte.[7] Soweit das Adjektiv Überzeugungen und Handlungen *von Menschen* bezeichnet, können Bauwerke tatsächlich nicht »faschistisch« sein. Darüber hinaus wird aber behauptet, die zu den Zwecken des NS-Regimes hervorgebrachte Architektur sei von ihrem historisch feststellbaren Gebrauch nicht affiziert, die damalige Funktion sei den Werken äußerlich geblieben.

Die These von der Ununterscheidbarkeit der NS-Architektur hat selbst eine Funktionsgeschichte. Albert Speer wollte damit sein architektonisches Werk rechtfertigen und vor einer Mitverurteilung bewahren. Er suchte unverfängliche Parallelerscheinungen für seinen »Klassizismus« und für seine »Megalomanie«: »...auch die Antike war nicht frei von megalomanischen Anwandlungen«.[8] Bei einem anderen ehemaligen Funktionär der NS-Kultur, Robert Scholz, sollte die Anerkennung der NS-Architektur auch die Erinnerung an den Staat und die Partei aufbessern, die die »konservativen künstlerischen Kräfte« gefördert hätten. Er nahm »Elemente, die für die Architektur des Klassizismus charakteristisch sind« und »in fast allen monumentalen Bauformen der verschiedensten Epochen vorkommen«, als Beweis dafür, daß die »Rolle der Kunst im Dienste einer Gemeinschaftsidee einmal die Blütezeiten der Kunst hervorgebracht hatte«.[9]

Ein entgegengesetzter Standpunkt ließ den Traditionszusammenhang von NS-Architektur erst recht bedeutsam erscheinen. Es war »daran zu erinnern, daß manche in den Werken der nationalsozialistischen Kunst verwendeten Motive ehemals emanzipatorisch und utopisch gebraucht worden waren«, also »einem richtigeren Gebrauch wieder zugänglich gemacht werden müßten«.[10] Später wurde diese Zielsetzung mit den Worten bezeichnet, eine Methode der Dekonstruktion faschistischer Ästhetik solle einen konstruktiven Umgang mit den darin enthaltenen Elementen ermöglichen.[11] Von praktischem Interesse war dies für Architekten, die eine freie Auswahl aus dem architektonischen Formenschaffen der Vergangenheit haben wollten.[12] Die Wiederverwendbarkeit von NS-Formen schien auf kürzestem, allzu kurzem Wege gesichert zu sein, wenn man ihnen die Wiedererkennbarkeit absprach.

Der Meinungsstreit[13] darüber ist nicht nur für den Bereich Architektur von Bedeutung. Denn zu befürchten bleibt, daß eine gleichmacherische Sicht der NS-Architektur tatsächlich zu einer Egalisierung und Verharmlosung des NS-Systems selbst beitragen kann und daß sie jedenfalls Möglichkeiten der Geschichtserkenntnis aus der Hand gibt;[14] wenn die NS-Architektur als eine anschauliche Geschichtsquelle nutzbar bleiben soll, dann ist ihre Erscheinungsweise so genau wie nur möglich zu definieren, also abzugrenzen.

Die These von der Ähnlichkeit oder Gleichartigkeit der Erscheinungsweise impliziert selbst schon Behauptungen zur Form. Gerade da, wo der NS-Architektur die Spezifik abgesprochen wird, geht ein Formvergleich voraus, wird signifikante Ähnlichkeit oder gar Gleichheit des Sichtbaren festgestellt. Der Vergleich bleibt allerdings allzu flüchtig, wenn nur Motive wie »monumentale Ordnung«[15] bemerkt werden. Unterscheidungskraft haben, wie im folgenden gezeigt werden soll, erst Merkmalkomplexe, die über die Motiv*wahl* hinausgehen, eine funktionsgemäße Umformung und Umordnung traditioneller Motive zeigen, also in den Bereich des »Stils« führen.

Stilbestimmung und -vergleich sind zwar als kunstwissenschaftliche Methode nicht mehr beliebt, und der Verdacht, daß sie von Funktion und Bedeutung ablenken,[16] ist gegenüber NS-Architektur besonders ernst zu nehmen. Es gibt aber bereits neuere Beispiele dafür, daß der Geschichtskonnex von NS-Architektur durch eine Formbeobachtung erhellt wird, die nicht nur einzelne Motive benennt, sondern ihre Ausformung und Verflechtung – also einen *NS-Stil* – als Machtmittel erfassen kann.

Seit Karl Arndt (1968) sind Eigentümlichkeiten benannt worden, die den Gebäuden am Münchner Königsplatz, dem Reichsparteitagsgelände in Nürnberg und den Neubauten in Berlin gemeinsam seien:[17] ein klassizistischer Motivbestand als Grundlage, aber rektangulär-symmetrisches Ausrichten der Bauten, monotones Aufreihen von Motiven wie Pfeilern und Säulen, hartkantiges Formen und scharfes Trennen der Details.[18] Hans-Jochen Kunst (1971) beschrieb die ideologische und architekturpsychologische Funktion, Menschen wie Angehörige militärförmiger Kolonnen und Marschblöcke anzusprechen und ihre Aufstellung zu regeln.[19] Die dazu eingesetzten Formen waren bereits von Urhebern und anderen Zeitgenossen assoziativ mit visuellen Formen des Militärischen verknüpft worden.[20] Sepulkrale Motive verdeutlichen eine zur militärischen Disziplin gehörende Forderung, todesbereit zu sein: die Lebenden werden wie künftige Tote gleichbehandelt, entindividualisiert. Daß sie »gleichsam zum Tode überredet« werden sollten, ist aber nur eine Metapher, erklärt noch nicht, daß Lebende dadurch in eigenen Wünschen angesprochen, daß sie davon sogar angezogen werden können. Massenwirksame »Triebkräfte, die das [eigene] Leben in den Tod überführen wollen« und nur »zugedeckt« seien, bleiben zweifelhaft.[21] Plausibler ist ein Wunsch, die Angst vor dem eigenen Tode aktualisiert zu sehen, weil sie durch Identifikation mit etwas (oder jemand) Höherem überwindbar scheint. Jedenfalls können Architektur und Massenzeremoniell als eine Verheißung verstanden werden: als Versprechen, es gebe einen Tod ohne die daran so gefürchtete Einsamkeit, ohne Trennungsangst. Von dieser Hoffnung zehren auch Denkmalinschriften wie »Vereint im Heldentod« (Düsseldorf, 1936),[22] und sie ist in vielen Weltkriegsschilderungen der Zeit zwischen den Kriegen ausgemalt.[23] Die sepulkrale Symbolik der Architektur setzte sich in der Dekoration der Aufmarschgebiete und den Phrasen der dabei gehaltenen Propagandareden auch direkt fort. Das 1936 eingeweihte Forum der NSDAP mit den Ehrentempeln am Königsplatz in München von Paul Ludwig Troost war Aufmarschplatz und Bestattungsanlage. Da dort die einzige bewaffnete SA-Standarte den Wachdienst versah, war der Platz überdies ein architektonisches Dokument für die Vereinigung von Parteidienst und potentiell tödlichem Waffendienst. Das »Militärische« stellt sich als ein komplexer Zusammenhang dar, in dem architektonische Detailformen eine Rolle spielen.

2 Königsplatz in München, um 1938, im Hintergrund die Parteibauten der NSDAP: »Führerbau«, »Ehrentempel« und »Verwaltungsbau« von Paul Ludwig Troost

Am Nürnberger Reichsparteitagsgelände und namentlich an den letzten vom NS-Regime geplanten Bauten in Berlin fiel ein weiteres Mittel auf, den Betrachtern oder den Versammelten ein Gefühl von Unterordnung zu suggerieren: die schroffe Diskrepanz zwischen der Größe der Architekturformen und den Maßen der menschlichen Figur. Daß zumindest Speer diese Wirkung bezweckte und reflektierte, ist belegt.[24] Die Empfänglichkeit dafür basiert auf Erfahrungen, die lange vor der Begegnung mit Kunst und Architektur entstehen. Oben zu sein, bedeutet schon in der Lebenswelt des Kindes Überlegenheit der Erwachsenen, Sieg im Kräftemessen, Vorteil beim Werfen und anderes. Wenn der Maßstab, der dem Mensch in seinem eigenen Körper innewohnt, von anderen Wesen oder Gegenständen eklatant überschritten wird, so setzt sich dies frühzeitig als Eindruck von Unterlegenheit oder Erdrücktwerden fest, also als eine Erfahrung, die später durch übergroße Bauwerke und Bauteile ausgelöst werden kann. Die auf solchen vorkünstlerischen Erfahrungen beruhenden Wirkungsweisen von NS-Architektur sind mehrmals behandelt worden, »Megalomanie« wurde ja zum gängigsten Vorwurf an die Adresse der NS-Architekten.[25]

Aber auch dieses für sicher gehaltene Einzelmerkmal nationalsozialistischer Machtarchitektur wird – zumal im internationalen Vergleich – zweifelhaft. Schon 1988 fand Mathias Schreiber die Nürnberger Reichsparteitagsbauten »nur groß ... und durchaus nicht einschüchternd«; das Volumen der Kongreßhalle passe zum angrenzenden See und zum Park (sic!). Zum besänftigenden Vergleich dienten präkolumbische Anlagen und Wolkenkratzer.[26] Tatsächlich ermöglichen Megalomanievor-

3 Adolf Hitler, Entwurf eines Triumphbogens, um 1925

würfe, die nur auf die Höhe oder das Volumen von Bauten gegründet werden, keine Abgrenzung großdimensionierter NS-Architektur.
Es kommt aber weniger auf das Größenverhältnis des Ganzen zum Maß des menschlichen Körpers an als auf das der Geschosse; sie und ihre Elemente wie Türen, Fenster und Stützen bieten die gewohnten *Vergleichs*größen.[27] Das gilt besonders für die Säulen als anthropomorphe Körper. Das Kind lernt primär nicht Baum, Berg und Himmel als übermächtig zu erkennen, sondern die größeren Menschen. Auch damit rechnen Bauten wie der für Berlin geplante 117 Meter hohe Triumphbogen. Seine Höhe hätte nicht die des Berliner Funkturms erreicht, sein Volumen nicht das mancher älterer Großbauten. Die vorgesehene Durchfahrtzone könnte zunächst als eine Art von Konzession an die normalen Größenverhältnisse mißverstanden werden. Auf das natürliche Höhenmaß der Passanten und Kolonnen nehmen die Tore im Tor eher Bezug als die Gesamtform; sie übersteigen das menschliche Maß aber bereits um das Vielfache und treten dann auch noch in ein Größenverhältnis zum unerreichbaren Aufbau des Bogens, bei dem die Erdgeschoßzone wiederum relativ klein erscheint: ein zweiter Sprung des Maßstabs.[28] Er ist bereits in Hitlers angeblich um 1925 entstandener Skizze[29] ausgeprägt, deren Details noch keine NS-spezifische Stilisierung erkennen lassen. Speer wollte die Diskrepanz zwischen Durchfahrt und Riesenbogen beibehalten, die Kolonnade allerdings mit reicheren Formen ausstatten, wie sie auch sonst ab 1939 zu bemerken sind.[30]
Militarisierung geht bei Aufmarschplätzen und bei einem Triumphbogen noch mit der Bauaufgabe überein. Darüber hinaus wurde die repräsentative Staatsarchitektur *insgesamt* militarisiert[31] wie die Verfassungswirklichkeit selbst.[32] Ein *architektonischer Militarismus* reicht aber über das Anwendungsgebiet neoklassizistischer Architekturmotive hinaus; er erfaßte auch den Industrie-, den Siedlungs- und den Lagerbau.
Der Fabrikbau gilt vielen zu Unrecht als eine Enklave, in der von NS-spezifischer Form keine Rede sein könne. Hält man sich nicht nur an die einzelne, manchmal unspezifisch geformte Werkhalle, sondern an die geplanten und zum Teil ausgeführten Gesamtanlagen, so zeigen sich die »industriemodernen« Formen als Teile abgestufter Ensembles, deren Gebäude und Versammlungsplätze Formen der Monumentalarchitektur entlehnen und die übrigens auch mit militärischen Metaphern beschrieben wurden.[33]
Die oft im Zusammenhang damit geplanten, über das Land verteilten Siedlungsbauten zeigen jeweils, daß in die auf den ersten Blick private Architektur doch Merkmale der öffentlichen eindrangen:[34] Anordnung und Kargheit von Kasernen,[35] auch einzelne Motive wie die in der Monumentalarchitektur als Wirkungsmittel eingesetzten Balkone, die permanent an Ansprache und Appell denken lassen, vielfach »Appellplätze«,[36] im Detail steil proportionierte Rahmenformen. Wenn Herrschaftszeichen oder -andeutungen derart in die Wohnsphäre hineinragen, wird selbst den Nutzern eines »Heimatstil«-Hauses eine durchaus gefährdete »Gemütlichkeit« angeboten.

4 Torgebäude des Konzentrationslagers Sachsenhausen

Die Lebensform, der im Dritten Reich höchste erzieherische und disziplinierende Bedeutung beigemessen wurde, war das Dasein im Lager.[37] Zum Lagersystem gehörten Jugendlager, die teilweise gern angenommen wurden, Ausbildungslager für die Gliederungen der Partei, Straflager für Militärangehörige. Das Extrem dieser Skala von Lagerformen bildeten Konzentrations- und Vernichtungslager.[38] Ihre Funktion als Machtmittel ist ablesbar, von einem längst verbreiteten Barackenbau unterscheiden sie sich sichtbar. Die Zweckerfüllung wird durch eine in einem schlimmen Sinne kunstvolle Geometrisierung des Grundrisses unterstützt, wenn zum Beispiel das Ende 1937 erbaute KZ Sachsenhausen – als Muster eines solchen

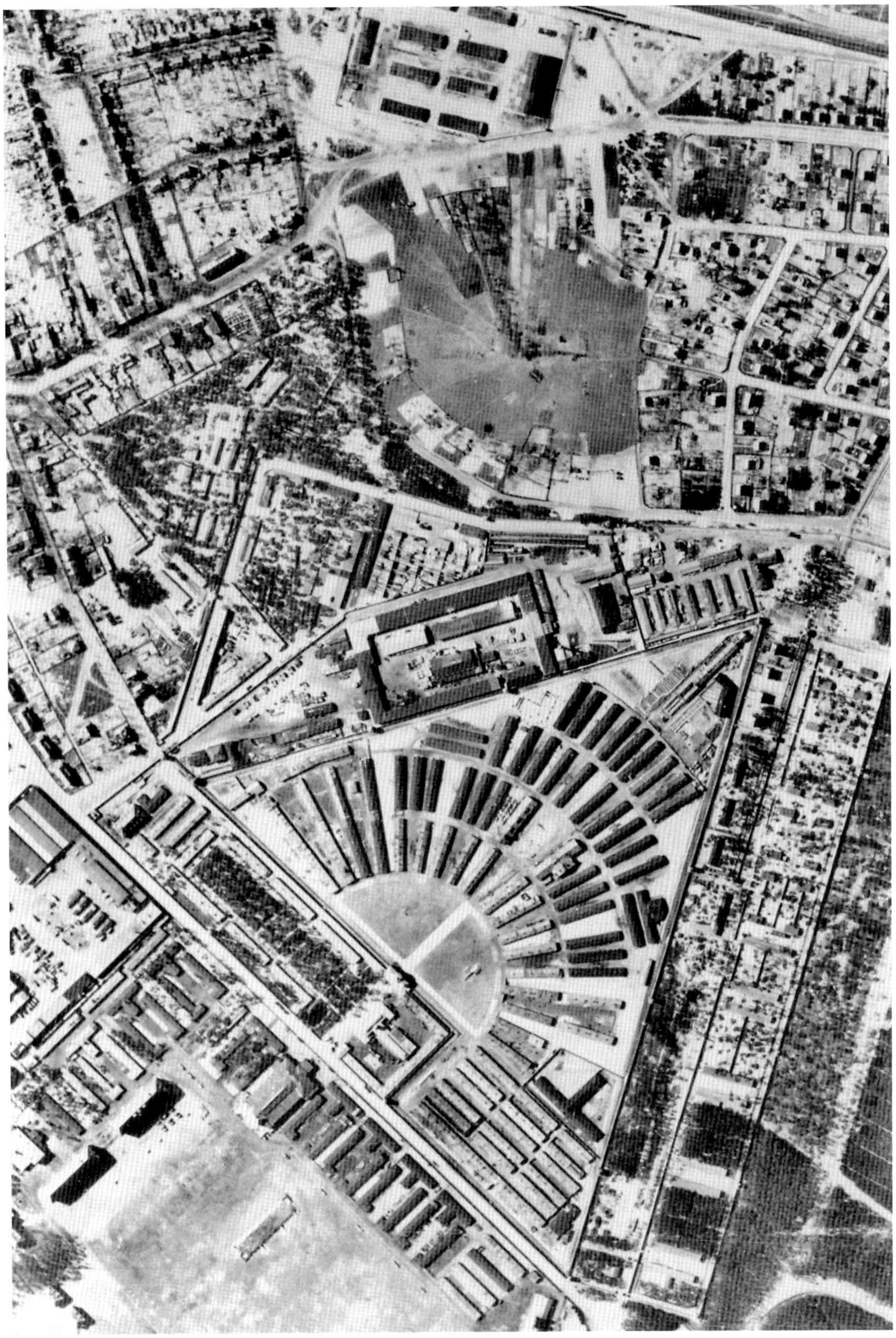

5 Blick auf das Konzentrationslager Sachsenhausen, Luftbild vom 22. März 1945

Lagers – die Baracken fächerförmig anordnete,[39] so daß die Blicke und die Schüsse der Bewacher die Anlage durchdringen konnten. Nach außen jedoch sollten die Konzentrationslager eher harmlos wirken, ihre Architektur diente weder der Propaganda noch der Repräsentation gegenüber einem breiteren Publikum. Daraus ergibt sich auch bei ihnen ein widersprüchliches Verhältnis zur stilisierten Monumentalarchitektur. Die Anlagen lassen sich stufenweise aus der Lagerarchitektur ableiten, die zum Beispiel auf dem Nürnberger Reichsparteitagsgelände zur Unterbringung von SA-Leuten gedient hatte. Türme, die eine solche Fläche umstellten, statt sie nach außen gewendet zu schützen, bemerkte Petsch[40] ebenfalls in Nürn-

6 Albert Speer, »Reichsparteitagsgelände« in Nürnberg, Gesamtmodell von 1937

berg. Die Grundform der Wachtürme, die zum Leitmotiv der KZ-Architektur wurden, hat Vorläufer in den Türmen des Schwimmstadions auf dem Olympiagelände in Berlin.[41] Dessen »Maifeld« war nach einem fränkischen Heerlager benannt worden, ebenso wie später das »Märzfeld« des Berliner »Reichssportfeldes«. Die Torhäuser vieler Konzentrationslager orientierten sich dagegen in der Grundform an denen von Kasernen, Fabrikanlagen und Gutshöfen.

Wie viel für das NS-System Bezeichnendes beim Betrachten eines solchen einzelnen Gebäudes sichtbar werden kann, haben Hartmut Franks Bemerkungen zum Lager Birkenau gezeigt (1987).[42] Die dortige Toreinfahrt, weltbekanntes Zeichen der Anlage, ist ein Beispiel für den Bereich der NS-Architektur, der ländlich-heimatliche Motive (hier einen einstöckigen Riegelbau mit stichbogigen Einfahrtöffnungen) mit Militärisch-Hoheitlichem mischt (hier ein mitten in das Gebäude integrierter Wachturm). Frank beschreibt treffend, wie selbst ein Besucher, der gar nicht darauf achtet, Hinweise auf spezifische Funktionen erhält. Er bemerkt »die Sachlichkeit einer Kaserne und einer Feldfabrik«, also Zeichen dafür, daß das Konzentrationslager auch kriegswirtschaftlich kalkulierte Produktionsstätte war, aufs Feld bezogene »nüchterne ... Fabrikanlage«: »Feldfabrik«. Damit werden wichtige Aufschlüsse über die Zwecke der Gebäude erlangt, über eine ökonomische Nutzung der Konzentrationslager, die noch immer unterschätzt wird;[43] gern hält man die Lager statt dessen auf Distanz mit der Behauptung, sie seien nichts als Hervorbringungen eines irrationalen Rassenwahns. Daß die Funktionszusammenhänge – wie Frank schreibt – »unüberschaubar« seien, gehört ebenfalls zu den Charakteristika dieser Architektur, denn sie sollte die Vernichtung der nicht oder nicht mehr Arbeitsfähigen verheimlichen und beschönigen. Unterwerfung und Elend der dort Eingesperrten werden in Anordnung und Beschaffenheit der Bauten dennoch deutlich.

Schwieriger wird die Frage nach Militarisierung als Merkmal einer NS-spezifischen Architektur, wo Bauten nicht jegliches Individuelle negierten, sondern sich noch auf ursprünglich private Verhaltensweisen bezogen, um sie ohne Gewalt umzuformen. Wenn die Begegnung mit einem Gebäude nicht auf Einschließungsmaßnahmen oder Befehlen beruht, kommt es um so mehr auf psychische Wirkungen stilistischer Machtmittel an.

7 Werner March, Entwurf zum Schwimmstadion des »Reichssportfeldes«, Berlin, 1934, Ausschnitt

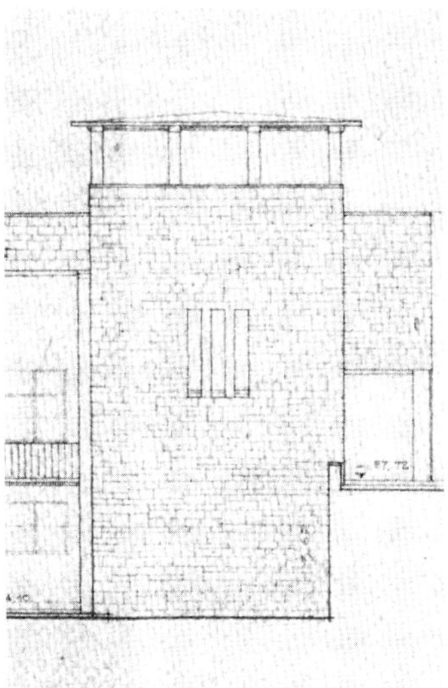

Die Säulenfront an Paul Ludwig Troosts »Haus der Deutschen Kunst« (1933–1937) in München wurde nicht nur von Festarrangeuren und Photographen mit militärischen Formationen parallelisiert, sondern das Gebäude sollte auch Menschen am Straßenrand ansprechen, zur Kunstbetrachtung einladen[44] – und tut dies bis heute. Den Passanten, die einzeln oder in privaten Gruppen einen Besuch des Kunstausstellungsgebäudes beabsichtigten oder erwogen, signalisierte der verhältnismäßig niedrige Sockel mit einer mehr als hundert Meter breiten Treppe leichten Zugang; anschaulich wurde die Prätention, das Volk »in seiner ganzen Breite« an die Kunst heranzuführen.[45] Die Kolonnade war ein in München populäres Motiv; sie hatte die Verständlichkeit, die die zeitgenössischen Interpreten als Ziel der NS-Kunst bezeichneten. Diese einladenden Botschaften bleiben jedoch auf verunsichernde Weise doppeldeutig. Die Formen sind detailarm und hart. Das potentielle Hoheitsmotiv Säule ist auf eine hohe Zahl gebracht. Die Reihe der schlanken Säulen läßt den frontal gerichteten Blick auf den Baublock weitgehend frei, aber im Schrägblick erinnert sie an ein Gitter, das den Betrachter auf Distanz hält, das Innere gegen den Straßenraum abgrenzt. Eine abwehrende Gestik der Fassade zeigt sich auch in der Wahl toskanisch-dorischer Formen. Diese eher als fest und wehrhaft konnotierte Säulen- und Detailordnung war für ein Kunstgebäude ungewöhnlich, wenn auch durch die Fassaden des Pergamonmuseums in Berlin (1912–1930 nach Plänen von Alfred Messel) vorbereitet.

Daß der Zugang zum »Haus der Deutschen Kunst« eher unterwerfend als erhebend wirken sollte, deutet – an der Fassade – das schwere Gebälk auf relativ dünnen Säulen an. Dem zum Eintreten Gewillten signalisiert die quergelagerte und -gebänderte, wenig geöffnete[46] Mauer, daß er auch ausgesperrt bleiben könnte. Innen regelt eine völlig symmetrische und die Mitte betonende Raumordnung den Weg des Besuchers; ihm ist verwehrt, was die Fassade noch anzubieten scheint: die Möglichkeit, an selbstgewählter Stelle einzutreten und in gleichwertigen, ohne Hierarchie angeordneten Räumen umherzugehen.

Was die Formen der Architektur anzeigen, wurde durch ihre offizielle Verwendung verdeutlicht. Die Einweihung des Gebäudes war programmatisch mit der Aktion

8 Haupttor des Konzentrationslagers Auschwitz-Birkenau, durch das die Züge zur Rampe fuhren, Aufnahme 1980

9 Paul Ludwig Troost, »Haus der Deutschen Kunst«, München, 1933–1937

»Entartete Kunst« verbunden, das »Haus der Deutschen Kunst« und ein benachbartes Ausstellungsgebäude wurden auch Ziele gelenkten Massenbesuchs.[47] Die Lenkung der Besucher und die Aussperrung angeblicher Nichtkunst behielten sich die politischen Machthaber vor – während doch Kunstproduktion und Kunstbetrachtung im 20. Jahrhundert als *die* Beispiele selbstbestimmter, individueller Tätigkeit gegolten hatten. Die Beschlagnahme der angeblich entarteten Kunst erstreckte sich zwar nicht auf den privaten Kunstbesitz, bedrohte ihn aber mittelbar. Drohungen durchzogen Hitlers Absichtserklärungen zu dem zugleich einladenden und ausschließenden, bedürfnisnahen und -reglementierenden »Haus der Deutschen Kunst«. Er redete dort am 18. Juli 1937 streckenweise wie ein Priester, streckenweise aber wie ein Wächter des (wörtlich) »Tempels« der Kunst, die die »deutsche« sein sollte.[48]

Daß Gebäude solche Propaganda wirklich unterstützten, ist durch die genannten Übereinstimmungen zwischen Form und Absicht noch nicht bewiesen. Eine Gegenfrage, die bei der Interpretation besonders von NS-Architektur immer wieder geradezu quälend auftritt, lautet: Werden den realen Betrachtern hier nicht Gefühle unterstellt, die nur der für Architekturformen sensible Gebildete entwickeln konnte? Lassen die Eindrücke, die ein Kunsthistoriker heute bei der Betrachtung eines solchen Gebäudes gewinnen und benennen kann, auf die Wirkung bei einem damaligen, weniger aufmerksamen Publikum schließen?

Ich nehme dies deshalb an, weil mehrere der Eigenarten des Gebäudes, die eben genannt wurden, längst als Irritationen bemerkt worden sind,[49] auch schon in zeitgenössischen Spottworten wie der bemerkenswerten Charakterisierung als »Güterbahnhof von Athen«:[50] das Auftrumpfen mit Bildungsgut, die banalisierende Vereinfachung gegenüber antikischen Säulenordnungen, die Unwirtlichkeit der Säulenfront. An dem verschlossen wirkenden inneren Baublock ist oft bemängelt worden, daß der Eingang nicht zu finden sei. Das Gebälk wurde als übermäßig schwer bezeichnet.

Um solche Wirkungs*mittel* zumindest unbewußt und ungedeutet wahrzunehmen, bedarf es keiner Fachausbildung. Und die psychischen *Wirkungen* selbst hängen nur teilweise davon ab, ob Betrachter ihre Sensibilität vorher an anderen, älteren Bauten geschult haben. Mindestens teilweise konnten sich die Propagandaarchitekten auch insoweit auf Wirkungsmechanismen verlassen, die schon in vorkünstlerischen und vorpolitischen Lebenssphären eingeübt werden.

Ein Beispiel dafür ist die Wirkung von Gitterbildungen, wie sie mittels der Säulenreihe am »Haus der Deutschen Kunst« eingesetzt wurden. Daß ihre Suggestion auf die Alltagserfahrung mit hölzernen oder eisernen Gittern zurückverweisen kann und soll, machen weitere NS-Bauten deutlich, die auch geschmiedete und gegossene Gitter über den Gebrauchszweck hinaus hochstilisierten.[51] Auch deshalb dürften frühkindlich erlebte Bewegungshemmungen unterschwellig nachwirken. Diese Annahme drängt sich mir stets beim ersten Blick auf Lovis Corinths Gemälde *Kind im Laufstall* (1924) auf, wo ein Gitter den Bereich des Kindes von einem unbekannten Hintergrund sondert, das aber auch an die Kolonnade des »Hauses der Deutschen Kunst« erinnert.

Der Blick auf ausgewählte Bauten zeigt also, daß wahrnehmbare Formen mit Wirkungsabsichten und -erfolgen korrespondierten, daß »Funktion, Inhalt und gesamtgesellschaftliche Anordnung« nicht nur »entscheidend«,[52] sondern für die Formgebung ursächlich waren. Es lenkt von dieser Kausalität ab, wenn am »Haus der Deutschen Kunst« statt der genannten Zweckentsprechungen nur Fehlleistungen Troosts wahrgenommen werden. Er erreichte Wirkungsabläufe, die mit Schlagwörtern wie »Einschüchterung« oder »Unterwerfung« nicht hinreichend erfaßt wären, sondern ein komplexeres Bild der Machtausübung und ihrer Stilmittel ergeben. Die beschriebenen architekturpsychologischen Zusammenhänge hätten sich nicht mittels geschmeidiger und Übergänge schaffender Formen, feiner Profile und Formverschränkungen herstellen lassen; große Dimensionen, die durch vermittelnde Zwischenformen »faßlich«[53] würden, könnten nicht erdrückend wirken, Fassaden, die einen Einblick gewähren, nicht distanzierend.

Daß damit Wirkungen eines spezifischen NS-Baustils erfaßt seien, kann durch Gegenbeispiele erhärtet werden. Vorausgegangene deutsche oder zeitgenössische ausländische Bauten weisen zwar gleiche Motive auf, nicht aber militarisierte Formen und Formzusammenhänge wie die eben beschriebenen. Im folgenden soll dies an Bauten gezeigt werden, denen vor allem deswegen eine Formverwandtschaft oder -gleichheit mit NS-Architektur zugeschrieben worden ist, weil sie eine Säulenstellung verarbeiten.

Als ein »granitenes Reichsplakat«[54] weist sich das Hamburger Bismarck-Denkmal (1902–1906) nicht zuletzt durch einen Kranz von sechzehn dorischen Halbsäulen aus, deren Abaken blockhaft hart vorstoßen. Die Säulen sind jedoch verdickt statt gelängt und auch mit weiteren Mitteln in eine plastische Gesamterscheinung des Sockels integriert: Sie sind von demselben Fugennetz überzogen und verschmelzen mit umlaufenden Profilbändern. Der Echinus ist jeweils konkav vermittelnd geformt, statt hart abgesetzt. Der »Wucht des Granitgefüges«[55] dienen die Säulen, indem sie zwischen der Sockelarchitektur und Hugo Lederers Bismarck-Figur vermitteln. Auch am Berliner »Kaufhaus des Westens« (1906–1907) setzte der Architekt Johann Emil Schaudt eine dorische Halbsäulenfolge ein, die für sich genommen auf die Behandlung dieses Motivs am »Haus der Deutschen Kunst« vorausweist, aber relativ kleinformatig und je nach Schauseite differenziert in die Geschoßfolge des Gebäudes und die Plastizität seiner Mauerung integriert ist.

Dem Vorbau des »Hauses der Deutschen Kunst« steht die Halle näher, mit der Alfred Messel 1907/09 die beiden Giebelfronten des Pergamonmuseums in Berlin[56] verbinden wollte. Der Blick durch vier Reihen dorischer Säulen in den Hof hätte hier aber – entsprechend der Funktion als Durchgang – einen jenseits wiederum offenen und offenkundig durchschreitbaren Raum gefunden; die Monotonie der je zehn Freisäulen wäre durch Verbreiterung des mittleren Interkolumniums gemindert gewesen.

10 Dorische Halbsäulen, Bismarck-Denkmal von Hugo Lederer, Hamburg, 1902–1906

11 Dorische Halbsäulen, Kaufhaus des Westens von Johann Emil Schaudt, Berlin, 1906/07

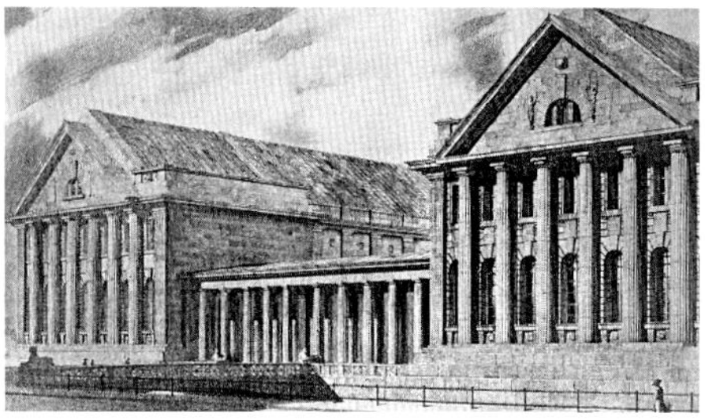

12 Alfred Messel,
Entwurf für das Pergamonmuseum
in Berlin, 1909

13 Peter Behrens,
Haus Wiegand, Berlin, 1911/12,
Peristyl

Im Fall des Berliner Hauses Wiegand (1911–1912) von Peter Behrens bestimmte der Beruf des Archäologen die Ikonographie seines Hauses.[57] Die dorische Loggia ist eher zierlich, etwa doppelt mannshoch.
Im Werk Behrens' finden sich um diese Zeit weitere Bauten, deren vereinfachte und hart modellierte Details auf die NS-Architektur vorausweisen.[58] Einige erinnern bei flüchtiger Betrachtung an die Kolonnade des »Hauses der Deutschen Kunst«. Die deutsche Botschaft in St. Petersburg (1910–1912)[59] steht als ein Bau des Deutschen Reiches, als ein Mittel staatlicher Repräsentation der monumentalen NS-Architektur auch im Anspruch näher als einzelne neoklassizistische Kommunal- oder Privatbauten um 1910. Schon Zeitgenossen hatten das Botschaftsgebäude als ein Monument des »Staatskonservatismus« eingeschätzt.[60] Die Halbsäulenfassade war – wie Eberhard Enckes bekrönende Rosseführergruppe – Machtdemonstration gegenüber einem Mitglied der Tripelentente, aber sie übersetzte auch die Sprache der St. Petersburger Paläste in modernere Form,[61] symbolisiert damit auf der anschaulich-architektonischen Ebene Kommunikation, die Aufgabe einer Botschaft ist. Die Innenräume waren – anders als bei denen im »Haus der Deutschen Kunst« – »viel delikater, zarter, hatten wenig mit der rabiaten Außenfront zu tun«.[62]
Bei näherem Vergleich der Fassaden lassen sich Stilunterschiede erkennen, die jedenfalls eine Egalisierung der St. Petersburger Botschaft mit dem »Haus der Deutschen Kunst« ausschließen.[63] Bei der Botschaft stehen die glatten Rundungen der Halbsäulen in einem komplizierten Kontrast zu den rauhen Steinblöcken der Wandstreifen, weil diese eckig-plastisch modelliert sind. Die Wahl von Halbsäulen dient dazu, Gliederung und Wand zu einem plastisch modellierten Ganzen zu machen. Verbindend wirkt auch, daß die Säulen mittels Fugen rechteckig gemustert und somit den Blöcken leicht angenähert sind.[64] Beim »Haus der Deutschen Kunst« werden die quergebänderte Wand und die glatteren, vollrunden Säulen nicht verbunden, eine klare Entgegensetzung von vertikalen und horizontalen Linien ist leicht zu erfassen, wirkt nicht dynamisch. Baublock und Säulenvorhalle sind klar getrennt.
Darin liegt auch ein Kontrast zu der Klinkerfassade von Behrens' 1910 bis 1912 errichteter Berliner Kleinmotorenfabrik.[65] Hier dient die Ähnlichkeit mit einer Säulenreihe dazu, einen Bau der Arbeit zu adeln. Die Wandpfeiler stehen ohne Sockelplatten, also ohne jedes Distanz schaffende Element zu ebener Erde auf dem Straßenpflaster – ganz im Unterschied zu denen am »Haus der Deutschen Kunst«.
Die jeweiligen Motivzusammenhänge bestätigen Arndts Hinweis darauf, daß die Architekten des NS-Regimes in ihrer Abwehr gegen Expressionismus und »Bauhausmoderne« auf wilhelminische Traditionen zurückgriffen;[66] die Übereinstimmungen gehen aber nicht so weit, daß der NS-Baustil mit einem wilhelminischen gleichgesetzt, die Form also unspezifisch oder neutral gegenüber Funktionen genannt werden könnte. Diese Behauptung wird denn auch meistens damit begründet, daß Neoklassizismus zur gleichen Zeit in demokratisch verfaßten Staaten aufgetreten sei.
Larsson (1978) nannte das von Hack Kampmann und anderen erbaute Polizeipräsidium in Kopenhagen (1919–1924)[67] als möglicherweise direktes Vorbild besonders für Speers Innenhof der Neuen Reichskanzlei. Den Rundhof des Kopenhagener Gebäudes umstehen nicht weniger als 88 toskanische Säulen, aber ihre Monotonie ist durch Rhythmisierung gemildert, und anders auch als die des »Hauses der Deutschen Kunst« sind sie in einen viergeschossigen Baukörper integriert: unter anderem mittels mäßiger Höhe, subtiler Profilierungen und weiterer »schmückender Einzelheiten« (so der ausführende Architekt).[68] Die blockhafte Erscheinung des Außenbaus wird durch einen um so wirkungsvolleren Durchblick in den Innenhof konterkariert.

14 Peter Behrens,
Deutsche Botschaft, St. Petersburg,
1910–1912

Signifikante Kontraste zeigen sich auch, wenn die oft angedeutete Ähnlichkeit mit nordamerikanischer Architektur der dreißiger Jahre, namentlich solcher des »New Deal«, näher geprüft wird. Ein markantes Beispiel ist das Bronx County Building in New York (1933–1934) von Joseph H. Freedlander und Max Hausle.[69] Die Säulen seiner vier Portikusvorbauten haben eine harte, unflexible Form ohne Entasis; die dorischen Kapitelle sind ebenso stark vereinfacht wie die am »Haus der Deutschen Kunst«. Aber schon, daß es vier Portiken sind und daß der blockhafte, allerdings durch Reliefbänder und Ornamentplatten modulierte Baukörper dahinter jeweils wirklich Portale enthält, macht einen Unterschied zu dem, was in der NS-Architektur vorkommt. Die Vervierfachung des Portikus begründet sich offenbar als Geste, die den Bau demonstrativ und ohne Rückhalt dem Publikum öffnet. Von dessen Rechten reden die ausführlichen Inschriften über den Portiken, und sie unterscheiden sich somit erheblich von den beiden Tafeln mit Parolen Hitlers am »Haus der Deutschen Kunst«. Die Blockform des Ganzen, die rigorose Symmetrie und die Säulenportiken behalten zwar eine respektheischende Anmutung, werden als Zeichen von Autorität gelesen. Aber ein fundamentaler Unterschied zur NS-Architektur liegt darin, wem diese Autorität entgegengesetzt wird. Das Gebäude ist, wie seine Inschriften bezeugen, Monument einer neuen, sozial orientierten Politik.[70] Damals wurde die Autorität des Staats nicht gegen die Massen betont, sondern gegen eine Opposition, die vor allem von der politischen Rechten und den Unternehmern kam. »Sie fanden die Tendenz, das Wirtschaftsleben von oben regulieren zu wollen, verderblich und nahmen besonderen Anstoß an den Bestimmungen zum Schutz der Gewerkschaften…«[71]

An das »Haus der Deutschen Kunst« erinnern Detailansichten des Palais des Musées d'Art Moderne in Paris (erbaut im Auftrag der Volksfrontregierung von Jean-Claude Dondel und anderen, eingeweiht ebenfalls 1937).[72] Aber die basislosen Rundstützen sind so schlank und leicht, wie es an keinem NS-Bau vorkommt. Das Motiv der Säule wird nicht verhärtend, sondern abstrahierend behandelt. Die Stirnfronten des Gebäudes sind von Musenreliefs überzogen, die die blockhafte Stein-

15 Peter Behrens,
Kleinmotorenfabrik der AEG,
Berlin, 1910–1912

16 Joseph H. Freedlander und Max Hausle, Bronx County Building, New York, 1933/34

17 Dondel, Aubert, Viard und Dastugue, Palais des Musées d'Art Moderne, Paris, 1937, Ausschnitt

fläche auflockern. An NS-Monumentalbauten ist keine so geschmeidig modellierte, ja teilweise heitere Plastik zu finden. Der Blick aufs Ganze des Palais des Musées d'Art Moderne enthüllt frühzeitig, daß die rückwärtige Pfeilerreihe der luftigen Mittelhalle asymmetrisch auf die dortige Straßenführung eingeht. Dies sind Züge, die bei NS-Monumentalbauten nicht vorkommen. Ein Blick hinter die Fassaden bestätigt,[73] daß hier eine ganz andere Version von Neoklassizismus vorliegt – wenn dieser Ausdruck überhaupt noch zutrifft.

Wahrnehmbare Formunterschiede zu NS-Bauten sind also mit nichtfaschistischen Funktionen kausal verknüpft. Es ist deshalb verfehlt – soweit diese einzelnen Beispiele aus der laufenden Diskussion eine Beweisführung erlauben –, die NS-Architektur den alles verbindenden, funktionsneutralen Stilrichtungen des 20. Jahrhunderts einzugliedern.

Die dabei zugrundeliegende Unschärfe des Vergleichs läßt sich teilweise damit erklären, daß wir der NS-Architektur örtlich, zeitlich und emotional näher sind als der wilhelminischen oder außerdeutschen. Eine Erinnerung an NS-Bauten kann deshalb schon durch relativ geringe Ähnlichkeiten ausgelöst werden. Dabei hilft weiterhin der Wunsch, die Verurteilung des Dritten Reichs auf die DDR zu übertragen: »Klassizismus« oder »Dorik« ihrer Bauten werden weiterhin als faschismusnah getadelt.[74] Hinweise auf personelle und formale NS-Baukontinuität im Westen waren weniger willkommen.[75]

Sollen Ähnlichkeiten neuerer Architektur mit solcher des Dritten Reichs geprüft werden, so ist zu fragen, ob Übereinstimmungen mit NS-Spezifischem bestehen statt nur mit wilhelminischen oder außerdeutschen Formbeständen. Insofern sind Vergleiche wie die hier versuchten auch Vorarbeit für die Frage, ob Ähnlichkeiten mit NS-Architektur auf antidemokratische Unterströmungen in westlichen Ländern hindeuten. Thomas Mann nannte 1938/43 »die massigen Zeittendenzen, die man unter dem Namen des ›Faschismus‹ zusammenfaßt, ... eine Zeitkrankheit, die überall zu Hause und von der kein Land frei ist«.[76] Ob solche Tendenzen an Architekturformen erkennbar werden können, stand für ihn nicht zur Debatte. Die Frage stellte sich aber, als Architekten seit den 1980er Jahren NS-Bauten zitierten oder – eventuell unbewußt – nachahmten. Die Autoren der Zeitschrift *Arch*$^+$, die im Jahre 1994 vor einer Entwicklung »von Berlin nach Neuteutonia« warnten, befürchteten nicht nur eine bauliche Fehlentwicklung, sondern neu-rechte, nationalistische Tendenzen, stellten die »Frage nach der Demokratie«.[77] Sie wußten allerdings nur sehr allgemein gehaltene Indizien anzuführen: die »klassizistischen Fassaden«, das »Interesse an monumentalisierten Großformen«, den »Block« als Leitform, ein Aussehen wie »Tempel und Ruhmeshallen«, »ein starres Bild«, »Rigorismus«.[78] Die so Kritisierten hatten als Ziel ihrer Formenwahl »preußischen Klassizismus«, »preußischen Stil«, »preußische Einfachheit« angeführt.[79] Als Vergleichsbeispiel wurde unter anderem das »Haus der Deutschen Kunst« genannt,[80] aber nicht weiter analysiert. So blieben Ansichts- und Absichtserklärungen ungeprüft. Weiterführen könnte auch in dieser Frage ein politisch reflektierter Form-, ja Stilvergleich.

1 Wolfgang Schäche, »Architektur und Stadtplanung während des Nationalsozialismus am Beispiel Berlin«, in: *Von Berlin nach Germania,* Ausst.-Kat. Landesarchiv Berlin, 4. Aufl., 1986, S. 34.

2 Albert Speer, *Erinnerungen,* Frankfurt am Main/Berlin 1969, S. 95, 533f.

3 Lars Olof Larsson, »Klassizismus in der Architektur des 20. Jahrhunderts«, in: Albert Speer u.a., *Architektur,* Frankfurt am Main/Berlin/Wien 1978, S. 151–175; Barbara Miller Lane, *Architektur und Politik in Deutschland 1918–1945* (1968), Braunschweig/Wiesbaden 1986, S. 205; Iain Boyd White, »Der Nationalsozialismus und die Moderne«, in: *Kunst und Macht im Europa der Diktatoren 1930 bis 1945,* Ausst.-Kat. Deutsches Historisches Museum in Berlin 1996, S. 260, 262; weitere Beispiele bei Hans-Ernst Mittig, »Dreierlei Arten des Umgangs mit den baulichen Relikten des deutschen Faschismus«, in: *Wissenschaftliche Zeitschrift Hochschule Weimar,* 40, 1994, H. 1, S. 77f.; Winfried Nerdinger, »Bauen im Nationalsozialismus«, in: *Bauen im Nationalsozialismus. Bayern 1933–1945,* Ausst.-Kat. Architektur-Museum der Technischen Universität München und Münchner Stadtmuseum 1993, S. 10f., Anm. 28.

4 Dagegen Hans-Ernst Mittig, *NS-Architektur für uns. Beiträge zur politischen Bildung,* 10, Nürnberg 1991, S. 7. Richtiger »Heimatstil«, zum Beispiel bei Wolfgang Pehnt, »Architektur«, in: Erich Steingräber (Hrsg.), *Deutsche Kunst der 20er und 30er Jahre*, München 1979, S. 98.

5 Nachweise bei Hans-Ernst Mittig, »Industriearchitektur des NS-Regimes: das Volkswagenwerk«, in: Gabi Dolff-Bonekämper und Hiltrud Krier (Hrsg.), *Städtebau und Staatsbau im 20. Jahrhundert*, München/Berlin 1996, S. 77.

6 Vgl. Anm. 74.

7 Hartmut Frank, »Welche Sprache sprechen Steine?«, in: ders. (Hrsg.), *Faschistische Architekturen*, Hamburg 1985, S. 7–10.

8 Speer 1969 (Anm. 2), S. 162.

9 Robert Scholz, *Architektur und Kunst 1933–45*, Preußisch Oldendorf 1977, S. 9, 11f., 54.

10 Klaus Herding und Hans-Ernst Mittig, *Kunst und Alltag im NS-System. Albert Speers Berliner Straßenlaternen*, Gießen 1975, S. 49.

11 Wieland Elfferding in einer Diskussionsveranstaltung zu der Ausstellung »Inszenierung der Macht. Ästhetische Faszination im Faschismus«, Neue Gesellschaft für Bildende Kunst Berlin, 15.4.1987; ähnlich im Ausst.-Kat. S. 10f.

12 Zum Beispiel Hans Kollhoff im Gespräch mit Peter Neitzke, »Es geht nicht darum, eine vergangene Welt zu konservieren«, in: *Centrum. Jahrbuch Architektur und Stadt,* 1993, S. 49–58. Für sinnvolles Zitieren von »NS-Motiven« und die hier nötigen Unterscheidungen siehe Hans-Ernst Mittig, »NS-Motive in der Gegenwartskunst: Flamme empor?«, in: Berthold Hinz (Hrsg.), *NS-Kunst: 50 Jahre danach. Neue Beiträge*, Marburg 1989, S. 106.

13 Beispiel für einen frühen Abgrenzungsversuch: Hellmut Lehmann-Haupt, *Art under Dictatorship*, New York 1954, S. 117. Auch Karl Arndt (»Filmdokumente des Nationalsozialismus als Quellen für architekturgeschichtliche Forschungen«, in: *Zeitgeschichte im Film- und Tondokument*, Göttingen 1970, S. 41 f.) hatte Neoklassizismus »in immer verschiedener Ausprägung« beobachtet. Vollends bejahend zur Stilfrage: Klaus Herding, Besprechung von Peter Reichel, »Der schöne Schein des Dritten Reiches«, in: *Kritische Berichte*, 19, 1991, H. 3, S. 83f.; Hans-Ernst Mittig, »Totalitäre Architektur des NS-Staates im Vergleich«, in: *ARS. Journal of the Institute for History of Art of Slovak Academy of Sciences,* 1993, H. 2–3, S. 155f.; Mittig 1996 (Anm. 5), S. 98; Ulrich Hartung, »Bauästhetik im Nationalsozialismus und die Frage der Denkmalwürdigkeit«, in: Bernd Faulenbach und Franz-Josef Jelich (Hrsg.), *Reaktionäre Realität und Völkermord*, Essen 1994, S. 71–84; Winfried Nerdinger, »Baustile im Nationalsozialismus: Zwischen Klassizismus und Regionalismus«, in: *Kunst und Macht* … 1996 (Anm. 3), S. 322–325.

14 Vgl. Mittig 1989 (Anm. 12), S. 106.

15 Bazon Brock, »Kunst auf Befehl?«, in: ders. und Achim Preiß (Hrsg.), *Kunst auf Befehl?*, München 1990, S. 12; die Aufzählung ihrer Elemente wohl aus dem Italienischen übersetzt.

16 Berthold Hinz, »1933/45: Ein Kapitel kunstgeschichtlicher Forschung seit 1945«, in: *Kritische Berichte,* 14, 1986, H. 4, S. 21f., 26; Karl Arndt, »Eine Entgegnung«, in: *Kritische Berichte,* 16, 1988, H. 2, S. 126f.

17 Karl Arndt, »Die ›Ehrentempel‹ und das Forum der NSDAP am Königsplatz in München und ihre Position in der jüngeren Geschichte des architektonischen Denkmalgedankens«, in: *Kunstchronik,* 21, 1968, S. 395–398 (vgl. schon Karl Arndt und Hartmut Döhl, *Das Wort aus Stein* [Filmdokumente zur Zeitgeschichte], Göttingen 1965); Arndt 1970 (Anm. 13), S. 41–43. Zur Stilgenese siehe auch Berthold Hinz, *Die Malerei im deutschen Faschismus*, München 1974, S. 130.

18 Herding und Mittig 1975 (Anm. 10), S. 44–46; neuerdings betont von Hartung 1994 (Anm. 13) S. 72f., 75.

19 Hans-Jochen Kunst, »Architektur und Macht. Überlegungen zur NS-Architektur«, in: *Philipps Universität. Mitteilungen Kommentare Berichte,* 3, Mai 1971, S. 51f.; vgl. Hans-Ernst Mittig, »NS-Architektur für uns«, in: Bernd Ogan und Wolfgang W. Weiß (Hrsg.), *Faszination und Gewalt*, Nürnberg 1992, S. 248f.

20 Außer den Nachweisen bei Winfried Nerdinger (»Versuchung und Dilemma der Avantgarde im Spiegel der Architekturwettbewerbe 1933–35«, in: Magdalena Bushart u.a. (Hrsg.), *Entmachtung der Kunst*, Berlin 1985, S. 86, Anm. 8f.) siehe Ludwig Friedrich Barthel, »Neues München«, in: *Kunst und Volk,* 4, 1936, S. 167; Hubert Schrade, *Bauten des Dritten Reichs*, Leipzig 1937, S. 14f.; Hans Stephan, *Die Baukunst im Dritten Reich*, Berlin 1939, S. 10. Weiteres zur Militärförmigkeit bei Mittig 1991 (Anm. 4), S. 7, Anm. 39.

21 Hellmuth Benesch, *Wörterbuch zur Klinischen Psychologie*, Bd. 2, München 1981, S. 184; vgl. Kurt R. Eissler, *Todestrieb, Ambivalenz, Narzißmus,* München 1980, S. 9, 27, 42ff. »Ein Hang zum Tod an sich« (Dieter Bartetzko, »Zwischen Todesschwärmerei und Empfindelei«, in: *Merkur* 1989, S. 835 mit Saul-Friedländer-Zitat von 1984) kann am wenigsten den NS-Machthabern bescheinigt werden, die die Kapitulation aufschoben, um ihr Leben zu verlängern.

22 Datierte Gedenktafel für »Drei Grafen Spee … mit 2000 Kameraden« am Anna-Maria-Luisa-Medici-Platz.

23 Vgl. den Sterbenden und die sterbende »Schar« bei Werner Beumelburg, *Ypern 1914*, Berlin 1925, S. 216f.

24 Albert Speer, *Architektur. Arbeiten 1933–1942*, Frankfurt am Main/Berlin/Wien 1978, S. 8.

25 Hans-Ernst Mittig, »Probleme mit NS-Architektur. Eine Umschau«, in: Reiner Bensch (Hrsg.), *Vergegenständlichte Erinnerung*, Weimar 1996, S. 9f.

26 Mathias Schreiber, in: *Frankfurter Allgemeine Zeitung,* 15. 7. 1988.

27 Vgl. Mittig 1991 (Anm. 4), S. 6.

28 Maßstabssprünge sind das Hauptkriterium bei Goerd Peschken, »Klassik ohne Maß. Eine Episode in Schinkels Klassizismus«, in: Willmuth Arenhövel und Christa Schreiber (Hrsg.), *Berlin und die Antike*, Ergänzungsband zum Ausst.-Kat. Aufsätze, Berlin 1979, S. 495–507. Zu einem theoriegeschichtlichen Bezug siehe Leon Battista Alberti, *Zehn Bücher über die Baukunst*, übertragen … durch Max Theuer, Wien u.a. 1912, S. 357f.

29 Albert Speer, in: *Der Spiegel*, 7. 11. 1966; Speer 1969 (Anm. 2), nach S. 161; Klaus Backes, *Hitler und die bildenden Künste*, Köln 1988, Abb. 17.

30 Speer 1969 (Anm. 2), S. 161; Speer 1978 (Anm. 3), S. 94.

31 Hans-Ernst Mittig, »Kunst und Propaganda im NS-System«, in: Monika Wagner (Hrsg.), *Moderne Kunst. Das Funkkolleg zum Verständnis der Gegenwartskunst*, Reinbek 1991, S. 451 mit Anm. 24.

32 Kunst 1971 (Anm. 19), S. 52; Otto Karl Werckmeister, »Der Sowjetpalast in Moskau und die große Kuppelhalle in Berlin als projektierte Bauten einer totalitären Volksrepräsentation«, in: Dolff-Bonekämper und Kier 1996 (Anm. 5), S. 125.

33 Mittig 1996 (Anm. 5), S. 98, 100f.

34 Mittig 1991 (Anm. 4), S. 7; Dieter Bartetzko, »Vergessenes Erbe – NS-Architekturen in der Frankfurter Innenstadt«, in: *Wissenschaftliche Zeitschrift. Hochschule Weimar*, 40, 1994, H. 1, S. 2. Zu »Gemütlichem« als untergeordnetem Element in Staats- und Parteibauten siehe Hans-Ernst Mittig, »Art and Oppression in Fascist Germany«, in: Irit Rogoff (Hrsg.), *The Divided Heritage*, Cambridge u. a. 1990, S. 204, und (thesenlos) Eva von Seckendorff, »Monumentalität und Gemütlichkeit. Die Interieurs der NSDAP-Bauten am Königsplatz«, in: Iris Lauterbach (Hrsg.), *Bürokratie und Kult. Das Parteizentrum der NSDAP am Königsplatz in München*, München 1995, S. 119, 146.

35 Zum Grazer Damm in Berlin siehe Alfred Schinz, »Das mehrgeschossige Mietshaus von 1896 bis 1945«, in: *Berlin und seine Bauten*, 4, Bd. B, Berlin u. a. 1974, S. 37; eine zeitgenössische Stimme bei Ulrich Höhns, »Grenzenloser Heimatschutz«, in: Vittorio Magnago Lampugnani und Romana Schneider (Hrsg.), *Moderne Architektur in Deutschland 1900 bis 1950*, Stuttgart 1992, S. 287.

36 Mittig 1996 (Anm. 5), S. 103.

37 Nachweise bei Harald Scholtz, *Erziehung und Unterricht unterm Hakenkreuz*, Göttingen 1985, besonders S. 46, 73, 131.

38 Eine Zusammenstellung der Bauten gibt es bisher nur für Bayern: Katharina Blohm, »Konzentrations- und Zwangsarbeiterlager«, in: Bauen im Nationalsozialismus ... 1993 (Anm. 3), S. 515–537.

39 Näheres bei Eduard Führ, »Morphologie und Topographie eines Konzentrationslagers«, in: Günter Morsch (Hrsg.), *Von der Erinnerung zum Monument. Die Entstehungsgeschichte der Nationalen Mahn- und Gedenkstätte Sachsenhausen*, Berlin 1996, S. 48–50. Ein Jahr später taucht Fächerstellung im Kasernenbau auf: Sonja Hildebrand, »Rathenow. Die Pionierkaserne von Egon Eiermann«, in: *Brandenburgische Denkmalpflege*, 5, 1996, H. 1, S. 79, 81.

40 Joachim Petsch, *Baukunst und Stadtplanung im Dritten Reich*, München/Wien 1976, S. 203; ders., zit. bei Mittig 1992 (Anm. 19), S. 254, Anm. 66.

41 Abb. bei Thomas Schmidt, *Werner March*, Basel/Berlin/Boston 1992, S. 55.

42 Hartmut Frank, »Monumentalität und Stadtlandschaft«, in: *»Die Axt hat geblüht«*, Ausst.-Kat. Städtische Kunsthalle Düsseldorf 1987, S. 344.

43 Mittig 1996 (Anm. 5), S. 105; neuerdings zum Beispiel Führ 1996 (Anm. 39), S. 56–58.

44 Hans-Ernst Mittig, »München, 50 Jahre nach der Ausstellung ›Entartete Kunst‹«, in: *Kritische Berichte*, 16, 1988, H. 2, S. 79f.

45 Henri Nannen, »Die Eröffnungsausstellung im Haus der Deutschen Kunst, II. Malerei«, in: *Die Kunst für Alle*, 53, 1937–1938, S. 19.

46 Georg Krawietz, *Peter Behrens im Dritten Reich*, Weimar 1995, S. 78, vergleicht die Fenster mit Schießscharten.

47 *»Entartete Kunst«. Das Schicksal der Avantgarde im Nazi-Deutschland*, Ausst.-Kat. Los Angeles County Museum of Art/Deutsches Historisches Museum Berlin 1992; zum Mangel an Kontextierung und Faktenwiedergabe vgl. Mittig 1988 (Anm. 44), S. 76–88.

48 Rede bei der Eröffnung der »Ersten Großen Deutschen Kunstausstellung« 1937, in: Hinz 1974 (Anm. 17), S. 152–170; vgl. schon Adolf Hitler, *Mein Kampf* (1925), 34. Aufl., München 1933, S. 282–284.

49 Zusammengestellt, aber irrig als »gestalterische Mängel« klassifiziert von Karl Arndt, »Das ›Haus der Deutschen Kunst‹ – ein Symbol der neuen Machtverhältnisse«, in: Peter-Klaus Schuster (Hrsg.), *Die »Kunststadt« München 1937. Nationalsozialismus und »Entartete Kunst«*, München 1987, S. 66f.; dagegen Mittig 1988 (Anm. 44), S. 79f.; ders., »Berufsbedingte kunsttheoretische Prämissen des Umgangs mit NS-Architektur«, in: Bernfried Lichtnau (Hrsg.), *Architektur in Mecklenburg und Vorpommern 1800–1950*, Greifswald 1996, S. 276f. Nerdinger 1996 (Anm. 13), S. 323, setzt diese Argumentationsweise fort und tadelt zum Beispiel, die Säulenreihe laufe »ins Nichts«. Sie ist aber der Lage an einer Straße angemessener als die Anten, die beim Alten Museum in Berlin der seitlichen Begrenztheit des Lustgartens entsprechen.

50 In München noch mündlich tradiert; weitere Spitznamen bei Lehmann-Haupt 1954 (Anm. 13), S. 114.

51 Zum Beispiel schon am Reichsluftfahrtministerium in Berlin (1934–1936 von Ernst Sagebiel). »Gitter« war 1944 auch Deckname einer Terroraktion (Klaus Drobisch, »Über den Terror und seine Institutionen in Nazideutschland«, in: Dietrich Eichholtz und Kurt Gossweiler [Hrsg.], *Faschismus-Forschung*, 2. Aufl., Berlin/Köln 1980, S. 178).

52 Nerdinger 1996 (Anm. 13), S. 323.

53 Dem Begriff »erhaben« nützlich gegenübergestellt bei Johann Wolfgang Goethe, Brief an Charlotte von Stein, 7. – 10. 2. 1787.

54 Karl Scheffler, *Moderne Baukunst*, Berlin 1907, S. 136.

55 Max Osborn, *Johann Emil Schaudt*, Berlin 1930, S. VIII.

56 *Messel (Tafelwerk)*, Bd. 1, Berlin 1912, Lfg. 4–5, Tf. XXXIII a–c.

57 Larsson 1978 (Anm. 3), S. 31; Fritz Hoeber, *Peter Behrens*, München 1913, S. 191–199; Fritz Neumeyer und Wolfram Hoepfner, *Das Haus Wiegand von Peter Behrens in Berlin-Dahlem*, Mainz 1979, S. 25–27.

58 Kunst 1971 (Anm. 19), S. 51; als eines von drei Bildbeispielen für »Lösungen, die ihrer Zeit vorauseilen« siehe Heinrich Wolff, »Der Neubau des Hauptverwaltungsgebäudes der AEG in Berlin. Architekt Peter Behrens«, in: *Die Kunst im Deutschen Reich*, 3, 1939, S. 453. Der Herausgeber der Zeitschrift hatte Behrens bewundert (Alan Windsor, *Peter Behrens*, Stuttgart 1985, S. 127).

59 Hoeber 1913 (Anm. 57), S. 179–186.

60 Ebd., S. 180.

61 Ohne Rücksichtnahme auf »die barocke Wurzel« laut Tilmann Buddensieg, »Die Kaiserlich Deutsche Botschaft in Petersburg von Peter Behrens«, in: Martin Warnke (Hrsg.), *Politische Architektur in Europa vom Mittelalter bis heute*, Köln 1984, S. 377.

62 Nikolaus Bernau, »Monumentalbau mit zartem Interieur«, in: *Der Tagesspiegel* (Berlin), 13. 11. 1993.

63 Zu demselben Ergebnis kommt Krawietz 1995 (Anm. 46), S. 76, trotz seines Verdikts gegen Vergleiche (S. 79).

64 Vgl. Windsor 1985 (Anm. 58), S. 124.

65 Hoeber 1913 (Anm. 57), S. 140–147.

66 Vgl. Anm. 13 und 17.

67 Lars Olof Larsson, »Le Classicisme dans l'architecture du XXe siècle«, in: Leon Krier (Hrsg.), *Albert Speer. Architecture 1932–1942*, Brüssel 1985, S. 42, Anm. 4; Kay Fisker und Francis Rowland Yerbury, *Moderne dänische Architektur*, Berlin 1927, Tf. XI.

68 Aage Rafn, »Das Polizeigebäude in Kopenhagen«, in: *Wasmuths Monatshefte für Baukunst*, 13, 1929, S. 238. Zur Unterscheidung bereits Nerdinger 1996 (Anm. 13), S. 323; betreffend Johan

Sigfrid Siréns Reichstagsgebäude in Helsinki (1925–1931) siehe schon Larsson 1978 (Anm. 3), S. 158, wo Sirén selbst zitiert wird.

69 Elliot Willensky und Norval White, *AIA Guide to New York City*, 3. Aufl., New York 1988, S. 510.

70 Zur Künstlerförderung im »New Deal« vgl. Frank G. Steele, »Die Verwaltung der bildenden Künste im New Deal und im Dritten Reich«, in: Berthold Hinz u.a. (Hrsg.), *Die Dekoration der Gewalt. Kunst und Medien im Faschismus*, Gießen 1979, S. 198–204.

71 Carl Landauer, *Sozial- und Wirtschaftsgeschichte der Vereinigten Staaten von Amerika*, Stuttgart 1981, S. 190.

72 Dieses Beispiel schon bei Bruno Zevi, *Storia dell'architettura moderna*, 2. Aufl., Turin 1953, S. 196: »neoclassicismo parallelo a quello nazista...«; Speer 1969 (Anm. 2), S. 95; mit Einschränkungen Richard Hüttel, »Neo-Klassisismus oder Aneignung der nationalen Baugeschichte – Zur Architektur im Jahre 1937«, in: »Die Axt...« 1987 (Anm. 42), S. 79.

73 Auch durch den Kontrast zu den *im* »Haus der Deutschen Kunst« eingesetzten Außenbaumotiven.

74 Vgl. White 1996 (Anm. 3), S. 260. Grenzenlos und ebenfalls ohne genügende Ortskenntnis: Igor Golomstock, *Totalitarian Art in the Soviet Union, the Third Reich, Fascist Italy and the People's Republic of China*, London u.a. 1990. Zurückhaltender: *Agitation zum Glück. Sowjetische Kunst der Stalin-Zeit,* Ausst.-Kat. Kulturdezernat der Stadt Kassel/documenta-Archiv 1993; zur Popularität des Vergleichs siehe das dortige Besucherbuch. »Klassizismus« bei Kerstin Decker, in: *Der Tagesspiegel,* 19. 6. 1997; »Dorik« bei Diether Schmidt, »Erinnerungen aus der fünften Zone«, in: ders. und Eckhardt Gillen (Hrsg.), *Zone 5. Kunst in der Viersektorenstadt 1945–1951*, Berlin 1989, S. 25; zur Herkunft siehe Speer 1969 (Anm. 2), S. 75 f., und Nerdinger 1996 (Anm. 13), S. 323. Richtig dagegen Bruno Flierl, »Die Stalinallee in Berlin«, in: *Wissenschaftliche Zeitschrift Weimar,* 38, 1992, H. 3/4 A, S. 143.

75 Petsch 1976 (Anm. 40), S. 261, Anm. 263–265 mit Nachweisen; Werner Durth, *Deutsche Architekten. Biographische Verflechtungen 1900–1970*, Braunschweig 1986.

76 Thomas Mann, »Dieser Friede« (1938), in: *Gesammelte Werke*, Bd. 4, Frankfurt am Main 1960, S. 831; »Schicksal und Aufgabe« (1943/44), ebd., S. 930; ähnlich »Von rassischer und religiöser Toleranz« (1946), ebd. S. 901.

77 Franz Dröge und Michael Müller, »Die Revision der Moderne: Ein Skandal«, in: *Arch$^+$*, 1994, H. 122, S. 76; Philipp Oswalt, »Der Mythos von der Berlinischen Architektur«, ebd., S. 79, 82; Nikolaus Kuhnert und Angelika Schnell, »Zu diesem Heft«, ebd. S. 26; vgl. weiter Gert Kähler (Hrsg.), *Einfach schwierig. Eine deutsche Architekturdebatte*, Braunschweig/Wiesbaden 1995.

78 Oswalt 1994 (Anm. 77), S. 79; Kaye Geipel, »Der Trend zum Universalismus«, ebd., S. 41, 44; Dieter Hoffmann-Axthelm, zit. ebd., S. 41.

79 Referiert bei Werner Sewing, »Berlinische Architektur«, ebd., S. 64; Philipp Oswalt, ebd., S. 80 f.; Kaye Geipel, ebd., S. 42.

80 Heinrich Klotz, »Bloß nicht diese Hauptstadt!«, ebd., S. 23 f.

1 Idealperspektive des »Kraft-durch-Freude«-Seebads in Prora auf Rügen, Umschlag eines Reisekatalogs der »Deutschen Arbeitsfront«, 1939
Zeichner: Ringenwald

Gebaute Utopie der Macht. Das Beispiel Prora

Rainer Wilkens

»Von der ersten Stunde an muss der Mensch von der berauschenden Umgebung befangen werden. ... Das ist auch der Wunsch des Führers, und wir wollen das Bad mit allem ausstatten, was es überhaupt gibt, mit Theater, Kino, Kabarett, Musik, Tanzflächen usw.« Mit diesen Worten Robert Leys aus einer Rede vom 18. Februar 1936, gerichtet an die zu einem Wettbewerb geladenen Architekten, wurde offiziell die Planung eines »Kraft-durch-Freude«-Seebads in Prora auf der deutschen Ostseeinsel Rügen eingeleitet.

Vision und Auftraggeber

In Deutschland setzte 1933 mit der Machtübernahme Hitlers eine Staatsdiktatur ein, die vorgab, die seit Ende der zwanziger Jahre unter anderem in den Bereichen Politik und Wirtschaft zum Stillstand gekommene Entwicklung grundsätzlich zu verbessern. Es wurden internationale Standards in Wissenschaft und Forschung aufgegriffen, und mit propagandistischen Mitteln wurde versucht, in allen Sparten Superlative zu schaffen.
Architekten sahen nicht nur einen neuen, starken Auftraggeber, sondern auch die Chance, diesem neuen Bauherrn die eigenen, in jahrelanger Diskussion entwickelten Visionen nahezubringen. Die im internationalen Austausch entworfenen Visionen zu einem allumfassenden Weltbild waren oftmals von sozialreformerischen Vorstellungen geprägt. In dieser Zeit schrieb Le Corbusier in *Vers une architecture* von der Notwendigkeit zur Standardisierung und forderte »im Namen des Ozeandampfers, des Flugzeugs und des Automobils das Recht auf Gesundheit, Logik, Mut, Harmonie und Vollendung«. 1925 sprach Le Corbusier in seinen »Fünf Punkten zu einer neuen Architektur« von »Laboratoriumsresultaten ..., die der Architektur neue Perspektiven eröffnen und dabei den Städtebau unterstützen auf der Suche nach Lösungen im Kampfe mit den Mißständen unserer Städte«. Viele der in den zwanziger Jahren zu internationaler Anerkennung gelangten Architekten – und besonders deren Schüler – boten sich den neuen Machthabern an, wie zum Beispiel Mies van der Rohe 1934 mit seinem Entwurf des Deutschen Pavillons für die Weltausstellung 1935 in Brüssel oder auch Le Corbusier bei den italienischen Faschisten.[1] Nur zu leicht wurde dabei von den Architekten übersehen, daß die hierarchische Struktur des NS-Systems eine Allianz zwischen den Aufgaben des Bauherrn und denen der gesellschaftlichen Kontrollinstanzen gebildet hatte.

Entstehung einer Tourismusindustrie

Einen wichtigen Teil des Machtapparats der Nationalsozialisten bildete die »Deutsche Arbeitsfront« (DAF), die die Aufgabe hatte, die »sozialpolitischen« Ziele der Nationalsozialisten umzusetzen. Programmatische Aussagen zu den Zielen der DAF von Robert Ley, dem Reichsorganisationsleiter der NSDAP und Leiter der DAF, sowie von anderen Parteiführern beinhalteten die Ausrichtung auf eine totalitäre Kontrolle der Arbeiter, so zum Beispiel: »Die DAF ist eine Weltanschauungsorganisation und daher betont politisch. Sie predigt ihren Mitgliedern den Stolz auf das Erbgut unserer Rasse, das Selbstbewußtsein aus dem Wissen um unsere schöpferische Weltkulturleistung.«[2]
Die Freizeit der Arbeiter sollte von der Organisation »Kraft durch Freude« (KdF) kontrolliert werden, die Ende 1933 als Unterorganisation der DAF gegründet wurde. Vorbild für die KdF-Organisation war die am 1. Mai 1925 in Italien unter Mussolini gegründete faschistische Freizeitorganisation »Opera Nazionale Dopolavoro« (OND). Diese auf die Erziehung der Arbeiter im Sinne des Faschismus abzielende Organisation strebte die totale Kontrolle des Menschen an.[3]
Eine herausragende Rolle in der Propaganda zugunsten der KdF-Aktivitäten spielten die mit großem Aufwand durchgeführten und auch international stark beachte-

ten Schiffsreisen der KdF, die der Organisation Mitte der dreißiger Jahre ein Höchstmaß an öffentlicher Aufmerksamkeit einbrachten.[4]
Bis zu diesem Zeitpunkt waren Schiffsreisen nur einem wohlhabenden Publikum vorbehalten, das entsprechend seinen finanziellen Mitteln unter verschiedenen Preis- und Ausstattungsklassen wählen konnte. KdF-Schiffsreisen boten lediglich einen einheitlichen Preis- und Ausstattungsstandard an. Zuerst wurden für die KdF-Reisen Schiffe privater Reedereien angemietet, am 1. Mai 1936 (!) hatten dann zwei eigens für die KdF erbaute Schiffe ihren Stapellauf: die für je 1600 Passagiere konzipierte »Wilhelm Gustloff« und die »Robert Ley«.[5] Bei beiden Schiffen war die Ausstattung wesentlich besser als bei den zuvor angemieteten. Die Schiffe, deren Zwei- und Vierbettkabinen alle Seeblick hatten, waren mit Tisch, Sesseln, Sofa, fließend Warmwasser und Belüftung ausgestattet. Demgegenüber standen nur 20 Bäder und 100 Duschen zur Verfügung. Der über 156 Bordlautsprecher verbreiteten Propaganda konnten die Reisenden kaum entrinnen.[6] Besonders wichtig waren der KdF – nicht nur aus wirtschaftlichen Gründen – hohe Urlauberzahlen und ein kontrollierter, reibungsloser Ablauf, denn beides konnte zu Propagandazwecken eingesetzt werden.
In Verbindung mit den euphorischen Berichten über die Schiffsreisen finden sich ab 1935 in den massenweise verbreiteten Meldungen zu DAF- und KdF-Aktivitäten erste Absichtserklärungen bezüglich der Errichtung von Seebädern, denen eine besondere Rolle bei den Vorhaben dieser beiden Organisationen zukommen sollte.[7]
Im gleichen Jahr wurde in einer Schrift zu den Zielen der DAF ausgeführt: »Reisen und Wandern, Schönheit der Arbeit, Theater, Film, Rundfunk und Musik, überhaupt Kunst und Wissenschaft, Sport aller Art, das sind die Gebiete und Begriffe, die den breiten Massen nahegebracht und täglich zum Erleben werden«.[8] Die genannten »Gebiete und Begriffe« sollten möglichst effizient zusammengefaßt werden – nichts kam dem näher als die geplanten Seebäder: Sie waren schnell zu erreichen und kostengünstig in industrieller Fertigung zu errichten. Aufbauend auf den Planungserfahrungen beim Schiffs- und Krankenhausbau und neuesten Technologien beim technischen Ausbau, sollten die Seebäder nicht nur die Möglichkeit zum Wandern in den Wäldern bieten, sondern zugleich durch das von Albert Speer geleitete und der KdF zugehörige »Amt Schönheit der Arbeit« mit allem ausgestattet werden, was der Urlauber benötigt: Es sollten Theater und Kinos aufgebaut werden, Rundfunkstationen, Beschallungsanlagen für die gesamten Anlagen bis hinein in die Zimmer sowie Sport- und Schwimmhallen.[9]

2 Bauamt der DAF unter Julius Schulte-Frohlinde, Entwurfsskizze zu einem geplanten Seebad auf Rügen, 1935, Festplatz

3 Sergius Ruegenberg, Entwurfsskizze zu einem geplanten Seebad auf Rügen, 1935, Sonnenterrasse

Grundlagen der Planung

Seit den zwanziger Jahren wurde in Europa und den USA ein neuer Typus von Seebad und Sanatorium, oftmals für die Heilung der damals noch weitverbreiteten Lungentuberkulose erbaut, basierend auf den um 1900 gemachten Erfahrungen bei der Organisation von riesigen Lungenheilsanatorien wie zum Beispiel Beelitz-Heilstätten bei Berlin. Die Entwürfe, die meist rein funktionalistischen Anforderungen folgten, wiesen als typisches Merkmal häufig Liegeterrassen und eine starke Ausrichtung der Räume auf die Sonnenseite auf. So sind in dem 1932 von Alvar Aalto in Paimino, Finnland, errichteten Sanatorium diese Elemente prägend. In Bexhill-on-Sea, England, wurde 1934/35 von Erich Mendelsohn und Serge Chermayeff ein direkt am Wasser gelegenes Kurhaus gebaut, dessen stilistische Elemente sehr an das später von Clemens Klotz entworfene KdF-Seebad erinnern, das nach mehreren Namensänderungen allgemein »KdF-Seebad Rügen« genannt wurde.[10]
In einer Schrift der DAF zu Zweck und Leistungen der DAF wird – anschließend an die Ausführungen zu den KdF-Schiffen – der Stellenwert der KdF-Seebäder folgendermaßen beschrieben: »Am 2. Mai 1936, dem Jahrestag des Sturms auf die Ge-

4 Bauamt der DAF unter Julius Schulte-Frohlinde, Entwurfsskizze zu einem geplanten Seebad auf Rügen, 1935, Unterkunftshaus der Seeseite zugewandt

werkschaften, wird der Grundstein zum KdF-Seebad Mukran gelegt, das nach seiner Fertigstellung gleichzeitig 20000 Urlaubern Freude und Erholung bieten wird. Die Ausmaße dieses Seebads sind so gewaltig und seine Einrichtungen so phantastisch, daß sie vor Jahrzehnten höchstens im Reich der Träume zu Hause waren. ... Die Arbeit der DAF findet immer mehr Beachtung. Selbst das Ausland kann seine Zustimmung nicht versagen«:[11] das Seebad als Fortführung, als Superlativ zu den Schiffsreisen.

Im Oktober 1935 berichtet die *Bauwelt* in einem kurzen Artikel, versehen mit zwei perspektivischen Entwurfszeichnungen, von einem geplanten Seebad auf der Insel Rügen an der Ostseeküste: »Die Entwürfe sind ausgearbeitet vom Bauamt der Deutschen Arbeitsfront, dessen Leiter Baurat Julius Schulte-Frohlinde ist. Das obere Bild zeigt das Unterkunftshaus, das sich in schönem Schwung am Strande entlangzieht. Unmittelbar hinter diesem Unterkunftshaus schließt sich der Wald an, in den Sportplätze eingebettet sind. Die Zimmer der Urlauber sind alle dem Strand zugewandt, der Blick geht durch große, bis zur Erde reichende Fenster und Fenstertüren über das Wasser. Vor jedem Zimmer ist ein geräumiger gedeckter Liegebalkon vorgebaut. Das untere Bild zeigt den Festplatz inmitten des Seebades. Hier sollen Lichtspielhäuser und Theater, Gaststätten und Konzertsäle gebaut werden.«[12] Der Entwurf erinnert an städtebauliche Planungen und Bauten für Algier von Le Corbusier aus den Jahren 1930 bis 1934. Diese Projekte sollten bei höchsten Ansprüchen an die Hygiene und geringstmöglichem Flächenverbrauch kostengünstigen Wohnraum mit den Erfordernissen des Verkehrs vereinen. Die Bauten sollten jeweils in sich geschlossene Einheiten darstellen und deren Bewohner eine komplette Versorgung vorfinden. Läden und Erschließung an einer internen Straße im ersten Obergeschoß, der »Rue intérieure«, stellen in einem auf Säulen aufgestelzten Gebäude die zentralen Elemente für Versorgung, Erschließung und Kommunikation dar. Der zunehmende Autoverkehr sollte ebenerdig stattfinden. Diese

5 Sergius Ruegenberg, Entwurfsskizze zu einem geplanten Seebad auf Rügen, 1935, Prorer Wieck nach Norden

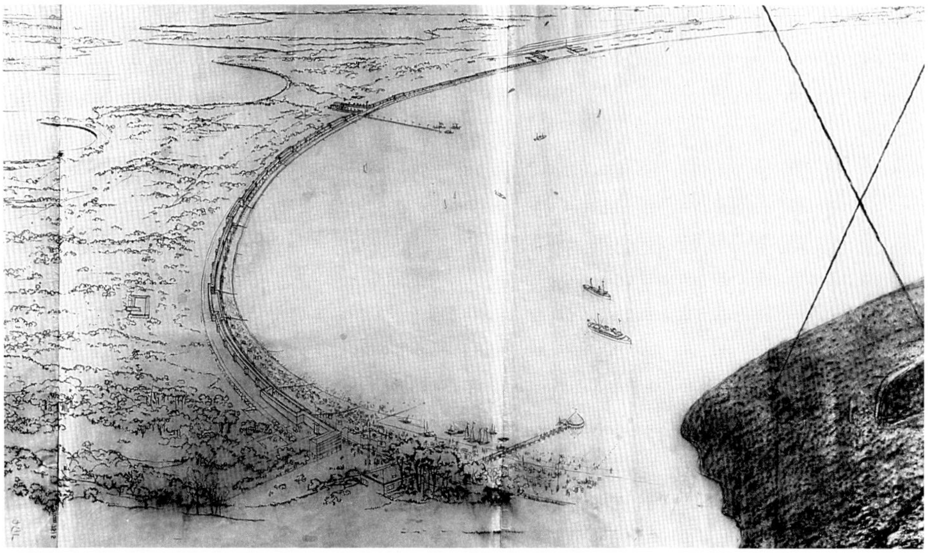

und ähnliche Ideen wurden teilweise in direkter Beeinflussung, teilweise in voneinander unabhängigen Entwicklungen weltweit immer weiter ausgearbeitet, beispielsweise in den Strukturmodellen von Ludwig Hilberseimer oder bei dem 1932 realisierten Schweizerhaus der Cité universitaire in Paris von Le Corbusier.
In Meldungen der Tagespresse vom September 1935 ist die Rede von einem auf dem Reichsparteitag in Nürnberg ausgestellten Modell des KdF-Seebads auf Rügen von dem Kölner Architekten Clemens Klotz. Dieses Seebad für 20000 Menschen sollte danach 10000 Zimmer in einem kilometerlangen zweistöckigen Gebäude enthalten.[13]
1936 wurde in einem Artikel einer Hamburger Tageszeitung zu dem »Seebad der 20000« ausgeführt: »... sie [die KdF-Schiffe] werden die ersten Passagierschiffe ohne ›Klassen‹ sein. Trotz allem werden sie an unserer gewohnten Vorstellung ›Schiff‹ nichts ändern. Das Rügen-Bad dagegen wird eine Neuschöpfung von Grund auf darstellen. Es ist nicht das erste Bad, dessen Gestalt von vornherein als Ganzes und als Einheit geplant wird, so wie der Wille einer gesellschaftlichen Macht es bestimmt.«[14] Keine andere Aussage zu dem geplanten Seebad deutet so sehr auf den Zusammenhang zwischen Schiffen und den geplanten fünf Seebädern hin wie diese. Auch wird die hohe Kapazität von bis zu 400000 Gästen pro Jahr je Seebad herausgestellt.

Wettbewerb KdF-Seebad

Am 18. Februar 1936 fand in Berlin eine »Arbeitstagung der an der Entwurfsbearbeitung für das Kraft-durch-Freude Seebad auf Rügen beteiligten Architekten« statt. Dazu waren die von Speer ausgewählten Architekten eingeladen: German Bestelmeyer, Emil Fahrenkamp, Hermann Giesler, Karl Gonser, Konstanty Gutschow, Georg Holzbauer, C. Jäger, Clemens Klotz, Erich zu Putlitz, Julius Schulte-Frohlinde (Bauabteilung der DAF), Heinrich Tessenow. Darüber hinaus anwesend waren unter anderen: vom Reichsamt »Reisen, Wandern, Urlaub« Abteilungsleiter Paulus und Kapitän Pütz; von der »Bauprüfungsabteilung des Schatzamtes der DAF« der Leiter E. Kube und der Architekt Hans Simon. In einer Rede auf dieser Tagung legte Robert Ley die Ziele der DAF hauptsächlich in ihren quantitativen Anforderungen dar und machte mehrere Aussagen zu dem geplanten Bad. Hier ein Auszug: »Die Idee dieses Seebades ist vom Führer selbst. ... Alles soll so eingerichtet sein, dass man das Ganze im Falle eines Krieges auch als Lazarett ver-

6 Le Corbusier, Projekt Obus (Granate) für Algier, 1930, Modellphoto

7 Clemens Klotz, Entwurf Seebad Prora, September 1935. Der Entwurf entspricht dem auf dem Reichsparteitag in Nürnberg gezeigten Modell, unterscheidet sich in seiner Kammstruktur aber wesentlich von den späteren Entwürfen
Photo: Karl-Hugo Schmölz

wenden kann. ... Ich habe einen Gesamtplan von 20 Jahren, in dem ich diese Baupläne etwa fünf mal wiederholen möchte. In diesem Gesamtplan sind 5 Seebäder vorgesehen (3 an der Ostsee, 2 an der Nordsee) ...« Als Bausumme nannte Ley insgesamt 50 Millionen Mark. Und weiter: »Wir werden ein Kulturwerk für Jahrhunderte bauen!«[15]
Überreicht wurde den Architekten dann eine »Programmübersicht für das Projekt eines ›Kraft-durch-Freude‹-Seebades auf Rügen«.[16] Der sehr detaillierte Überblick ging von den bereits zuvor bekanntgewordenen Grundsätzen aus und führte dann über die Anzahl und Ausrichtung der vorgesehen Baukörper bis hin zu der Zimmerausstattung (Ley sprach immer wieder von Kabinen), der Anzahl der täglich benötigten Brötchen und den Essenszeiten. Die sehr enggefaßte Ausschreibung basiert teilweise auf einem »Vorprojekt« von Julius Schulte-Frohlinde (siehe dazu auch den obenerwähnten Artikel in der *Bauwelt* von 1935 mit den Zeichnungen von Sergius Ruegenberg) und macht den Eindruck eines bereits abgeschlossenen Entwurfs. Da auch von Klotz bereits ein Projekt fertig vorlag, muß von einem »Scheinwettbewerb« ausgegangen werden, der vor dem Hintergrund der auf internationale Beachtung ausgerichteten Propaganda gesehen werden kann. Jeder wurde von dem »Reichsamtsleiter Dipl.-Ing. Albert Speer« mit der »Herstellung eines Vorentwurfes« beauftragt[17] und erhielt ein Honorar von 15000 Reichsmark. Verglichen mit der Vergütung in Höhe von 5000 Reichsmark für den Reichsbank-Wettbewerb 1934[18] und dem damaligen Wert dieser Summe, muß von einer außergewöhnlich hohen Honorierung gesprochen werden. Über die Kriterien der Auswahl der Architekten durch Speer ist nichts bekannt, es kann aber angenommen werden, daß es sich um eine Mischung aus Vorgaben (Klotz und Schulte-Frohlinde) und Begünstigung handelte. Die beteiligten jüngeren Architekten wie zum Beispiel Gutschow, Gonser und Giesler waren vorher nicht überregional aufgefallen. Gutschows erste größere Bauaufgabe war 1936 der Bau von Planten und Blomen in Hamburg, erst später wurde er der »Architekt des Elbufers« in Hamburg. Gonser war zeitweise Mitarbeiter von Mendelsohn in Berlin, Giesler wurde 1938 »Generalbaurat der Hauptstadt der Bewegung München« und galt als einer der Hauptgegenspieler von Speer in der Gunst Hitlers.[19] Schulte-Frohlinde war bereits mit Speer an der Planung des Reichsparteitagsgeländes in Nürnberg beteiligt und erhielt durch Speers Befürworten die Leitung der Bauabteilung der DAF. Der Zeichner der Vorentwürfe für Schulte-Frohlinde, Ruegenberg, war bis 1934 bei Mies van

8 Clemens Klotz, Wettbewerbsentwurf Seebad Prora, Juli 1936, rechtwinklig zur Uferlinie: Restaurantbauten, im Vordergrund: »allgemeine Fremdenhotels« Modellphoto: Karl-Hugo Schmölz

der Rohe tätig. Von Tessenow ist bekannt, daß sein ehemaliger Schüler und Mitarbeiter Speer ihn immer wieder zu einer Teilnahme an Wettbewerben und Planungen in der NS-Zeit drängte, aber Tessenow war diesbezüglich sehr kritisch eingestellt und lehnte meist ab.[20]

In dem Entwurf zu seinem Erläuterungsbericht schreibt Gutschow über ein »Vorprojekt Schulte-Frohlinde« (siehe den obenerwähnten Artikel in der *Bauwelt* von 1935). Eine kurze Beschreibung des Vorprojekts durch Gutschow (»etwa 6 bis 7 km lang«) läßt eher auf eine formale Affinität der Wettbewerbs-Ausschreibung zum Klotz-Projekt schließen, das nahezu deckungsgleich mit den Anforderungen ist.[21] Am 19. Februar 1936 stellte Gutschow die Frage an die DAF, ob Luftschutzkeller vorzusehen sind, was von der DAF am 22. Februar verneint wurde.[22]

Am 7. August 1936 erging ein Schreiben Speers, dem »Amtsleiter Schönheit der Arbeit«, an die Teilnehmer des Wettbewerbs, in dem ihnen die Entscheidung des »Führers« mitgeteilt wird. Nach mehreren gleichlautenden Pressemeldungen fiel die Entscheidung des »Führers« auf die Gesamtanlage des »Kölner Professors Clemens Klotz« in Verbindung mit der Festhalle aus dem Entwurf von zu Putlitz. Die Arbeiten und Modelle wurden während der Olympiade 1936 in Berlin im Marstall des Schlosses ausgestellt.[23]

Bereits vorher, am 2. Mai 1936, war in Prora der Grundstein im Rahmen einer Inszenierung großen Ausmaßes mit Beteiligung der Wehrmacht gelegt worden (etwa 15 000 Menschen sollen anwesend gewesen sein, die meisten davon Angehörige der Wehrmacht).[24]

9 Heinrich Tessenow, Wettbewerbsentwurf Seebad Prora, 1936, Festhalle

Die aus dem »Wettbewerb« hervorgegangenen Arbeiten wiesen alle durch die enggefaßten Vorgaben ähnliche städtebauliche Ausgestaltungen auf. Allen gemein war die bandartige, der Uferlinie folgende, symmetrische Struktur mit der Ausrichtung auf den (geforderten) zentralen Festplatz und der Festhalle für alle Gäste des Seebads. In der Presse, auch in der Fachpresse, wurden lediglich die Arbeiten von Klotz, zu Putlitz, Fahrenkamp,[25] Jäger,[26] Tessenow und Schulte-Frohlinde vorgestellt. Der Entwurf von Klotz war durch seinen längeren Vorlauf bereits weiter

10 Clemens Klotz, Projekt Seebad Prora, nach Wettbewerb überarbeiteter Entwurf mit Einbindung der Festhalle von Erich zu Putlitz, März 1937
Photo: Karl-Hugo Schmölz

ausgearbeitet worden und genoß daher einen nicht zu unterschätzenden Vorteil gegenüber den anderen Arbeiten. Lediglich in der Ausgestaltung der Baukörper gab es zwischen den einzelnen Entwürfen gravierende Unterschiede. Der sehr stark an den funktionalistischen Seebädern und Kurkliniken orientierte Entwurf von Klotz erfuhr durch die Verbindung mit der Festhalle von zu Putlitz eine gravierende Umgestaltung, da diese eine monumental-klassizierende, in ihrer Gestaltung wuchtige Formensprache aufwies. Die darauf folgenden Änderungen an der Konzeption Klotz', besonders im Bereich des Festplatzes, stellten eine nur mit Mühe erlangte Eingliederung her.[27]
Bei den Entwürfen der anderen Teilnehmer fallen besonders die stark unterschiedlichen, immer als Solitäre gestellten Festhallen auf. Waren die Häuser für die Unterbringung nahezu vorgegeben, so konnte hier die Kunst der Gestaltung aufgezeigt werden. Die Halle von Tessenow hielt sich noch am wenigsten an die Vorgaben, da diese lediglich ein auf enggestellten Stützen aufgelegtes Dach war.[28] Der Entwurf von Bestelmeyer für die Festhalle erinnert sehr an die Jahrhunderthalle von Max Berg in Breslau aus dem Jahr 1913.[29] Gutschow verwendete ein Bogenbinderdach auf rechteckigem Grundriß, wie es auch bei vielen Industriehallen eingesetzt wurde.[30] Vom Gestus her war die Halle von zu Putlitz die monumentalste; sie ähnelt sowohl von der Dimension als auch von der Ausgestaltung her der 1935 in Berlin errichteten Deutschlandhalle von Franz Orthmann und Fritz Wiener.

Bauausführung

Bis 1937 erfuhr der Entwurf von Klotz noch eine Reihe von Änderungen, wurde aber bis auf die Anpassung an die Festhalle grundsätzlich beibehalten. Der Festhalle wurden jeweils auf beiden Seiten des Festplatzes als Eingangssituationen zu den Trakten für die Unterbringung langgezogene Säulenhallen gegenübergestellt, die ohne jede Funktion im geplanten Ablauf eher hinderlich gewesen wären. Die Dimension dieser Hallen wäre bei einer Länge von etwa 270 Metern sowie einer Säulenhöhe und einer Tiefe von circa 10 Metern eindeutig auf Repräsentation ausge-

11 German Bestelmeyer, Wettbewerbsentwurf Seebad Prora, 1936, Festhalle

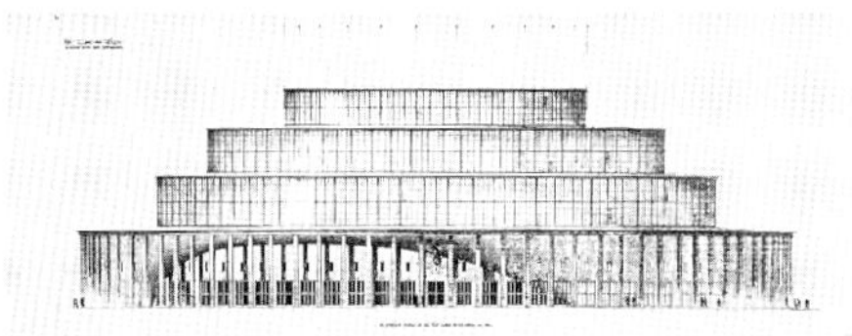

richtet gewesen. Eine ähnliche Situation ohne erkennbare Funktion fand sich auch bei der Neuen Reichskanzlei von Speer, deren »Marmorgalerie«, direkt an der Voßstraße gelegen, als zentrales Fassadenteil bei einer Länge von rund 145 Metern und einer Höhe von 9,5 Metern eine Tiefe von 12 Metern aufwies.[31]
Die Steuerung des Bauvorhabens wurde von dem »Beauftragten des Reichssachwalters für den Bau des KdF-Seebades Rügen« – »Architekt Kube« – vorgenommen, der seine Tätigkeit von der Dienststelle des »Generalbauinspektors Prof. Speer« in Berlin vom Pariser Platz aus vornahm. Kube übernahm die Koordination der verschiedenen Planungsbeteiligten, darunter auch der designierte Leiter des KdF-Seebads »Kapitän Pütz« aus Bremen. Dieser sollte in Prora von einer »Leitzentrale« aus den gesamten Ablauf unter Kontrolle halten.[32] Die Leitzentrale wurde von den Firmen Siemens-Halske und Siemens-Schuckert nach modernsten Erkenntnissen geplant, die zur gleichen Zeit ebenfalls für die Reichskanzlei eine aufwendige elektrische Steueranlage planten und einbauten.[33] Für die Beschallungsanlage des Seebads und für einen eigenen Radiosender war im Verwaltungsgebäude ein »Regieraum« vorgesehen.[34]
Ab 1937 wurde im Rahmen der Bauvorbereitung eine Bahnlinie an das Baugrundstück herangeführt, an der auch der für die Urlaubertransporte später zu errichtende Bahnhof entstehen sollte. Überdies wurden dort ein provisorischer Umschlaghafen und ein verzweigtes Straßensystem angelegt. Die sehr komplexe Baustelleneinrichtung war bereits Anfang 1938 abgeschlossen.
Mit der Bauleitung beauftragte Klotz den Kölner Architekten Willi Heidrich. 1939 verfaßte Heidrich einen Aufsatz zu der »Organisation der Grossbaustelle des KdF-Seebades Rügen«. Darin beschreibt Heidrich die Anlage: »Eine der wesentlichsten Programmforderungen war, das Seebad so zu erstellen, daß jeder Urlauber sein Zimmer nach der See liegend erhält, eine Forderung, die ihre Parallele bei dem Bau der KdF-Schiffe hat, wo sämtliche Kabinen außenbords liegen. ... Der Entwurf von Professor Klotz sieht die Errichtung der Hauptbauten etwa parallel zum Strand als Teil eines riesigen Kreisbogens vor (Radius 13 000 m). Die Hauptgebäude haben eine Gesamtlänge von rund 5 km und sehen die Unterbringung der Urlauber in 8 Flügeln von je rund 550 Meter Länge vor. Die sechsgeschossigen Unterbringungsflügel sind je durch zwei offene Liegehallen unterbrochen. Durch Einbau von Strahlungsheizung ist die Benutzung der Hallen selbst bei schlechtem Wetter möglich. Senkrecht zu den Wohnflügeln und radial zur See befinden sich die Gemeinschaftshäuser. ... In der Mitte der Anlage befindet sich der etwa 400 000 qm große Festplatz, der im Anschluß an die seewärts liegenden Gemeinschaftsbauten von den großen Empfangshallen und Unterhaltungsstätten flankiert wird. ... Vom Festplatz aus führen 2 Stege in die See, die das Anlegen von Motorbooten und größeren Motorschiffen ermöglichen. ... Die südliche Schmalseite des hinteren Festplatzes nimmt ein Tonfilmtheater auf, während auf der nördlichen Schmalseite der 85 Meter hohe Turm steht, der u. a. in etwa 70 Meter Höhe ein 250 Personen fassendes Café enthält. ... Ein Zimmer – etwa 2,5 x 5 Meter groß enthält jeweils 2 Betten, Liegesofa, Tisch und Stühle, nach dem Flur hin einen kleinen Vorraum mit eingebauten Wandschränken und Waschbecken mit fließendem Warm- und Kaltwasser. ... Hinter den Wohnräumen liegt der 2 Meter breite Flur, der im Erdgeschoß als Verbindungsgang – etwa 4,40 Meter breit – durch den rund 2,2 Kilometer langen Süd- bzw. Nordteil gedacht ist. ... Im Untergeschoß befinden sich die notwendigen Ladeneinbauten, ferner Umkleideräume, Poststelle und ähnliche Nebenräume, ... um die Benutzungsdauer des KdF-Seebades auf mindestens acht Monate zu ermöglichen, ist die Errichtung von zwei großen Schwimmhallen von je 40 x 100 Meter vorgesehen. ... Ferner ist für die Unterbringung der zu erwartenden großen Anzahl von Kraftfahrzeugen die Errichtung einer Großgaragenanlage ge-

12 Seebad Prora, Wettbewerbsmodell der Festhalle von Erich zu Putlitz auf der Münchener Architektur- und Kunsthandwerkausstellung, Januar 1938, dahinter Perspektivzeichnung von Clemens Klotz mit Festhalle rechts

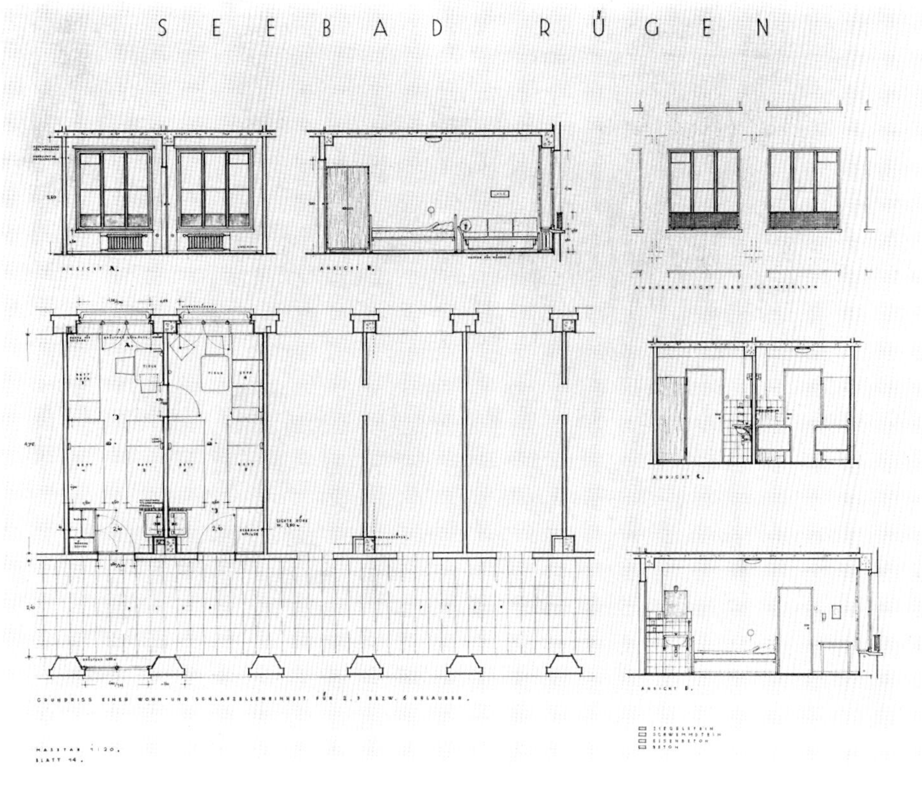

13 Clemens Klotz, Wettbewerbsentwurf Seebad Prora, 1936, »Kabinen des Seebades«, Normaltyp der Zimmer in den Obergeschossen

plant …«[35] Die Beschreibung Heidrichs ging erstaunlicherweise davon aus, daß auf dem Festplatz keine Festhalle mehr vorgesehen war. Wann und warum darauf verzichtet wurde, ist derzeit nicht bekannt, in ähnlichen Meldungen aus der Tagespresse wurde ebenfalls stillschweigend auf die Festhalle verzichtet.[36] Auch werden in dieser Beschreibung Details genannt, die in allen vorangegangenen Meldungen nicht erscheinen, wie zum Beispiel die Strahlungsheizung[37] und auch die Einteilung in Erdgeschoß mit Verbindungsgang und Untergeschoß mit Läden und Nebenräumen. Für jeden Unterbringungsflügel waren in der Planung von Klotz großzügige Durchgänge zwischen Land- und Seeseite durch den oberirdisch gelegenen, von Heidrich als Untergeschoß angesehenen Stock vorgesehen.[38] Das als Erdgeschoß bezeichnete eigentliche erste Obergeschoß weist einen längs durchgehenden Verbindungsgang auf – daher liegt der Vergleich zu den Planungen von Le Corbusier und seinen aufgestelzten Gebäuden mit der »Rue intérieure« nahe. Die Beschreibung der Zimmer bezüglich Lage und Ausstattung wiederum entspricht den Kabinen der KdF-Schiffe (siehe oben). Überhaupt läßt eine Vielzahl von Andeutungen und Aussagen aus dem Vorlauf zu dem Bau des Seebads vermuten, daß hier die »Maschine Schiff« mit ihrem kontrollierbaren Ablauf Pate gestanden hat. Darauf deutet auch hin, daß das Gesamtprogramm des Seebads dem eines Schiffs entspricht – nur überdimensioniert –, daß die Leitung tatsächlich bei einem Kapitän liegen sollte und der Grad der technischen Ausstattung sowie die sanitäre Versorgung für jeden Gast mit den KdF-Schiffen nahezu identisch sein sollten.
Nach Ausbruch des Zweiten Weltkriegs am 1. September 1939 wurde die Baustelle des KdF-Seebads auf eine Entscheidung des »Generalbauinspektors« (Speer) hin stillgelegt.[39]
Bis zu diesem Zeitpunkt waren große Teile der technischen und Verkehrsinfrastruktur, zwei Siedlungen und zwei Zeilenbauten für Bedienstete fertiggestellt. Die Bettenhäuser und große Teile der Festplatzrandbebauung waren auf 4,5 Kilometer

14 Clemens Klotz,
Seebad Prora, perspektivische Zeichnung des Festplatzes ohne die Festhalle, statt dessen Kolonnadengänge zwischen dem Nord- und Südteil der Anlage, 1939

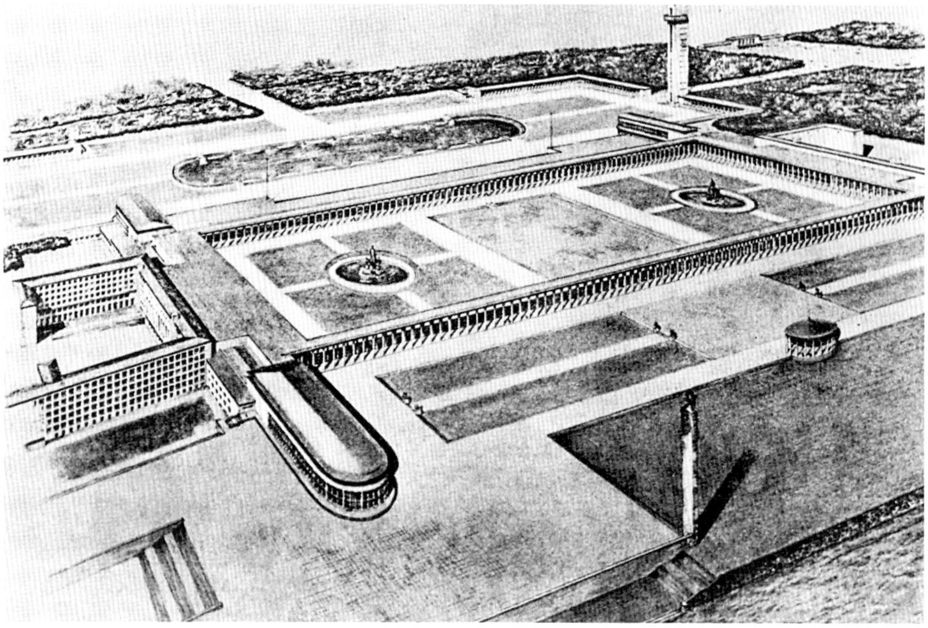

Länge rohbaufertig. Die in Verbindung zu den acht Bettenhäusern vorgesehenen zehn Restaurantbauten und die Schwimmhallen befanden sich in verschiedenen Bauzuständen: von der Baugrube bis hin zu Kellerrohbauten.[40]
Nach 1939 wurden lediglich Bausicherungsmaßnahmen und vereinzelte Komplettierungen durchgeführt. Eine Nutzung im ursprünglich vorgesehenen Sinn fand nie statt.
Die geplanten weiteren vier Seebäder, die vom Programm und auch der Ausgestaltung her dem Typus Prora folgen sollten, wurden nicht mehr begonnen. Am 27. Oktober 1937 erschien in einem Zeitungsartikel von *Der Freiheitskampf* eine Meldung, daß der »Kölner Professor Klotz« in Kolberg das Gelände für ein weiteres KdF-Seebad besichtigt hat und »in nächster Zeit dem Führer und Dr. Ley ein Modell vorgelegt wird«.[41] Über den Inhalt dieser Meldung hinaus sind offenbar keine weiteren Aktivitäten in Kolberg erfolgt.
Eine Auswertung der Veröffentlichungen zu dem Projekt KdF-Seebad Prora legt den Schluß nahe, daß hier – ähnlich wie bei der 1937 bis 1938 errichteten Neuen Reichskanzlei von Speer – bezüglich des zeitlichen Ablaufs der Vorlauf verschwiegen wurde, um vor allem das Ausland mit den vermeintlich heroischen Taten des Nationalsozialismus zu beeindrucken. Der offiziellen Lesart folgend, begann die Planung für das Seebad 1936 und der Bau 1937. Sprach Ley noch 1937 von einer Eröffnung des Seebads 1941, so versprach er bereits 1939 eine Teileröffnung für das Jahr 1940.[42] Aber schon 1935 wurde das Grundstück erworben,[43] und erste Planungen (sogenannte »Vorprojekte«) lagen im September desselben Jahrs vor. Der zügige Ausbau der technischen und Verkehrsinfrastruktur läßt auf einen längeren Planungsvorlauf schließen. Prora wurde als »Organismus« industriell geplant und gebaut und war auch hinsichtlich seiner Nutzung auf industrielle Effizienz ausgerichtet.

Militärische Nutzung nach 1945

Nach dem Ende des Zweiten Weltkriegs wurden Teile der Rohbauten demontiert und gesprengt, auch die Bahnlinie, die bis nach Binz führte, wurde abgebaut. Die verbliebene Baustelleneinrichtung, die fertiggestellten Wohn- und die Rohbauten wurden ab 1950 unter der Regierung der 1949 gegründeten DDR zuerst provisorisch und ab Ende der fünfziger Jahre kontinuierlich militärisch genutzt und ausgebaut. Dabei erfuhr die Anlage eine Vielzahl von Umbauten, die besonders die äußere und innere Erschließung veränderten, den technischen Ausbau sehr vereinfachten und das Erscheinungsbild durch normierte Bauelemente aus der Industriefabrikation der DDR dem Standard des Massenwohnungsbaus in der DDR anpaßten.[44] Die auf effiziente Massenabfertigung ausgelegte Struktur der Anlage kam einer militärischen Nutzung sehr nahe und konnte trotz der durch Materialknappheit bedingten Ausbauschwierigkeiten jahrzehntelang genutzt werden.[45]

15 Seebad Prora, seeseitige Fassade der Bettenhäuser, Zustand aus der Zeit der militärischen Nutzung, Aufnahme 1995

1951 wurden vom Ministerium für Aufbau der DDR und der Landesregierung Mecklenburg Untersuchungen durchgeführt, um hinsichtlich der weiteren Nutzung der Rohbauten zu einer klaren Aussage zu kommen. Dabei wurde die Ansicht vertreten, daß eine Nutzung als Seebad, wie ursprünglich vorgesehen, nicht möglich sei, da sich niemand einen derartigen Massenbetrieb vorstellen konnte. Die Abbruchkosten wurden als zu hoch, die Gesamtanlage von ihrem baulichen Zustand her aber als durchaus brauchbar angesehen. Überlegungen, den Komplex als Krankenhaus, »Riesenaltersheim« oder ähnliches zu nutzen, wurden verworfen und von der Realität der fortschreitenden militärischen Verwendung eingeholt.[46]

Die unter Ausschluß der Öffentlichkeit erfolgte militärische Nutzung der Gebäude umfaßte zum einen die Unterkunft, es wurden aber auch Schulungs- und Erholungseinrichtungen für Offiziere und Unteroffiziere eingebaut. Die Anlage wurde bis in die achtziger Jahre durch eine Vielzahl von kleineren, pragmatisch gestalteten Bauten ergänzt und bot zeitweise bis zu 15000 Militärangehörigen Platz. Der in den achtziger Jahren nördlich von Mukran erbaute Fährhafen für den Ostseehandel wurde in großen Teilen von Soldaten errichtet.[47]

Die militärische Nutzung der Anlage stellte für die Bewohner Rügens und auch für die Umwelt eine große Belastung dar, da beim Ausbau weder auf die ökonomische, noch auf die ökologische oder soziale Verträglichkeit Rücksicht genommen wurde. Ein Verhalten, das die Nationale Volksarmee der DDR mit der DAF gemein hatte – mit dem Unterschied, daß die Planungen unter der Regierung der Nationalsozialisten vorgaben, die Natur- und Landschaftsverträglichkeit zu berücksichtigen, ja, diese sogar herausstellten. Die Vorgehensweise läßt aber auf eine unmenschliche Intention schließen, wie es dann der Krieg auch bewiesen hat.

Leerstand und Möglichkeiten der Umnutzung

Nach Beendigung der militärischen Nutzung 1991 war die Anlage erstmals der Öffentlichkeit zugänglich. Mit Ausnahme der Wohntrakte und großer Teile der nach 1945 für die militärische Nutzung erbauten Ergänzungsgebäude standen die ursprünglich als Seebad geplanten Bauten größtenteils leer. Ähnlich wie kurz nach dem Zweiten Weltkrieg tauchte wieder das Problem nach der möglichen Nutzung der riesigen Anlage auf. Trotz der während der Militärzeit erfolgten teilweise mangelhaften Ausbauten und Instandsetzung kann der größte Teil der Anlage vom baulichen Zustand her als ausbau- und umnutzungsfähig angesehen werden.[48]

Heute steht am Rand eines Naturschutzgebiets auf einem vor 1937 unbebauten Grundstück eine Anlage mit einer Bruttogeschoßfläche von rund 312000 Quadratmetern, davon wurden vor 1945 für das Seebad circa 264000 Quadratmeter Bruttogeschoßfläche erbaut.[49] Die Grundstruktur des geplanten Seebads ist trotz der nach 1945 vorgenommenen baulichen und landschaftlichen Änderungen eindeutig erkennbar. Die Qualitäten der Struktur der Anlage – hinsichtlich der unter anderem dem Sanatoriumsbau entlehnten Planungen – stehen der Riesenhaftigkeit der Anlage entgegen. Auch kann bei diesem Vorläufer des Massentourismus die Frage nach der Verträglichkeit derartiger Hotelfabriken aufs neue gestellt werden.

Versuch der Umnutzung

Zwischen 1992 und 1995 wurde nach dem Abzug der Bundeswehr (in der Nachfolge der NVA) in verschiedenen Anläufen erfolglos versucht, die Anlage zu vermarkten beziehungsweise eine adäquate neue Nutzung für das Areal zu finden.

Die zuständigen Planungsträger – die Gemeinde Binz, der Landkreis Rügen und das Land Mecklenburg-Vorpommern – konnten nur allgemeine Aussagen zu Prora machen. Das öffentliche Interesse an Prora stieg nach der Übernahme der Liegenschaft durch die Bundesvermögensverwaltung, und es fanden im Mai und November 1994 Symposien zur künftigen Entwicklung von Prora statt.[50] Darüber hinaus wurden mehrere Gutachten erstellt, Seminare, Entwurfsveranstaltungen und Workshops durchgeführt. Die Bestandteile der Anlage aus der Entstehungszeit vor 1945 stehen seit 1992 unter Denkmalschutz.

Die Bundesrepublik als Eigentümerin, im Einvernehmen mit den Planungsträgern, beauftragte 1996 die »Gesellschaft für Behutsame Stadterneuerung S.T.E.R.N.« mit der Erstellung einer Machbarkeitsstudie. Die Studie wurde in ein diskursives Verfahren eingebunden, das öffentliche Teilnahme und Transparenz ermöglichte, mit dem Ziel, eine Planungssicherheit zur nachhaltig verträglichen Nutzung der Anlage zu schaffen. Als Ergebnis des diskursiven Verfahrens erläuterte Hardt-Waltherr Hämer auf einem Vortrag Anfang 1997 in Prora die Bestandteile des erarbeiteten und im Konsens mit allen Beteiligten verabschiedeten Projekts »Prora für Rügen«: »Die Vielfalt der einzelnen Kategorien des Entwicklungskonzepts und seine Verknüpfung mit den Forderungen unserer Zeit des Wandels und den Anforderungen der Insel Rügen … bündeln drei kategorische Teile die ganze Empfehlung zu einer Einheit: 1. Ein Nutzungskonzept ›Prora für Rügen‹ in Abstimmung mit den Anforderungen der Gemeinde Binz, der Insel Rügen, des Landes und des Bundes: eine kleinteilige Nutzungsvielfalt, ganz im Gegensatz zur einst geplanten Monostruktur. 2. ›Grundsätze zur Entwicklung von Prora‹, nach den Prinzipien der Beschlüsse von Rio, kommunale Agenda 21, Habitat I und Habitat II, zu nachhaltigem, ökologisch vertretbarem Vorgehen. 3. ›Rügen 2000‹, das Verknüpfen der regionalen Entwicklung von Orten auf Rügen mit der in Prora über ein miteinander abgestimmtes gemeinsames Programm… Um ›Prora für Rügen‹, das Konzept, die Methode und den Weg zur Entwicklung dieses Konzepts bis zum Konsens über den weiteren Umgang mit einer bemerkenswert unbequemen Erbschaft zusammenfassend auf den Punkt zu bringen, zitiere ich zwei Definitionen von Bert Brecht: ›Umwälzungen finden in Sackgassen statt‹ und ›Denken ist etwas, das auf Schwierigkeiten folgt und dem Handeln vorausgeht‹.«[51]

1 Winfried Nerdinger, »Modernisierung · Bauhaus · Nationalsozialismus«, in: Winfried Nerdinger (Hrsg.), *Bauhaus-Moderne im Nationalsozialismus: Zwischen Anbiederung und Verfolgung*, München 1993, S. 17.

2 Zit. nach Claus Selzner, *Die Deutsche Arbeitsfront*, Berlin 1939, S. 6, Archiv B. Holm, Hamburg.

3 W. Buchholz, *Die Nationalsozialistische Gemeinschaft Kraft durch Freude – Freizeitgestaltung und Arbeiterschaft im Dritten Reich*, München 1976, S. 43 ff.

4 H. Spode, *Die NS-Gemeinschaft Kraft durch Freude – Ein Volk auf Reisen?*, Berlin 1991, S. 83.

5 Gerhard Starcke, *Die Deutsche Arbeitsfront*, Berlin 1940, S. 48, Archiv B. Holm, Hamburg.

6 H. Spode, »Arbeiterurlaub im Dritten Reich«, in: Carola Sachse u. a., *Angst, Belohnung, Zucht und Ordnung*, Opladen 1982, S. 320.

7 »Das Seebad der 20 000«, 1935, Hamburgisches Staatsarchiv.

8 Claus Selzner, *Die Deutsche Arbeitsfront*, Berlin 1935, S. 15, Archiv B. Holm, Hamburg.

9 Nach einer Rede von Robert Ley auf einer »Arbeitstagung der an der Entwurfsbearbeitung für das Kraft-durch-Freude Seebad auf Rügen beteiligten Architekten«, 18. 2. 1936, Hamburgisches Staatsarchiv.

10 Gabi Dolff-Bonekämper, »Prora und die zeitgenössische Ferienpolitik und Seebäderarchitektur Europas«, in: S.T.E.R.N. (Hrsg.), *Entwicklungskonzept Prora für Rügen*, Berlin 1997.

11 Zit. nach Starcke 1940 (Anm. 5), S. 49, Archiv B. Holm, Hamburg.

12 *Bauwelt*, 1935, H. 43, S. 1000.

13 »Führer besichtigt Modell KdF-Seebad Rügen«, in: *Westdeutscher Beobachter*, 9. 9. 1935.

14 Hamburgisches Staatsarchiv 1935 (Anm. 7).

15 Ley 1936 (Anm. 9).

16 »Programmübersicht für das Projekt eines ›Kraft-durch-Freude‹-Seebades auf Rügen«, Hamburgisches Staatsarchiv – Konstanty Gutschow.

17 »Bauhaus-Architekten ...«, in: Nerdinger 1993 (Anm. 1), S. 163.

18 »Empfangsbestätigung und Verpflichtungserklärung«, Hamburgisches Staatsarchiv – Konstanty Gutschow.

19 Werner Durth, *Deutsche Architekten*, München 1992, S. 194.

20 Zit. nach Albert Speer, ebd., S. 280 f.

21 Konstanty Gutschow, »Erläuterungsbericht«, 25. 2. 1936, Hamburgisches Staatsarchiv.

22 Schreiben von Konstanty Gutschow an die DAF, 19. 2. 1936, Hamburgisches Staatsarchiv.

23 »Wettbebewerb für ein K.d.F.-Seebad auf Rügen«, in: *Baugilde,* 5. 10. 1936, H. 28.

24 »10 Urlaubstage für 14 Millionen«, in: *Berliner Tageblatt,* 2. 5. 1936, Sächsisches Staatsarchiv.

25 Baugilde 1936 (Anm. 23).

26 *Baumeister,* April 1938, H. 4, TU Hamburg.

27 Bernfried Lichtnau, *Prora*, Peenemünde 1995, S. 20.

28 Als Vorbild für die Halle wurde laut Heinrich Tessenow die Waldlichtung genommen, in: »Erläuterungsbericht«, Kunstbibliothek Berlin.

29 Wettbewerbszeichnungen von German Bestelmeyer, TU München.

30 Wettbewerbszeichnungen von Konstanty Gutschow, Hamburgisches Staatsarchiv.

31 Angela Schönberger, *Die Neue Reichskanzlei von Albert Speer*, Berlin 1981, S. 94, 157.

32 Schriftwechsel von Kube mit Pütz u. a. aus den Jahren 1937/38; darin fungiert Kube als Reichssachwalter für den Bau des KdF-Seebads Rügen im Zentralbüro der DAF mit der Adresse: Pariser Platz 4, Berlin W 8, Bundesarchiv Potsdam.

33 Schönberger 1981 (Anm. 31), S. 156.

34 »Die Hauptzentrale des KdF.-Seebades Rügen«, in: *Deutsche Bergwerks-Zeitung,* 29. 8. 1939, Institut für Zeitungsforschung, Dortmund.

35 Zit. nach Willi Heidrich, »Organisation der Grossbaustelle des KDF-Seebades Rügen«, in: *Der Deutsche Baumeister*, 1939, S. 31–36, Horst Heidrich, Köln.

36 *Hamburger Tageblatt,* 6. 8. 1939, Hamburgisches Welt-Wirtschafts-Archiv.

37 Bei einer Untersuchung im Jahr 1996 durch das Ingenieurbüro von der Lieth, Berlin, im Rahmen der Bearbeitung zu dem »Entwicklungskonzept Prora für Rügen«, S.T.E.R.N., Berlin 1997, wurde festgestellt, daß in den Liegehallen auch eine Fußbodenheizung eingebaut wurde.

38 Bei einer Untersuchung im Jahr 1996 zur Bausubstanz von Wilkens & Frauenstein, Berlin, im Rahmen der Bearbeitung zu dem »Entwicklungskonzept Prora für Rügen« (vgl. Anm. 37).

39 Schreiben an »Bauleitung Schlemp«, 27. 11. 1939, Bundesarchiv Potsdam.

40 Jürgen Rostock u. a., *Paradiesruinen*, 3. Aufl., Berlin 1995, S. 110.

41 *Der Freiheitskampf*, 27. 10. 1937, Sächsisches Staatsarchiv.

42 Hamburger Tageblatt 1939 (Anm. 36).

43 Rostock 1995 (Anm. 40), S. 52.

44 Wilkens & Frauenstein 1996 (Anm. 38).

45 Lichtnau 1995 (Anm. 27), S. 31 ff.

46 Schriftwechsel zwischen der Landesregierung Mecklenburg, dem Ministerium für Aufbau der DDR und dem Präsidenten der DDR, April bis September 1951, Bundesarchiv Potsdam.

47 Lichtnau 1995 (Anm. 27), S. 38 ff., und Rostock 1995 (Anm. 40), S. 97 f.

48 Wilkens & Frauenstein 1996 (Anm. 38).

49 S.T.E.R.N. 1997 (Anm. 10), S. 23.

50 Werkgruppe Prora (Hrsg.), *1. Prora Symposium*, Prora 1994, Landeszentrale für politische Bildung; *2. Prora Symposium*, Schwerin 1994.

51 S.T.E.R.N. 1997 (Anm. 10), S. 32 ff.

1 Martin Wuttke als Arturi Ui in »Der aufhaltsame Aufstieg des Arturo Ui« von Bertolt Brecht, in einer Inszenierung von Heiner Müller am Berliner Ensemble, 1995. Dieses Stück wurde 1941 in der Absicht verfaßt, »die großen politischen Verbrecher, lebendig oder tot, der Lächerlichkeit preisgeben zu wollen« und »den üblichen gefahrvollen Respekt vor den großen Tötern zu zerstören«

Das kleinste Monument oder Aphoristisches zum Monumentalismus

Friedrich Achleitner

Monumental ist ein Bauwerk, das in den Wolken verschwindet, etwa ein Wolkenkratzer von Manhattan oder der Turm von St. Stephan zu Wien. Also die Monumentalität braucht Wolken. Ohne Wolken ist der Wolkenkratzer nicht monumental, der Stephansturm schon.

Die Freiheitsstatue ist das kleinste Monument, sie ist auch noch in Briefmarkengröße als solche erkennbar. Sie ist überhaupt erkennbar, solange sie sichtbar ist. Die tatsächliche Größe der Freiheitsstatue ist uninteressant. Die Wasserfläche führt uns alle Größen vor. Die wirkliche Größe der Freiheitsstatue ist belanglos, sie ist eine Variable unter Variablen.

Monumentalität ist eine Frage der Relation nach oben. Ein Monument, das Monumentalität besitzt, sieht immer größer aus, als es tatsächlich ist. Das Monumentale ist die Übersteigerung, der Bluff. Ein Monument, das kleiner aussieht, als es ist, ist Energieverschwendung.

Die meisten Monumente verheddern sich im Maßstab. Aber die Maßstabslosigkeit ist auch keine Lösung.

Der Operngucker, eine Maschine um Monumentalität zu erzeugen? Leider rückt sie aber auch das Ereignis näher. Die scheinbare Vergrößerung verkleinert die Dinge durch Nähe. Futsch ist die Monumentalität.

Die Kleinplastiken von Giacometti sind das Monumentalste, was ich kenne. Sie sind also nicht die kleinsten, sondern die größten Monumente. Giacometti kannte das Geheimnis der Verhältnisse. Seine kleinen Figuren verdichten den Raum und bringen ihn zur Explosion. Die meisten Monumentalplastiken sind Raumverdünner.

Über echte Monumentalität kann man nicht lachen. Alles, was man lächerlich machen kann, ist nicht monumental. Die Lächerlichkeit ist der Tod aller falschen Monumentalität. Man unterziehe alle Monumentalbauten einer Lachprobe. Worüber man nicht lachen kann, darüber soll man weinen.

Vielleicht ist ein Würfel von einem Kubikzentimeter, der so schwer ist, daß man ihn nicht aufheben kann, monumental?

Es gibt Berge, die wirken monumental. Natürlich mit Hilfe der Wolken.

Urne oder Nachttopf: eine Frage der Monumentalität?

Monumentalität hat nichts mit Maßstäblichkeit zu tun. Das glauben nur die Architekten. Natürlich können Maßstabseffekte den Schein von Monumentalität erzeugen. Echte Monumentalität entsteht nur, wenn der sogenannte »menschliche Maßstab« ausgelöscht ist. Monumentalität besitzt den Hauch des Absoluten. Daher gibt es nur falsche Monumentalität.

Der Hauch des Absoluten. So ein Blödsinn. Niemand kann sich mit dem Absoluten ins Bett legen, um angehaucht zu werden.

Aber das Absolute ist doch die Tilgung aller Verhältnisse. Wenn also der Mensch keine »Verhältnisse« mehr hat, ist er im Absoluten.

15 Philipp Schaefer und Curt Günther, Kaufhaus Karstadt am Hermannplatz, Berlin, 1927–1929

Die Sehnsucht nach einprägsamen Großbauten mit einer reicheren sozialen und kulturellen Bedeutung, die im Blick auf solche »Bauten der Gemeinschaft« auch Identifikationen mit dem sie tragenden Gemeinwesen vermitteln soll, wurde bald nicht nur ein Thema der Architektur, sondern auch der Politik, da sich Demagogen dieses Thema geschickt zunutze machten. Schon Mitte der zwanziger Jahre beklagte Adolf Hitler in seiner Schrift *Mein Kampf*, daß die Großstädte Deutschlands »keine das ganze Stadtbild beherrschenden Denkmäler, die irgendwie als Wahrzeichen der ganzen Zeit angesprochen werden könnten«, aufweisen würden. Er erinnert an die Städte der Antike, die als »Monument ihres Stolzes« gigantische Bauwerke hinterlassen hätten, die über Jahrtausende als Botschaft weiterwirkten: »Was wir heute in den Trümmerhaufen und Ruinenfeldern der antiken Welt als wenige noch aufragende Kolosse bewundern, sind nicht einstige Geschäftspaläste, sondern Tempel und Staatsbauten; also Werke, deren Besitzer die Allgemeinheit war.« Polemisch zieht Hitler einen Vergleich mit Bauten seiner Gegenwart: »Würde das Schicksal Roms Berlin treffen, so könnten die Nachkommen als gewaltigste Werke unserer Zeit dereinst die Warenhäuser einiger Juden und die Hotels einiger Gesellschaften bewundern.« Hitler stellt fest: »So fehlt unseren Städten der Gegenwart das überragende Wahrzeichen der Volksgemeinschaft, und man darf sich deshalb nicht wundern, wenn diese in ihren Städten kein Wahrzeichen ihrer selbst sieht.« Und er fügt hinzu: »Es muß zu einer Verödung kommen, die sich in der gänzlichen Teilnahmslosigkeit des heutigen Städters am Schicksal seiner Stadt praktisch auswirkt.«[31]
Umgekehrt sieht Hitler gerade im Mangel an – im Wortsinn – überragenden »Wahrzeichen ihrer selbst« die Chance, seine fixe Idee einer klassenübergreifenden »Volksgemeinschaft« durch monumentale »Bauten der Gemeinschaft« propagandistisch zur Geltung zu bringen. Noch zehrend von den Erlösungs- und Verschmelzungswünschen der Zeit um 1918, imaginiert er Großbauten mit religiöser Aura, die wie die »Kathedralen des Mittelalters« zu Symbolen einer neuen, wenn auch historisch noch nicht formierten Gemeinschaft werden könnten: Da der Weg zur

16 Paul Ludwig Troost, »Ehrentempel« am Königsplatz, München, 1934/35

Formierung der Massen über die nationalsozialistische »Bewegung« führte, brauchte diese bildstarke Symbole – die sowohl aus dem Vorrat des aggressiven deutschen Nationalismus wie aus dem der radikalen Sozialisten entliehen und zugleich monumental überhöht werden konnten.
Analog zur Sendung eines Propheten, der eine Religionsgemeinschaft um sich bildet, schildert Hitler die Probleme des »Wachstums der Gemeinde« mit den entsprechenden organisatorischen Konsequenzen im Hinblick auf die Autorität des »Führers« einerseits und die »geopolitische Bedeutung eines zentralen Mittelpunktes einer Bewegung« andererseits: »Nur das Vorhandensein eines solchen, mit dem magischen Zauber eines Mekka oder Rom umgebenden Ortes kann auf die Dauer einer Bewegung die Kraft schenken, die in der inneren Einheit und der Anerkennung einer diese Einheit repräsentierenden Spitze begründet liegt.«[32]

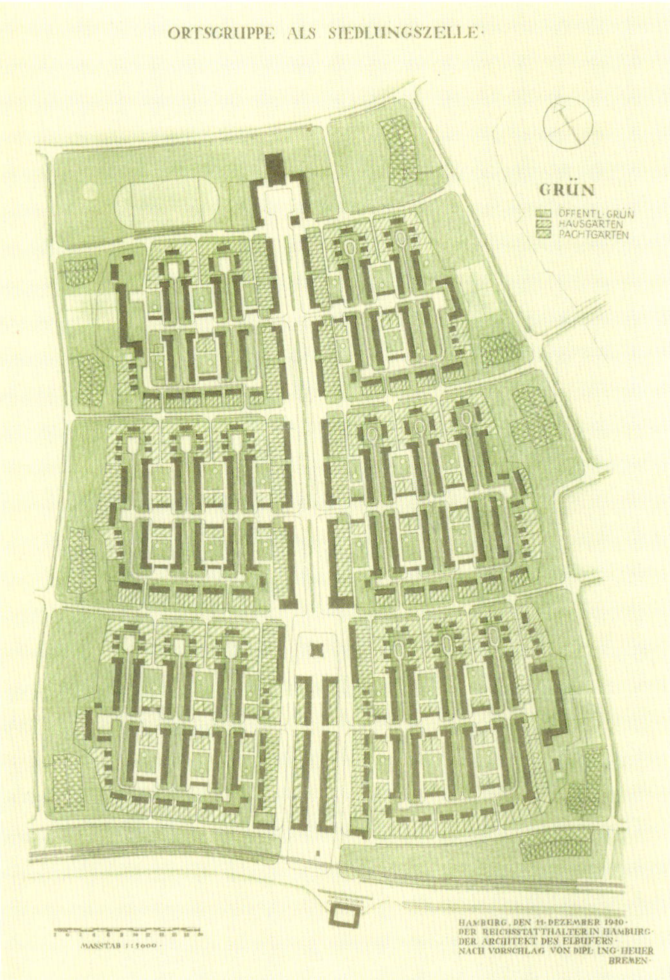

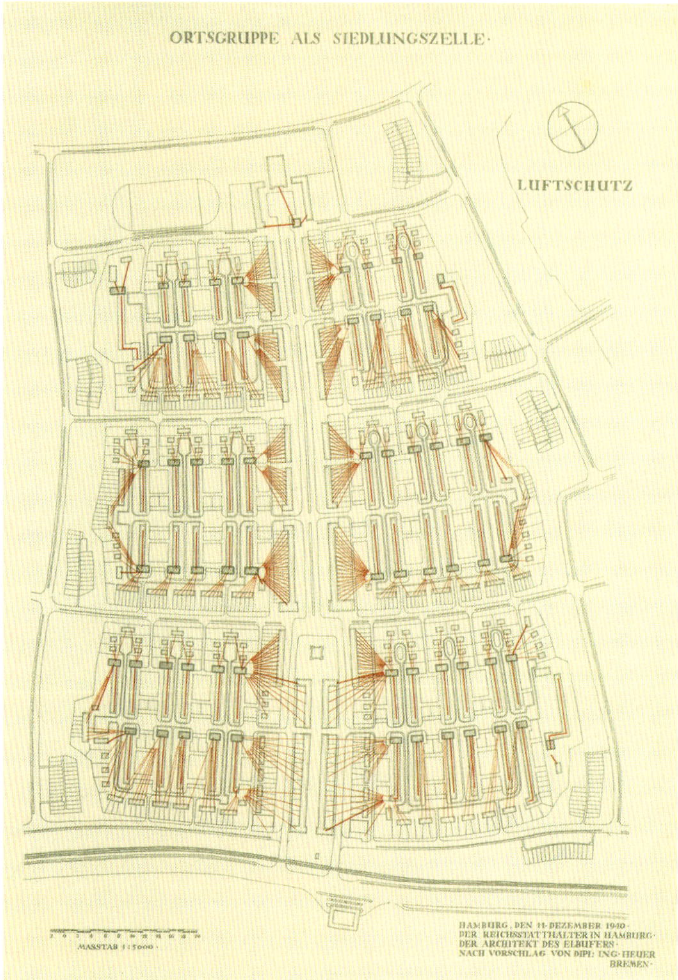

17, 18 Konstanty Gutschow, Ortsgruppe als Siedlungszelle, Grünplanung und Luftschutz, Schema nach Vorschlag von Friedrich Heuer, 1940

Schon in seiner Gefängniszelle während der Landsberger Festungshaft nach dem gescheiterten Putsch in München 1923 hatte Hitler seine Visionen einer riesigen »Halle des Volkes« und eines Triumphbogens zur Erinnerung an die »Gefallenen« des Ersten Weltkriegs skizziert; mit den Bauten am Königsplatz wird er nach 1930 erste Zeichen seiner Vorstellungen einer künftigen »Baukunst im Dritten Reich« setzen lassen. Doch gegenüber den Monumenten der kommenden »Volksgemeinschaft« sind als »notwendige Übel der Organisation« auch Fragen der »Untergruppen, die in der politischen Bewegung beispielsweise als Ortsgruppen die Keimzellen der späteren Organisation darstellen«,[33] zu bedenken: Dafür wird später das Planungskonzept der »Ortsgruppe als Siedlungszelle« erfunden, in dem unter Rückgriff auf Ideen zur Gartenstadt überschaubare Siedlungseinheiten von rund 5000 Einwohnern zugleich als kleinste Einheit der Parteiorganisation der NSDAP eingerichtet, aktiviert und kontrolliert werden.[34]

Verführungen

Die Erschütterung der Weltwirtschaft durch die Krise von 1929/30 verschärfte die politische Polarisierung in Deutschland, die auch die Architekten in feindliche Lager zu spalten begann. Auf der einen Seite schlossen sich konservative Baumeister im »Kampfbund deutscher Architekten und Ingenieure« zusammen, um – wie Paul Schmitthenner und Paul Schultze-Naumburg – die Politik der Nationalsozialisten wirksam zu unterstützen; auf der anderen Seite verstärkten Architekten wie

Ernst May und Bruno Taut ihr Engagement zum Aufbau eines Sozialismus, den sie am ehesten in der Sowjetunion auf dem Weg zu weltumspannender Wirksamkeit sahen.[35] Unter dem wachsenden politischen Bekenntniszwang fanden sich bürgerlich liberale Architekten wie Walter Gropius und Mies van der Rohe, die sich inzwischen weit von den sozialistischen Schwärmereien der unmittelbaren Nachkriegszeit entfernt hatten, von zwei Seiten her dem Hohn und Spott – und zunehmend auch persönlichen Verdächtigungen – ausgesetzt.
In schneidender Sprache rechnet Hannes Meyer, seit 1928 Direktor des Bauhauses, in einem offenen Brief an den Dessauer Oberbürgermeister voller Zorn über seinen »Hinauswurf aus dem Bauhaus« 1930 auch mit seinem Vorgänger Gropius ab. Auf die Frage »Was fand ich bei meiner Berufung vor?« antwortet Meyer voller Verachtung: »Eine ›Kathedrale des Sozialismus‹, in welcher ein mittelalterlicher Kult getrieben wurde mit den Revolutionären der Vorkriegskunst unter Assistenz einer Jugend, die nach links schielte und ... hoffte, im gleichen Tempel dermaleinst heilig gesprochen zu werden.« Mit einer grundlegend politischen Vorstellung vom Bauen habe er die Studenten gelehrt, »Bauen sei eine weltanschauliche Demonstration, und die starke Gesinnung sei untrennbar vom starken Werk«. Unter der Forderung »Volksbedarf statt Luxusbedarf« habe er die fortschreitende Proletarisierung des Instituts für notwendig und zeitgemäß gehalten.[36] Wenig später wird Meyer mit einer Gruppe von Absolventen zur Planung neuer Städte in die Sowjetunion aufbrechen[37] und nach dem Scheitern der radikalen Moderne an der Projektierung des Sowjetpalasts mitwirken, der ab 1932 in Moskau ein Leuchtturm der kommunistischen Weltrevolution zu werden versprach – ganz im Sinn der »geopolitischen Bedeutung« Moskaus als Zentrale der in anderen Ländern aktiven Kader.
Während viele der zuvor nur »nach links« schielenden Architekten zu Studienreisen und Planungsarbeiten in die Sowjetunion reisen, folgen angesichts der wirtschaftlichen Not und wachsender Arbeitslosigkeit in Deutschland mehr und mehr Architekten und Ingenieure der nationalsozialistischen Propaganda, die nicht nur neue Formen der Wirtschaftslenkung und ein rasches Ende der Depression in Aussicht stellte, sondern auch eine führende Rolle der »Baumeister« in der Kultur des kommenden Dritten Reichs. Kaum eine andere Berufsgruppe wird von den Nazis derart umworben wie die der Architekten; und tatsächlich werden mit der Einrichtung neuer staatlicher Institutionen nach der »Machtergreifung« 1933 – vom Reichsautobahn-Bau bis zu den Reichsheimstätten-Ämtern, in Organisationen wie »Kraft durch Freude« und »Schönheit der Arbeit« – Tausende von Arbeitsplätzen geschaffen, in denen junge Architekten vor neue Aufgaben gestellt werden.[38]
Nur wenige Monate nach der Übernahme der Staatsmacht werden indessen jene konservativen Baumeister der älteren Generation, die zuvor für die NSDAP geworben hatten, in den Hintergrund gedrängt, während prominente Vertreter des Neuen Bauens ganz aus ihren Ämtern verdrängt oder gar aus Deutschland vertrieben werden. Zielstrebig setzen die Nationalsozialisten auf die noch frische Energie der jüngeren Generation, die ohne Blick auf die Opfer des politischen Terrors in Deutschland opportunistisch mit den neueröffneten Karrierechancen rechnet und ihr künstlerisches Potential zur Gestaltung einer trügerischen Kulturfassade des neuen Regimes einzusetzen bereit ist.[39]
Durch geschickte Adaptation zentraler Konzepte und Motive der städtebaulichen und architektonischen Reformbewegungen seit 1900 zu Zwecken der kulturellen Inszenierung ihrer terroristischen Herrschaft gelingt den Nationalsozialisten neben der existentiellen, wirtschaftlichen Integration weitgehend auch die ideologische Einbindung von Architekten in das neue System staatlicher Macht, die nun durch strahlende »Bauten der Gemeinschaft« die über Jahrzehnte aufgeschobenen Träume zu verwirklichen verspricht.

19 Hermann Giesler, Modell für eine »Hohe Schule der NSDAP«, 1939

20 Otto A. Hirth,
»Haus der Deutschen Kunst« und sein geplanter Ergänzungsbau, das »Haus der Deutschen Architektur«, Große Deutsche Kunstausstellung, München, 1940

In plakativer Rhetorik wird schon in den ersten Erfolgsberichten zum »Bauen im neuen Reich« die Erfüllung der angeblich allzu lange ungestillten Gemeinschaftssehnsucht reklamiert; die erste »Deutsche Architekturausstellung« 1937 im Münchner »Haus der Deutschen Kunst«, die »zum erstenmal ein geschlossenes Bild des Bauschaffens des Führers« vermitteln soll, wird mit folgenden Worten gefeiert: »Die Bauten des Führers sind die Zeugen der weltanschaulichen Wende unserer Zeit. Sie sind gebauter Nationalsozialismus. Seit den frühen deutschen Domen entstehen zum erstenmal wieder Gemeinschaftsbauten, die völlig von jeder Zweckbestimmung des Alltags losgelöst sind, Selbstdarstellung der ureigensten Kulturkräfte eines erwachten, rassebewußten Volkes, Stein gewordene Verkörperung eines Glaubens.« Noch ganz im Pathos des Aufbruchs von 1919 wird behauptet: »In ihnen wird die Baukunst zum Erzieher eines neuen Volkes.«[40]
Indem junge Architekten durch prominente Leitfiguren wie Albert Speer gleichsam zu Delegierten der welthistorischen Mission Hitlers stilisiert werden, wird ihnen durch ihre Mitarbeit an Entwürfen für die monumentalen Bauten eines »Tausendjährigen Reiches« die Teilhabe an jener Unsterblichkeit suggeriert, die den anonymen Baumeistern deutscher Dome längst zuteil geworden sei – in untergründig pervertierter Aufnahme jener Erlösungswünsche, die schwärmerisch in den revolutionären Programmen von 1919 anklangen.

21 Berlin, Grünflächenplan zur Innenstadt, 1937

Zur Integration von Widersprüchen
In einer propagandistisch geschickt aufbereiteten Verwertung unterschiedlicher Motive der Reformversuche seit der Jahrhundertwende gelang es den Nationalsozialisten innerhalb weniger Jahre, im Nachweis landschaftsbezogener Siedlungsformen einerseits die Gartenstadt- und Heimatschutzbewegung zu beerben und mit der Ideologie von »Blut und Boden« noch »weltanschaulich« zu überhöhen, andererseits aber zugleich durch ihre Planungen zur monumentalen Neugestaltung der Zentren deutscher Städte dem »Gemeinschaftsdrang« einer über Jahrzehnte durch Klassenauseinandersetzungen zerrissenen Industriegesellschaft die steinernen Symbole einer kommenden »Volksgemeinschaft« vorzustellen. Am Beispiel der Pläne zur Neugestaltung Berlins durch Albert Speer und seine Mitarbeiter ließe sich

exemplarisch zeigen, wie hier in Überlagerung der zuvor politisch gegeneinander ausgespielten Leitbilder bodenständigen Wohnungsbaus, monumentaler Stadtgestaltung und durchgreifender Modernisierung der Siedlungsstruktur eine neue Synthese von Architektur- und Planungskonzepten angestrebt wurde, die schließlich in dem ab 1940 breit propagierten Leitbild der »Stadtlandschaft« anschaulich wird.[41]
Das große Achsenkreuz in der Mitte Berlins mit der gewaltigen »Halle des Volkes« und dem Triumphbogen als zentralem Kriegerdenkmal wird im Blick durch die Wolken als jener »magische Ort« imaginiert, der die »geopolitische Bedeutung« der Machtzentrale des Reichs mit religiöser Weihe umhüllt und durch die Dimensionen des öffentlichen Raums der Selbsterfahrung der Masse als »Volksgemeinschaft« Platz gibt. Umgeben werden die Großbauten und zentralen Magistralen von einer verkehrstechnisch optimierten Infrastruktur, die mit vier Autobahnringen, neuen Bahnhöfen und Großflughäfen an den Schnittpunkten von Achsen und Ringen den Ansprüchen an eine moderne Weltstadt entsprechen, welche noch die amerikanischen Vorbilder zu überholen sich anschickt. Unterlegt sind diese Entwürfe teils neoklassizistisch-monumentaler, teils technisch-modernisierender Neugestaltung durch eine naturräumlich differenzierte Grünplanung, die eine Gliederung der städtischen »Siedlungsmasse« in überschaubare »Zellen« vorsieht, in denen die Größenordnung der kleinsten Einheit der NSDAP, der »Ortsgruppe«, zugleich den Zuschnitt der Lebensform in der jeweiligen »Siedlungszelle« bestimmt.
Mit der »Auflockerung« der Großstadt durch die von außen bis in die Stadtmitte hinein geführten Grünzüge und die damit einhergehende »Gliederung« der Siedlungsstruktur bei langfristig angestrebter Verringerung der Einwohnerdichte sind die wichtigsten Merkmale des nach 1945 beim Wiederaufbau kriegszerstörter Städte maßgeblichen Leitbilds der »gegliederten und aufgelockerten Stadt« bereits vorgegeben, das – unter Verzicht auf die damals weder politisch opportunen noch ökonomisch realisierbaren Staats- und Parteigebäude – die Kontinuität der Neugestaltungspläne in gleichsam amputierter Form sichert.
Während die Planung für die Reichshauptstadt bei allem zugemuteten Vorbildcharakter immerhin noch mit der ungeliebten Masse des Baubestands aus der inzwischen verachteten Epoche der Vergroßstädterung im 19. Jahrhundert rechnen muß,

22 Berlin, die »Große Achse« nach der Neugestaltung, Stahlstich von Alexander Friedrich, 1940

23 Berlin, Grünflächenplan, 1937

27 Berlin, Strukturplan zum Aufbau als Bandstadt, »Kollektivplan« genannt, erarbeitet vom Planungskollektiv unter Leitung von Hans Scharoun, 1945/46

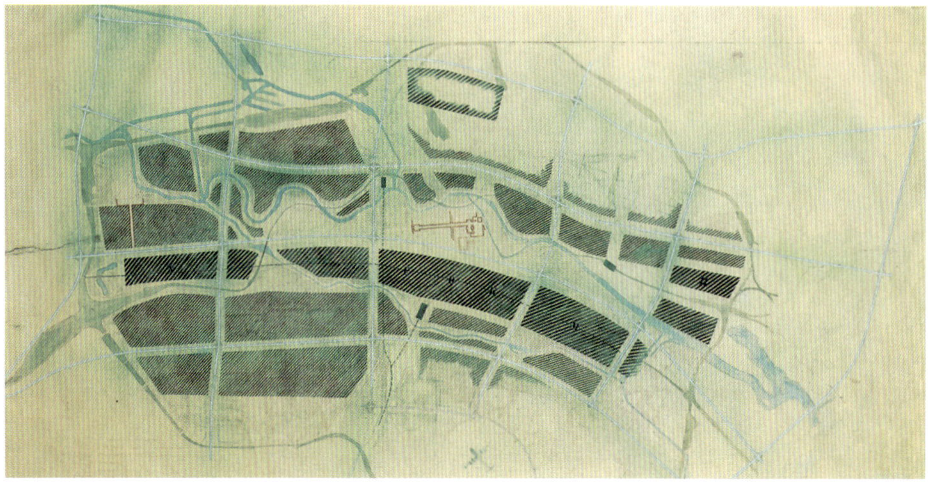

Wirtschaftspolitik ein vielgestaltiger Wohnungsbau ein, der wie die Mehrzahl der bald folgenden Geschäfts- und Verwaltungsbauten im äußeren Erscheinungsbild auf die traditionellen Würdeformeln der Architektur zugunsten nüchterner Sachlichkeit oder verspielten Kunstgewerbes verzichtete; insbesondere Regierungsbauten wie die im Provisorium Bonn sollten sich jeden Imponiergehabes enthalten.[46]
Auch wenn in der aus den westlichen Besatzungszonen hervorgegangenen Bundesrepublik weder ein Bundes- noch ein Landesgesetz verbindliche Gestaltungsregeln vorgab, blieb die Abkehr von den im Dritten Reich offenbar überreizten Ordnungsprinzipien der Symmetrie, Axialität und Monumentalisierung hier unausgesprochen Konsens; die unbebauten, frei ausschwingenden Straßen mit breiten grünen Rändern, die rhythmisch versetzten Volumen der Häuser im Wechsel von niedrigen Gruppen und hohen Solitären begannen das Bild der Städte im westlichen Nachkriegsdeutschland zu prägen.[47] Aus der Gesellschaft der Überlebenden und Nachwachsenden, die in den Jahren der Not und der »reéducation« vom auftrumpfenden Nationalismus großen Abstand gewonnen hatte, wurde eine prosperierende Wohlstandsgesellschaft, in der wegen der Westbindung der Bonner Politik und der auf individuelle Leistung setzenden Gesellschaftskonzeption kaum mehr Bedarf an gebauten Sinnbildern einer fiktiven Gemeinschaft bestand. Lediglich der ab 1948 bald wiederbelebte Kirchenbau bot einige Spielräume zur Entfaltung einer kargen Monumentalität, die etwa in den Bauten von Bartning und Schwarz als Zeichen geistiger Erneuerung in demonstrativer Selbstbescheidung galt.
Eine ganz andere Entwicklung hingegen bahnte sich schon früh in der Sowjetischen Besatzungszone an, in der nach Stalins berühmter Losung »Die Hitler kommen und gehen, aber das deutsche Volk bleibt bestehen« der gesamtdeutsche Anspruch sowjetischer Politik zunehmend mit nationalistischer Propaganda durchsetzt wurde, der sich die erste Regierung der DDR lautstark bediente.[48] Während sich im Westen – nicht nur im Entwurf neuer Bauten – ein international orientierter Individualismus abzuzeichnen begann, wurde im Osten – besonders im Bauen – nationale Propaganda verstärkt, wie sich exemplarisch an den Kontroversen um die Zukunft Berlins zeigen läßt.
Ein besonders ausgeprägtes und gestalterisch ambitioniertes Stadtbild im Sinn einer durchgrünten Stadtlandschaft sollte die zerstörte Reichshauptstadt Berlin erhalten, wo der durch seine experimentelle Formensprache aus der Zeit des Neuen Bauens der zwanziger Jahre bekannte Architekt Hans Scharoun, seit Mai 1945 Leiter der Abteilung für Bau- und Wohnungswesen von Groß-Berlin, vom Magistrat mit der Aufbauplanung für Gesamt-Berlin beauftragt worden war. In Kontrast zur hier-

28 Selman Selmanagič, Entwurf einer Stadtlandschaft in Berlin-Friedrichshain, 1946

archisch gestuften Neugestaltungsplanung Speers entwarfen Hans Scharoun und sein Planungskollektiv in einem System gleichwertiger Teile eine durchgrünte Bandstadt im Urstromtal der Spree, dem sich grüne, aufgelockerte »Wohnzellen« künftig »nestartig« einschmiegen sollten.[49] Auch nach dem Ausscheiden Scharouns arbeitete das Planungskollektiv, dem vorwiegend Absolventen des Bauhauses, Schüler von Ludwig Hilberseimer, angehörten, am Konzept der Bandstadt weiter, dessen Realisierung den beteiligten Architekten im Herbst 1949 trotz der Spaltung Berlins zum Greifen nahe erschien, zumal sich der Oberbürgermeister im Ostteil der Stadt öffentlich dafür engagierte.

Doch hatten die Planer und Politiker im Osten Berlins offenbar die kulturellen Folgen des kalten Kriegs unterschätzt, der nach wachsenden Spannungen zwischen den ehemals gegen Hitler Verbündeten im Zuge der konfrontativen Machtpolitik Stalins immer weitere Bereiche gesellschaftlichen Lebens bis hin zu den Debatten um Kunst und Literatur in grundsätzliche Auseinandersetzungen um die Zukunft Deutschlands einbezog. So waren beispielsweise in den ersten Kunstausstellungen nach Ende des Kriegs starke Tendenzen zur Abstraktion, zu ungegenständlichen Darstellungen sichtbar geworden, die bald als dekadent »formalistisch« kritisiert wurden. Die Befreiung der bildenden Kunst von der Doktrin heroisch-monumentaler Figürlichkeit, die in den Jahren nationalsozialistischer Herrschaft gegen die damals verfolgte »Entartete Kunst« der Moderne durchgesetzt worden war, führte nach 1945 in einer Gegenbewegung zur Wiederentdeckung der 1933 abgerissenen

29 Moskau, Stadtansicht nach dem Generalplan von 1935

Traditionen abstrakter Malerei – so, wie in der Architektur etwa das Bauhaus und die puritanische Sachlichkeit des Neuen Bauens der zwanziger Jahre neue Wertschätzung erfuhren.[50]
Solche Rückbezüge auf die »kapitalistische« Kultur der Weimarer Ära bei gleichzeitiger Annäherung an die internationalen, nun abfällig »kosmopolitisch« genannten Tendenzen moderner Kunst und Architektur standen indessen in offenem Widerspruch zur Stalinschen Kulturdoktrin eines Sozialistischen Realismus, die in Malerei, Plastik und Baukunst eine bilderreich allgemeinverständliche Darstellung der Segnungen einer vermeintlich gelungenen Revolution einforderte. Zeitlich parallel zur kulturellen »Gleichschaltung« aller künstlerischen Medien und Ausdrucksformen im Rahmen nationalsozialistischer Propaganda in Deutschland hatte Stalin in der Sowjetunion mit der Durchsetzung des Sozialistischen Realismus in der Kunst ab 1932 die Abkehr von der Abstraktion in der Kunst und vom experimentellen »Konstruktivismus« im Bauen oktroyiert; zahllose Künstler und Architekten wurden in den folgenden Jahren Opfer der auch kulturpolitischen Wende zugunsten der Stärkung von Stalins Macht.[51] Gleichzeitig konnten dabei jedoch unter Rückgriff auf die bewährten Würdeformeln und Bildprogramme »klassischer« Kunst und Architektur regionale Differenzen sichtbar gemacht werden, die ihrerseits in den Monumentalbauten Moskaus – mit dem Höhepunkt Sowjetpalast – eine maßstäbliche Steigerung und symbolische Verklammerung finden sollten.
Gleichsam als Verschleierung der sowjetischen Machtpolitik, die in den verschiedenen Republiken die »Völker der Sowjetunion« immer rücksichtsloser an die Entscheidungen der Zentrale in Moskau fesselte, sollte während der dreißiger Jahre wenigstens in Bereichen der Kunst und Literatur sowie besonders auch in der Baukunst und Stadtplanung der Schein kultureller Autonomie gewahrt und in demonstrativer Wiederbelebung nationaler Traditionen zur bildreichen Darstellung sozialistischer Glücksverheißung genutzt werden. Dieses Konzept der Verpflichtung auf kulturelle Selbstdarstellung der Nationen bei gleichzeitiger Sowjetisierung und Fremdbestimmung der Politik wurde ab 1949 nach Gründung der DDR auch auf den Osten Deutschlands angewandt, wobei nun das Verlangen nach Darstellung und Weiterentwicklung der »nationalen Bautraditionen« im Wiederaufbau ostdeutscher Städte in scharfem Widerspruch stand zu den bisher erarbeiteten Planungen für aufgelockerte Stadtlandschaften mit moderat moderner Architektur. Fatal mußten vor diesem Hintergrund nun insbesondere die Entwürfe zur Verwandlung Berlins in eine Bandstadt, in einen großen Park mit Teppichsiedlungen und Scheibenhochhäusern im Stil Le Corbusiers wirken, sollte doch gerade hier, in der

30 Wladimir Gelfreich, M. A. Minkus und G. M. Limanowski, Hochhaus am Smolensker Platz, Moskau, 1952

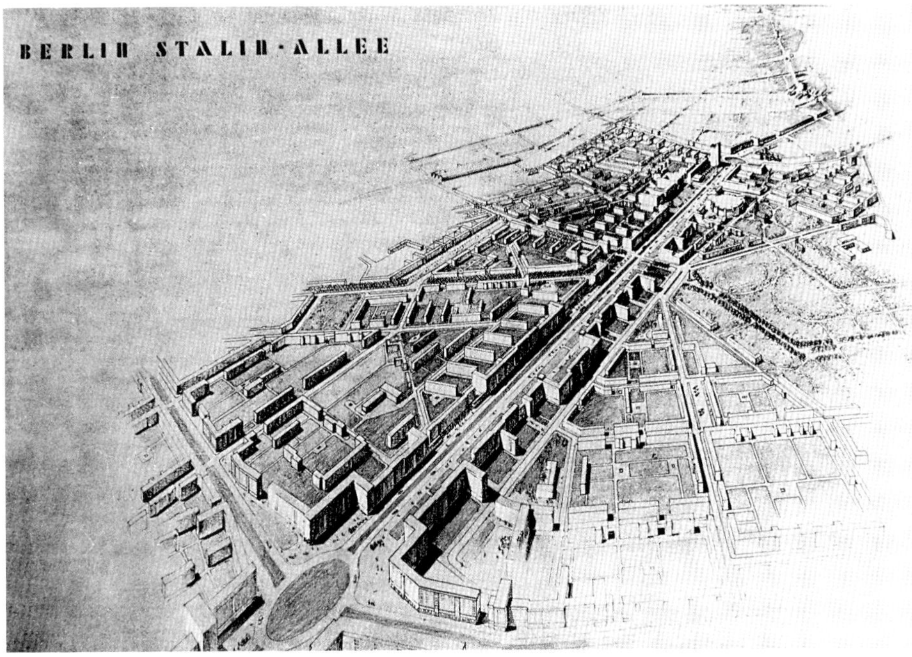

31 Egon Hartmann, Wettbewerbsbeitrag zur Gestaltung der Stalinallee in Berlin, 1951, 1. Preis

Hauptstadt des soeben gegründeten »Arbeiter- und Bauernstaates«, ein gebautes Gegenprogramm zum Privatismus und Pluralismus der konkurrenzbestimmten Leistungsgesellschaft im Westen Deutschlands geboten werden.
Mit rigoroser Kehrtwendung in der bisher verfolgten Planungs- und Baupolitik wurden innerhalb weniger Monate die in der DDR maßgeblichen Architekten, Planer und Baufunktionäre zur Abkehr von dem im Westen weiterhin gültigen Leitbild der gegliederten und aufgelockerten Stadt verpflichtet, um durch neue Monumentalbauten im Gefüge der wieder kompakt zu erbauenden Stadt dem Anspruch auf nationale Einheit und kulturelle Kontinuität Ausdruck zu verleihen. Noch aber war der Kollektivplan offiziell Grundlage der weiteren Stadtentwicklung, und er war daher auch Grundlage jener Vorschläge zum Aufbau der Hauptstadt der DDR, die Walter Ulbricht am Rand der Feierlichkeiten zu Stalins 70. Geburtstag im Dezember 1949 in Moskau mit sowjetischen Stadtplanern erorterte.[32]
Da diese Entwürfe in Moskau jedoch auf heftige Kritik stießen, wurde Anfang 1950 die Reise einer Delegation maßgeblicher Architekten und Baufunktionäre aus der DDR in die Hauptstadt der Sowjetunion und in andere Orte wie Kiew und Stalingrad vereinbart, um dort die neuen Vorbilder künftigen Städtebaus vor Ort zu studieren. Unter der Leitung des Aufbauministers Lothar Bolz – der vor 1945 als Emigrant in der Sowjetunion im »Nationalkomitee Freies Deutschland« und nach seiner Rückkehr ab 1948 als Vorsitzender der Nationaldemokratischen Partei mit der Integration ehemaliger Mitglieder der NSDAP in die Volksfront-Konzeption beschäftigt war und der 1953 das Außenministerium der DDR übernehmen wird – ist die Delegation deutscher Architekten im April und Mai 1950 in der Sowjetunion unterwegs, um die Regeln eines repräsentativen Städtebaus kennenzulernen, in dem breite Aufmarschachsen und Platzräume durch monumentale Bauten begrenzt werden, die ihrerseits die »nationalen Bautraditionen« der »Völker der Sowjetunion« gestalterisch zum Ausdruck bringen sollten: Gemäß der seit den dreißiger Jahren verfolgten Kulturdoktrin des Sozialistischen Realismus wurde in den großen Städten der verschiedenen Republiken der Sowjetunion die politische Unterwerfung unter Stalins Machtpolitik gleichsam ästhetisch kompensiert durch demonstrative Betonung regionaler und nationaler Kulturtraditionen.

32 Berlin, Hauptstadt der DDR, Plakat zum Nationalen Aufbauprogramm, 1952

33 Hermann Henselmann, Strausberger Platz als Tor zur Stalinallee in Berlin, Vorschlag 1951

Gemeinsame Grundlage der unterschiedlichen architektonischen Erscheinungsformen in den eindrucksvollen Großprojekten der Sowjetunion war indessen die Verpflichtung der Planer auf das Leitbild kompakt bebauter Städte, das nun auch den ostdeutschen Architekten nachdrücklich nahegebracht wurde, wie die Reiseprotokolle belegen.[53] So wird ihnen beispielsweise bei einer Besprechung im Moskauer Ministerium für Städtebau vorgehalten: »In Berlin hat man bei der Planung der Wohnzellen das amerikanisch-englische Prinzip zugrunde gelegt. Hier wird der Mensch vom Ganzen isoliert und dem politischen Leben entfremdet. Die Stadt zerfällt.« Deutlich wird unterstrichen: »In der Sowjetunion ist man unter allen Umständen gegen die englisch-amerikanische Theorie von der Güte und Wirtschaftlichkeit der ›aufgelösten‹ Stadt. Sie ist unwirtschaftlich, sie ist auch nicht gegen Luftangriffe gesichert, isoliert den Arbeiter vom politischen Leben und macht ihn zum Kleinbürger.« Immer wieder werden die grundsätzlichen Unterschiede betont: »Im Gegensatz zu England, wo führende Architekten gegen die Monumentalbauten sind, ist man in der Sowjetunion für sie.« Denn: »Wir stehen auf dem Standpunkt, daß sich die Zeitgeschichte jeder Zeit in Baudenkmälern und Ideen verewigen muß. Wir sind für monumentale Bauten, in denen sich der Bauwille und das Wollen der Bevölkerung ausdrücken.«[54]

34 Helmut Hentrich und Hans Heuser, Hochhaus des Gerling-Konzerns, Köln, Modellaufnahme 1952

Die noch in Moskau notierten Lehrsätze zum Aufbau kompakter Städte mit Aufmarschstraßen und Versammlungsplätzen für Demonstrationen, mit monumentalen Großbauten im Stilkleid nationaler Bautraditionen sowie einer hierarchisch gestuften Stadtsilhouette werden in den dann für die gesamte DDR verbindlichen »Sechzehn Grundsätzen des Städtebaus«[55] festgelegt und erhalten mit Beschluß durch die Regierung der DDR im Juli 1950 Gesetzeskraft, dem Aufbaugesetz vom September 1950 zugeordnet. Die ebenfalls formulierten »Grundsätze der Architektur« vom Herbst 1950 werden zwar nicht offiziell verabschiedet, doch bleibt die in Moskau formulierte Maxime, auch die Baukunst sei »sozialistisch im Inhalt, national in der Form«,[56] für die nächsten Jahre verbindlich; westliche Kritik an den erkennbaren Bezügen zur Architektur aus der Zeit des Nationalsozialismus kann mit Hinweis auf den erklärten »Antifaschismus« als Grundlage des neuen Staats leicht abgewehrt werden, während im Westen jeder Anklang an den verpönten »Reichskanzleistil« mit wachsender Aufmerksamkeit für »political correctness« in der Architektur

35 Blick auf den Strausberger Platz in Berlin mit Hochhaus von Hermann Henselmann, um 1952

36 Helmut Hentrich, Hubert Petschnigg und Partner, Verwaltungsgebäude der Phoenix-Rheinrohr AG (Thyssenhaus), Düsseldorf, 1957–1960

mißtrauisch verfolgt wird. Damit ist unter dem Druck des kalten Kriegs eine Spaltung der Baukultur vorgezeichnet, die von den Regeln der Stadtplanung bis hin zu den einzelnen architektonischen Formen ab 1951 im Osten und Westen Deutschlands zu höchst unterschiedlichen Stadtbildern führt. Während mit dem Bau monumentaler Großprojekte in der Berliner Stalinallee, am Leipziger Roßplatz, am Dresdner Altmarkt, in Rostocks Langer Straße und anderen exponierten Orten sowie in dem neugegründeten Industriestandort Stalinstadt die nun geforderten »Wohnpaläste für das Volk« entstehen, werden im Westen nach dem Leitbild der »gegliederten und aufgelockerten« Stadt in vorwiegend offener Bauweise massenhaft Einfamilien- und Geschoßwohnhäuser in bescheidener Sachlichkeit errichtet. In einer breit angelegten Propagandakampagne zum »Kampf um eine neue deutsche Architektur«[57] geraten diese schlichten Bauformen im Westen nun vom Osten her ebenso unter Beschuß wie die im Stil einer funktionsbestimmten Moderne errichteten Verwaltungsbauten in den westdeutschen Großstädten.

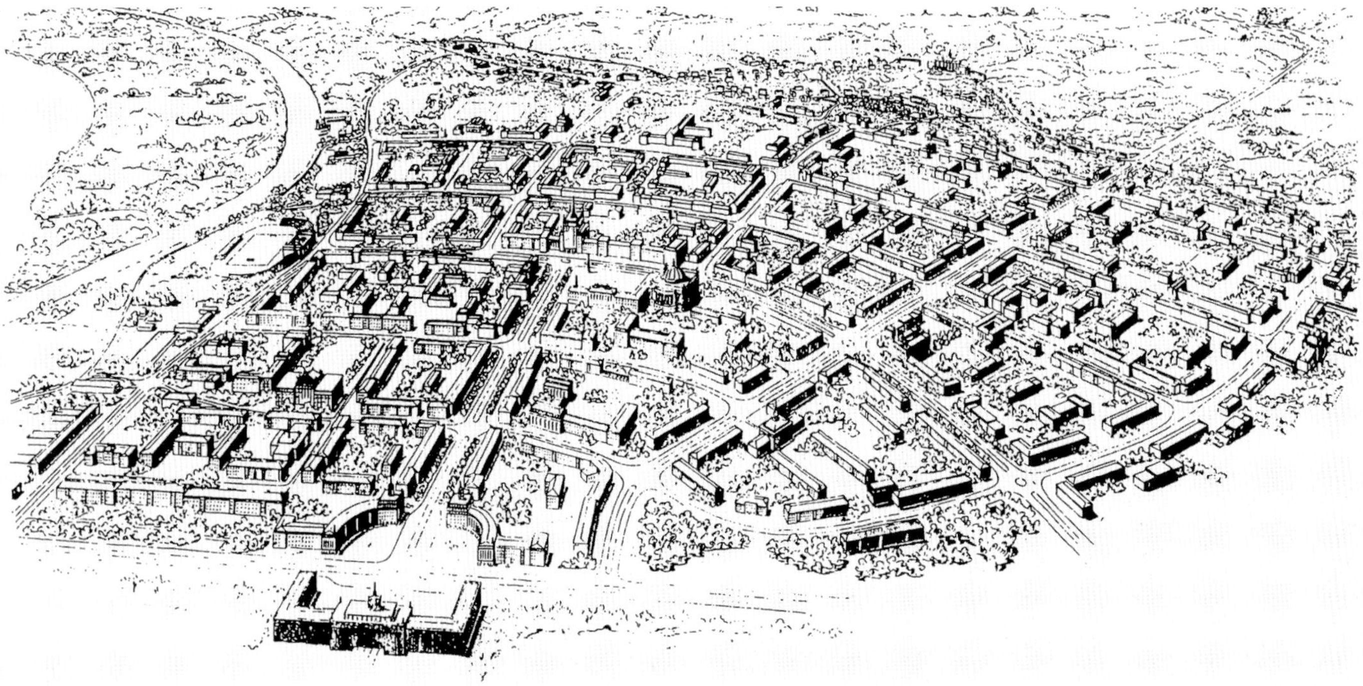

37 Kurt W. Leucht, Ansicht von Stalinstadt (heute Eisenhüttenstadt), 1952

38 Stalinstadt, Wohnbauten im Wohnkomplex II, um 1955

In seiner programmatischen Rede »Das nationale Aufbauwerk und die Aufgaben der deutschen Architektur« attackiert Walter Ulbricht, als Generalsekretär der SED und stellvertretender Ministerpräsident mächtigster Mann der DDR, am 8. Dezember 1951 die ersten Bürohochhäuser in der Bundesrepublik mit den Worten: »Diese Hochhäuser sind nichts anderes als die Wiederholung der mittelalterlichen Zwingburgen in anderer, in amerikanischer Form. Diese Steinkästen sind der Ausdruck der formalistischen Ideenlosigkeit im Bauwesen, wie sie dem zum Untergang verurteilten Monopolkapital auf allen Gebieten der Kultur eigen ist. So verkörpern diese Bauten die amerikanische Fremdherrschaft.«[58]
Was im Westen inzwischen offiziell als vorbildlich gilt, wird vom Osten her für alle deutschen Architekten mit »patriotischem Bewußtsein« zum Schreckbild verzerrt. Die von der Staatspartei SED gesteuerte kulturpolitische Propaganda richtet sich daher auch an die Kollegen im Westen, mit dem Appell, durch ihre Bauten zu nationalem Stolz und zum Selbstbewußtsein des Volks beizutragen: »Diese Aufgabenstellung steht in diametralem Gegensatz zu dem Bauwesen, wie es von den reaktionären Machthabern in Bonn gefördert wird. Sie übernehmen einfach die konstruktivistische amerikanische Bauweise, den Bau von Kästen, weil sie selbst keine neuen Ideen, keine Ideale, keine Zukunft haben.«[59] Von der Kritik am schlichten Parlamentsgebäude in Bonn als nicht »deutscher« Architektur bis hin zur Attacke gegen die »Amerikanisierung des Stadtbildes von Frankfurt am Main«[60] und Kommentaren zu vielerlei Einzelbauten reicht das Spektrum der Angriffe auf die westdeutsche Baukultur,[61] der in Fachzeitschriften und Bildbänden erste eigene Prachtbauten wie das Berliner Wohnhochhaus an der Weberwiese und Entwürfe zur Stalinallee sowie die Gründung der neuen Stalinstadt als Ausdruck eines für Gesamtdeutschland geltenden Kulturanspruchs entgegengehalten werden.[62]
Selbst nach dem Tod Stalins im März und dem Aufstand im Juni 1953, der nicht zufällig durch die Rebellion der Bauarbeiter an der Stalinallee ausgelöst wurde, mußte die Fertigstellung aufwendiger, repräsentativer Wohnanlagen in den großen Städten der DDR, insbesondere in der Hauptstadt des neuen Staats, zunächst noch fortgesetzt werden. Im Gegenzug zu der weiter verschärften Propaganda

39 Dresden, Westseite des Altmarktes, gebaut bis 1958

gegen den »Kosmopolitismus« und »Formalismus« moderner Architektur wurde unterdessen im Westen Berlins mit Beteiligung renommierter Architekten aus vielen Ländern der westlichen Welt die Internationale Bauausstellung »INTERBAU« vorbereitet, die 1957 im Hansaviertel eröffnet wird: Über den Trümmern eines ehemals dichtbebauten Wohnquartiers ist am Rand des Tiergartens eine großzügige Parklandschaft angelegt worden, in der sich wie Vorboten einer hellen Welt der Moderne Hochhäuser und Siedlungsbauten mit vielfältigen Grundrissen für unterschiedliche Lebensformen als Nachweis einer möglichen Pluralität von Lebensstilen erheben.[63] Wie in einer Teilung des gemeinsamen Erbes wird damit im Westen die Kontinuität der Ideen zu Gartenstadt und Stadtlandschaft kultiviert, während im Osten Berlins mit immer neuen Entwürfen für das zentrale Hochhaus mit vorgelagertem Forum und Aufmarschplatz wechselnde Varianten einer »Stadtkrone« vorgestellt werden, die anfangs noch allen Hoffnungen auf einen »planmäßigen Aufbau des Sozialismus«[64] Ausdruck geben soll.

Nach dem radikalen Kurswechsel der sowjetischen Politik durch den Reformer Chruschtschow sind mit der Verheißung des »endgültigen Sieges des Sozialismus« ab Mitte der fünfziger Jahre jedoch auch im Osten Europas andere Symbole der Selbstdarstellung einer »sozialistischen Menschengemeinschaft«[65] gefragt. Der in den siebziger Jahren in den Formen einer späten Moderne errichtete »Palast der Republik« dokumentiert eine vorübergehende Konvergenz architektonischer und städtebaulicher Erscheinungsbilder, die ein Jahrzehnt später zu erneuter Konfrontation unter umgekehrten Vorzeichen führt: Während im Westen – und nicht nur in Berlin – regionale Bautraditionen wiederentdeckt und durch »kritische Rekonstruktion« neu belebt werden, setzt sich bis zum Ende der DDR die Standardisierung und Industrialisierung des Bauens durch; deren Rigidität wird durch das Bemühen um regionale Differenzierung der Plattenbauweise und vereinzelt historisierendes Bauen wie im Nikolaiviertel Berlins nicht gebrochen. Der erneute Rekurs auf den Preußischen Stil hingegen bleibt indessen den Kontroversen um die Gestaltung der neuen Hauptstadt des wiedervereinigten Deutschlands vorbehalten.

1 Bruno Taut, *Die Stadtkrone,* Jena 1919, S. 56.

2 Bruno Taut, *Die Auflösung der Städte oder Die Erde eine gute Wohnung,* Hagen 1920, S. 12.

3 Ebenezer Howard, *Gartenstädte in Sicht,* Jena 1907; siehe dazu Kristiana Hartmann, *Deutsche Gartenstadtbewegung. Kulturpolitik und Gesellschaftsreform,* München 1976.

4 Zu solchen Intentionen in der Gründungsphase des Deutschen Werkbunds siehe Joan Campbell, *Der Deutsche Werkbund 1907–1934,* Stuttgart 1981.

5 Joseph Maria Olbrich, »Unsere nächste Arbeit«, in: *Deutsche Kunst und Dekor,* Bd. 6, 1900, S. 369.

6 Zum Rückblick siehe Werner Durth (Hrsg.), *Entwurf zur Moderne. Hellerau: Stand Ort Bestimmung,* Stuttgart 1996, sowie Hartmann 1976 (Anm. 3).

7 Josef Ponten, *Architektur, die nicht gebaut wurde,* Bd. 1, Stuttgart/Berlin/Leipzig 1925, S. 117.

8 Ebd., S. 119.

9 Ebd., S. 118.

10 Ebd., S. 121.

11 Taut 1919 (Anm. 1), S. 55.

12 Ebd., S. 59.

13 Ebd.

14 Ebd., S. 58.

15 Ebd., S. 59.

16 Ebd., S. 61.

17 Ebd.

18 Ebd., S. 62.

19 Walter Curt Behrendt, *Der Kampf um den Stil im Kunstgewerbe und in der Architektur,* Stuttgart/Berlin 1920, S. 266.

20 Ebd.

21 Ebd., S. 31.

22 Ebd., S. 263.

23 Ebd., S. 262.

24 Taut 1919 (Anm. 1), S. 64.

25 Ebd., S. 66. Taut ergänzt: »Dieser Rasenplatz setzt sich über die Straße hinweg in den Stadtpark hinein fort, bis zu einem See mit Wasserkünsten!«

26 Ebd., S. 66f.

27 Ebd., S. 69.

28 Nachdruck des Aufrufs in: Eberhard Stenberg (Hrsg.), *Arbeitsrat für Kunst. Berlin 1918–1921,* Düsseldorf 1987.

29 Siehe dazu den in der Reihe »Die Blauen Bücher« erschienenen Band von Walter Müller-Wulckow, *Bauten der Gemeinschaft. Deutsche Baukunst der Gegenwart,* Königstein/Leipzig 1929; dazu auch: Dietrich Neumann, *»Die Wolkenkratzer kommen«. Deutsche Hochhäuser der zwanziger Jahre. Debatten, Projekte, Bauten,* Braunschweig/Wiesbaden 1995.

30 Ponten 1925 (Anm. 8), S. 126.

31 Adolf Hitler, *Mein Kampf,* 2 Bde. in 1 Bd., München 1938, S. 291f. Darin leitet Hitler die Leser vom Abschnitt »Monumentale Staatsbauten von einst« über die »Verfallserscheinungen« und »Folgen des Mangels einer bestimmten, gleichmäßig anerkannten Weltanschauung« mit dem Thema Architektur bezeichnenderweise zur Betrachtung der »religiösen Verhältnisse« hin.

32 Ebd., S. 381.

33 Ebd.

34 Siehe dazu Werner Durth und Niels Gutschow, *Träume in Trümmern. Stadtplanung 1940–1950,* München 1993, bes. S. 232ff.

35 Siehe Christian Borngräber, »Ausländische Architekten in der UdSSR: Bruno Taut, die Brigaden Ernst May, Hannes Meyer und Hans Schmidt«, in: Neue Gesellschaft für Bildende Kunst (Hrsg.), *Wem gehört die Welt? – Kunst und Gesellschaft in der Weimarer Republik,* Berlin 1977; Kurt Junghanns, »Die Mitarbeit deutscher Architekten am sozialistischen Aufbau«, in: Simone Barck u. a. (Hrsg.), *Exil in der Sowjetunion. Kunst und Literatur im antifaschistischen Exil 1933–1945 in sieben Bänden,* Bd. 1/II, Leipzig 1989.

36 Hannes Meyer, »Offener Brief an Herrn Oberbürgermeister Hesse, Dessau«, in: Claude Schnaidt (Hrsg.), *Hannes Meyer. Bauten, Projekte und Schriften,* Stuttgart 1965, S. 100, 102.

37 Siehe Bauhaus-Archiv (Hrsg.), *hannes meyer. architekt, urbanist, lehrer, 1889–1954,* Berlin 1989, bes. S. 234ff.

38 Siehe Karl Heinz Ludwig, *Technik und Ingenieure im Dritten Reich,* Düsseldorf 1979.

39 Siehe Werner Durth, *Deutsche Architekten. Biographische Verflechtungen 1900–1970,* München 1992; Winfried Nerdinger (Hrsg.), *Bauhaus-Moderne im Nationalsozialismus. Zwischen Anbiederung und Verfolgung,* München 1993.

40 Gauverlag Bayerische Ostmark (Hrsg.), *Das Bauen im neuen Reich,* Bayreuth 1938, S. 10.

41 Siehe Durth und Gutschow 1993 (Anm. 34), bes. S. 214ff.

42 Siehe Christian Schneider, *Stadtgründung im Dritten Reich. Wolfsburg und Salzgitter,* München 1979; Dietrich Kautt, *Wolfsburg im Wandel städtebaulicher Leitbilder,* Wolfsburg 1983; Wolfgang Benz, *Gegenwart einer deutschen Stadt 1942–1992,* München 1992.

43 Siehe Niels Gutschow, »Die ersehnte Katastrophe«, in: *Die Zeit,* 8. 1. 1988.

44 Albert Speer, Brief an alle Gauleiter, Dezember 1943, Wortlaut in: Werner Durth und Niels Gutschow, *Träume in Trümmern. Planungen zum Wiederaufbau zerstörter Städte im Westen Deutschlands 1940–1950,* Ausgabe in 2 Bdn., Braunschweig/Wiesbaden 1988, S. 51f.

45 Ausführlich besprochen ebd., Bd. 2.

46 Siehe Bodo-Michael Baumunk und Gerhard Brunn (Hrsg.), *Hauptstadt. Zentren, Residenzen, Metropolen in der deutschen Geschichte,* Köln 1989.

47 Siehe Werner Durth und Niels Gutschow, *Architektur und Städtebau der fünfziger Jahre* (Schriftenreihe des Deutschen Nationalkomitees für Denkmalschutz), Bd. 33, Bonn 1987, Bd. 41, Bonn 1990.

48 Siehe Jörn Düwel, *Baukunst voran! Architektur und Städtebau in der SBZ/DDR,* Berlin 1995; Andreas Schätzke, *Zwischen Bauhaus und Stalinallee,* Wiesbaden/Braunschweig 1991.

49 Siehe Johann Friedrich Geist und Klaus Kürvers, *Das Berliner Mietshaus 1945–1989,* München 1989, bes. S. 272ff.

50 Zur Kultur der Nachkriegszeit siehe Hermann Glaser, *Kleine Kulturgeschichte der Bundesrepublik Deutschland 1945–1989,* Bonn 1991; Jost Hermannd, *Kultur im Wiederaufbau,* München 1986; zu Architektur und Städtebau im Systemvergleich siehe Klaus von Beyme, *Der Wiederaufbau,* München 1987.

51 Siehe Peter Noever (Hrsg.), *Tyrannei des Schönen. Architektur der Stalin-Zeit,* München 1994.

52 Nach dem Bericht von Kurt Liebknecht, »Jetzt schließe ich mit den Architekten Freundschaft!«, in: *Deutsche Architektur,* 1953, H. 4.

53 Dokumentation der Reiseprotokolle, in: Institut für Regionalentwicklung und Strukturplanung (Hrsg.), *Die Reise nach Moskau,* Berlin 1995.

54 Ebd., S. 91 ff.; ausführlich dazu: Werner Durth, Niels Gutschow und Jörn Düwel, *Ostkreuz. Architektur und Städtebau der DDR,* Frankfurt am Main/New York 1998.

55 Abdruck der Sechzehn Grundsätze des Städtebaus mit Kommentaren des Ministers für Aufbau, in: Lothar Bolz, *Von deutschem Bauen,* Berlin 1951.

56 Ausführlich dazu Düwel 1995 (Anm. 48).

57 Zur Orientierung der Architekten an den »nationalen Bautraditionen« und am Erbe der »nationalen Kultur unseres Volkes« (Walter Ulbricht) wurde am 13. 2. 1951 in der Tageszeitung *Neues Deutschland* eine breitangelegte Pressekampagne unter dem Titel »Im Kampf um eine neue deutsche Architektur« eröffnet.

58 Walter Ulbricht, »Das nationale Aufbauwerk und die Aufgaben der deutschen Architektur«, in: Deutsche Bauakademie (Hrsg.), *Die Aufgaben der Deutschen Bauakademie im Kampf um eine deutsche Architektur,* Ansprachen, gehalten anläßlich der Eröffnung der Deutschen Bauakademie am 8. 12. 1951 in Berlin, Berlin 1952, S. 27.

59 Ebd.

60 Edmund Collein, »Die Amerikanisierung des Stadtbildes von Frankfurt am Main«, in: *Deutsche Architektur,* 1952, H. 4.

61 Siehe Kurt Magritz, »Die Tragödie der westdeutschen Architektur«, in: *Deutsche Architektur,* 1952, H. 2.

62 Siehe beispielsweise *»Vorwärts zum Aufbau des Sozialismus« – Die Stalinallee, die erste sozialistische Straße der Hauptstadt Deutschlands Berlin,* hrsg. von der Deutschen Bauakademie und dem Nationalen Komitee für den Neuaufbau der deutschen Hauptstadt, Berlin 1952.

63 Siehe dazu *INTERBAU BERLIN 1957. Amtlicher Katalog der Internationalen Bauausstellung Berlin 1957,* hrsg. von der Internationalen Bauausstellung Berlin GmbH, Berlin 1957.

64 So die Parole der 2. Parteikonferenz der SED im Juli 1952.

65 Walter Ulbricht während des V. Parteitags der SED, zitiert im Protokoll der Verhandlungen des V. Parteitags der Sozialistischen Einheitspartei Deutschlands, 10.–16. 7. 1958 in der Werner-Seelenbinder-Halle zu Berlin, Berlin 1959.

1 Helmut Hennig,
Entwurf zur Neugestaltung des vergrößerten Lustgartens als zentraler Festplatz der Hauptstadt, Berlin, 1950. Beispielhaft veranschaulicht der Leiter der Abteilung öffentliche Bauten im Magistrat von Groß-Berlin Punkt 6 der druckfrischen Sechzehn Grundsätze des Städtebaus: »Das Zentrum ist das Ziel der politischen Demonstrationen und Aufmärsche«

Am Anfang der DDR: der Zentrale Platz in Berlin

Jörn Düwel

»Noch nie hat Berlin eine solch gewaltige und mitreißende Maikundgebung erlebt wie in diesem Jahr«, berichtete die *Berliner Zeitung* am 3. Mai 1951: »Sechs Stunden lang marschierten die Kolonnen der Werktätigen in endlosem Zuge über den Marx-Engels-Platz, vorbei an der großen Tribüne, auf der die Mitglieder der Regierung« und auch »Nationalpreisträger, Helden der Arbeit, Aktivisten und Lehrer des Volkes Platz genommen hatten«. Ausführlich informierte die Zeitung über Verlauf und Stimmung der Demonstration: »Schon am frühen Morgen verließen die Berliner ihre zum Kampftag der Werktätigen in aller Welt festlich geschmückten und geflaggten Häuser und strebten den Sammelplätzen zu, von denen die Demonstration ihren Ausgang nahm.« Diese Schilderung folgte genau dem Organisationsplan, wie ihn einige Tage zuvor die Presse bekanntgegeben hatte. Nach generalstabsmäßiger Planung war diese Demonstration bis ins Detail vorbereitet worden, denn das erste Mal führte die Kundgebung zum Marx-Engels-Platz, der als zentraler Demonstrationsplatz der Hauptstadt gerade erst geschaffen war und an diesem 1. Mai 1951 eingeweiht worden war.

Entsprechend der Demonstrationsregie waren in der Stadt verschiedene »Stellräume« ausgewiesen worden und die »Abmarschzeiten« von dort auf die Minute genau festgelegt: »Von 8 Uhr an durchzogen lange Kolonnen der Berliner Werktätigen die Straßen der Innenstadt. Wehende Fahnen und Transparente mit Friedenslosungen, mit Sprüchen, in denen der Kampftag der Werktätigen gefeiert wird, bestimmten das Bild. Als erste überquerten um 9.30 Uhr die Werktätigen der Köpenicker Betriebe KWO [Volkseigener Betrieb Kabelwerke Oberspree] und TRO [Volkseigener Betrieb Transformatorenwerke Oberspree] den Platz. Sie begrüßten freudig die Mitglieder des Politbüros der SED, der Regierung, der Parteien und Massenorganisationen, die auf der Tribüne Platz genommen hatten. Mit jeder Sekunde, die der Armbanduhrzeiger vorrückte, schob sich eine neue Demonstrantengruppe an der Tribüne vorbei.«[1]

So »gewaltig und mitreißend« die Demonstration auch beschrieben wurde, so bedeutete sie doch nur einen ersten Schritt zu einem grundlegend neuen Verständnis von der neuen Stadt im neuen Staat. Zum 1. Mai 1951 konnte in Berlin nach dem Abbruch des im Krieg beschädigten Stadtschlosses lediglich die große Fläche für die

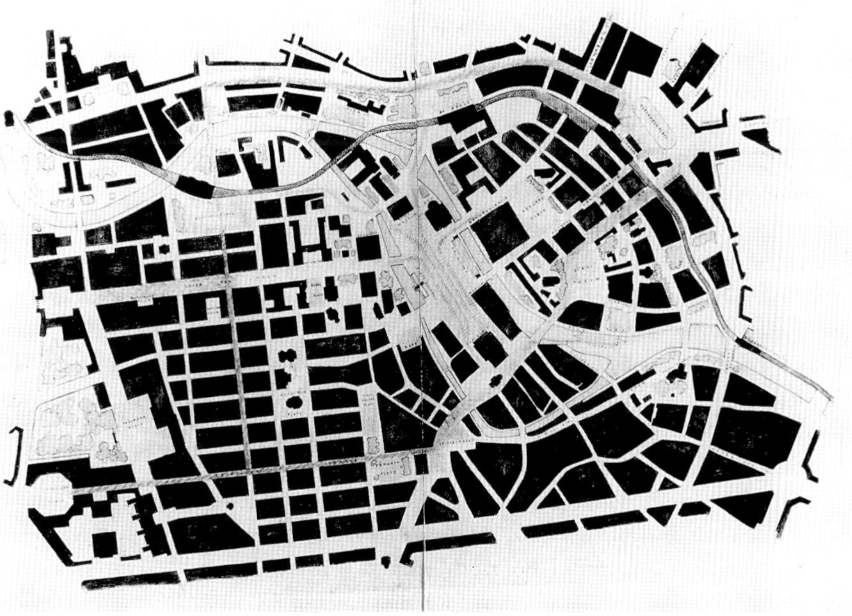

2 Helmut Hennig, Plan zur Neugestaltung des Lustgartens als zentraler Fest- und Aufmarschplatz, Berlin, 1950

3 Demonstration zum Vereinigungsparteitag von KPD und SPD zur SED, Berlin, April 1946. In der nachgestellten Szene sollen die aus unterschiedlichen Richtungen kommenden sich zusammenschließenden Demonstrationszüge die neue Einheit der Arbeiterklasse symbolisieren

Feiern des Volks geschaffen werden. Der architektonische Rahmen war zwar als Entwurf schon vorgestellt, doch noch lange nicht greifbar. Dem Bericht über den Verlauf der Demonstration kommt aber eine erhebliche Bedeutung zu, denn Kundgebungen wurden in den Medien als Beweis und Bekenntnis für die Richtigkeit der Politik und der Sechzehn Grundsätze des Städtebaus interpretiert. Nach dem Selbstverständnis der Führung der DDR kam öffentlichen Feiern und Demonstrationen ein hoher Stellenwert zu, kündeten sie doch überzeugend von der breiten Zustimmung des Volkes zur Politik der Staatspartei SED. Daher gehörten seit Gründung der DDR Aufmärsche zum festen Bestandteil der Politik in diesem Land und zu dessen Jahreskalender der offiziellen Feiern. Kundgebungen waren zum Zweck einer öffentlichen Inszenierung der Macht instrumentalisiert, und durch regelmäßige Wiederholung solcher öffentlichen Rituale sollte der Fortbestand der Macht gesichert werden.[2] Mit der Staatsgründung hatte sich die gesellschaftliche Rolle der Stadtplanung verändert, und damit verlagerte sich auch die ideologische Auseinandersetzung: Das Anlegen von Festräumen in der Stadt war eine herausragende Aufgabe geworden, die seit 1950 im Mittelpunkt der Anstrengungen stand. Zeitweise verdrängte sie sogar den Wohnungsbau: So wichtig war der politischen Führung der DDR die propagandistisch vorzeigbare Willensbekundung der Massen. Die Organisation von Demonstrationen wurde weder dem Zufall noch lokalen Planungsämtern überlassen, eine eigens beim Zentralkomitee der SED eingerichtete Abteilung war landesweit mit der Vorbereitung der wichtigsten Festtage beschäftigt. Von höchster Bedeutung und Problematik war die Anlage von Festplätzen in den historischen Stadtkernen: In den Entwürfen für zentrale Plätze war auf Formen nationaler Bautraditionen zurückgegriffen worden. Mittels Raumplanung und Architektur sollte auch die Kunst der Macht ihren Dienst erweisen, denn mit Nachdruck sollte den Teilnehmern von Demonstrationen die Werteordnung des Staats auch durch die Formen der rahmenden Bauten im Bewußtsein verankert werden.

Bereits zwei Wochen, nachdem das Ministerium für Aufbau Anfang November 1949 eingerichtet worden war, hatte die Führung der SED den Auftrag gegeben, neue Aufbaupläne für Zentren einiger ausgewählter Städte zu entwickeln. Das entscheidend Neue bestand darin, daß die Entwürfe auf der Grundlage von Demonstrationsplänen, also der politischen Inbesitznahme von Stadt, zu gestalten waren. Berlin kam dabei eine Vorbildrolle zu. In der Hauptstadt der DDR sollten modellhaft Prinzipien der Stadtplanung aufgestellt werden, die dann für alle anderen Städte verbindliche Leitbilder vorgeben sollten. Auf dem III. Parteitag der SED, der im Sommer 1950 in Berlin stattfand, hatte Walter Ulbricht die Architekten zu einer grundlegenden Wende in der Architektur und im Städtebau aufgefordert, und schon wenige Tage später waren Entwürfe entstanden, die versuchten, Ulbrichts Worten Gestalt zu geben. Nachdem das Politbüro der SED diesen Entwürfen zugestimmt hatte, wurden Regeln erarbeitet, die die zugrundeliegenden Prinzipien verallgemeinerten und für die gesamte DDR normativ festlegten. Mit dem Aufbaugesetz, das im Herbst 1950 verabschiedet worden war, lag schließlich die rechtliche Handhabe für eine weitgreifende Neuordnung der bestehenden Stadtstrukturen vor. Und tatsächlich begannen schon am Tag nach dem Beschluß des Ministerrats der DDR die Besprechungen über »Sofortmaßnahmen der Planung« für die wichtigsten Aufbauschwerpunkte der DDR. An erster Stelle standen Überlegungen, in den Städten Demonstrationsplätze anzulegen, wie ich im folgenden zeigen werde.

Doch trotz des programmatischen Eifers kam es zunächst zu keinen wesentlichen Bauarbeiten in jenen Städten. Die schweren Kriegszerstörungen in den Innenstädten erzwangen vielmehr unbedingt notwendige Reparaturen, wenn schon kein Neubau möglich war. Aber trotz der erheblichen wirtschaftlichen Schwierigkeiten wurden die Planungen zur Neugestaltung der Zentren unter den neuen Prämissen

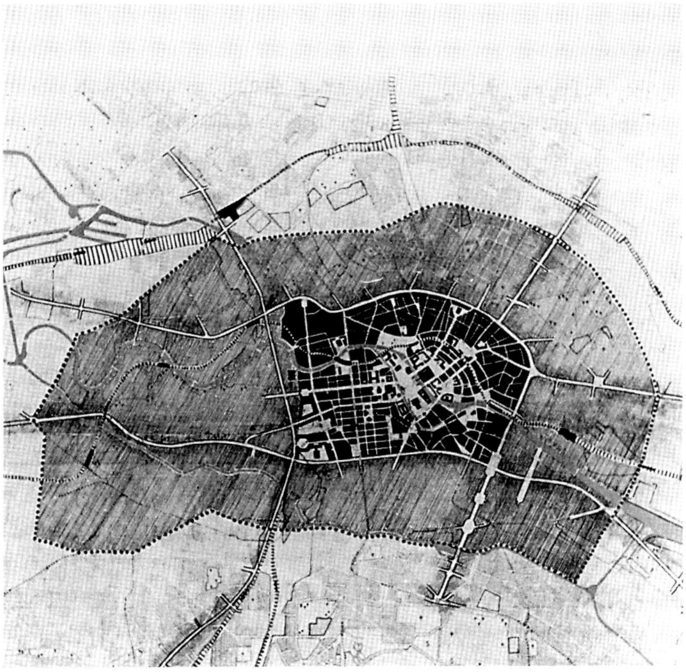

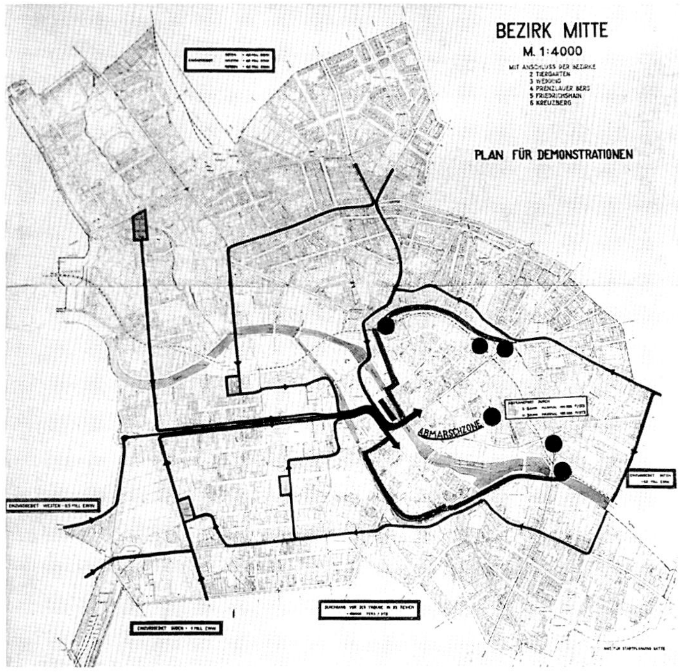

nicht unterbrochen. Die zentralen Plätze waren zu einer vorrangigen Aufgabe beim Aufbau des neuen Staats erklärt worden; an ihnen sollte die neue Qualität der gesellschaftlichen Entwicklung gemessen werden. Diese Platzensembles standen aber in anderen Traditionslinien als beispielsweise die kühnen Visionen Bruno Tauts aus den zwanziger Jahren: Jene »Stadtkrone«, die Taut vorschwebte, hatte kaum Gemeinsamkeiten mit der, die in der zweiten Jahreshälfte 1950 zur Planungsdoktrin erhoben wurde. Die »Mitte« in den Städten der DDR wurde nach strengen Ordnungsvorgaben als Aufmarschfläche für ein weitgehend genormtes und politisch kontrolliertes Kollektiv entworfen.

Nachdem für Berlin Entwürfe entstanden waren, die den politischen Vorgaben entsprachen, und der erste »Testlauf« mit einer magistralen Bebauung entlang der Stalinallee zufriedenstellend verlief, wurde das Programm nach dem Vorbild der Hauptstadt auf die gesamte DDR erweitert. 1952 kam es zu neuen Impulsen: Ausgelöst durch Walter Ulbrichts Rede auf der 2. Parteikonferenz der SED, die den Übergang zum »Aufbau des Sozialismus« in der DDR beschlossen hatte, sollten nun endlich auch die Stadtzentren neu gestaltet werden. Ulbricht forderte die Architekten und Stadtplaner deshalb auf, an den zentralen Plätzen mit dem Aufbau zu beginnen. Noch im gleichen Jahr wurden zu einigen Vorhaben Wettbewerbe ausgeschrieben, beispielsweise in Dresden und Rostock. Doch allein in Dresden begannen die Bauarbeiten 1953 auch wirklich am Zentralen Platz, in den anderen Städten des Nationalen Aufbauwerks hatte sich die zum Platz führende Magistrale in den Vordergrund geschoben. Der Grund dafür lag wohl in der drängenden Wohnungsnot, die auch acht Jahre nach Kriegsende noch in den Städten herrschte. Schließlich sollten die Zentralen Plätze in den Planungen Anfang der fünfziger Jahre weitgehend vom Wohnen freigehalten werden, denn dort waren Bauten der Verwaltung und gesellschaftlicher Einrichtungen vorgesehen; erst unter dem Druck des Wohnungsmangels richtete sich das Interesse verstärkt auf die Randbauten an den Magistralen.

Wie folgenreich die Planungen zu den Zentralen Plätzen in der DDR waren, kann noch heute in zahlreichen Stadtbildern wahrgenommen werden. In Berlin ist der

4 Plan der hierarchisch gegliederten Stadt Berlin, veröffentlicht am 27. August 1950. Im Zentrum (schwarz) sollten die wichtigsten Einrichtungen von Politik und Verwaltung konzentriert werden

5 Kurt Junghanns, Demonstrationsplan für Berlin-Mitte, August 1950. Die Punkte markieren Sammelplätze, um Marschformationen bilden zu können

che Losung – nur mit dem entscheidenden Unterschied, daß statt »demokratisch« der künftige »Inhalt« der Architektur »sozialistisch« sein sollte – hatte seit den dreißiger Jahren Stalins ambivalente Nationalitätenpolitik in der Sowjetunion begleitet: Unter vordergründigem Aufnehmen lokaler und regionaler Traditionen aus dem Erbe der Baukultur waren die einzelnen Unionsrepubliken einem strikten Zentralismus unter der Führung Moskaus unterworfen worden.

Zu den »eigentlichen Fachproblemen« stellte Bolz mit bemerkenswerter Offenheit fest, »daß zwar die nationalsozialistischen Grundsätze der Städteplanung und Architektur zu verwerfen seien, daß aber umgekehrt nicht etwa alles, was Hitler

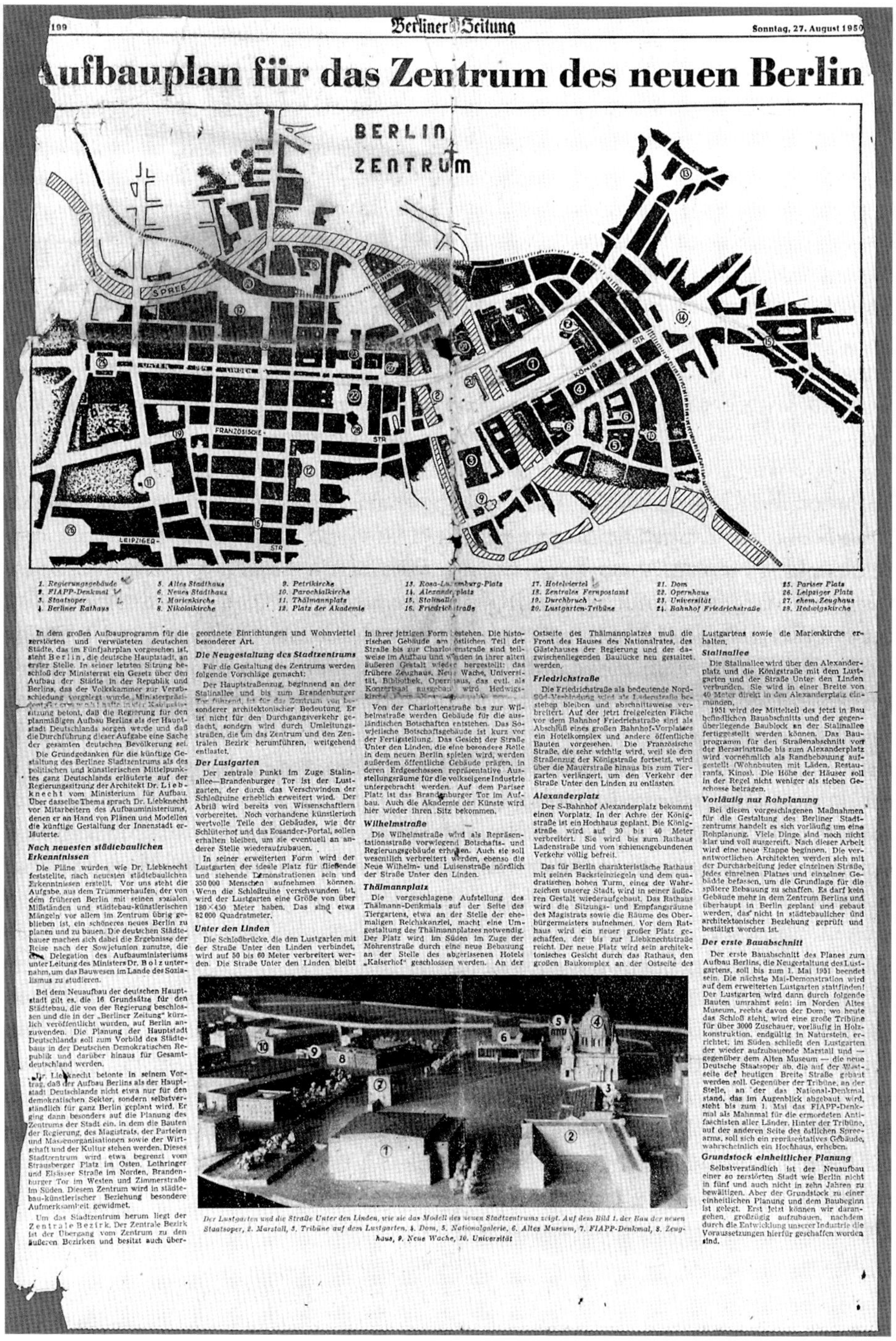

199 Berliner Zeitung Sonntag, 27. August 1950

Aufbauplan für das Zentrum des neuen Berlin

1. Regierungsgebäude
2. FIAPP-Denkmal
3. Staatsoper
4. Berliner Rathaus
5. Altes Stadthaus
6. Neues Stadthaus
7. Marienkirche
8. Nikolaikirche
9. Petrikirche
10. Parochialkirche
11. Thälmannplatz
12. Platz der Akademie
13. Rosa-Luxemburg-Platz
14. Alexanderplatz
15. Stalinallee
16. Friedrichstraße
17. Hotelviertel
18. Zentrales Fernpostamt
19. Durchbruch
20. Lustgarten-Tribüne
21. Dom
22. Opernhaus
23. Universität
24. Bahnhof Friedrichstraße
25. Pariser Platz
26. Leipziger Platz
27. ehem. Zeughaus
28. Hedwigskirche

In dem großen Aufbauprogramm für die zerstörten und verwüsteten deutschen Städte, das im Fünfjahrplan vorgesehen ist, steht Berlin, die deutsche Hauptstadt, an erster Stelle. In seiner letzten Sitzung beschloß der Ministerrat ein Gesetz über den Aufbau der Städte in der Republik und Berlins, das der Volkskammer zur Verabschiedung vorgelegt wurde. Ministerpräsident Grotewohl hatte in der Kabinettssitzung betont, daß die Regierung für den planmäßigen Aufbau Berlins als der Hauptstadt Deutschlands sorgen werde und daß die Durchführung dieser Aufgabe eine Sache der gesamten deutschen Bevölkerung sei.

Die Grundgedanken für die künftige Gestaltung des Berliner Stadtzentrums als des politischen und künstlerischen Mittelpunktes ganz Deutschlands erläuterte auf der Regierungssitzung der Architekt Dr. Liebknecht vom Ministerium für Aufbau. Über dasselbe Thema sprach Dr. Liebknecht vor Mitarbeitern des Aufbauministeriums, denen er an Hand von Plänen und Modellen die künftige Gestaltung der Innenstadt erläuterte.

Nach neuesten städtebaulichen Erkenntnissen

Die Pläne wurden, wie Dr. Liebknecht feststellte, nach neuesten städtebaulichen Erkenntnissen erstellt. Vor uns steht die Aufgabe, aus dem Trümmerhaufen, der von dem früheren Berlin mit seinen sozialen Mißständen und städtebau-künstlerischen Mängeln vor allem im Zentrum übrig geblieben ist, ein schöneres neues Berlin zu planen und zu bauen. Die deutschen Städtebauer machen sich dabei die Ergebnisse der Reise nach der Sowjetunion zunutze, die eine Delegation des Aufbauministeriums unter Leitung des Ministers Dr. Bolz unternahm, um das Bauwesen im Lande des Sozialismus zu studieren.

Bei dem Neuaufbau der deutschen Hauptstadt gilt es, die 16 Grundsätze für den Städtebau, die von der Regierung beschlossen und die in der „Berliner Zeitung" kürzlich veröffentlicht wurden, auf Berlin anzuwenden. Die Planung der Hauptstadt Deutschlands soll zum Vorbild des Städtebaus in der Deutschen Demokratischen Republik und darüber hinaus für Gesamtdeutschland werden.

Dr. Liebknecht betonte in seinem Vortrag, daß der Aufbau Berlins als der Hauptstadt Deutschlands nicht etwa nur für den demokratischen Sektor, sondern selbstverständlich für ganz Berlin geplant wird. Er ging dann besonders auf die Planung des Zentrums der Stadt ein, in dem die Bauten der Regierung, des Magistrats, der Parteien und Massenorganisationen sowie der Wirtschaft und der Kultur stehen werden. Dieses Stadtzentrum wird etwa begrenzt vom Strausberger Platz im Osten, Lothringer und Elsässer Straße im Norden, Brandenburger Tor im Westen und Zimmerstraße im Süden. Diesem Zentrum wird in städtebau-künstlerischer Beziehung besondere Aufmerksamkeit gewidmet.

Um das Stadtzentrum herum liegt der Zentrale Bezirk. Der Zentrale Bezirk ist der Übergang vom Zentrum zu den äußeren Bezirken und besitzt auch übergeordnete Einrichtungen und Wohnviertel besonderer Art.

Die Neugestaltung des Stadtzentrums

Für die Gestaltung des Zentrums werden folgende Vorschläge gemacht:

Der Hauptstraßenzug, beginnend an der Stalinallee und bis zum Brandenburger Tor führend, ist für das Zentrum von besonderer architektonischer Bedeutung. Er ist nicht für den Durchgangsverkehr gedacht, sondern wird durch Umleitungsstraßen, die um das Zentrum und den Zentralen Bezirk herumführen, weitgehend entlastet.

Der Lustgarten

Der zentrale Punkt im Zuge Stalinallee—Brandenburger Tor ist der Lustgarten, der durch das Verschwinden der Schloßruine erheblich erweitert wird. Der Abriß wird bereits von Wissenschaftlern vorbereitet. Noch vorhandene künstlerisch wertvolle Teile des Gebäudes, wie der Schlüterhof und das Eosander-Portal, sollen erhalten bleiben, um sie eventuell an anderer Stelle wiederaufzubauen.

In seiner erweiterten Form wird der Lustgarten der ideale Platz für fließende und stehende Demonstrationen sein und 350 000 Menschen aufnehmen können. Wenn die Schloßruine verschwunden ist, wird der Lustgarten eine Größe von über 180×450 Meter haben. Das sind etwa 82 000 Quadratmeter.

Unter den Linden

Die Schloßbrücke, die den Lustgarten mit der Straße Unter den Linden verbindet, wird auf 50 bis 60 Meter verbreitert werden. Die Straße Unter den Linden bleibt in ihrer jetzigen Form bestehen. Die historischen Gebäude am östlichen Teil der Straße bis zur Charlottenstraße sind teilweise im Aufbau und werden in ihrer alten äußeren Gestalt wieder hergestellt: das frühere Zeughaus, Neue Wache, Universität, Bibliothek, Opernhaus, das evtl. als Konzertsaal ausgebaut wird, Hedwigskirche [illegible]

Von der Charlottenstraße bis zur Wilhelmstraße werden Gebäude für die ausländischen Botschaften entstehen. Das Sowjetische Botschaftsgebäude ist kurz vor der Fertigstellung. Das Gesicht der Straße Unter den Linden, die eine besondere Rolle in dem neuen Berlin spielen wird, werden außerdem öffentliche Gebäude prägen, in deren Erdgeschossen repräsentative Ausstellungsräume für die volkseigene Industrie untergebracht werden. Auf dem Pariser Platz ist das Brandenburger Tor im Aufbau. Auch die Akademie der Künste wird hier wieder ihren Sitz bekommen.

Wilhelmstraße

Die Wilhelmstraße wird als Repräsentationsstraße vorwiegend Botschafts- und Regierungsgebäude erhalten. Auch sie soll wesentlich verbreitert werden, ebenso die Neue Wilhelm- und Luisenstraße nördlich der Straße Unter den Linden.

Thälmannplatz

Die vorgeschlagene Aufstellung des Thälmann-Denkmals auf der Seite des Tiergartens, etwa an der Stelle der ehemaligen Reichskanzlei, macht eine Umgestaltung des Thälmannplatzes notwendig. Der Platz wird im Süden im Zuge der Mohrenstraße durch eine neue Bebauung an der Stelle des abgerissenen Hotels „Kaiserhof" geschlossen werden. An der Ostseite des Thälmannplatzes muß die Front des Hauses des Nationalrates, des Gästehauses der Regierung und der dazwischenliegenden Baulücke neu gestaltet werden.

Friedrichstraße

Die Friedrichstraße als bedeutende Nord-Süd-Verbindung wird als Ladenstraße bestehen bleiben und abschnittsweise verbreitert. Auf der jetzt freigelegten Fläche vor dem Bahnhof Friedrichstraße sind als Abschluß eines großen Bahnhof-Vorplatzes ein Hotelkomplex und andere öffentliche Bauten vorgesehen. Die Französische Straße, die sehr wichtig wird, weil sie den Straßenzug der Königstraße fortsetzt, wird über die Mauerstraße hinaus bis zum Tiergarten verlängert, um den Verkehr der Straße Unter den Linden zu entlasten.

Alexanderplatz

Der S-Bahnhof Alexanderplatz bekommt einen Vorplatz. In der Achse der Königstraße ist ein Hochhaus geplant. Die Königstraße wird auf 30 bis 40 Meter verbreitert. Sie wird bis zum Rathaus Ladenstraße und vom schienengebundenen Verkehr völlig befreit.

Das für Berlin charakteristische Rathaus mit seinen Backsteinziegeln und dem quadratischen hohen Turm, eines der Wahrzeichen unserer Stadt, wird in seiner äußeren Gestalt wiederaufgebaut. Das Rathaus wird die Sitzungs- und Empfangsräume des Magistrats sowie die Räume des Oberbürgermeisters aufnehmen. Vor dem Rathaus wird ein neuer großer Platz geschaffen, der bis zur Liebknechtstraße reicht. Der neue Platz wird sein architektonisches Gesicht durch das Rathaus, den großen Baukomplex an der Ostseite des Lustgartens sowie die Marienkirche erhalten.

Stalinallee

Die Stalinallee wird über den Alexanderplatz und die Königstraße mit dem Lustgarten und der Straße Unter den Linden verbunden. Sie wird in einer Breite von 40 Meter direkt in den Alexanderplatz einmünden.

1951 wird der Mittelteil des jetzt in Bau befindlichen Bauabschnitts und der gegenüberliegende Baublock an der Stalinallee fertiggestellt werden können. Das Bauprogramm für den Straßenabschnitt von der Bersarinstraße bis zum Alexanderplatz wird vornehmlich als Randbebauung aufgestellt (Wohnbauten mit Läden, Restaurants, Kinos). Die Höhe der Häuser soll in der Regel nicht weniger als sieben Geschosse betragen.

Vorläufig nur Rohplanung

Bei diesen vorgeschlagenen Maßnahmen für die Gestaltung des Berliner Stadtzentrums handelt es sich vorläufig um eine Rohplanung. Viele Dinge sind noch nicht klar und voll ausgereift. Nach dieser Arbeit wird eine neue Etappe beginnen. Die verantwortlichen Architekten werden sich mit der Durcharbeitung jeder einzelnen Straße, jedes einzelnen Platzes und einzelner Gebäude befassen, um die Grundlage für die spätere Bebauung zu schaffen. Es darf kein Gebäude mehr in dem Zentrum Berlins und überhaupt in Berlin geplant und gebaut werden, das nicht in städtebaulicher und architektonischer Beziehung geprüft und bestätigt worden ist.

Der erste Bauabschnitt

Der erste Bauabschnitt des Planes zum Aufbau Berlins, die Neugestaltung des Lustgartens, soll bis zum 1. Mai 1951 beendet sein. Die nächste Mai-Demonstration wird auf dem erweiterten Lustgarten stattfinden! Der Lustgarten wird dann durch folgende Bauten umrahmt sein: im Norden Altes Museum, rechts davon der Dom; wo heute das Schloß steht, wird eine große Tribüne für über 3000 Zuschauer, vorläufig in Holzkonstruktion, endgültig in Naturstein, errichtet; im Süden schließt den Lustgarten der wieder aufzubauende Marstall und — gegenüber dem Alten Museum — die neue Deutsche Staatsoper ab, die auf der Westseite der heutigen Breite Straße gebaut werden soll. Gegenüber der Tribüne, an der Stelle, an der das National-Denkmal stand, das im Augenblick abgebaut wird, steht bis zum 1. Mai das FIAPP-Denkmal als Mahnmal für die ermordeten Antifaschisten aller Länder. Hinter der Tribüne, auf der anderen Seite des östlichen Spreearms, soll sich ein repräsentatives Gebäude, wahrscheinlich ein Hochhaus, erheben.

Grundstock einheitlicher Planung

Selbstverständlich ist der Neuaufbau einer so zerstörten Stadt wie Berlin nicht in fünf und auch nicht in zehn Jahren zu bewältigen. Aber der Grundstock zu einer einheitlichen Planung und dem Baubeginn ist gelegt. Erst jetzt können wir darangehen, großzügig aufzubauen, nachdem durch die Entwicklung unserer Industrie die Voraussetzungen hierfür geschaffen worden sind.

Der Lustgarten und die Straße Unter den Linden, wie sie das Modell des neuen Stadtzentrums zeigt. Auf dem Bild 1. der Bau der neuen Staatsoper, 2. Marstall, 3. Tribüne auf dem Lustgarten, 4. Dom, 5. Nationalgalerie, 6. Altes Museum, 7. FIAPP-Denkmal, 8. Zeughaus, 9. Neue Wache, 10. Universität

7 »Berliner Zeitung«, 27. August 1950

8 Blick von der neuerrichteten Tribüne auf den – nach Abbruch des Berliner Stadtschlosses – erweiterten Lustgarten gegen Westen, links: die ehemalige Reichsbank, Mitte: die Schinkelsche Bauakademie, rechts: Unter den Linden, Aufnahme April 1951

verboten habe, deswegen schon fortschrittlich gewesen sei. Man kann nicht einfach dort anknüpfen, wo das linke Bürgertum (oder auch Spießertum) 1933 aufgehört hat.«[7] Die interne Notiz belegt, daß offensichtlich schon Ende 1949 genauere Überlegungen zu einem neuen Kulturkonzept bestanden, die sich einerseits eng an sowjetische Vorstellungen anlehnten, andererseits aber auch ästhetische Affinitäten zum Nationalsozialismus nicht fürchteten. Lothar Bolz hatte zum Ende der Sitzung vorgeschlagen, die Grundsätze zur Rekonstruktion von Moskau heranzuziehen, um daraus für Berlin lernen zu können. Mit diesen Grundsätzen war 1935 eine Art Charta des Städtebaus der Sowjetunion aufgestellt worden: Die damit eingeleitete Neugestaltung von Moskau sah ein System breiter Straßen und Plätze vor, beherrscht und ausgerichtet auf den Palast der Sowjets mit einem riesigen Demonstrationsplatz. Diese »Staatskrone des Sozialismus« war das erklärte Vorbild für Berlin.

Lernen von der Sowjetunion

Die ersten Monate des Jahrs 1950 standen ganz im Zeichen der Vorbereitungen auf die Studienreise nach Moskau.[8] Mitte März formulierte das Ministerium für Aufbau »Leitsätze zur Neugestaltung Berlins«, die sich in mehreren Punkten grundlegend von den im November 1949 verabschiedeten »Leitsätzen für die Planung Groß-Berlins« unterschieden: Zunehmend rückten Zentralitäts- und Repräsentationsvorstellungen in den Mittelpunkt der Planung. In den »Richtlinien des Neuaufbaus« wurden an erster Stelle die »Standorte der zentralen Funktionen« erörtert, demnach wäre »der Stadtkern als der Standort der Einrichtungen des zentralen, politischen, wirtschaftlichen und kulturellen Lebens der Deutschen Demokratischen Republik zu behandeln und so zu gliedern, daß diese zu eindrucksvoller städtebaulicher Wirkung kommen«.[9]

Obwohl die Richtlinien nicht über vage Empfehlungen hinausreichten und die Ursachen dafür wohl in Unsicherheiten hinsichtlich der künftigen Stadtgestalt lagen, so war wenigstens die Bereitschaft zum Umdenken, eben zur *Neuplanung*, signalisiert worden. In einem ausführlicheren Exposé, das im gleichen Kontext des Frühjahrs 1950 entstand, untersuchte das Aufbauministerium die »Neuplanung Berlins seit 1945«. »Schließlich kommt«, resümierte Liebknecht dort, »die allgemeine Unklarheit über die wirtschaftliche und politische Entwicklung der Ostzone und besonders Berlins hinzu, die erst seit Bestehen der Deutschen Demokratischen Republik zu weichen beginnt. Aber noch heute gibt es kein neues Bodenrecht oder neue Bestimmungen über die Regelung der Besitzverhältnisse zumindest in den Aufbaugebieten der Städte. Denn jeder Eingriff in diese Verhältnisse ist ein politisch sehr schwieriges Problem. Es fehlt bei den meisten Fachleuten eine bestimmte Vorstellung über die künftige Wirtschaftskraft der Deutschen Demokratischen Repu-

9 Berlin, Marx-Engels-Platz, 1. Mai 1951. Die Tribüne war nach Abbruch des Schlosses an der Ostseite des Platzes über eine Breite von 180 Metern mit Eckpylonen in massiver Bauweise nach einem Entwurf von Hermann Henselmann errichtet worden

blik, und damit ein Maßstab für die Möglichkeiten der Durchführung von vorgeschlagenen Rekonstruktionsmaßnahmen. Aber die Planung ist nicht nur in bezug auf die Ausarbeitung unvollendet, sondern sie ist selbst in ihren Grundsätzen noch nicht ganz ausgereift«. Sodann wies der politisch zuverlässig geschulte Liebknecht, inzwischen Direktor des Instituts für Städtebau und Hochbau beim Ministerium für Aufbau, auf Ursachen für die gegenwärtigen Mißstände hin, wobei es »verschiedene Auffassungen« über das künftige Leitbild gebe: »Die Planung, die sich bisher sehr stark an die Grundsätze der westlich-kapitalistischen Städtebautheorien gehalten hat, muß an Hand der sowjetischen Städtebauerfahrungen überprüft werden.« Nach dieser apodiktischen Feststellung verallgemeinerte der Verfasser, »der Städtebau ist daher nicht nur in Berlin, sondern in der ganzen Deutschen Demokratischen Republik in einem Prozeß der Klärung begriffen, der sich einmal gegen die modernen kapitalistischen Theorien des Städtebaus wie auch gegen die überlieferte und fest eingefleischte kapitalistische Städtebaupraxis richtet«. Insofern, meinte Liebknecht, würde »eine Aussprache mit den sowjetischen Fachkollegen über die Planung Berlins und den sowjetischen Städtebau von außerordentlichem Wert für die Entwicklung in der Deutschen Demokratischen Republik sein«.[10]
Die gezielten Erwartungen an die Studienfahrt nach Moskau sollten nicht enttäuscht werden. In enger Absprache mit hochrangigen sowjetischen Gesprächspartnern erörterte die sechsköpfige deutsche Gruppe von Fachleuten Grundfragen des Städtebaus, die schon während des Aufenthalts in Moskau zu Grundsätzen verdichtet wurden.
Das Protokoll der Reise in die Sowjetunion vermerkte für den 20. April 1950: »Vormittags schriftliche Arbeiten und Vorbereitung auf die Aussprache beim Ministerium für Städtebau um 12 Uhr.« Die Besprechung, die drei Tage nach dem Vortrag zur Berliner Planung von Edmund Collein stattfand, dauerte dann fünf Stunden. Vor allem zwei Baufunktionäre, Simonow, Minister für Städtebau, und Baburow, Leiter der Hauptverwaltung Städtebau, diktierten den Deutschen das neue Leitbild: »In der Sowjetunion ist man unter allen Umständen gegen die englisch-amerikanische Theorie von der Güte und der Wirtschaftlichkeit der ›aufgelösten‹ Stadt. Sie ist unwirtschaftlich, sie ist auch nicht gegen Luftangriffe gesichert, isoliert den Arbeiter vom politischen Leben und macht ihn zum Kleinbürger. … Wir sind für monumentale Bauten, in denen sich der Bauwille und das Wollen der Bevölkerung ausdrücken. … Die Straße hat nicht nur Verkehrsfunktionen, sie hat die festliche Bevölkerung aufzunehmen. Die Straße ist ein Mittel zum festlichen Leben. Sie muß das Bewußtsein der Bevölkerung heben, sie muß die politische Bedeutung der Mas-

10 Berlin, Unter den Linden, Marx-Engels-Platz, 1. Mai 1951. Mit der Demonstration zum »Kampftag der Arbeiterklasse« wurde der umgestaltete Lustgarten in Marx-Engels-Platz umbenannt. Ein dichtes Spalier der Volkspolizei markiert die Demonstrationsstrecke

sen unterstreichen. Dort muß die Idee der Zeit ausgedrückt sein.« Mit knappen Stichworten wiederholte Simonow einprägsam den Algorithmus der Planung: »Ausgangspunkt: Seele der Stadt ist das Zentrum! Wo ist die Idee der Hauptstadt? Im Zentrum!« Für Edmund Collein, den Leiter des Berliner Stadtplanungsamts, müssen die Ausführungen überraschend gewesen sein. Noch kurz vor der Studienreise in die Sowjetunion hatte er die Grundsätze der Charta von Athen als vorbildlich für den künftigen Aufbau der ehemaligen deutschen Reichshauptstadt empfohlen. Seit seinem Studium am Dessauer Bauhaus und dem Diplom bei Ludwig Hilberseimer war Collein grundsätzlich von den Prinzipien einer internationalen Moderne überzeugt – erst die Eindrücke in Moskau veranlaßten ihn zu einer radikalen Umkehr.

In der anschließenden Aussprache wollten es die deutschen Teilnehmer der Delegation, von denen vorher nur Bolz und Liebknecht sowjetische Erfahrungen gesammelt hatten, genauer wissen und fragten nach: »Wie ist das bei der Planung zu berücksichtigen?« Die Antwort war wiederum rhetorisch in Fragen gekleidet: »Was ist Zentrum? Wo gehen die Demonstrationen hin? Wo ist der Aufmarschplatz? Wo sind die Aufmarschstraßen? Wo sind die Regierungsinstitutionen und die zentralen Kulturstätten? Das ist das Zentrum.« Die sowjetischen Fachleute wandten sich nachdrücklich gegen abweichende Vorstellungen: »Man darf beim Zentrum einer Stadt nicht vom Auto ausgehen. Sondern [man] muß vom Menschen, vom Demonstranten, der das Zentrum durchschreitet, ausgehen. Zentrum und Zentraler Bezirk sind nicht zu verwechseln. Unter den Linden und Tiergarten können in Berlin das Zentrum sein. Man muß sich jedoch davor hüten, das Zentrum als Händler oder als Tourist zu betrachten. Der einzig richtige Standpunkt ist der politische.« Sämtliche Gespräche waren von deutscher Seite zum Teil wörtlich protokolliert worden, und so fanden einige Bemerkungen bald auch Eingang in die Formulierung der Grundsätze des Städtebaus.

Unmittelbar nach seiner Rückkehr aus Moskau gab Bolz der *National-Zeitung* ein Interview, in dem er keine Zweifel an der künftigen baupolitischen Ausrichtung aufkommen ließ: »Uns ist ... das letzte Wort des sowjetischen Städtebaus vermittelt worden, und wir haben uns überzeugt, wie weit er den amerikanischen und englischen Methoden des Städtebaus überlegen ist.« Der Minister sprach nicht allein für sich, sondern zumindest auch für die anderen Teilnehmer der Studienreise, und verband damit eine weitere Perspektive: »Von der absoluten Richtigkeit der sowjetischen Stadtplanung und ihrer Methoden haben sich, glaube ich, sämtliche Mitglieder der Delegation überzeugt, und selbstverständlich werden wir es alle als eine unserer ersten Pflichten betrachten, die deutschen Städtebauer und Architekten mit den sowjetischen Grundsätzen und Methoden bekanntzumachen.«[11]

Der politische Rahmen

Der III. Parteitag der SED im Juli 1950 forderte von Architekten und Städtebauern nachdrücklich eine neue Orientierung und gab die Richtung dafür vor. Der Nationaldemokrat Bolz hatte im Gespräch mit der Zeitung auf das »letzte Wort« aus Moskau hingewiesen, Walter Ulbricht vermied es indes, das Vorbild zu benennen: »Das Wichtigste ist, daß aus den Trümmern der Städte, die von den amerikanischen Imperialisten zerstört wurden, Städte erstehen, die schöner sind denn je. Das gilt besonders für unsere Hauptstadt Berlin.« Für Berlin hatte Hitler 1937 die gleichen Worte verwendet, um die Architekten aufzufordern, die Hauptstadt Deutschlands neu zu gestalten. Wenn Ulbricht dieses »Schöner denn je!« 1950 wiederholte, mag dies ein taktischer Zug gewesen sein, um mit demonstrativ nationalistischen Tönen für die Politik der SED zu werben. Im selben Atemzug betonte er nämlich auch, daß »bei der Stadtplanung unsere Fachleute ausgehen von der Sorge um den Menschen.« Die »Sorge um den Menschen« war hingegen eine der am häufigsten benutzten Wendungen Stalins zur Kennzeichnung seiner Politik. Die Traditionslinien scheinen willkürlich, münden jedoch in eine feste Vorstellung: »Das Zentrum der Stadt soll sein charakteristisches Bild durch monumentale Gebäude und eine architektonische Komposition erhalten, die der Bedeutung der Hauptstadt Deutschlands gerecht wird. Wäre es nicht zweckmäßig, im Zentrum der Stadt den Straßenzug von der Stalinallee bis zum Brandenburger Tor wiederaufzubauen, den Lustgarten und den Alexanderplatz als die beherrschenden Plätze im Stadtinnern zu architektonisch schönen Plätzen zu gestalten … architektonisch schön im Sinne des Volksempfindens?« Ulbricht setzt Kontraste: »Wir wollen in Berlin keine amerikanischen Kästen und keinen hitlerischen Kasernenstil mehr sehen.« Deshalb fordert er: »Unser Beitrag zum Fortschritt auf dem Gebiete des Bauwesens soll gerade darin bestehen, daß … unsere Stadtplanung [und] der Städtebau … das Besondere unserer nationalen Kultur zum Ausdruck bringen. Das Zentrum unserer Hauptstadt, der Lustgarten und das Gebiet der jetzigen Schloßruine, muß zu dem großen Demonstrationsplatz werden, auf dem Kampfwille und Aufbauwille unseres Volkes Ausdruck finden können.«[12]

Die Ausführungen von Ulbricht korrespondierten unmittelbar mit den Grundsätzen des Städtebaus, die wenige Tage nach dem III. Parteitag der SED am 27. Juli 1950 veröffentlicht wurden. Insbesondere der sechste Grundsatz hatte sich auf die Inbesitznahme und Neugestaltung der Mitte bezogen: »Das Zentrum bildet den bestimmenden Kern der Stadt. Das Zentrum der Stadt ist der politische Mittelpunkt für das Leben seiner Bevölkerung. Im Zentrum der Stadt liegen die wichtigsten politischen, administrativen und kulturellen Stätten. Auf den Plätzen im Stadtzentrum finden die politischen Demonstrationen, die Aufmärsche und die Volksfeiern an Festtagen statt. Das Zentrum der Stadt wird mit den wichtigsten und monumentalsten Gebäuden bebaut, beherrscht die architektonische Komposition des Stadtplanes und bestimmt die architektonische Silhouette der Stadt.«

Der Minister für Aufbau, Lothar Bolz, hatte die Grundsätze des Städtebaus in der Volkskammer erläutert. Diese differenzierenden Kommentare waren zusammen mit den normativen Grundsätzen veröffentlicht worden: »Das Zentrum ist das Ziel der politischen Demonstrationen und Aufmärsche, es ist mit seinen Plätzen der Ort der Volksfeiern, und so ist auch das Maß für das Zentrum nicht der in einem modernen Kraftwagen die Stadt durcheilende Reisende, sondern der zu Fuß gehende Mensch, der politische Demonstrant und seine Marschgeschwindigkeit. Das Zentrum ist der Bezirk, der als ein städtebauliches und architektonisches Ganzes auf

11 Berlin, Marx-Engels-Platz, 1. Mai 1951, anonymes Ölgemälde

den politischen Demonstranten zu wirken vermag, den als ein solches Ganzes der politische Demonstrant zu erfassen vermag.«[13]

Neue Entwürfe

Der Aufforderung Ulbrichts auf dem III. Parteitag der SED, »das Zentrum der Stadt soll sein charakteristisches Bild durch monumentale Gebäude und eine architektonische Komposition erhalten, die der Bedeutung der Hauptstadt Deutschlands gerecht wird«, folgten umgehend Taten: Bereits am 24. Juli 1950, der Parteitag war noch nicht beendet, konstituierte sich ein »Planungsausschuß Berlin«, dem Vertreter des Aufbauministeriums und des Magistrats angehörten. Die unmittelbare Reaktion in Zusammenhang mit der Kritik von Ulbricht ließ auf eine enge und von langer Hand vorbereitete Abstimmung schließen. Der Planungsausschuß, der kurz darauf in »Planungsgruppe Berlin« umbenannt wurde, stellte sich die Aufgabe, neben einer »Gesamtplanung des Raumes Berlin« vor allem »Einzel- und Sonderaufgaben« zu bearbeiten. An erster Stelle stand dabei »das Zentrum Berlins, der zentrale Bezirk Berlins« und die »Umgestaltung des Lustgartens als zentrale Kundgebungsstätte«.[14]

»Angeregt durch die Ausführungen des Genossen Walter Ulbricht auf dem III. Parteitag hat eine Gruppe von Genossen Architekten unter Hinzuziehung eines parteilosen Fachmannes Untersuchungen über die Gestaltung eines zentralen Platzes für Kundgebungen ausgearbeitet«. Mit dieser Einleitung hatte Kurt Liebknechts erster Bericht zur angestrebten Neuplanung begonnen, der vom Ministerium für Aufbau bereits eine Woche nach dem III. Parteitag der SED-Führung vorgelegt werden konnte und zwei Varianten zur Neugestaltung der Mitte Berlins vorstellte. Aus verschiedenen Archivalien kann rekonstruiert werden, daß sich die ersten, noch während des Parteitags entstandenen Entwürfe auf den »Bau eines Platzes für zentrale Kundgebungen« konzentrierten, sie wurden dann allerdings rasch auf einen »Vorschlag zur Gestaltung des Zentrums der Hauptstadt Deutschlands« erweitert.

Wahrscheinlich fanden in diesen Tagen mehrere Abstimmungen der Architekten mit den beiden führenden Politikern der SED, Walter Ulbricht und Otto Grotewohl, statt. Bereits Anfang August 1950 waren erste Ideen zu konkreten Vorschlägen verdichtet worden.

Zur »Gruppe von Genossen Architekten« gehörten neben Kurt Liebknecht und anderen aus dem Ministerium für Aufbau auch Mitarbeiter des Magistrats,

beispielsweise Helmut Hennig, Karl Menzel, Edmund Collein und – parteilos – Peter Friedrich; aus dem Institut für Bauwesen waren Hermann Henselmann und Richard Paulick hinzugezogen worden.
Die Architekten diskutierten am 3. August 1950 immerhin nur noch zwei Varianten, schienen sich jedoch für die erste entschieden zu haben, denn im Gegensatz zum anderen Entwurf waren keine städtebaulichen Mängel aufgelistet. Danach wurde vorgeschlagen, das ehemalige Stadtschloß der Hohenzollern abzureißen, um »sofort einen ausreichend großen Platz für Standdemonstrationen und fließende Demonstrationen« zu gewinnen. Dies war jedoch nur der erste Schritt eines mehrstufigen Plans zur weitergehenden Neuordnung des Zentrums. Die Fläche, die mit dem Abriß des Stadtschlosses entstehen würde, sollte nur vorübergehend als Demonstrationsplatz genutzt werden, langfristig war dort die Errichtung einer gesamtdeutschen Volksvertretung vorgesehen. Der künftige zentrale Festplatz sollte, so das weitgesteckte Ziel, auf einer benachbarten, ungleich größeren Fläche angelegt werden, als dies mit dem Abräumen des Schlosses möglich wurde.
Die Vorschläge waren aufgrund »technischer Annahmen« entwickelt worden, die die SED-Führung den Architekten vorgegeben hatte. Es ist bemerkenswert, daß vor allem »technische« Hinweise – gemeint waren Teilnehmerzahlen bei Demonstrationen – den Rahmen der Neugestaltung bildeten. Diese Vorgaben hatten Auswirkungen auf die stadträumliche Organisation, denn für die »Massen« sollten entsprechende »Aufmarschräume« geschaffen werden, das Bauprogramm blieb dennoch offen. Deshalb lag der Schwerpunkt des Berichts wohl auf strukturellen Überlegungen: »Die stehenden Kundgebungen haben im Rahmen der gegenwärtigen politischen Entwicklung eine besondere Bedeutung. Es ist mit rd. 400 000 Teilnehmern zu rechnen. An- und Abmarschstraßen sind von allen Seiten notwendig. Fließende Demonstrationen müssen durch Schaffung genügend breiter Anmarschstraßen und entsprechend breiter Marschkolonnen in ihrem zeitlichen Ablauf verkürzt werden. Marschgeschwindigkeit 3,5 bis 4 km/Std. Günstigste Lage der An- und Abmarschstraßen an den Schmalseiten des Platzes.«
Ulbrichts Appell, die Mitte der Hauptstadt symbolisch zu besetzen, war von den Architekten in konkrete Raumvorstellungen umgesetzt worden: Der Anspruch des neuen Staats auf den Mittelpunkt der Stadt wurde mit neuen Herrschaftszeichen reklamiert. Dabei nahmen die »Genossen Architekten« – entgegen der baupolitischen Programmatik – in ihren Vorschlägen nur sehr vermittelt lokale Traditionslinien auf; das historische Wegenetz wurde mit dem Ziel ignoriert, ein »Forum der Demokratie durch Errichtung von Großbauten der demokratischen Massenorganisationen gestalten« zu können. Der neue Staat beanspruchte zwar die alte Mitte als – quasimagischen – Ort, ohne jedoch die angeblich gesellschaftlich »überlebten« städtebaulichen Strukturen und Gebäude einzubeziehen. Bereits mit diesem Entwurf vom Sommer 1950 wurde für das neue Zentrum eine Gestaltung angestrebt, die sich kaum aus örtlichen historischen Befunden ableiten ließ, sondern höchstens einzelne kulturhistorisch bedeutsame Baukörper als museale Merkzeichen beibehielt. Vielmehr orientierten sich die Architekten an sowjetischen Vorbildern, vor allem der »Rekonstruktion« Moskaus.[15]

12 Berlin, Marx-Engels-Platz, Tribüne im Festschmuck für die Kundgebung zum »Abschluß des Stalin-Aufgebotes der deutschen Jugend« am 12. August 1951

Ulbricht hatte an die Baumeister appelliert, »in der Gestaltung der Städte diese grandiosen Ideen zum Ausdruck zu bringen«. Was verstand der erste Mann der SED unter »grandiosen Ideen«? Im Kern blieben die Aussagen Ulbrichts immer vage, und um so drängender standen die Architekten und Stadtplaner vor der Aufgabe, nach solchen Andeutungen anschauliche Bilder zu entwerfen.
In Anlehnung an traditionelle Konzepte des Städtebaus war ein streng hierarchisch gegliederter Stadtkörper entworfen worden, wobei man sich zunächst fast ausschließlich auf die Mitte, das Zentrum, konzentrierte. Ausgangspunkt der Über-

13 Karl Menzel, Entwurf zum Regierungsgebäude der DDR am Marx-Engels-Platz mit vorgelagerter Tribüne, Berlin, Herbst 1950, in der Mitte der Tribüne: Monumentalplastik von Karl Marx und Friedrich Engels

legungen war die politische Inbesitznahme der Stadtmitte; eine großräumig dimensionierte Folge von Plätzen gliederte das Zentrum, verbunden durch aufgeweitete Straßenräume. Dabei war für den Mittelpunkt der Stadt ein politischer, kultureller und administrativer Schwerpunkt entworfen, das heißt eine monofunktionale Aufgabe zugewiesen worden, die mit einer Entmischung bisher vielfältiger Nutzungen einhergegangen wäre.

Die ersten skizzierten Vorschläge zur Neugestaltung des Lustgartens, der wohl vordringlichsten Aufgabe, die sich im Sommer 1950 stellte, mögen für die politische Führung der SED vielversprechend gewesen sein. Wenn auch nur ganz wenige Architekten mit sicherem Gespür für die von Ulbricht formulierten Erwartungen eine neue Mitte entworfen hatten, so ist hier vor allem der Vorschlag von Helmut Hennig bemerkenswert, der bis in die graphische Darstellung künftige Prinzipien der Zentrumsgestaltung in der DDR antizipieren konnte.

In der Skizze bewegen sich drei mächtige Demonstrationszüge, die schließlich zu einem verschmelzen, über eine großzügige Folge von Plätzen, vorbei an einem monumentalen Regierungsgebäude mit einer vorgelagerten, dauerhaften Tribünenanlage. Fahrzeugverkehr schien in der Mitte Berlins keine Rolle mehr zu spielen. Diese Darstellungsform, die hier erstmals den Verkehr gänzlich ausblendete, entwickelte sich zu einem Typus der Entwurfspräsentation von Festplätzen in der DDR der frühen fünfziger Jahre.

Schon anhand dieser Entwurfsskizze läßt sich das offensichtliche Bemühen um Bezugnahme zur lokalen Baukultur erkennen: Das zentrale Gebäude scheint – ähnlich dem Alten Museum Schinkels – von einer Säulenvorhalle abgeschlossen zu sein und deutet auch mit den Eckakroterien auf eine klassizistische »Haltung« hin.

Das Zentrum, das in den Sechzehn Grundsätzen als der »bestimmende Kern der Stadt« ausgewiesen war und den »politischen Mittelpunkt für das Leben seiner Bevölkerung« mit den »wichtigsten politischen, administrativen und kulturellen Stätten« bildete, sollte entsprechend dieser Bedeutung auch »mit den wichtigsten und monumentalsten Gebäuden« bebaut werden. Begrenzt wurde es im Norden durch die S-Bahn-Trasse zwischen Bahnhof Friedrichstraße und Jannowitzbrücke

sowie durch den Tiergarten nach Westen und einer geplanten Ost-West-Tangente im Süden, parallel zur Leipziger Straße.
Das Kernstück des Vorschlags zur Neugestaltung der alten Mitte – eine erhebliche Aufweitung des Lustgartens als dem traditionellen Ort von Kundgebungen mit einem monumentalen Neubau für die Regierung – schien nur durch den Abriß des im Krieg schwer beschädigten Stadtschlosses möglich. Bis in den Lageplan hinein ist die Führung der Demonstrationszüge durch das Zentrum eingetragen: Aus verschiedenen Richtungen kommend, sollten die Demonstranten am Zentralen Platz zusammentreffen.
Das Bauprogramm sah für den Zentralen Platz im Westen ein Denkmal für die Opfer des Faschismus und auf der gegenüberliegenden Seite, vor dem Regierungsgebäude auf der anderen Seite des Spreearms, eine Tribüne vor. Nach Süden sollte in Verlängerung des Platzes ein Opernhaus errichtet werden.

Führungsinstanz Politbüro

Vor dem Hintergrund der ersten Entwürfe, die der neuen Erwartung entsprachen, organisierte das Ministerium für Aufbau am 5. August 1950 eine Besprechung, an der neben führenden Architekten und Kommunalpolitikern auch Walter Ulbricht teilnahm. Erörtert wurden verschiedene Fragen, die mit strukturellen Aspekten des neuen Zentrums zusammenhingen – die dringende Forderung nach Wohnraum war hingegen nicht einmal erwähnt worden. Den Teilnehmern war vielmehr wichtig, Plätze und Straßen in der historischen Mitte entweder aufzuweiten, anzulegen oder neu zu gestalten. Im Ergebnis dieser Besprechung wurde ein Arbeitsprogramm aufgestellt. Dort hieß es an erster Stelle: »Das Schloß ist abzureißen.« Im gleichen Zusammenhang war, vermutlich erstmals in der DDR, die Forderung nach einem »Demonstrationsplan mit Zugangs- und Abgangsstraßen« erhoben worden.[16] Die Zuständigkeit hierfür wurde Kurt Junghanns übertragen, der im Institut für Städtebau und Hochbau beim Ministerium für Aufbau die Abteilung Städtebau führte.
Der Zeitplan wurde eng gesteckt, schon am 15. August, nur zehn Tage später, sollten in einer Sitzung des Politbüros die detailliert ausgearbeiteten Entwürfe mit Erläuterungsberichten in einer erneuten Beratung vorgestellt und beschlossen werden.
Zur angekündigten Sitzung des Politbüros am 15. August 1950 konnte der Demonstrationsplan termingerecht vorgelegt werden. Auf dieser Grundlage waren dann weiterführende Gedanken erörtert worden, denn die mathematische Berechnung der »Marschsäulen« zeigte die Notwendigkeit, »Anmarschstraßen für die Demonstration« zu verbreitern. Dazu gehörten die Wilhelmstraße, Neue Wilhelmstraße, Schinkelplatz, Kupfergraben, Friedrichbrücke und Königstraße. Zur Baudurchführung wurde auch ein »Beschallungsplan« verabschiedet, der vorsah, entlang der gesamten Demonstrationsstrecke in dichter Folge Lautsprecher zu installieren, um das Geschehen von der Haupttribüne auf dem Zentralen Platz über das Zentrum akustisch zu vermitteln. Neben diesen Absprachen, die umgehend in Auftrag gegeben werden sollten, waren für die Gestaltung des Lustgartens und des Wilhelmplatzes, der in Thälmannplatz umbenannt worden war, die Ausschreibung von Wettbewerben beabsichtigt.[17]
Die während dieser Sitzung besprochenen Planungsunterlagen und ihre mitunter erforderliche Überarbeitung dienten der Vorbereitung der Regierungssitzung am 24. August 1950, auf der die Berliner Planung formell beschlossen werden sollte.
Die Beratung des Politbüros am 15. August gehörte sicher zu den folgenreichsten für die Berliner Stadtplanung. Mit der Erarbeitung der Tischvorlage war federführend Kurt Liebknecht beauftragt worden. Sein »Plan des Neuaufbaus von Berlin« ist auf den 14. August datiert, den Vorabend der Sitzung des Politbüros, auf der diese Vorlage beschlossen werden sollte. Zur Sitzung am 15. August waren einige

14 Gerhard Kosel, Bebauungsvorschlag für die Berliner Mitte, 1955. Das Bauprogramm für den Marx-Engels-Platz sah vor, die provisorische Tribüne durch den Pergamonaltar zu ersetzen und zu beiden Seiten des Hochhauses die Sprearme zu großen Wasserbecken aufzuweiten, auf denen sogar Schiffsverkehr möglich sein sollte

Initiatoren des Berichts hinzugezogen worden. Kurt Liebknecht referierte die Planungsgedanken, denen offensichtlich ohne weitere Ergänzungen zugestimmt wurde. Am Ende der Beratung bestand Einigkeit nicht nur über Inhalte sondern auch über das weitere Procedere. Im Protokoll der Sitzung des Politbüros liest sich das so: »Die Genossen in der Regierung werden beauftragt, den Plan am 23. 8. 1950 in einer Sitzung des Ministerrates mit Vertretern des Magistrats zur Beschlußfassung zu bringen.«
Besonders bemerkenswert ist ein Anhang zu den Überlegungen hinsichtlich der Neuplanung, der sich mit Demonstrationen im Zentrum Berlins beschäftigt. Parallel zum Entwurf für den Zentralen Platz war eine zentrale Achse vorgeschlagen worden. Dieser Hauptstraßenzug erstreckte sich im Entwurf von der Stalinallee übers Brandenburger Tor bis zur Charlottenburger Chaussee. Dieser etwa sieben Kilometer lange Abschnitt sollte aber nicht für den Durchgangsverkehr geöffnet, sondern vielmehr zu einer Via triumphalis umgestaltet werden. Kernstück des Entwurfs war die Erweiterung des Lustgartens, denn die Autoren sahen mit ihm »besondere politische Traditionen« verbunden. Ausschlaggebend aber war seine »günstige Lage als Abschluß der Hauptanmarschstraße für Demonstrationen« auf der Straße Unter den Linden. Mit dem Abriß des Schlosses, errechneten die Architekten, würde eine Fläche von 180 x 450 Metern entstehen; die Fläche übertraf damit den Roten Platz – ein Vergleich, der herangezogen wurde – um mehr als 30 000 Quadratmeter. Der entstehende Platz hätte etwa die gleiche Ausdehnung wie der von Herbert Rimpl für die »Stadt der Hermann-Göring-Werke« entworfene »Adolf-Hitler-Platz« gehabt; der Stuttgarter Schloßplatz weist vergleichsweise nur die Hälfte auf. Doch nicht nur im Maßstab ähneln sich die Plätze, auch in der geplanten Choreographie der Masseninszenierungen drängen sich formale Analogien auf.
Berechnet wurde die Größe des Platzes für zwei Arten von Kundgebungen, für sogenannte Stand- und Fließdemonstrationen: »Bei Standdemonstrationen faßt der neugestaltete Lustgarten ungefähr 330.000 Menschen. Die schnelle Füllung des

Platzes ist durch die Zuführung von allen Seiten gewährleistet.« Für fließende Demonstrationen erläuterten die Architekten: »Die Hauptanmarschstraße ist die Straße Unter den Linden. Zwei Kolonnen zu acht Demonstranten, das sind je 16 Menschen, stoßen vor der Schloßbrücke zu, so daß über die verbreiterte Brücke insgesamt Reihen zu 72 Demonstrationsteilnehmern auf den Lustgarten aufmarschieren können. Das bedeutet pro Stunde 125.000 Menschen.« Das Planspiel fortführend, wurden für weitere Teilnehmer zusätzliche Möglichkeiten in Erwägung gezogen: »Wenn wir noch eine Kolonne von Norden über die Friedrichbrücke vorbeiführen, erhöht sich die Breite vor der Tribüne auf 92 Teilnehmer, die Gesamtzahl pro Stunde auf 160.000. Bei einer Dauer der Demonstration von fünf Stunden können 800.000 Menschen an der Tribüne vorbeimarschieren.« Neben diesen logistischen Berechnungen zur Aufnahme und Heranführung der Massen waren auch Vorschläge zum »reibungslosen Abmarsch und das zügige Fließen der Demonstration« unterbreitet worden.

Während die Verlängerung der Achse über den Lustgarten nach Osten einem neuen Konzept entsprach, war die Achse nach Westen in den dreißiger Jahren als erster Bauabschnitt[18] einer von Albert Speer, dem Generalbauinspektor (GBI), für die Neugestaltung der Reichshauptstadt entworfenen Ost-West-Achse fertiggestellt worden. Dieses Teilstück wurde nun in die Demonstrationsplanungen einbezogen.

In der Sitzung des Politbüros des Zentralkomitees der SED am 22. August 1950 wurde die Umgestaltung des Lustgartens nochmals bekräftigt. Für die Durchführung der Arbeiten, zu denen auch der Abriß des Schlosses gehörte, waren enge Termine festgelegt worden. »Der Plan des Neuaufbaus von Berlin« wurde schlagkräftiger in »Über die Neugestaltung Berlins« umbenannt. Wiederum war eine Bezeichnung gewählt worden, die in der jüngsten Planungsgeschichte »belegt« gewesen war. Die Planungen des GBI für Berlin waren ebenfalls als Entwürfe zur Neugestaltung vorgestellt worden. Während dieser Sitzung war auch festgelegt worden, wann die Öffentlichkeit durch die Presse über die Neugestaltung informiert werden sollte.

In den Vorbemerkungen zum Exposé unterstrich Liebknecht zusammenfassend die Ziele: »Das Zentrum der Stadt ist nicht nur politischer Mittelpunkt Berlins, sondern der Deutschen Demokratischen Republik und ganz Deutschlands. Hier werden die Bauten der Regierung, des Magistrats, der Partei und der Massenorganisationen sowie der Wirtschaft und der Kultur stehen.«[19]

Nachdem das Politbüro den von den Architekten vorgelegten Entwürfen zugestimmt und diese Planung zur formalen Beschlußfassung an die Regierung der DDR weitergereicht hatte, stimmte der Ministerrat erwartungsgemäß zu. Vier Tage nach der Sitzung des Ministerrats veröffentlichte die *Berliner Zeitung* am 27. August 1950 die nun bereits verbindliche Zentrumsplanung als »Aufbauplan«. Erst nachdem das Vorhaben schon in der Tagespresse erörtert worden war, kam der Magistrat von Berlin am 31. August 1950 zu seiner nächsten Sitzung zusammen, um über die Planung abzustimmen. Auf der Tagesordnung stand die Beschlußfassung zu den »Grundsätzen zur Neugestaltung der Berliner Innenstadt, insbesondere der Spreeinsel«, die ohne Gegenrede angenommen wurden.

In der Begründung des Aufbaugesetzes vor der Provisorischen Volkskammer am 6. September 1950 betonte der Minister für Aufbau: »Das Ziel dieser Grundsätze ist die schöne deutsche Stadt.« Als die »hervorstechenden Merkmale dieser Grundsätze des Städtebaus« bezeichnete er zwei Kriterien: Planmäßigkeit und »Städtebau als Kunst«. Emphatisch hatte Bolz den Aufbau Berlins beschworen, »der Hauptstadt ganz Deutschlands. Ihr Wiederaufbau stellt unseren Bauschaffenden die schöne Aufgabe, unsere Hauptstadt als ein nationales Symbol, als Symbol unserer nationalen Wiedergeburt« zu gestalten.[20]

Gleich für den folgenden Tag, für den 7. September 1950, hatte Lothar Bolz die Bürgermeister und Stadtplaner jener Städte zur Besprechung in sein Ministerium eingeladen, die im Aufbaugesetz als Schwerpunkte genannt worden waren. Eindringlich erinnerte er seine Zuhörer daran, daß der »Städtebau zugleich eine politische und künstlerische Aufgabe« sei: »Dem deutschen Volk«, begründete der Minister diesen Zusammenhang, »muß ausführlich erläutert werden, daß einmal in ganz Deutschland die Städte nach dem neuen Gesetz als schöne Städte gebaut werden«.[21] Aufschlußreich sind die Erläuterungen von Bolz zu einzelnen Bearbeitungsschritten der Stadtbebauungspläne. Im Stufenplan der »Sofortmaßnahmen« stand an erster Stelle das Zentrum mit dem zentralen Bezirk sowie die Demonstrationsstraßen und der Demonstrationsplan. Sodann sollten Teile des Zentrums in kleinem Maßstab entworfen werden: Neben dem Demonstrationsplatz und der Tribüne vermerkte das Protokoll »gegebenenfalls auch gesellschaftliche Bauten«. Bezeichnenderweise war der Wohnungsbau auch während dieser Sitzung nicht einmal am Rande erwähnt worden. Doch war man sich im Ministerium darüber im klaren, daß die ehrgeizigen Vorhaben zur Neugestaltung der Zentren in nächster Zeit kaum zu realisieren sein würden. Deshalb wies Bolz einschränkend darauf hin, »an städtebaulichen Schwerpunkten wird im großen Umfang erst gebaut, wenn die Materiallage eine wirkungsvolle architektonische Gestaltung erlaubt«; in der Zwischenzeit aber sollten die dafür notwendigen Planungen vorangetrieben werden.

Planungsrichtlinien

Nach diesem Vorlauf und den ersten Erfahrungen bei der Berliner Planung versuchte das Aufbauministerium »Planungsrichtlinien« zu formulieren, um nach einem Muster die Entwürfe der Städte zu vereinheitlichen. Kurt Junghanns, der die Abteilung Städtebau im Institut für Städtebau und Hochbau leitete und den Berliner Demonstrationsplan entwarf, hatte diese Aufgabe übernommen. Anfang November konnte er eine Studie vorstellen, die wahrscheinlich die Grundlage eines Erlasses bilden sollte. Einer Charta des Städtebaus gleichend, nahm Junghanns zu wichtigen Fragen der Stadtgestaltung Stellung, die sich aus den Sechzehn Grundsätzen des Städtebaus ergaben. Vor allem konzentrierte er sich in seinen Überlegungen auf das Zentrum: »Als Schwerpunkt erhält das Zentrum einen zentralen Platz für Kundgebungen und Volksfeste. Umgeben wird das Zentrum vom zentralen Bezirk, in dem besonders die Bauten zentraler Funktionen« liegen. Lehrbuchartig machte Junghanns zur Anlage des »zentralen Festplatzes« detailliertere Angaben. So sollte seine Lage »möglichst am Schnittpunkt des innerstädtischen Verkehrs als Ziel der Demonstrationen« gegeben sein, »die durch die Hauptstraßen zu führen sind. Durchschneiden des Platzes durch eine Verkehrsstraße ist zu vermeiden.« Ausführlich ging Junghanns auch auf die Größe ein: »Ausreichend zur Aufnahme eines Drittel der Gesamtbevölkerung bei stehender Kundgebung (1 qm für 4 Personen von Bauflucht zu Bauflucht gerechnet). Überschreiten die Ausmaße den Maßstab der Stadt, sind fließende Kundgebungen vorzusehen. Breite der Demonstrationszüge auf dem Platz so abzustimmen, daß eine Höchstdauer des Vorbeimarsches von etwa 3 Stunden gewährleistet ist (1 Viererreihe = 7000 Personen pro Stunde).«[22] In ähnlicher Weise versuchte Junghanns gestalterische Vorschläge für die Errichtung von Tribünen zu machen.

Die Planungsrichtlinien vermitteln den Eindruck, daß das strukturelle Gerüst der Stadtplanung in der DDR auf den Demonstrationsplänen basierte und Verkehrsprobleme zumindest in den Zentren der Städte nur eine untergeordnete Rolle spielten. Die Demonstrationspläne waren die entscheidende Grundlage für die Komposition der städtischen Räume, sowohl die Anlage der Platzfolgen und Verkehrswege als auch die Rhythmisierung der Baumassen erfolgte vor diesem Hintergrund. Die

15 Modell vom geplanten Zentralen Platz in Rostock, 1954. Zum Bauprogramm zählten der Sitz der SED-Bezirksleitung, das Theater und ein 120 Meter hoher Turm am Brückenkopf einer zu errichtenden Überquerung der Warnow

Breite der Straßen wurde ebenso wie die Größe des Platzes nach der angenommenen Anzahl von Demonstranten errechnet.
Nachdrücklich betonte Walter Ulbricht in einer Rede vor Architekten das politisch motivierte Programm zur Umgestaltung der Innenstädte: »Um den zentralen Platz, im Zentrum der Stadt sollen die staatlichen Verwaltungsgebäude und Kulturbauten durch eine monumentale Architektur der Silhouette der Stadt ihr architektonisches Gepräge geben. Diese Gestaltung des Zentrums der Stadt gibt zugleich einen würdigen Rahmen für die großen Volksdemonstrationen und Volksfeiern.«[23]
Der Zentrale Platz beherrschte zeitweise nicht nur die Fachdebatten, sondern auch das Investitionsvolumen. Nach einer im Ministerium für Aufbau ermittelten Statistik wurden 1951 beispielsweise in Brandenburg nur 3,43 Millionen Mark für den Wohnungsbau aufgewendet, jedoch 3,8 Millionen für die Anlage zentraler Plätze einschließlich deren Platzrandbebauungen und »Anmarschstraßen«. Für das Land Mecklenburg verhielten sich die Ausgaben in ähnlichen Relationen, lediglich in Sachsen stand der Bau von Wohnungen im Vordergrund: Wegen der industriellen Schwerpunkte Chemnitz, Dresden und Leipzig und den damit verbundenen Wohnungsbauprogrammen war das Verhältnis dort etwa drei zu eins.[24] Diese Zahlen spiegeln die politischen Vorgaben, wie sie vor allem von Ulbricht mehrmals wiederholt worden waren.

Architektur in der Deutschlandpolitik

Sucht man nach Motiven, weshalb Ulbricht und die SED-Führung zielstrebig an der »schönen deutschen Stadt« festhielten, so findet man am ehesten bei Ulbricht selbst die Antwort. Denn für ihn war die Architektur im Westen Deutschlands »der sprechende Ausdruck der Interventionspolitik des amerikanischen Imperialismus«. Offenbar hatte Ulbricht angenommen, daß die Kulturpolitik der Amerikaner im anderen Teil Deutschlands auf Befremden stoßen und Protest hervorrufen würde, den er für die DDR nutzen wollte. Doch wird diese Kulturoffensive nicht unumstritten gewesen sein; schon in einem der ersten Hefte der *Deutschen Architektur* wandte sich Ernst Hoffmann mit einem programmatischen Aufsatz energisch gegen Bedenken aus den »eigenen« Reihen und verteidigte die kulturpolitische Strategie der SED. Er wehrte sich gegen die Behauptung, daß die Losung »national in der Form, demokratisch im Inhalt« im Westen auf Unverständnis stoßen würde und damit dem erklärten Ziel einer gesamtdeutschen Annäherung entgegenstünde: »Denn wie könnte der gewaltige Neuaufbau unserer Städte in einer neuen Architektur, die die höchsten Ideen des ganzen deutschen Volkes zum Ausdruck bringt, Unverständnis und Entfremdung in Westdeutschland hervorrufen! Umgekehrt ist

16 Albrecht Jaeger, Hartmut Colden und Konrad Brauns, Magistrale und Zentraler Platz in Rostock, 1954 von der Regierung der DDR bestätigt. Die Neubauvorhaben (außer Kirchen) sind dunkel markiert

unser Neuaufbau mit seinen neuen architektonischen Ideen und Formen einer der mächtigsten Hebel für die Annäherung und die Wiedervereinigung unseres durch die imperialistische Besatzung gespaltenen Vaterlandes!« Der Kulturfunktionär des Zentralkomitees der SED behauptete, der Neuaufbau in der DDR würde »den Deutschen im Westen unserer Heimat den Weg aus den Ruinen der Städte, aus der Lähmung des aufbauenden Lebens, aus der Verunstaltung der deutschen Heimat durch Kasernen und amerikanische Baukästen« weisen.[25] Mit scharfen Worten waren jene Kritiker stigmatisiert worden, die diesem Programm nicht widerspruchslos folgten. Bei der Charakterisierung Andersdenkender war der Autor nicht zimperlich, und auch seine Begriffe erinnern an den Wortschatz des Dritten Reichs: Die Kritiker litten an »Gehirnverrenkungen«, weil sie sich nicht vom »gesunden Kunstempfinden des Volkes« leiten lassen würden. Daraus zog er die Schlußfolgerung, »eine solche Geschmacksverirrung ist eben das Resultat des formalistischen Giftes«.
Entschieden forderte Hoffmann die Anerkennung verbindlicher gesellschaftlicher Normen, diese Werteordnung des Staats sollte in der Stadt als gestaltete Hierarchie erkennbar werden: »Die bewußte Überordnung des gesellschaftlichen Lebens im Sozialismus entspricht vollkommen der gesellschaftlichen Natur des Menschen.« Aus diesen Worten, die dem Ideal des Kollektiven verpflichtet sind, spricht auch die Abneigung gegen einen politisch geförderten Individualismus, wie er in den frühen fünfziger Jahren im Westen Deutschlands allmählich ausgeformt wurde. Im Gegensatz dazu lag das Schwergewicht im Osten auf der Betonung der Masse, die ihre Identifikation in der politischen Mitte finden sollte.

Berlin, Hauptstadt der Deutschen Demokratischen Republik

Bis Ende Dezember 1950 konnte für Berlin die anfangs nur verbal formulierte Anspruchshaltung mit einprägsamen Architekturbildern konkretisiert werden. Dies war als Voraussetzung dafür gesehen worden, den städtebaulichen Entwurf überarbeiten und ein Bauprogramm aufstellen zu können. Daraufhin bekräftigte nun die Stadtplanungskommission den Vorschlag von Lothar Bolz und Friedrich Ebert, zur Neugestaltung des Abschnitts Unter den Linden einen gesamtdeutschen Wettbewerb auszuschreiben. In Erweiterung dieses Vorschlags unterbreiteten die Architekten die Anregung, das Wettbewerbsgebiet vom Brandenburger Tor bis einschließlich zum vergrößerten Lustgarten hin auszudehnen.[26] Die Ausarbeitung des Wettbewerbsprogramms sowie der damit zusammenhängenden Rahmenbedingungen wurden Richard Paulick, Edmund Collein und Kurt Leucht übertragen. Als im Januar 1951 auf der Tagesordnung der Stadtplanungskommission die Auf-

chen; in beiden Jahren gaben politische Großveranstaltungen der SED Impulse, die umgehend neue Planungsaktivitäten auslösten. So konnte der Ministerrat der DDR schon wenige Wochen nach der 2. Parteikonferenz in seiner Sitzung am 28. August 1952 die Planwerke für mehrere Aufbaustädte beschließen. Die Texte waren mitunter gleichlautend verfaßt, lediglich die Städtenamen wurden jeweils neu eingetragen. In den Präambeln hieß es, daß der Aufbau »nach dem Beispiel des Nationalen Aufbauprogramms Berlin« erfolgen und auf die lokalen Bedingungen angewandt werden solle: »Die Magistrale der Stadt führt zum Zentralen Platz. An der Magistrale sind, ebenso wie an den Plätzen, außer den Gebäuden für die politischen, kulturellen und sonstigen Einrichtungen vorbildliche Wohngebäude mit Läden zu errichten.« Zur Abfolge der Arbeiten war ein Stufenplan vorgegeben: »Der Aufbau der Stadt soll im Rahmen der Volkswirtschaftspläne im Zentrum und zwar am Zentralen Platz beginnen, er ist an der Magistrale fortzusetzen.« Am Zentralen Platz sollte als erstes das Gebäude für den Rat des Bezirkes errichtet werden. Nach der im Sommer 1952 durchgeführten Verwaltungsreform in der DDR waren die Länder aufgelöst und statt dessen nach sowjetischem Vorbild Bezirke gegründet worden. Der Rat des Bezirkes entsprach einer kleineren Landesregierung.
Weil sowohl der historische Marktplatz wie auch der Rathausplatz in Rostock in der Ausdehnung nicht der erwarteten Anzahl von Demonstranten entsprachen, war eine neue Platzfigur entworfen worden. Der »offizielle feierliche Festplatz für die Werktätigen der Stadt« sollte als westlicher Abschluß der Magistrale entstehen. Mit Seitenlängen von 120 und 160 Metern hätte er eine Größe von etwa 20 000 Quadratmetern eingenommen.[33] Das hätte der Ausdehnung des Königsplatzes in München entsprochen. An der Westwand und zugleich im Blickpunkt der Magistrale war ein breitgelagerter Theaterbau vorgesehen. Die Südwand des Platzes sollte durch ein Hotel mit einem Seemannsheim gestaltet werden. An der Nordwand zur Warnow hin war das Gebäude für den Rat des Bezirkes mit einer Tribüne in Verbindung mit

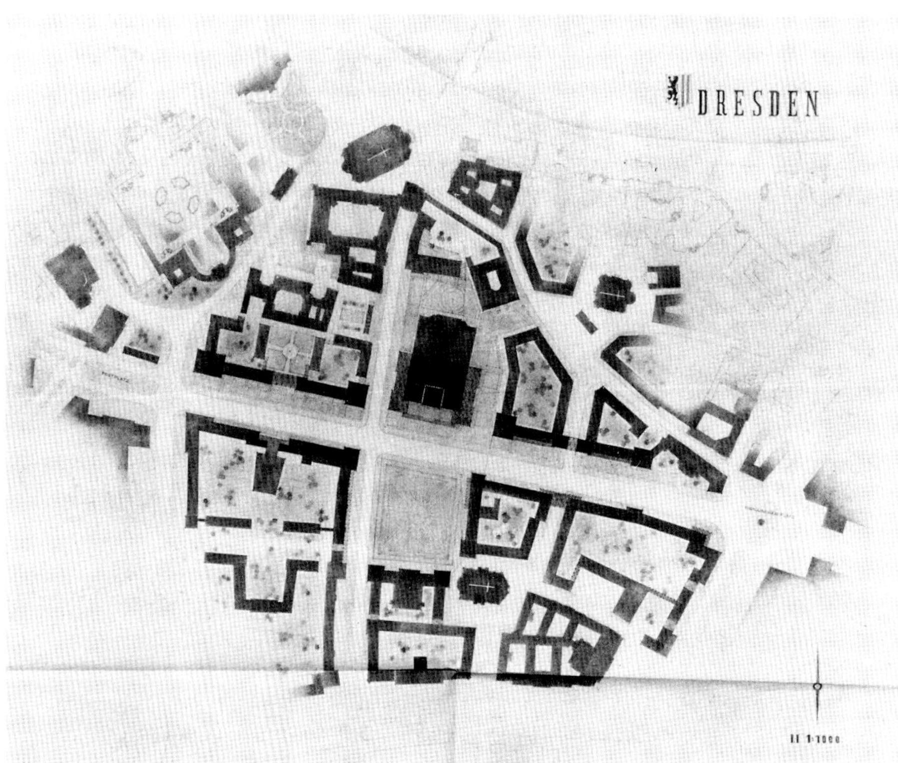

18 Herbert Schneider, Lageplan zur Bebauung des Zentrums von Dresden, März 1953. Die östliche und westliche Platzseite wurde auf Grundlage dieses Plans errichtet

19 Herbert Schneider, Schaubild zur geplanten Bebauung des Altmarktes in Dresden, Oktober 1953

einem 120 Meter hohen Turm vorgesehen. Der Turm sollte die neue Höhendominante der Stadt bilden und war als Wahrzeichen entworfen worden, das in seiner Fernwirkung für ankommende Schiffe ausgelegt war. In den Planungsunterlagen war dieser Turm als »Campanile« bezeichnet worden, was zwar kulturhistorisch nicht zutreffend, aber dennoch erhellend ist, handelt es sich doch um die traditionelle Bezeichnung für freistehende Glockentürme von Kirchen. In gewissem Sinn ist der Begriff also metaphorisch zu deuten: als Turm der Verkündigung.
In Rostock wurde der Wettbewerb im Herbst 1952 für die »erste sozialistische Straße« in der Hansestadt ausgeschrieben. Das Wettbewerbsprogramm war vom Rostocker Stadtplanungsamt mit Unterstützung des Ministeriums für Aufbau erarbeitet worden. Zunächst drängte das Ministerium darauf, in der Magistrale keinen Wohnraum zu schaffen, sondern nur gesellschaftliche Einrichtungen. Dann führten aber »politische Erwägungen« zu der Einsicht, vorrangig Wohnungen zu errichten.

Traditionslinien

Dieses demonstrative Bekenntnis zu monumentalen Formen hatte Anfang der fünfziger Jahre in der DDR verschiedene Traditionslinien. Die vielfältigen Bindungen an die Sowjetunion hatten von Anfang an auch Auswirkungen auf Architektur und Stadtplanung. Zudem war dort seit Mitte der dreißiger Jahre das Bauen in hohem Maß als Mittel der Propaganda genutzt worden. Im repräsentativ überhöhten Umbau der Städte sollte sich die Überlegenheit des Sozialismus sichtbar manifestieren. Die Führung der DDR hatte sich diesen Anspruch rasch zu eigen gemacht. Hinzu kam die direkte Nachbarschaft zum Westen und damit der konkurrierende Systemvergleich, der zur Jahreswende 1950 begann. Zur gleichen Zeit setzten auch in der Architektur und Stadtplanung Bestrebungen ein, die im scharfen Kontrast zum Bauen im Westen Deutschlands standen.
In der Architektur orientierte sich die DDR mit gesamtdeutschem Kulturanspruch zur Rettung der nationalen Würde an Vorbildern deutscher Baumeister des 19. Jahrhunderts. Die Forderung nach einem einheitlichen deutschen Staat wurde

20 Herbert Schneider,
Schaubild zur Magistrale in Dresden
mit Kundgebungszug, Mai 1953

geschickt mit kulturpolitischer Propaganda verknüpft, in der die sich im Westen ausbreitenden Formen moderner Architektur als Zeichen einer imperialistischen Unterwerfungsstrategie denunziert wurden. Die weitere Politisierung und politische Funktionalisierung künstlerischer Ausdrucksformen waren somit programmiert. Diese Interpretation unterstrich Walter Ulbricht in seiner Rede anläßlich der Grundsteinlegung zum Nationalen Aufbauwerk in Rostock am 30. Januar 1953: »Der Aufbau des Zentrums ist das Bekenntnis zum Neuaufbau der Großstädte als Ausdruck des Willens zum Aufschwung der sozialistischen Industrie, des Handels und der Entwicklung einer hohen gesellschaftlichen Kultur mit sozialistischem Inhalt.« In Abgrenzung zum Bauen im Westen bemerkte er dann: »Wir haben die Forderungen gewisser Siedlungsbaumeister und reaktionärer Politiker abgelehnt, die zerbombten Städte verfallen zu lassen und durch Stadtrandsiedlungen zu ersetzen. Eine solche Politik bedeutet Isolierung der Menschen und kulturellen Verfall.«[34]

Noch schärfer waren diese Gedanken von Ernst Hoffmann zugespitzt worden. Der Mitarbeiter in der Abteilung Kultur des Zentralkomitees veröffentlichte 1952 in der *Deutschen Architektur* einen programmatischen Aufsatz über »Ideologische Probleme in der Architektur«. Dort betonte er die Dichotomie unterschiedlicher Kulturkonzepte: »Die neue realistische Architektur widerspiegelt die aufsteigende Welt der Demokratie, des Friedens und des Sozialismus mit der Sowjetunion an der Spitze. Die formalistische Bauweise ist ein Abbild der untergehenden imperialistischen Welt.«[35] Möglicherweise geben diese Aussagen am eindrucksvollsten zu erkennen, wie gering der Handlungsspielraum für den einzelnen damals war, denn die nachdrückliche politische Instrumentalisierung gestattete kein Sowohl-Als-auch, sondern nur ein Entweder-Oder. Kunst und mithin auch Architektur und Städtebau sollten in Deutschland zur Waffe im Klassenkampf werden.

Nach ähnlichem Muster wie in Rostock wurden auch in Dresden und anderen Städten Wettbewerbe zur Neugestaltung des Zentrums veranstaltet. Trotz regionaler Besonderheiten lassen sich allgemeine Merkmale zentraler Plätze in den Großstädten der DDR beschreiben. Der zentrale Demonstrationsplatz war nicht losgelöst von der städtebaulichen Umgebung entworfen worden, denn für seine Benutzung war maßgeblich, daß er für zwei Arten von Kundgebungen verwendet werden konnte. Standdemonstrationen erforderten allein eine gewisse Größe, fließende Demonstrationen außerdem eine Abfolge von An- und Abmarschstraßen, die ebenfalls in die architektonische Gestaltung einbezogen wurden. Wegen der angenommenen Teilnehmerzahl war in den meisten Fällen der historische Stadtgrundriß zu verändern, die historischen Plätze waren meist zu klein und die Straßen zu schmal. Neben der obligatorischen Tribüne waren in der Regel ein Kulturhaus und Bauten der Partei vorgesehen. Häufig wurden Türme entworfen, die sich gegenüber den Kirchen als neue Höhendominanten behaupten sollten. Zum idealen Bauprogramm der Festplätze zählten auch Hotels und Gebäude für Massenorganisationen wie der Freien Deutschen Jugend oder den Jungen Pionieren.

Die Gestaltungsprinzipien für ein »wirkungsvolles Gesamtkunstwerk« erläuterte das 1954 erschienene *Handbuch der Architekten:* »Eine Stadt ist so zu gestalten, daß die neue Gesellschaftsordnung in ihr vollständig und einprägsam zum Ausdruck kommt.«[36] Bezogen auf das Zentrum der Stadt, bedeutete dies: »Der zentrale Platz im Stadtkern, der Platz, auf dem das Leben einer Stadt kulminiert, wo die großen Demonstrationen und Feiern stattfinden, ist der Ausgangspunkt für die Entwicklung des Straßen- und Platzsystems.«[37]

1 Zit. nach »Noch nie erlebte Maikundgebung in Berlin«, in: *Berliner Zeitung,* 3. 5. 1951.

2 Vgl. auch den informativen Katalog zur Ausstellung: *Parteiauftrag: Ein neues Deutschland. Bilder, Rituale und Symbole der frühen DDR,* hrsg. von Dieter Vorsteher, Ausst.-Kat. Berlin 1996.

3 *Neues Deutschland,* Titelseite, 16. 7. 1949.

4 Dazu ausführlicher: Jörn Düwel, »Berlin. Planen im Kalten Krieg«, in: Jörn Düwel, Werner Durth und Niels Gutschow (Hrsg.), *1945. Krieg – Zerstörung – Aufbau,* Berlin 1995.

5 BArch, Abt. Potsdam, DH I, Nr. 44476.

6 Vgl. »Wiederaufbau Berlins«, in: *National-Zeitung,* 26. 11. 1949.

7 Aktennotiz zur Besprechung beim Ministerpräsidenten der DDR am 18. 11. 1949 von Lothar Bolz, siehe BArch, Abt. Potsdam, DH I, Nr. 44519.

8 Vgl. die verdienstvolle Materialdokumentation *Reise nach Moskau,* hrsg. vom Institut für Regionalentwicklung und Strukturplanung, Berlin 1995.

9 Leitsätze zur Neugestaltung Berlins, 23. 3. 1950, BArch, Abt. Potsdam, ohne Sign.

10 Die Neuplanung Berlins seit 1945 (nicht datiert, aus dem Kontext ist jedoch erkennbar, daß das Dokument Ende März 1950 verfaßt wurde), BArch, Abt. Potsdam, ohne Sign.

11 »Über das Bauwesen in der Sowjetunion«, in: *National-Zeitung,* Interview vom 5. 5. 1950, zit. nach Lothar Bolz, *Von deutschem Bauen. Reden und Aufsätze,* Berlin 1951.

12 Walter Ulbricht, *Zur Geschichte der deutschen Arbeiterbewegung. Aus Reden und Aufsätzen,* Bd. 3: 1946–1950, Berlin 1953, hier S. 750–752.

13 Die Sechzehn Grundsätze des Städtebaues mit den Erläuterungen zu den am 27. Juli 1950 von der Regierung der DDR beschlossenen Grundsätzen, zit. nach Bolz 1951 (Anm. 11), S. 43.

14 Schreiben vom Hauptamt für Stadtplanung vom 1. 9. 1950, Berichte an den Oberbürgermeister nach Spaltung des Magistrats, Landesarchiv Berlin, Rep. 110, Nr. 748.

15 Walter Pisternik und Kurt Liebknecht, Vorschlag zur Gestaltung des Zentrums der Hauptstadt Deutschlands vom 3.8.1950, BArch, SAPMO, Bezirksparteiarchiv der SED Berlin, IV L-2/6, Nr. 267.

16 Protokoll des Arbeitsprogramms aufgrund der Besprechung bei Walter Ulbricht am 5. 8. 1950, Landesarchiv Berlin, Rep. 110/1, Nr. 7.

17 Arbeitsaufgaben aufgrund der Besprechung am 15. 8. 1950, Landesarchiv Berlin, Rep. 110/1, Nr. 7.

18 Heute: Straße des 17. Juni.

19 Planung Berlin, 14. 8. 1950, Vorlage für die Politbürositzung am 15. August 1950, BArch, Abt. Potsdam, DH 2, A 21.

20 Bolz 1951 (Anm. 11).

21 Protokoll der Arbeitsbesprechung über Sofortmaßnahmen für die Planung der Städte Dresden, Leipzig, Magdeburg, Chemnitz, Dessau, Rostock, Wismar und Norhausen im Haus der Ministerien am 7. 9. 1950, BArch, Abt. Potsdam, DH 1, Nr. 446.

22 Kurt W. Leucht, Planungsrichtlinien: Stadtzentrum und zentraler Bezirk, 3. 11. 1950, BArch, Abt. Potsdam, DH 2, A 3.

23 Walter Ulbricht, »Das Nationale Aufbauwerk und die Aufgaben der deutschen Architektur«, Rede zur Eröffnung der Deutschen Bauakademie am 8. 12. 1951.

24 Ministerium für Aufbau, Hauptabteilung Städtebau, Kurt W. Leucht, Mittel für den Aufbau der Städte, 2. 10. 1951, BArch, Abt. Potsdam, DH 1, Nr. 605.

25 Ernst Hoffmann, »Ideologische Probleme in der Architektur«, in: *Deutsche Architektur,* 1952, H. 2, S. 74.

26 Protokoll der Sitzung der Stadtplanungskommission am 20. 12. 1950, Landesarchiv Berlin, Rep. 110/1, Nr. 8.

27 Tagesordnung zur Sitzung der Stadtplanungskommission am 10. 1. 1951, Landesarchiv Berlin, Rep. 110/1, Nr. 8.

28 Vgl. dazu auch das Exposé der Stadtplanungskommission, Vorlage an das Politbüro vom 15. 11. 1951, BArch, SAPMO, ZPA IV 2/606/96 Ü.

29 Vgl. Dokumente zur Ausschreibung, datiert 14. 8. 1951, BArch, SAPMO, ZPA NL 90/352 (Nachlaß Grotewohl).

30 Kurt W. Leucht, »Über die Bedeutung der zentralen Plätze«, in: *Demokratischer Aufbau,* 1951, H. 11.

31 Deutsche Bauakademie, Beratung über Fragen der Zentrumsplanung vom 20. 5. 1951, BArch, Abt. Potsdam, DH 2, II 07-18/1.

32 Vgl. Jörn Düwel, »Rostock – Im Wettstreit mit der Stalinallee«, in: ders., *Baukunst voran!. Architektur und Städtebau der DDR,* Berlin 1995.

33 Beschluß über die städtebauliche Planung der Stadt Rostock, Ministerrat der DDR vom 28. 8. 1952, BArch, Abt. Potsdam, DH 2, II 07-18/1.

34 Walter Ulbricht, Rede zur Grundsteinlegung des Nationalen Aufbauwerkes in Rostock am 30. 1. 1953, Stadtarchiv Rostock, ohne Sign.

35 Ernst Hoffmann, »Ideologische Probleme in der Architektur«, in: *Deutsche Architektur,* 1952, H. 1 (Fortsetzungen in H. 2 f.).

36 Deutsche Bauakademie (Hrsg.), *Handbuch der Architekten,* Berlin 1954, S. 223.

37 Ebd., S. 228.

1 Stalinallee (ab 1961: Karl-Marx-Allee), Berlin, Abschnitte A (Planung: Hermann Henselmann) und B (Planung: Egon Hartmann), Blick vom Dachgarten des »Hauses des Kindes« am Strausberger Platz
Photo: Horst E. Schulze, 1956

»Von der Geschichte beauftragt, Zeichen zu setzen«. Zum Monumentalitätsverständnis in der DDR am Beispiel der Gestaltung der Hauptstadt Berlin

Simone Hain

»Wir sind einstweilen außerstande, für Propagandazwecke in breitem Ausmaße die Baukunst zu nutzen, doch wenn wir vielleicht in naher Zukunft unsere großen Volkshäuser errichten, werden wir sie den Palästen, den Kasernen und jeglichen ›Gotteshäusern‹ entgegenstellen.«
Anatoli Lunatscharski[1]

»However, once revolutionaries have succeeded in seizing power, they are prone to shift to propaganda that is not longer aimed at inciting opposition but at engendering support of the novel order, at integrating the masses around the new leaders and institutions.«
James A. Leith[2]

Architektur und Städtebau hatten in der Deutschen Demokratischen Republik nicht zuletzt auch Propagandafunktionen zu erfüllen. In unterschiedlichen Perioden folgte die Inszenierung des Städtischen zugleich agitatorischen – im Sinne Lunatscharskis als proklamatorische Entgegensetzung – sowie sozial integrativen Absichten. Wie sich im folgenden zeigen wird, ist es keineswegs übertrieben, dem seinem Selbstverständnis nach »ersten sozialistischen Staat auf deutschem Boden« einen durchaus »monumentalen Willen« (Jacob Burckhardt) zu bescheinigen. Er läßt sich in der Gestalt von Plänen als gedachte Ordnung rekonstruieren und als ästhetisch bewußt gestaltetes Stadtbild anschaulich beschreiben.
In Vernachlässigung der Tatsache, daß Stadtentwicklung und Planung selbstverständlich zuerst und überwiegend sozialtechnische, volkswirtschaftliche und kulturell reproduktive Prozesse sind, soll in diesem Beitrag problemorientiert die Frage nach der Symbolik, Ausdrucksgestalt und Anmutung des zu verschiedenen Zeiten Geplanten und Gebauten verfolgt werden. Wir betrachten am Beispiel Berlins, der einstigen Hauptstadt der DDR, die kulturellen Strategien, wechselnden Konzepte und Praktiken der Konstruktion von Bedeutsamkeit und Geltung sowie die Typologien des monumentalen Ausdrucks.
Der Übersichtlichkeit halber kann man die Entwicklung der Stadtgestalt des sozialistischen Berlins in vier Perioden unterteilen, die sich metaphorisch mit Reinhold Lingners universeller »Stadtlandschaft«, Kurt Liebknechts romantischen »Nationalen Traditionen«, Gerhard Kosels systematischem »Unternehmen Wissenschaft« und Ehrhardt Gißkes gnadenlos pragmatischem »Bauen – mein Leben« beschreiben lassen.[3] Lingner war Gärtner in echt berlinischer Tradition der großen Hugenotten; Kurt Liebknecht, als »Kunstpfeifer« bespöttelt, stammte aus dem etablierten Frankfurter Bürgertum und brachte seine Trauer und Sehnsucht nach dem vergangenen Liebreiz der ruhmvollen deutschen Städte in die Wiederaufbaudebatten ein. Gerhard Kosel dagegen, aus den Wohnungsbauseminaren Bruno Tauts hervorgegangen, profilierte sich als ehrgeiziger Organisator der rein quantitativ orientierten Industrialisierung und systemtheoretischen Verwissenschaftlichung des Bauens. Waren die letztgenannten noch als Architekten ausgebildet und jeweils Präsidenten der Deutschen Bauakademie gewesen, so nahm mit dem Baudirektor Ehrhardt Gißke ein omnipotenter Bauleiter die Geschicke der Sonderbauvorhaben der Stadt in die Hand, der sein Amt zur vollen Zufriedenheit seiner kunstabstinenten Bauherren ausübte.

Stadtlandschaft oder die Träume des Jean-Jacques Rousseau

In den Vorstellungen der ersten Nachkriegsjahre hatte sich zunächst das von Reinhold Lingner reformulierte Konzept der »Stadtlandschaft« und der egalitären Dezentralisation als weitgehend konsensfähig erwiesen. Es symbolisierte den Traum und den Willen, den in den antagonistischen Klassengesellschaften privilegierten Zugang zur Natur aufzuheben und die Erde zu einer guten Wohnung für alle werden zu lassen. Unter Absage an jede Suprematie waren vom »Planungskol-

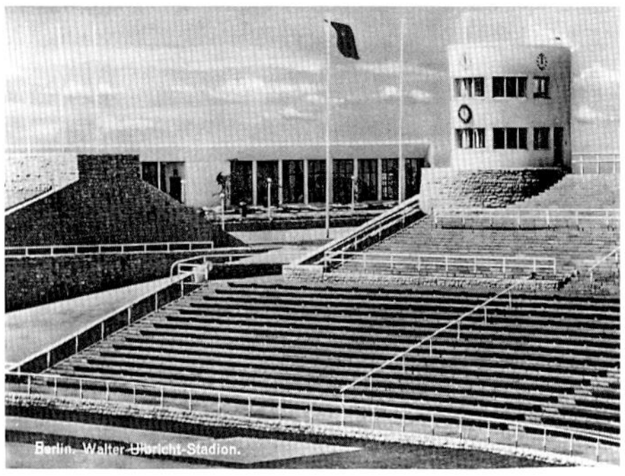

2 Selman Selmanagič und Reinhold Lingner, »Stadion der Weltjugend«, Berlin, 1950/51

3 Reinhold Lingner und Hannelore Waschnek, Kollwitzplatz, Berlin, 1950, Umgestaltung eines Schmuckplatzes in einen Spiel- und Nutzplatz

4 Fritz Diederich, Käthe-Kollwitz-Denkmal, errichtet am Ort des zerstörten Wohnhauses Käthe-Kollwitz-Straße 25, Berlin, 16. Juli 1950

lektiv« um Hans Scharoun Bilder einer versöhnlich in die Landschaft gebetteten »weißen Stadt« entworfen worden. Traditionellen Achsenordnungen, Symmetrien, Gesten der staatlichen Repräsentation, ja selbst alleenartigen Baumpflanzungen wurde seitens der Planer eine verhängnisvolle Psychologie der »Inmarschsetzung« von gleichgeschalteten Massen und Subordination von Individuen unterstellt. Der Kollektivplan gab sich erklärtermaßen antietatistisch, denn die Regierungsfunktionen sollten aus dem Zentrum an den Fehrbelliner Platz verlagert werden. Im »Zentrumsband« war neben gewerblichen Funktionen vor allem kulturelle, wissenschaftliche und gewerkschaftliche Dominanz vorgesehen. In die Maschen von schnellen, leistungsfähigen Verkehrsräumen eingeklinkt, sah man gemeinwesenzentrierte Wohnzellen vor, deren gegensätzliches Zeitmaß von der primären Sozialisation und Erlebniswelt eines heranwachsenden Kindes bestimmt werden sollte. Um »Plazas« gruppierte Schulen, Volkshäuser und ökumenische Sakralbauten fungierten als gesellschaftliche Zentren. Der industriellen Produktion von Waren sollte mit erwartbarem und wachsendem Gewinn an freier Muße komplementär und zunehmend die Produktion von sozialen Gütern, Liebe, Freundschaft und gegenseitige Hilfe, gegenübergestellt werden. Die visionierte »Gestalt der neuen Stadt«[4] lebte vom Pathos der fundamentalen Alternative, einer möglichen Versöhnung des Menschen mit der Natur und der Hinwendung zu matriarchalen Werten. Ihr lag eine vollkommen veränderte Kosmologie zugrunde, die den neuen, den »technischen« Blick auf die Welt als Interferenz, Relativität, Unbestimmtheitsbeziehung und Ungleichzeitigkeit respektierte. Obwohl »die neue Stadt« einem einheitlichen Formprinzip folgen und auch bildhaft gedacht werden sollte, bedeuteten die angestrebte Aperspektion, Innen-Außen-Konversion und collagehafte Wahrnehmung divergierender Räume und Baukörper eine im konventionellen Sinn höchst antimonumentale Wendung. Hans Scharoun stand leitmotivisch die Ambiguität und Poesie der Stadt Prag vor Augen. Selman Selmanagič mag vor allem an Jerusalem – wo er sein Exil verbrachte – gedacht haben, während Reinhold Lingner mit Peter Joseph Lennés arkadischen Landschaften am ehesten lokale Bezüge herzustellen pflegte. Die Realisierung einer solchen Stadt ohne Eigenschaften hätte auf jeden Fall einen Schritt ins Offene, noch nicht Gekannte bedeutet. »Utopischer Sozialismus«, urteilten nach Inspektion der Pläne die um Rat befragten sowjetischen Gutachter, »das sind die Träume von Jean-Jacques Rousseau! ... Ersetzen Sie ihn durch sozialistischen Realismus.«[5]

Damit waren die Frage nach dem Sprachcharakter der Architektur und das Problem der symbolischen Ordnung der Stadt angesprochen. Aller Streit ging in der Folge darum, wie die neue Ideologie, die den planmäßig handelnden Proletarier zum Vollstrecker einer welthistorischen Befreiungsmission erhob, architektonisch und städtebaulich zur Anschauung gebracht werden sollte. Setzten die einen angesichts moderner industriegesellschaftlicher Verhältnisse auf einen allgemeinen, modernistischen Code universeller Geltung, so beschworen die anderen aus sozialpsychologischen Erwägungen die integrative Kraft tradierter nationaler und regionaler Gestaltcharaktere. Gegenüber einer Ästhetik des voraussetzungslos Innovativen bot die zweite Strategie des Erbens eine ausgezeichnete Möglichkeit, die marxistische Geschichtsphilosophie ikonologisch sehr konkret auf zeitliche Tiefe hin zu illustrieren. Ganz bewußt wurde damit die zivilisatorische Leistung des Sozialismus betont und nicht die weniger populären kulturzerstörerischen Momente der Revolution. Wie kalkuliert die Entscheidung für eine historisierende Architektur war, belegt die folgenreiche Intervention Stalins in eine 1950 geführte linguistische Debatte. Sie hatte unter dem Begriff »Formalismusstreit« in allen von der Sowjetunion abhängigen Ländern umgehend eine normative Festlegung auf nationalsprachliche Würdeformeln zur Folge. Stalin hatte sich damals gegen die Auffassung

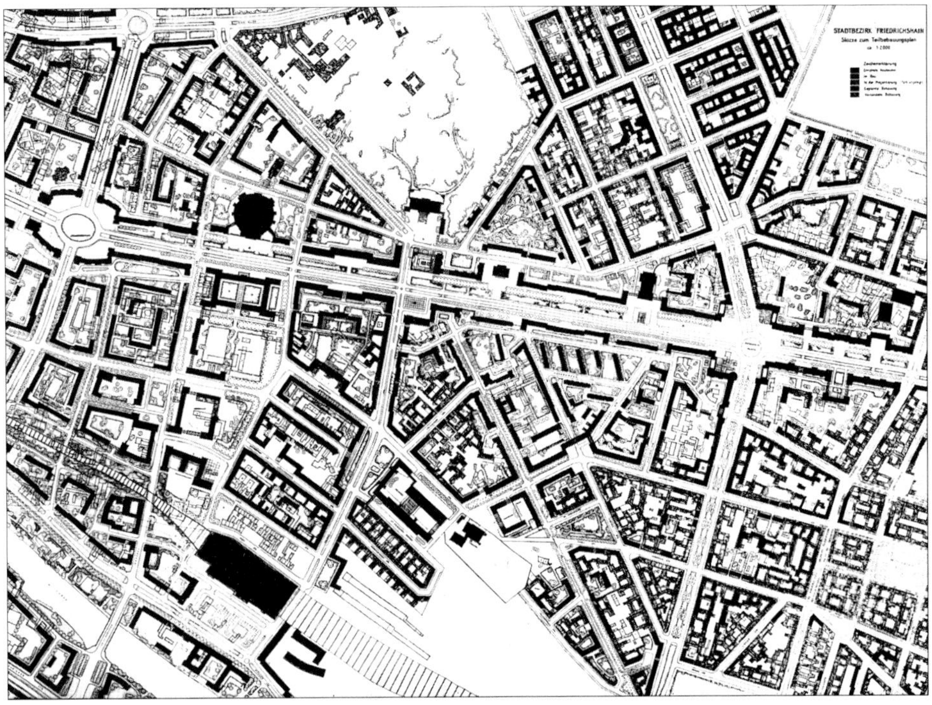

5 Berlin-Friedrichshain, Plan zum Neuaufbau und zur Umgestaltung im bestehenden Stadtgrundriß, um 1953

von einem historisch notwendigen Umbruch des semantischen Systems der Gesellschaft gewandt: »...die Sprache als Mittel des Verkehrs ist stets Sprache des gesamten Volkes und kann sowohl der bürgerlichen als auch der sozialistischen Kultur dienen. ... Wie also könnte man die bestehende Sprache vernichten und im Laufe einiger Jahre eine neue Sprache aufbauen, ohne in das gesellschaftliche Leben Anarchie hineinzutragen, ohne die Gefahr des Zerfalls der Gesellschaft heraufzubeschwören? Wer außer einem Don Quichotte könnte sich eine solche Aufgabe stellen?«[6]

War das Kollektivplankonzept auf breite Verteilung von Macht und souveräne Volksherrschaft orientiert gewesen, so setzte sich nach Gründung der DDR mit der Übernahme des scheinbar erfolgreichen staatssozialistischen Modells der Sowjetunion eine Weltanschauung durch, die außer Ganzheitlichkeit und Universalität vor allem zentrale Ordnungsprinzipien, monadische Periodizität und zeitliche Linearität reklamierte. Wo die Struktursuche Scharouns auf offene Prozessualität hin orientiert und interaktiv zu verstehen war, schlug das Pendel nun in Richtung der reinen Anschauung zurück: »Wir erhoben uns Gestalt zu sein.«[7] Statt der Latenz möglicher Freiheit wurde konkrete, physische Präsenz erwartet, statt der Emergenz von Wahrheit im Handeln nunmehr Ab- und Ebenbildlichkeit im behaupteten Sein – fiktive Vorwegnahme rechtschaffener Verhältnisse. Auch die Wahl des ästhetischen Konzepts selbst unterlag einem Herrschaftskalkül: nämlich, nichts offen zu lassen, in vertrauten Bildern zu sprechen und größtmögliche integrative Erzählkraft zu entwickeln. Man mag es bedauern, aber Walter Ulbrichts unter Berufung auf Stalin formulierte Absage an das Stadtlandschaftskonzept hatte aus massenpolitischen Gründen einige Plausibilität. Es lag durchaus im Interesse der sich eben herausbildenden Zentralmacht, als er auf dem III. Parteitag der SED im Juli 1950 verkündete: »Die Stalinschen Großbauten des Kommunismus und die geniale Arbeit Stalins ›Der Marxismus und die Fragen der Sprachwissenschaft‹ haben eine neue Epoche ... eingeleitet. ... Der grundsätzliche Fehler dieser Architekten [um Hans Scharoun] bestand darin, daß sie nicht an die Gliederung und Architektur Berlins anknüpften,

6 Der Vizepräsident der Deutschen Bauakademie Edmund Collein erklärt den Aufbau der Stalinallee, zweiter von rechts: Hanns Hopp, Szenenbild aus dem DEFA-Film »Die neue Wohnung«, Berlin, 1952

sondern in ihren kosmopolitischen Phantasien glaubten, daß man in Berlin Häuser bauen sollte, die ebenso gut in die südafrikanische Landschaft passen. ... Wir sind überzeugt, daß es unseren Baumeistern gelingen wird, in Berlin und in den Großstädten der Republik in den monumentalen Bauten die Kraft und die Stärke unseres Aufbauwillens zum Ausdruck zu bringen. Ein Volk, das solche gewaltigen Aufgaben wie den Fünfjahrplan in Angriff nimmt, wird auch Baumeister hervorbringen, die imstande sind, in der Gestaltung der Städte diese grandiosen Ideen zum Ausdruck zu bringen.«[8] Indem er sogleich forderte, »die neuen Gebäude an den Plätzen und an der Hauptstraße architektonisch schön im Sinne des Volksempfindens zu gestalten«, setzte er in der Kopplung von Schönheit und Volksempfinden die Konstruktion volksbezogener Sprachen und eine integrative Monumentalpropaganda im öffentlichen Raum auf die Tagesordnung. Seine wohlkalkulierte Forderung nach einer mitreißenden »großen Erzählung« war im postfaschistischen Deutschland allerdings eine hochproblematische Weichenstellung. Sie setzte die Künstler der Schwierigkeit aus, vorzugsweise bruchlose und gewissermaßen »reine« Bilder entwerfen zu müssen, die den traumatischen Erlebnissen der meisten Menschen diametral widersprachen. Wie schwierig sich die Suche nach allgemein konsensfähigen Symbolen gestaltete, belegt nicht zuletzt die wechselhafte Suche nach einer neuen hoheitlichen Mitte auf der Spreeinsel oder der letztlich gescheiterte Versuch, auf dem Standort der Reichskanzlei ein Nationaldenkmal für Ernst Thälmann zu errichten.[9]

Trauern und Mahnen

Zur Besonderheit des deutschen Sozialismus gehört, daß er keine Revolution aus eigener Kraft feiern konnte. Wie die westdeutsche Demokratie, so war auch die ostdeutsche Nachkriegsordnung ein »Geschenk« der alliierten Siegermacht. Überdies waren der Symbolvorrat und die rituelle Praxis der Arbeiterbewegung bewußt von den Nazis mißbraucht und demagogisch angeeignet worden.[10] Dies erklärt die – jenseits der offenbar umstandslos wiederaufgenommenen Massenrituale –[11] zunächst verhaltene und skrupulöse Artikulation neuer gestalterischer Monumentalität. Die ersten Akte von symbolischer Repräsentation waren Totengedenken und Gelöbnisrituale an Gräbern. Zugleich spielten die inszenatorische Neubesetzung von entweihten Orten und Gesten der Wiederaneignung eine große Rolle. Im Januar 1946 fand die erste Kundgebung an den Gräbern der großen Sozialisten auf dem Friedhof Friedrichsfelde vor einer Attrappe des von den Nazis zerstörten Denkmals von Ludwig Mies van der Rohe statt. Im Mai darauf feierte man in Berlin erstmals wieder den 1. Mai im Lustgarten, und am Vorabend des Vereinigungsparteitags weihte Otto Grotewohl die zwölf Jahre lang mißbrauchte rote Fahne neu.

Unterdessen scheiterten allerdings die ersten Wettbewerbe für die gewünschten Monumente an der Unmöglichkeit, einen unverbrauchten Ausdruckswert zu kreieren oder auch nur eine gemeinsame Sprache zu finden. Dem aktuellen Bedürfnis genügte am Anfang daher die denkbar bescheidenste und archaischste Form: etwa ein angeschnittener Findling mit der Inschrift »Die Toten mahnen uns«.[12]

Eine ebenso einfache wie bezeichnende Art der Monumentalisierung wurde in Form der Umbennung von Straßen und Gebäuden praktiziert. Eine solche Rekodierung der historischen Topographie fand im Dezember 1949 in einem Stadtbezirk des Berliner Ostens statt, der kurz zuvor noch Horst Wessel gewidmet gewesen war. Hier signalisierte die Montage eines Straßenschilds mit der Aufschrift »Stalinallee« eine entscheidende Wende in der Gestaltung des öffentlichen Raums. Fortan konnte es nämlich nicht gleichgültig sein, was an dieser Straße, der »Visitenkarte des neuen Berlin«, gebaut werden würde.

7 Delegationen des Rotfrontkämpferbunds am Denkmal für Karl Liebknecht und Rosa Luxemburg von Ludwig Mies van der Rohe, Berlin, 1930. Das Denkmal wurde 1935 von den Nationalsozialisten zerstört

8 Gedenkstätte der Sozialisten, Berlin-Friedrichsfelde, 1951
Photo: Dieter Möller

9 Richard Paulick,
Entwurf zum »Berliner Forum« am Kupfergraben in Berlin, um 1952
Zeichnung: W. Schmidt

Tradieren und Aufheben

Seit der Jahreswende zu 1950 waren Stadtgestaltung und Raumordnung ein heftig umstrittenes Politikum. Neben einzelnen nie realisierten Denkmalanlagen ging es nun um die integrierte Rekonstruktion der Stadt als Symbol und konkretes Projekt einer staatssozialistischen Gesellschaftskonzeption. Das warf auch die Frage nach der Bewertung des in Trümmern liegenden Stadtbestands und nach dem Umgang mit den überkommenen Monumenten und symbolischen Repräsentationen der alten Herrschaftssysteme auf.

Von Ulbricht im Juli angekündigt, wurde am 27. August 1950 mit großen Aufmachern in der Presse der »Aufbauplan für das Zentrum des neuen Berlins«, der deutschen Hauptstadt, im ersten Entwurf verkündet. Hatten moderne Architekten wie Max Taut den Gedanken eines Wiederaufbaus zunächst als »moralisch unmöglich« erachtet, so setzte sich die SED-Führung mit dem Aufruf zum Wiederaufbau Berlins energisch über alle intellektuellen Zweifel hinweg. Die Bevölkerung wurde mit der suggestiven Frage »Wäre es nicht schön?« auf eine Reise in die Zukunft mitgenommen. Der Plan appellierte in erster Linie an die Heimatliebe und galt darüber hinaus als universelle Friedensbotschaft. Ein vorbildlicher Neuaufbau der Hauptstadt – der Akzent lag von Anfang an auf »neu« – nach dem »Prinzip des Organischen und unter Berücksichtigung der historisch entstandenen Struktur bei Beseitigung seiner Mängel« sollte innerhalb Deutschlands für den Sozialismus werben. Überdies galt der Wiederaufbau Berlins zugleich als »Symbol unseres Kampfes um ein einheitliches, unabhängiges und friedliebendes Deutschland«[13] und der nationalen Verantwortung der werktätigen Menschen.

Unablässig und beredt hat sich vor allem Kurt Liebknecht zum Interpreten und Verkünder der neuen deutschen Baukunst gemacht, so daß eine ganze baugeschichtliche Periode nach ihm ironisch »Kulinatra« (Kurt Liebknechts Nationale Traditionen) benannt wurde.[14] Der Poelzig-Schüler verkörperte den besonderen, überaus deutschen »Willen zur Monumentalität«, eines »Bauen zu Gott«, wie sein Lehrer es genannt hatte. Neben der Grundaussage, daß Architektur Kunst sei[15] und dem Utilitarismus mit der Wiederbesinnung auf die baukünstlerische Grammatik, die klassischen Ordnungen und Proportionen begegnet werden müsse, enthalten seine Reden alle Standards der gewünschten emotionalen Ausdruckswerte. Allen voran steht das wortwörtlich maßstabsetzende Adjektiv »großzügig«. Das bedeutete räumlich weitläufig – raumgreifend, ohne Rücksicht auf Grenzen des privaten Eigentums – und symbolisierte damit das kommunistische Verhältnis zum Raum. Es hieß zugleich luxuriös und gediegen und brachte damit eine Deutung von gesellschaftlichem Reichtum ins Spiel. »In großen Zügen« kann aber auch als vorausschauend, perspektivisch und souverän – also als »planmäßig« – gedeutet werden.

10 Planungsgruppe Berlin, Leitung: Edmund Collein,
Generalbebauungsplan für das Berliner Zentrum, 1951

Ebenso häufig gebraucht wird das Wort »schön«, oft in Kopplung mit »erinnerungsreich«. Der in suggestiver Rede und in begleitenden Abbildungen aufgerufene »genius loci«, appellierte inmitten einer Trümmerlandschaft an das Heimatgefühl, an vertraute Codes, und half, das rhetorische Potential einer traditionsorientierten Stadtplanung zu entfalten. Zugleich sollte am historischen Ort aber nicht nur vergangener Größe gedacht werden, sondern der »Wille des werktätigen Volkes« zur Aufhebung aller progressiven Traditionen der Vergangenheit zum Ausdruck kommen. Insbesondere die Mitte der Stadt sollte in ihrer neuen Funktion, in ihrer Gestalt und gehobenen Gestimmtheit der Veranschaulichung der behaupteten Volksherrschaft und der tatsächlichen Aufhebung der Marktgesetze dienen.
In einem Text von Richard Paulick, ehemals Bürochef von Walter Gropius, wird dieser Anspruch näher ausgeführt: »Unsere ... städtischen Zentren werden [nicht] der alten City, der Geschäftsstadt gleichen. ... Sie dienen in Zukunft anderen, öffentlichen Interessen. Sie werden vor allem die Bühne abgeben für öffentliche Feste, Kundgebungen und Massendemonstrationen, die ebenfalls noch nach Gestaltung drängen, ebenfalls noch nach Formen suchen, wo Bewegung, Sprache, Musik und das Raumerlebnis der Architektur zu einer neuen Synthese verschmelzen. Die Baukunst muß dabei repräsentiert werden von gesellschaftlich wichtigen Bauten, die die Menschen nicht nur sonn- und feiertags ins Zentrum ziehen, sondern auch sonst ihren wichtigen Bedürfnissen dienen. Die Bauten der Gesellschaft, die das Zentrum ausmachen, um die sich Straßen und Plätze gruppieren, müssen das Spiegelbild der großen sozialen und politischen Ideen unseres neuen Staates sein. Aber unsere Zentren werden nicht die Stein- und Asphaltwüsten, diesen Verrat an der Natur wiederholen ... und das Eins-sein mit der Natur, die natürlichste und primitivste Lebensfreude des Menschen wieder ermöglichen.«[16]
Der Vizepräsident der Deutschen Bauakademie, Edmund Collein, – ein Schüler von Hannes Meyer und Mies van der Rohe – verdeutlichte die Differenz der neuen stadtbaukünstlerischen Grundsätze zum rein technisch-analytischen Vorgehen Le Corbusiers am prägnantesten: »Die Straße ist nicht nur ein Verkehrsband, der Platz nicht nur ein Verkehrsknotenpunkt, das Wohnhaus keine Wohnmaschine, sondern Straße, Platz und Gebäude sind in ihrer äußeren Erscheinung Ausdruck einer gesellschaftlich-künstlerischen Idee.«[17] – »Die Gesamtkomposition der Stadt, die bereits im Generalbebauungsplan ihren Niederschlag finden muß, ist eine einheitliche architektonische Komposition eines geschlossenen Ganzen. Die landschaftlichen Eigenarten und eine Vielzahl von typischen Besonderheiten sind für die räumliche Erscheinung der Stadt ebenso bedeutend, wie die daraus entwickelte Anordnung ihrer Teile, der Straßen, Plätze, Gebäude, Parks u.s.w. Es ist also nicht das Verkehrssystem oder ein anderes Teilgebiet der Planung, die das Gesicht der Stadt bestimmen, sondern die Idee, die in der räumlichen Komposition zum Ausdruck kommt. Eine solche tragende Idee entsteht nicht auf dem Reißbrett, sondern nur aus dem Studium der Geschichte des Werdens der Stadt und aus der Erkenntnis der heutigen gesellschaftlichen Bedürfnisse der Gemeinschaft.«[18] In der Auseinandersetzung mit Frank Lloyd Wrights Broadacre City und Martin Wagners 1951 auf deutsch erschienenem Buch *Wirtschaftlicher Städtebau* betonte Collein nochmals das Defizit der westlichen Städtebautheorien, die nach seiner Auffassung »die baukünstlerische Seite des Städtebaus und die Bedeutung der wertvollen nationalen Traditionen der Städtebaukunst (verleugnen). Mit ihren schematischen, abstrakten Stadtplanungen entfernen sie sich vom Leben der Menschen und vom Leben der Gesellschaft.«[19]
In der Tat waren die vielen Auftritte der Architekten und Planer auf Konferenzen und Vortragsveranstaltungen und auch die Entwurfs- und Planungsarbeit damals perfekt auf Kommunikation mit einer breiten Öffentlichkeit ausgerichtet, die

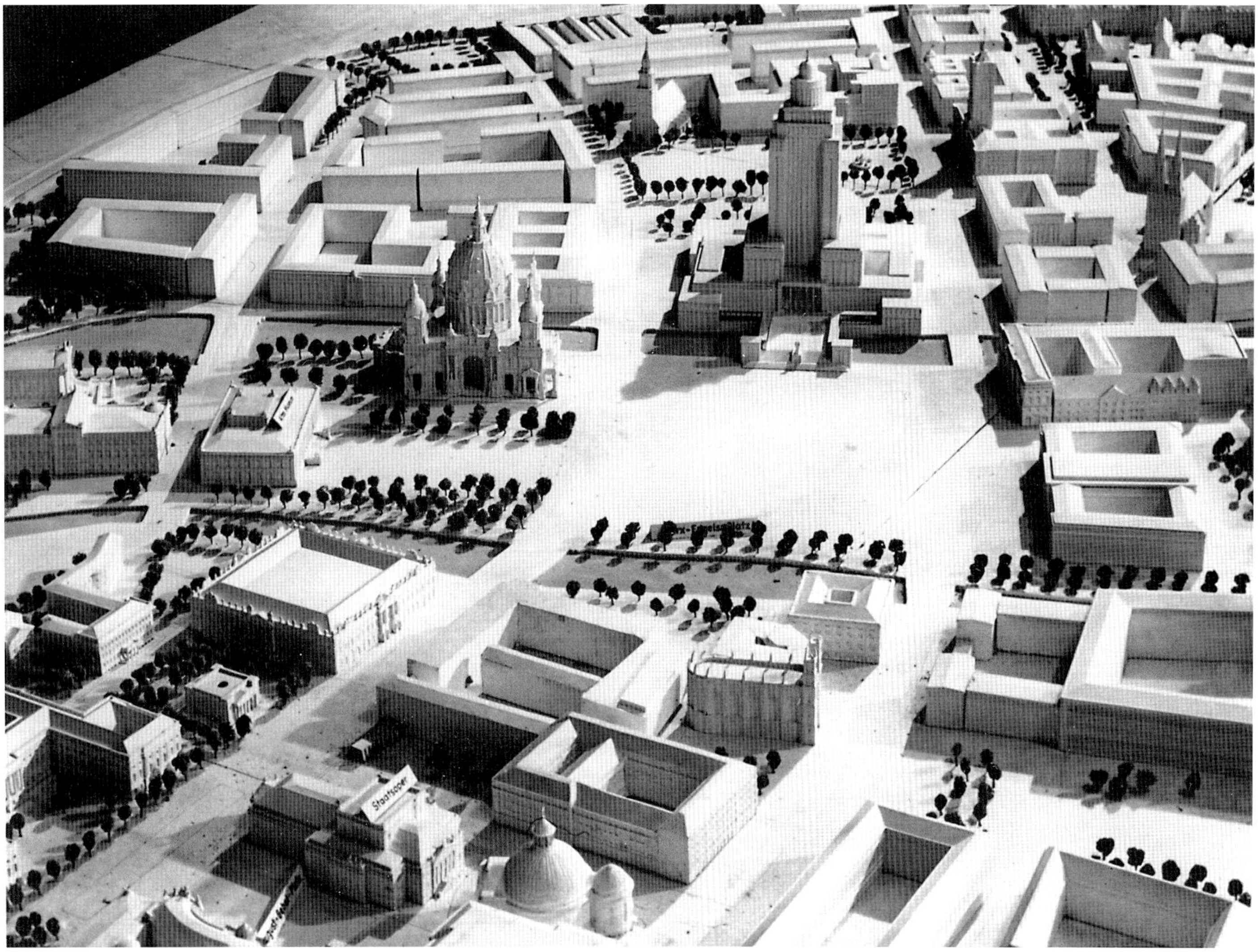

11 Richard Paulick, Gestaltung des Berliner Forums mit dem »Zentralen Gebäude« am Marx-Engels-Platz, dem »künftigen Mittelpunkt der Hauptstadt Berlin«, 1952, Modellphoto

dadurch zur tätigen Mitwirkung am »Nationalen Aufbauwerk« und zum Vertrauen in den politischen Gestaltungswillen der ostdeutschen Führung gewonnen werden konnte. Die in der ständigen Bauausstellung in der Sporthalle Stalinallee offerierten Stadtmodelle und weit ausgebreiteten Pläne imaginierten mitten im zerstörten Berlin das Ziel einer immensen kollektiven Anstrengung und öffentlichen Arbeit: Die Sicherung und Wiedergewinnung der wertvollsten Monumente, erinnerungsreichsten Plätze und denkwürdigsten Straßen sowie gleichzeitig die Anlage noch großartigerer neuer Plätze und Volksparks, Magistralen und Stadtdominanten. Begonnen wurde zwar zunächst mit der Planung des sogenannten »zentralen Bereichs« der Innenstadt, doch der Gestaltungsanspruch zielte auf das räumliche Gefüge der Stadt als Ganzes bis hinaus an die Peripherie. Sowohl in der geschlossenen Form der Plangraphik wie in der in die Tiefe des Raums greifenden Komposition zeichnete sich in den Anfang der fünfziger Jahre gezeichneten Plänen ein idealtypisches Gesellschaftskonstrukt ab. Der oberste städtebauliche Grundsatz beruhte auf strikter Zentralität, einem absoluten politischen Primat der Mitte, Repräsentationsarchitektur an den städtischen Straßen, Plätzen und Flußufern sowie dem Wunsch nach Ausprägung einer neuen Stadtsilhouette mit Hochhausdominanten zwischen den Altstadttürmen. Die Pläne sahen neben dem bereits in Angriff genommenen Großbauvorhaben »Stalinallee« weitgehende Rekonstruktionsgebiete im Bereich der

12 Hanns Hopp,
Portalgestaltung, Block G-Süd der Stalinallee, Berlin, 1953

Friedrichstadt, um die Petrikirche, den Pariser und den Leipziger Platz und insbesondere die vollständige Wiederherstellung des Forum Fridericianum und der Kupfergrabenlandschaft vor. Vor allem aus haushalts- und sozialpolitischen Gründen konnten diese hochfliegenden Vorhaben bei weitem nicht eingelöst werden – die Stadt brauchte vor allem Wohnungen –, doch ist die über vierzig Jahre bis in die Gegenwart geleistete Wiederaufbauarbeit erheblich gewesen.[20]

Der bestimmteste Akt der räumlichen Neuordnung bestand in der Beantwortung der alten Herrschaftsachse Unter den Linden über den Pariser Platz hinaus in den Westen mit einer neuen symbolischen Achse – nun auch in die sozialräumlich schwer benachteiligten Wohnviertel des Berliner Ostens hinein. Die bereits im »Kollektivplan« verfolgte Absicht der Herstellung einer Symmetrie und gleichgewichtigen infrastrukturellen und freiräumlichen Ausstattung zwischen West- und Ostteil der Stadt wurde nun, stadtgestalterisch überhöht, durch das Konzept einer »zentralen städtebaukünstlerischen Achse« vorgetragen. Im Anschluß an das Lindenforum sollte eine Folge neuer Plätze und verbindender Magistralen bis hin zur »Stalinallee« führen. In der Tradition einer Via triumphalis inszenierte diese monumentale Stadtanlage den Siegeszug der Roten Armee durch die östlichen Stadtgebiete bis zum Reichstag gestalterisch, symbolisch und funktional als soziale Befreiungstat. Dies war mehr als nur eine uneinlösbare Utopie, denn das in den verlustreichen Endkämpfen des Kriegs Haus um Haus eroberte Terrain wurde zwischen 1951 und 1956 durch ihre späteren Bewohner in einem praktischen Akt der Vergangenheitsbewältigung – nämlich der Enttrümmerungsarbeit – aufgearbeitet und zugleich als Wohnstraße in einen alltäglichen Gebrauch genommen.[21] In der raumgreifenden Konfiguration der einen neuen Maßstab setzenden und aufwendig gestalteten »Wohnpaläste für Arbeiter« mit zweigeschossigen Schauräumen für Produkte der volkseigenen Produktion drückte sich der Übergang von der ideologischen Fiktion zur modellhaft vorgetragenen gesellschaftlichen Realität ganz konkret aus. Gleichzeitig stellt das Ensemble – vom Staudengarten über die sich an klassizistische Vorbilder anlehnenden Fassaden und prachtvollen Hauseingänge bis hinauf zur kollektiven »bella vista«, der Dachterrasse – im Sinne von Lunatscharski eine Entgegensetzung zum Typus der bürgerlichen Villa als Herrschaftsarchitektur dar. In der Verherrlichung des Sozialen wurden also beide Strategien einer revolutionären Monumentalpropaganda kombiniert. Nach außen, insbesondere in Richtung Westdeutschlands, dominierte das agitatorische Interesse der fundamentalen Abgrenzung und Widerrede, während die nach innen integrativ konzipierte Propaganda vor allem die alltagspraktisch-funktionalen Qualitäten und großbürgerlichen Standards betonte: Aufzüge, Fernwärme, Müllschlucker, Wechselsprechanlagen, soziale Dienste, schöne Details und eine gesuchte Noblesse der Verarbeitung. Die »große Erzählung«, die sich hier in der Verbindung von Architektur, Planbild und gestaltendem Handeln entfaltete, lautete in ihrer knappsten Fassung: »Das alles gehört Dir!«

Noch im Jahr 1950 war mit dem raumgreifenden Achsenkonzept und dem Wunsch nach einer Erweiterung des für die Berliner Arbeiter traditionsreichen Lustgartens das Schicksal der Schloßruine besiegelt worden. Hatte man nach dem Krieg von einem im Interesse der Ost-West-Verbindung unumgänglichen Teilabbruch zumindest des Apothekenflügels gesprochen, so verdrängte das Verlangen (vor allem Walter Ulbrichts) nach einem »Roten Platz«, einem revolutionären »Marsfeld« anstelle der Hohenzollerndominante, die Ruine jetzt gänzlich. Das seit 1948 in Teilen einsturzgefährdete Stadtschloß wurde – gegen erheblichen parteiinternen und fachwissenschaftlichen Protest – abgebrochen, um diesen zentralen Ort zum Hoheitssitz des neuen Staats umgestalten zu können und zugleich die Abriegelung der beiden Stadthälften voneinander zu überwinden.

13 Hanns Hopp,
Stalinallee, Block E-Süd, Berlin, 1952, Umschlag einer Broschüre

14 Kreuzung Bersarinstraße/Stalinallee, Berlin, 1954–1956, vorne: die Turmbauten am Frankfurter Tor von Hermann Henselmann, Bildmitte: Laubenganghaus von Ludmilla Herzenstein, dahinter: das Hochhaus an der Weberwiese von Hermann Henselmann, Aufnahme vor 1960

Betrachtet man die ab Ende 1950 in mehreren Varianten gezeichneten Pläne für das neue, an das Lindenforum angehängte »Berliner Forum« auf dem Marx-Engels-Platz, so wird deutlich, auf welch symbiotisch-introversive Weise die alte Monumentalität einer Repräsentation des gesellschaftlich Neuen subsumiert wurde. Bei der notwendigen Klärung der Stadtgestalt als Symbol einer zentralstaatlichen Macht ging es zuerst um rein formale Prinzipien. Ohne feststehende funktionale Zuweisung war der Kern des »zentralen Ensembles« in den ersten Planungsphasen nämlich lediglich als »das zentrale Gebäude« ausgewiesen. Durch Höhendominanz hätte es die Stadtsilhouette beherrschen können und wäre, was außerordentlich wichtig schien, bis in den Westteil der Stadt sichtbar gewesen. Auch die städtebauliche Inszenierung des Bauwerks im Stadtraum trug maßgeblich zum gesuchten Ausdruck von Erhabenheit bei. So entstand, ausgehend von dem Hochhaus, eine Art Sogwirkung, mit der das historische Gefüge der Friedrichstadt schließlich in einem dominanten neuen Gesamtausdruck aufgehoben worden wäre. Richard Paulicks in Fragmenten überlieferter städtebaulicher Entwurf für das Gebiet des neuen »Berliner Forums« zeigt die damalige Idee der Versöhnung von historischem Erbe und neuer Monumentalität. Er fügt den überlieferten Gebäuden zwischen Kupfergraben und Unter den Linden ein neues Element, nämlich ein »Haus der Frau« hinzu, dessen Entwurf mit seiner klassischen Säulenordnung kaum von der Aura des Historischen zu unterscheiden ist. Indem er einerseits einen neuen öffentlichen Ort an privilegierter Stelle erobert, unterwirft er sich zugleich schwelgerisch dem Gestaltbild des Überkommenen. Der Eingriff, so bedeutsam er inhaltlich – mit einem »Haus der Frau« – auch war, wurde formal wiederum kaschiert. Durch diese Operation der funktionalen Neusetzung bei gleichzeitiger sprachlicher Unterordnung konstruierte und versinnbildlichte Paulick die kulturpolitisch proklamierte Einheit von Tradition und Erneuerung. Er behauptete die neue Macht in Form eines öffentlichen Gebäudes für die erstmalige Repräsentanz von Frauen in der gesellschaftlichen

konnotiert, für die weltweite Telekommunikation und die Informationsgesellschaft. In einem weiteren Fall von applizierter Bedeutung dienten außer dem Fernsehturm Wohnbauten als großplastische Wand und räumliche Fassung für eine – wegen der anhaltenden Verweigerung der deutschen Bildhauer – aus der Sowjetunion importierte Kolossalstatue von Lenin. Diese bei der Gestaltung des Leninplatzes praktizierte Verschmelzung von Denkmalanlage und städtebaulicher Großfigur wiederholte sich im Fall des Ernst-Thälmann-Parks in den achtziger Jahren. Dagegen gelang eine Monumentalisierung des Stadtraums mit rein architektonischen Mitteln nur in Ausnahmefällen entlang der zentralen Achse und besonders am Alexanderplatz.

An keinem anderen Ort der Stadt ist die plangraphische Ordnung und baukörperliche Orchestrierung eines als zentral und bedeutend gesetzten Ensembles so kunstvoll verwirklicht worden wie am wichtigsten Verkehrsknoten der Stadt. Der »Alex«, Dreh- und Angelpunkt der azentrisch gelegenen Teilstadt, Ankunfts- und Verteilerraum, Rendezvousplatz und Touristenmagnet, ist in seiner ebenso weltstädtisch-dynamischen wie großstädtisch herben Eindringlichkeit das geistige und geschäftliche Zentrum Ostberlins gewesen. Anläßlich seiner Neugestaltung wurde dieser Platz ab 1964 erheblich auf 95 Hektar erweitert, »großzügig« nach Osten hin geöffnet und von innen nach außen sowie aus den Verkehrsräumen der Straßen und der S-Bahn vielansichtig durchkomponiert. Sein doppelschaliger Aufbau setzte einen »schnellen« äußeren Fließraum von der inneren, umschließenden Raumform der »Piazzetta« ab. Von diesem Fußgängerbereich aus wirkte der Raum durch die Dominanz der Flachbauten und den »Behrens-Winkel« ruhig gefaßt und hatte zugleich einen vom »Haus des Lehrers« aus bühnenartig in die Tiefe der Karl-Marx-Allee gestaffelten Ausblick. Damit erhielt der Platz eine städtebaulich organisierte »schöne Aussicht«, eine Art Panoramafenster zur neuaufgebauten Stadt, die sich so dem Betrachter präsentierte. Nähert man sich wiederum vom Strausberger Platz her, dann sollte die zentrale, zwischen die beiden Teilräume gestellte Gruppe, bestehend aus Hotelhochhaus und überaus spannungsvoll dazugelegter Horizontale, »ein klares lebendiges Pathos« entfalten, das schon von weitem das Erlebnis des Platzes und das folgende Ausschwenken der Achse ankündigt. »Damit wird es [das Hochhaus] zum wesentlichsten Bezugspunkt im Ensemble, auf den sich die gesamte Raumgestaltung wie auf eine monumentale Plastik ausrichtet.«[50]

Wann immer von Architekten und Städtebauern neue Projekte vorgestellt wurden, stellten die Herren aus dem Politbüro angesichts der großen Stadtmodelle regelmäßig die Frage, worin sich in der vorgesehenen Komposition denn das gesellschaftlich Neue ausdrücke. In Kritik an diesem vordergründigen, rein formalen Symbolisierungsdrang ist gelegentlich auf die dem konkreten gesellschaftlichen Sein immanente Bedeutung hingewiesen worden. »Wenn Ihr mehr Geld habt, dann gebt es statt für ornamentale Häßlichkeiten oder unsinnige Bauten für geräumigere Häuser aus, damit sich die Menschen ihrem eigenen Willen entsprechend ihr Leben bereichern können.«[51] Diese Äußerung des Schweizer Architekten Hans Schmidt markiert den Konflikt im Hinblick auf dominant ideologische Diskurse zu Lasten der sozialen Realität ziemlich genau. Schon Otto Grotewohl hatte 1946 in seinem persönlichen Kulturkampf mit Walter Ulbricht triumphierend Friedrich Schiller zitiert: »Würde des Menschen: / Nichts mehr davon, ich bitt' Euch. / Zu essen gebt ihnen, zu wohnen. / Habt ihr die Blöße bedeckt, gibt sich die Würde von selbst!«[52]

Über vierzig Jahre hinweg gab es in Berlin einen starken, sittlich begründeten Affront gegen aufgesetzte Bedeutungen und eine prompt darauf reagierende Praxis der volkstümlichen Verballhornung von allzu großsprecherischen Monumenten: Aus dem heroischen »Turm der Signale« (»Auf zum letzten Gefecht!«), dem Fernsehturm, wurde »Sankt Walter« (nach Ulbricht) oder schlicht der »Telespargel«, während das Marx-Engels-Denkmal schnell in zwei zivile Anzugträger umgedeutet

25 Heinz Graffunder und Karl-Ernst Swora, Palast der Republik, Berlin, 1973–1976, Photomontage des »Zentralen Ensembles« für den Staatsakt zur Einweihung

war, die freundlich »Sakko und Jacketti« genannt wurden. Die allgemein bekannten Spottnamen markieren genau die Fälle überzogener Interpretation und literarischer Überhöhung, die die Autonomie der Architektur als Gattung und die praktische Faktizität der Zwecke verletzten oder – wie im Fall der Denkmalsplastik – formal nicht eingelöst waren.[53] Sobald der Höhenflug durch gewitzten Einspruch gestoppt und das Objekt der Verklärung wieder auf die Erde geholt war, hatte sich zumeist gleichzeitig auch die öffentliche Aneignung – anders als intendiert – vollzogen. Trotz aller Despektierlichkeit der Inbesitznahme sind die mit besonderer Sorgfalt gestalteten und monumental komponierten Ensembles, Bauwerke und Parkanlagen vor allem um ihrer selbst willen und wegen ihrer räumlichen Prägnanz geliebt worden – allen voran der Alexanderplatz und die Anlagen um den Fernsehturm.

Hütten und Paläste

Mit der Ablösung von Walter Ulbricht durch Erich Honecker im bis dahin schlimmsten Krisenjahr der DDR, 1970, kam es zu einer allumfassenden Kritik am »Subjektivismus« und »Wunschdenken« der bisherigen Politik. Zum Liberalisierungsimpetus des neuen Staatsoberhaupts gehörte weitreichende Abstinenz in Architektur- und Gestaltungsfragen, die mit dem kulturpolitischen Slogan »Weite und Vielfalt« garniert war. Im Rahmen des zur Krisenlösung eingeleiteten sozialpolitischen Programms kam dem vollstandardisierten Wohnungsbau in der Großserie

26 Der »kollektive Blick« vom »Mont Klamott« auf die Silhouette des neugestalteten Zentrums der Hauptstadt der DDR, Gestaltung des Trümmerbergs: Reinhold Lingner

WBS 70 die zentrale Rolle zu. Wenngleich die Frage nach der Zahl der neugebauten Wohnungen, ihrer Größe, Ausstattung und optimalen Versorgung mit sozialen und kulturellen Dienstleistungen damit zur staatstragenden Grundprämisse des Bauens geworden war, so ist beim Ausbau der Zentrumsachse Berlins doch auch weiterhin die soziale Geltung und politische Bedeutung des Staats repräsentiert worden.
Die entscheidende Befugnis für die bedeutsamen innerstädtischen Bauaufgaben lag bei dem bewährten und äußerst effizienten Baudirektor Ehrhardt Gißke, der von politischer Seite weitgehend freie Hand erhielt. Gißke war für DDR-Verhältnisse eine Art »Wundertäter«, der gewissermaßen Stroh zu Gold spinnen konnte. Weitgehend ideologiefrei und pragmatisch hat er der Stadt einige – zunehmend postmoderne – Lichter aufgesteckt.
Man hat diese Phase der Stadtentwicklung die »Zeit der Paläste« genannt, weil sich der Drang nach symbolischen staatsmännischen Gesten bei Honecker nun auf vier sehr populäre öffentliche Großbauten kaprizierte: den »Palast der Republik« (1973–1976), den »Pionierpalast« in der Wuhlheide (1976–1979), das »Sport- und Erholungszentrum« an der Leninallee (1978–1981) und den »Friedrichstadtpalast« (1981–1984). Ein weiteres, bereits vorprojektiertes »Haus der Jugend« kam allerdings nicht mehr zur Ausführung. Insbesondere der »Palast der Republik« ist klammheimlich, sozusagen als Überraschungspaket, vorbereitet worden. Einerseits wollte Honecker mit der Bebauung des Marx-Engels-Platzes die seitherigen Planspiele seines Vorgängers um die Staatsdominante kurzentschlossen vergessen machen. Andererseits mag es ihm entgegengekommen sein, seine Amtszeit mit der Erfüllung eines seit dem Zentrumswettbewerb und Kurt Junghanns' Wiederentdeckung von Bruno Taut in der Bevölkerung schwelenden Wunsches zu krönen: einem Volkshaus. Statt der zuvor heftig kritisierten leeren Repräsentation des Staatsapparats betonte das Projekt in der Verbindung von politischem und kulturellem Ort den Gedanken einer Selbstrepräsentation der Werktätigen. In dem international mit dem Centre Pompidou und dem Westberliner ICC konkurrierenden großmaßstäblichen Gebäude wurde eine ebenso einmalige wie unnachahmliche Nutzungsmischung für den zentralen Ort der Stadt gefunden: Der Sitz der höchsten Volksvertretung des »Arbeiter- und Bauernstaats« bot unregelmäßig auch internationalen Kongressen eine Tagungsstätte. Als eine Art »Super-Box« für eine Vielzahl von funktionalen Untergruppen funktionierte der »Palast« alltags außerdem als Postamt, Ladenpassage, Wartesaal, Kegelbahn, Gastronomieeinrichtung, Jugendklub, Theater und öffentliches Foyer der Stadt. Mit dem großen Saal verfügte das Gebäude zusätzlich über den weltweit wandlungsfähigsten Fest-, Konzert- und Sportraum. Auf überraschend sinnvolle Weise mündeten damit in dieses große Haus zwei Geschichten ein: die eine, ältere, – nämlich die der Suche nach dem urbanen Bautyp einer antielitären kulturpolitischen Gegenöffentlichkeit, nach dem großen Volkshaus – und die andere: die dreißigjährige Planungsgeschichte der gesellschaftlichen Neubestimmung der Berliner Mitte durch den Sozialismus. »Die Vision progressiver Architekten zu Beginn unseres Jahrhunderts von der Selbstdarstellung der Werktätigen in lichtdurchfluteten Volkshäusern hat sich nunmehr im Palast der Republik verwirklicht. Mit der endgültigen, auf den Palast bezogenen Gestaltung des Marx-Engels-Platzes und des unmittelbar jenseits der Spree anschließenden Parkes als Teil eines ›Großen Berliner Gartens‹ mit seinen Flankenbebauungen in Fortführung und Ergänzung der Rathaus- und Liebknecht-Straße findet die zentrale Achse im Stadtzentrum der Hauptstadt ihren vollständigen Abschluß.«[54] Auch hier, bei der Anlage der gläsernen Hauptfoyers und in den Gaststättenräumen, wiederholt sich das bereits beim Alexanderplatz erwähnte Motiv des inszenierten Blicks auf »das vom Volk Geschaffene«, nämlich die vollkommene Ästhetisierung der weiten, vor den Fenstern liegenden Stadtlandschaft als welthi-

storisches Panorama. Notwendigerweise mußten Marx und Engels nach vielem Hin und Her am Ende auf der östlichen, der »Schokoladenseite« des Palasts ihren Denkmalstandort erhalten, wo man die behauptete gesellschaftliche Gestaltungskompetenz des Sozialismus, noch dazu bei einem Glas Wein, in der Realität überprüfen konnte. Dieses große Fenster für alle ist das monumentalste unter all den bedeutungsgeladenen architektonischen Zeichen, die die DDR hinterlassen hat.[55] Der architektonisch als »Palast« inszenierte kollektive Blick des im großen Foyer zwischen gemalten Kommunistenträumen flanierenden Volks auf die im Abendlicht liegende Hauptstadt kann vielleicht als das pointierteste Herrschaftssymbol des staatssozialistischen Kapitels der deutschen Moderne angesehen werden. Auf seinen Landschaftsbezug gelesen, bedeutete es zugleich auch die kommunistische Umkehrung des ikonographischen Motivs der Villa als Architektur gewordener privater Landbesitz.

Abseits von dieser singulären Paraphrase auf ein Grundthema der Baugeschichte sollte man allerdings keineswegs die denkwürdige Normalität der mehr oder weniger ausdrucksstark inszenierten »Hütten«, der egalitären Wohnbauten, übersehen. Insbesondere im Bereich des Berliner Zentrumsbands ist mit hohem städtebaulichem Gestaltungsanspruch bis zum Ende der DDR jeweils in Schritten des Fünfjahrplans ein Ensemble nach dem anderen realisiert worden. Unter dem sozialpolitischen Primat des Wohnungsbaus sind gerade diese repräsentativen Großanlagen als Symbol der veränderten städtischen Lebensweise und sozial gerechten Eigentumsverhältnisse aufgefaßt worden. Was bereits in der Propaganda beim Bau der Stalinallee als Aufhebung des Klassenprivilegs Wohnung betont worden war, setzte sich argumentativ in den folgenden Jahrzehnten fort. Dort, wo nach dem überwundenen Gesetz des Markts der Boden früher am teuersten gewesen war, wohnte in industriell reproduzierten Standardwohnungen der Arbeiter Meier neben dem Professor Krause.[56] Man kann diese zentral gelegenen und durchkomponierten Stadteinheiten aus zumeist wirkungsvoll um diverse sozial-kulturelle Dienstleistungseinrichtungen gruppierten und vollständig egalisierten Wohnungen daher als die DDR-typische Form einer integrativen Monumentalpropaganda betrachten. Schließlich waren unter allen sozialpolitischen Bereichen die gleichmäßige Versorgung mit Wohnraum und die Aufhebung des privilegierten Zugangs zum städtischen Raum eine staatslegitimierende Grundbehauptung der DDR. So sind es vor allem die heute in Verruf gebrachten großfigurigen Wohnensembles an den marktwirtschaftlich einträglichsten und bevorzugtesten städtischen Lagen, sind es diese »echten« Monumente der sozialen Gleichheit und die »großzügigen« gärtnerisch gestalteten Freiräume für »primitivste Lebensfreude«, die als authentische Stadtbaukunst des deutschen Sozialismus geschichtsfähig geworden sind.

Typologien des monumentalen Ausdrucks im Transformationsstreß

Entsprechend der zwischen sehr unterschiedlichen Leitbildern schwankenden Trial-and-error-Spur in der Umsetzung des eigenen »Willens zur Monumentalität« ist die Ostberliner Topographie der Bedeutsamkeit von sehr verschiedenen Typen und Raumformen städtebaulicher Monumente geprägt. Indem wir die wichtigsten hier zusammenfassend Revue passieren lassen, machen wir uns pointiert auch die Probleme der heutigen Transformation bewußt.

Erinnerungsreiche Straßen, Plätze und Bauten: das Kastanienwäldchen, das Lindenforum, der Gendarmenmarkt, der Kollwitzplatz und die Synagoge

Mit großem Aufwand wurden über vierzig Jahre hinweg im Krieg stark beschädigte oder zerstörte Bauwerke rekonstruiert, neuaufgebaut oder reproduziert. Darunter befanden sich zusammenhängende Ensembles, die durch die Art ihrer interpretie-

renden Neugestaltung aus heutiger Sicht wiederum ein eigenständiges monumentales Zeugnis für das Geschichtsverständnis und die Denkmalkultur der DDR darstellen. Zu ihnen gehört das Ensemble am Kastanienwäldchen: die noch als sowjetischer »Befehlsbau« äußerlich wiederhergestellte Singakademie, das zum »Haus der Sowjetischen Kultur« eingerichtete »Palais am Festungsgraben«, das von Otto Haesler zum »Museum der deutschen Geschichte« wiederaufgebaute Zeughaus, der behutsam ergänzte Neubau des Werkstatt- und Ausstellungsgebäudes an der Mollergasse und die als »Gedenkstätte für die Opfer des Faschismus und Militarismus« zweimal umgestaltete, wiederaufgebaute Neue Wache von Karl Friedrich Schinkel. Das Mahnmal war Ort von Staatszeremonien und Schauplatz der wöchentlichen »Großen Wachaufzüge« der Nationalen Volksarmee. Im Innern des Denkmals und in der weiteren Umgebung des Kastanienwäldchens sind teilweise auf unmittelbare Veranlassung des Bundeskanzlers nach 1990 zahlreiche Veränderungen, Rückbauten und Neuinstallationen vorgenommen worden, die zumeist die DDR-Schicht beseitigten. Der Neubau an der Straße Hinter dem Zeughaus/Mollergasse von 1958 soll demnächst zugunsten eines die Platzgestalt aufbrechenden Gebäudes von Ieoh Ming Pei abgerissen werden. Damit wird eine der sensibelsten kritisch rekonstruktiven Wiederaufbauleistungen des städtebaulichen Denkmalschutzes der DDR-Zeit entfernt werden.
Auch der Wiederaufbau des Forum Fridericianum stellt eine originäre stadtgeschichtliche Aneignung durch die DDR dar. Während Richard Paulick die Südseite mit der Dresdner Bank um zwei Geschosse auf die alte Maßstäblichkeit zurückbaute, gestaltete er die Staatsoper frei nach vermuteten Intentionen Knobelsdorffs um und entwarf für das Magazingebäude einen historisierenden Neubau. Walter Kötteritzsch baute die Fassade der Alten Bibliothek von Johann Arnold Nering wieder auf und ergänzte sie im Inneren durch einen Neubau, in dem an Lenins Aufenthalt in Berlin erinnert wurde. Von Hans Schwippert stammt die teilweise moderne Neufassung der Hedwigskathedrale. Zum Ensemble gehören auch die nach Teilzerstörung wiederaufgebaute Humboldt-Universität mit monumental ausgestattetem Vestibül (Nazi-Marmor und Feuerbachthese von Karl Marx) und Memorialfunktionen im Innenhof, das Kaiser-Wilhelm-Palais, das von einem anderen Standort hier eingefügte Gouverneurshaus, das weitgehend replizierte Prinzessinnenpalais und das gänzlich neu aufgebaute Kronprinzenpalais. Auf dem Opernplatz wurde mit einer Gedenktafel und Meetings der Universität auch zu DDR-Zeit der Bücherverbrennungen gedacht. Nach 1990 ging in diesem Bereich die neugestaltete Innenarchitektur des Operncafés verloren. Die Aufstellung der Denkmalsplastiken soll – zu Recht – in Korrektur der DDR-Fassung originalgetreu verändert werden.
Der in Trümmern liegende Gendarmenmarkt war am 28. August des Jahres 1945 Schauplatz des Auftritts des Alexandrow-Ensembles der Roten Armee gewesen. Er wurde mit Beginn der achtziger Jahre sehr respektvoll wiederaufgebaut. Die solitären Baudenkmäler sind äußerlich am Original orientierte Neufassungen. Im Französischen Dom wurde mit einem Museum der Einwanderung der Hugenotten gedacht.
Ein besonderes Denkmalensemble der frühen DDR stellte bis 1995 der Kollwitzplatz im Bezirk Prenzlauer Berg dar. An der Stelle des im Krieg völlig zerstörten Wohnhauses der Künstlerin legte der Magistrat bereits 1950 anläßlich des ersten »Deutschlandtreffens der Jugend für den Frieden« eine von Reinhold Lingner gestaltete Freifläche mit einer Gedenkplastik an. In der nach einem zur Ausführung autorisierten Entwurf gefertigten Figur (*Saatfrüchte dürfen nicht vermahlen werden*) wurde der »Künstlerin an dem Ort, an dem sie im Volke gelebt [hatte], das eigene Werk zum Gedenken« gesetzt. Auf dem gleichfalls von Lingner gartenkünst-

27 Helmut Stingl,
Ernst-Thälmann-Park, Berlin, 1985,
Modellphoto 12. Februar 1984

lerisch neugestalteten Schmuckplatz selbst fand 1956 eine Kollwitz-Statue von Gustav Seitz Aufstellung. Die zur Erinnerung freigelassene Parzelle ist 1996 wiederbebaut worden. Im Zeichen einer denkmalkulturellen Beliebigkeit ging damit der authentische Ort des Gedenkens an Käthe Kollwitz »im Volke« verloren, während ihr Werk zugleich trotz vehementer Einsprüche in der Neuen Wache zum staatlich verordneten Symbol deutscher Trauerarbeit geworden war.
Bis in die Zeit des wiedervereinigten Deutschlands zogen sich dort wie am Gendarmenmarkt und auf der Museumsinsel auch die Wiederaufbauarbeiten für die Synagoge hin. Für ihre Rekonstruktion, verbunden mit einem Mahnmal gegen den Genozid und die Euthanasie, hatte sich seit 1966 besonders der Architekt Werner Roesler engagiert. Heute befindet sich unter ständiger elektronischer und polizeilicher Überwachung hier das Centrum Judaicum. Mit einer Gedenktafel wird des Polizeiwachtmeisters gedacht, der in der Reichskristallnacht die Brandschatzung des Gemeindehauses verhinderte.

Die großen Ensembles: Stalinallee, Karl-Marx-Allee II, Leninplatz, Alexanderplatz, Leipziger Straße, Ernst-Thälmann-Park, Nikolaiviertel, Marzahn
Wie bereits dargelegt, kann man die großen, in bevorzugten städtischen Lagen gebauten Ensembles mit egalitär ausgestatteten Wohnungen, Dienstleistungs- und Sozialeinrichtungen als die für die DDR authentische Form der repräsentativen Gestaltung des Sozialen betrachten. Die spektakulärste Anlage, die Stalinallee, wurde im Dezember 1992 zugunsten einer Bank, der DePfa, privatisiert. Während

»Mont Klamott« ist der Trümmerberg im Volkspark Friedrichshain als Erinnerungsmal im kollektiven Gedächtnis der Stadt fest verankert. Von hier aus sieht man die wiederaufgebaute Stadt zu dessen Füßen ausgebreitet.
Zahlreiche, nach dem Krieg auf aufgelassenen Gründerzeitblöcken angelegte Parks, wie der des 1991 abgerissenen »Stadions der Weltjugend«, des Parks am Weinbergsweg oder der erweiterte »Monbijoupark«, stellten als »grüne Wunder« seinerzeit die Welt des »steinernen Berlin« auf den Kopf. Sie symbolisierten und poetisierten den Vorgang der überwiegend innerstädtischen Landnahme zugunsten der Jugend, des Sports und der Erholung für ein Massenpublikum, aber auch für die Bedürfnisse der individuellen Kontemplation und Naturbetrachtung. Die Inszenierung des Ausblicks auf eine allen gemeinsam und nicht länger einem einzelnen allein gehörende Landschaft war ein wichtiges Gestaltungsthema, das neben den Trümmerbergen auf besonders beeindruckende Weise im neuaufgebauten Müggelturm und im Fernsehturm Gestalt angenommen hatte. Häufig spielten in den neuen Parks – gewissermaßen als »pädagogische Landschaften« – auch über die universell-landschaftliche Grundmetapher hinaus besondere kosmologische oder gedächtnisrituelle Momente mit, wie besonders im Fall des Ernst-Thälmann-(Wohn-)Parks vom Prenzlauer Berg, im »Großen Berliner Garten« zwischen »Palast der Republik« und Fernsehturm oder dem zu DDR-Zeiten als neu angeeigneten und mit erweiterten Bedeutungen aufgefüllten Treptower Park. Dieses von Gustav Meyer als Volkspark angelegte Gelände an der Spree stellte ursprünglich einen wichtigen Versammlungs- und Festplatz der Berliner Arbeiterschaft dar. Nach dem Krieg nahm es den Friedhof und das sowjetische Ehrenmal zum Gedenken an die opferreiche Schlacht um Berlin auf. Um die wiederaufgebaute Archenholdt-Sternwarte wurde ein Skulpturengarten mit Büsten großer Astronomen angelegt, und die vom nationalen Aufbauwerk wiederaufgebaute und gärtnerisch erweiterte Gaststätte »Zenner« war mit ihren hohen Sälen ein sozialistisches »Lustschlößchen«, in dem unter anderem Betriebskollektive ihre Feste zu feiern pflegten. Während die »Insel der Jugend« heute nach wie vor bevorzugt von jungen Leuten genutzt wird, sind die großen Freilichtgaststätten für die jährlichen Berlin-Sommer der Studenten einer Brandstiftung zum Opfer gefallen. Die Parks werden trotz ihrer hohen Akzeptanz noch nicht als besondere Topographien des kollektiven Gedächtnisses begriffen und bislang weit unter ihrem Wert gehandelt; so etwa zieht demnächst im »Zenner« ein Burgerking ein, und der große Garten vor dem Roten Rathaus soll zurückgebaut werden. Während das Treptower Ehrenmal als Monument von besonderer Dignität inzwischen von Anwohnern, Sonntagsausflüglern, internationalen Touristen und vielen Kindern ganz selbstverständlich angenommen wurde, fehlt andernorts noch das Gefühl für die besondere Denkmallandschaft im Ostteil der Stadt.
Ein Beleg dafür mag abschließend der bisherige Umgang mit der zwar unfreiwilligen, aber einschneidenden »Landmarke« vermitteln: der Berliner Mauer. Das unter Leitung von Peter Schweitzer 1961 projektierte Bauwerk hat physisch und mental das Leben der Menschen in der geteilten Stadt nicht nur geprägt, sondern diese Stadt selbst zu einem Denkmal globaler Spaltung gemacht. Möglicherweise ist die Berliner Mauer überhaupt *das* Monument des 20. Jahrhunderts. Wäre es allein durch Mauerspechte pulverisiert worden, wäre dies ein wahres »Happening« gewesen und hätte Abertausende von Menschen noch ein Vierteljahrhundert beschäftigt. Die Mauer aber verschwand in weiten Teilen durch dieselben Akteure und auf dieselbe jähe Weise, wie sie »ex nihilo« entstanden war. Nicht zuletzt dieser Umstand sollte uns veranlassen, für das Erinnern künftig größere Sorge zu tragen. Dies ist am Ende ein Plädoyer dafür, durch eine entwickelte Kultur der Zeichen und konkreten Akte immer wieder an die Welt hinter den Dingen zu erinnern, die man weder messen noch ganz erlangen kann.

1 Anatoli Lunatscharski, *Die Revolution und die Kunst,* Dresden 1962, S. 8.

2 James A. Leith, *Space and Revolution, Projects, Monuments, Squares, and Public Buildings in France 1789–1799,* Montreal/Kingston/London/Buffalo 1991, S. 3.

3 Diese Zuordnung sagt nichts über die intellektuelle Befähigung und gestalterische Kompetenz der Genannten. Sie dient hier lediglich als hinreichend prägnante Personifizierung des jeweiligen »Zeitgeists«. Reinhold Lingner wird Hans Scharoun mit einigem Recht vorgezogen, weil einerseits der Stadtlandschaftsbegriff in einer Korrespondenz zwischen Hugo Häring und Hans Scharoun ihm zugeschrieben wird und andererseits durch sein Weiterwirken in der DDR, im Gegensatz zu Scharoun, Grundprämissen und Fragmente des Landschaftskonzepts überliefert blieben. Lingners »monumentales« Forschungsprojekt zur »Landschaftsdiagnose der DDR« erfüllte Anfang der fünfziger Jahre bereits den von Lothar Kühne formulierten Anspruch totaler Fürsorge in bezug auf das natürliche Milieu des Menschen.

4 Hans Scharoun, »Die Gestalt der neuen Stadt«, in: *bildende kunst,* 1948, H. 6.

5 Im Frühjahr 1950 hatte eine Regierungsdelegation des »Ministeriums für Aufbau« während einer Studienreise in die Sowjetunion wegen der Berliner Planungsfragen sowjetische Experten konsultiert. Eine Dokumentation der Reise und der folgenden Debatten einschließlich des »Aufbaugesetzes« der DDR, in: Institut für Regionalentwicklung und Strukturplanung (Hrsg.), *Reise nach Moskau,* Quellenedition zur neueren Planungsgeschichte, Berlin 1995.

6 Jossif W. Stalin, *Der Marxismus und die Fragen der Sprachwissenschaft,* Berlin 1951. Die Debatte wurde zwischen April und Mai in der *Prawda* geführt. Ausführlich zum Thema des »Formalismusstreits« siehe auch Simone Hain, »Kolonialarchitektur? Die Stalinallee im Kontext internationaler Ästhetikdebatten«, in: Helmut Engel und Wolfgang Ribbe (Hrsg.), *Karl-Marx-Allee. Magistrale in Berlin,* Berlin 1996.

7 Vers von Johannes R. Becher, »In der Sonne lagen wir am Meer...«, erstmals in: *Heimkehr. Neue Gedichte,* Berlin 1946.

8 Walter Ulbricht, »Die Großbauten im Fünfjahrplan. Rede auf dem III. Parteitag der SED«, in: *Neues Deutschland,* 23. 7. 1950.

9 Vgl. Thomas Flierl, »›Thälmann und Thälmann vor allen‹. Ein Nationaldenkmal für die Haupstadt der DDR. Berlin«, in: Günter Feist, Eckhart Gillen und Beatrice Vierneisel (Hrsg.), *Kunstdokumentation SBZ/DDR 1945–1990. Aufsätze – Berichte – Materialien,* Berlin 1996, S. 358ff.

10 Die Tatsache des faschistischen »Mißbrauchs ursozialistischer Symbole«, der roten Fahne wie der Massenaufmärsche auf Straßen und Plätzen, hat Ernst Bloch in seinem Buch *Erbschaft dieser Zeit* bereits Mitte der dreißiger Jahre analysiert und sich für eine rückholende Aneignung ausgesprochen. In der Überzeugung, daß es in der heutigen Welt nur »rote Geheimnisse« gäbe, sprach er sich für eine »revolutionäre Traditionsarmee« aus, die die archetypischen Riten und Mythen der Volksmassen neu bestimmen müsse.

11 Vgl. Dieter Vorsteher (Hrsg.), *Parteiauftrag: Ein neues Deutschland. Bilder, Rituale und Symbole der frühen DDR,* Ausst.-Kat. Deutsches Historisches Museum Berlin, Berlin 1996.

12 Nach dem Wettbewerb für die Neugestaltung der Gräber der Sozialisten 1948, an dessen Jurierung u.a. Heinrich Tessenow, Hans Scharoun und Karl Bonatz beteiligt waren und der zugunsten von Gustav Seitz u. a. ausgegangen war, kam es zu zahlreichen Einsprüchen von Künstlern. Jeder wollte sich aus verschiedenen Gründen allein prädestiniert sehen, die Aufgabe zu lösen. Wilhelm Pieck zeichnete daraufhin einen salomonischen Kompromiß auf, eben einen einfachen Findling.

13 Edmund Collein, »Fragen des deutschen Städtebaus«, in: *Fragen der deutschen Architektur und des Städtebaus,* Referate gehalten anläßlich des ersten Deutschen Architektenkongresses in Berlin im Dezember 1951, Berlin 1952.

14 Ohne ihn sprachlich nachzuahmen, orientierte sich Liebknecht bei seinen Plädoyers für das »Antlitz der Stadt« an der emphatischen Liebesbekundung Rudolf Bindigs in seinem »Lob Frankfurts«: »Längs des Maines aber bist du die Stadt, die sich fühlt, nicht die königliche, nicht die prunkende, nicht die finstere alte und steinerne, nicht die trotzige, nicht die engherzige, verschlossene, nicht die geschäftige, wie es andere sind und zu sein lieben, sondern die wahrhaft *freie* Stadt nach Angesicht und Wesen. Du schwingst die helle Reihe deiner Bürgerhäuser den Strom hinauf, weiß und hell, ein ununterbrochen Band. Gleicher Sinn, gleiche Bedürfnisse, gleicher Wohlstand, Eintracht und Zusammengehörigkeit haben sie erbaut.« Zit. nach *Das schöne Gesicht von Frankfurt am Main,* Frankfurt am Main 1929. Liebknecht war in Frankfurt am Main geboren und besaß gleich zwei Ausgaben dieses Buchs.

15 Kurt Liebknecht, »Architektur ist Kunst«, in: *National-Zeitung,* 9. 3. 1950. »Bei einem Vortrag von Dr. Kurt Liebknecht über ›Die Rolle des Architekten beim Wiederaufbau in der Sowjetunion‹ im Klubhaus des Kulturbundes berichtete der Referent, der als Poelzig-Schüler wissenschaftlicher Mitarbeiter an der Moskauer Architektur-Akademie geworden ist, interessante Einzelheiten aus der Planung zum Wiederaufbau der kriegsverwüsteten Gebiete. In seiner Darstellung zeigte sich die Architektur als eine Kunst, die fähig sein muß, Zeitgeschehnisse und herrschende gesellschaftliche Ideen auszudrücken. Abschließend forderte Dr. Liebknecht eine klare wissenschaftlich begründete Theorie der Architektur, ohne die seiner Ansicht nach ein hochwertiges praktisches Bauen nicht möglich sein wird. Die lebhafte Diskussion bewies das Interesse der zahlreichen Zuhörerschaft.«

16 Richard Paulick, »Die Architektur der Stadtzentren«, in: *Sonntag,* 17. 9. 1950, S. 3.

17 Edmund Collein, »Der Aufbau der Stadtzentren in der Deutschen Demokratischen Republik«, in: *Deutsche Architektur,* 1955, H. 12, S. 523.

18 Collein 1951 (Anm. 13), S. 74.

19 Ebd., S. 58ff.

20 Wenn auch nicht in geschlossener Form wie im Fall der Warschauer Altstadt, so sind doch im Berliner Zentrum wesentliche Beispiele rekonstruktiven oder nachahmenden Wiederaufbaus versammelt: Brandenburger Tor, Universität, Singakademie, Zeughaus, Rotes Rathaus, Volksbühne, Staatsoper, Hedwigskathedrale, Neue Wache, Alte Bibliothek, »Hegelhaus«, Behrens-Bauten, Reichspräsidentenpalais, Liebknechthaus, Prinzessinnenpalais, Gouverneurshaus, Kronprinzenpalais, Altes Museum, Schauspielhaus, Nikolaikirche, Ephraimpalais, Französischer und Deutscher Dom, Synagoge.

21 Den meisten Zeitgenossen galt diese heroische Monumentalisierung jedoch als allzu »gewagt« und mutwillig. Man bezweifelte zu Recht, daß dieser gestalterische Aufwand für alle gleichermaßen aufrechterhalten werden könne. »Ehrlicherweise« hätte man sich seine Armut eingestehen und sich der unmittelbaren Notlage verpflichtet sehen müssen, urteilen einzelne Bewohner der Straße (wahrscheinlich nicht erst) heute. Nach sittlichen Kriterien also erweist sich die Monumentalität der Stalinallee nur bedingt als angemessen oder »echt«.

22 Im Jahr 1950 war das »Gesetz zum Schutz von Mutter und Kinder und über die Rechte der Frau« erlassen worden. Paulicks nicht realisiertes Projekt zelebrierte gewissermaßen diesen gesetzgeberischen Schritt zur Gleichstellung der Frauen an einem zentralen Ort, der als Zentrum der preußischen Macht nach Ernst Bloch »von jeher ohne Bild der Maria und ohne Verehrung weiblicher Werte« gewesen sei.

23 Ausführlich dazu Simone Hain, »›Zweckmäßigkeit, Schönheit und Idee‹. Zur Schinkelrezeption in der frühen DDR und den Plänen zum Wiederaufbau der Bauakademie«, in: Frank Augstin (Hrsg.), *Mythos Bauakademie,* Berlin 1997 (im Druck).

24 Deutsche Bauakademie (Hrsg.), »Die Aufgaben der Deutschen Bauakademie im Kampf um eine deutsche Architektur«, Ansprachen gehalten

anläßlich der Eröffnung der Deutschen Bauakademie am 8. 12. 1951 in Berlin, Berlin 1952.

25 Deutsche Bauakademie (Hrsg.), *Über Karl Friedrich Schinkel,* mit Aufsätzen von Hermann Henselmann, Karl Heinz Clasen, Willy Kurth und einem Verzeichnis der wichtigsten Schinkelbauten und ihres Zustands in der DDR von Georg Reimann, Berlin 1951.

26 Walter Ulbricht, *Das Nationale Aufbauwerk und die Aufgaben der deutschen Architektur,* Berlin 1952.

27 Vgl. Bruno Flierl, »Hermann Henselmann – Bauen mit Worten und Bildern«, in: Feist, Gillen und Vierneisel 1996 (Anm. 9), S. 358 ff.

28 Zit. nach Henselmann, »Karl Friedrich Schinkel. Eine Studie«, in: Deutsche Bauakademie 1951 (Anm. 25), S. 11.

29 So äußerte Philip Johnson auf Stalin und Henselmann angesprochen: »Welch eine Aufgabe, welch ein Bauherr: Wohnpaläste für Arbeiter und Tempel für die Kultur!«

30 Alfred Kurella, »Einige Grundelemente unserer sozialistischen Baugesinnung« (Diskussionsbeitrag auf dem XXV. Plenum – Theoretische Konferenz – der Deutschen Bauakademie vom 19.–21.10.1959), in: *Deutsche Architektur,* 1961, H. 1, S. 3.

31 Vgl. Christine Hannemann, *Die Platte. Industrialisierter Wohnungsbau in der DDR,* Braunschweig/Wiesbaden 1996.

32 Georg Münter, *Über den räumlichen Zusammenhang in der Architektur. Ein Beitrag zur Theorie und Geschichte der Architektur*, erste Manuskriptfassung, Institut für Regionalentwicklung und Strukturplanung, Wissenschaftliche Sammlungen, Berlin 1957, S. 166.

33 Vgl. Konrad Lässig, Werner Rietdorf und Gerd Wessel, *Straßen und Plätze. Beispiele zur Gestaltung städtebaulicher Räume,* mit einer Einführung von Hans Schmidt, Berlin 1968; Hans Schmidt, Rolf Linke und Gerd Wessel, *Gestaltung und Umgestaltung der Stadt,* Berlin 1970.

34 Gerhard Kosel, »Aufbau des Zentrums der Hauptstadt des demokratischen Deutschlands, Berlin«, in: *Deutsche Architektur,* 1958, H. 4, S. 177. Auffallenderweise wird nach 1956, nach Absetzung und Tod des ersten Kulturministers Johannes R. Becher, die Propaganda- und Protokollsprache immer hölzerner – als ob die Abwendung vom stalinistischen »kulturnost«-Prinzip, einer generösen Bündnispolitik mit der bürgerlichen Intelligenz, die typisch deutsch-kommunistischen Sektierermanieren neu habe aufblühen lassen.

35 Hans Gericke, »Zwischen Alex und Brandenburger Tor. Ergebnisse und Probleme eines Ideenwettbewerbes«, in: *Sonntag,* 15, 1960 (1–3), Nr. 1, S. 3–5.

36 Vgl. Bruno Flierl, »Wie wird das Zentrum von Berlin geplant?«, in: *Deutsche Architektur,* 1960, H. 3, S. 134–136; Bruno Flierl, »Was sagt die Bevölkerung?«, Ebd., S. 127.

37 Alle Zitate ebd., S. 4.

38 Zitiert wurden seit Beginn der sechziger Jahre regelmäßig José Luis Sert, Fernand Léger und Sigfried Giedion, »Neun Punkte über: Monumentalität – ein menschliches Bedürfnis« (1943), in: Sigfried Giedion, *Architektur und Gemeinschaft,* Hamburg 1956.

39 Karl Marx, *Grundrisse der Kritik der politischen Ökonomie,* Einleitung, Berlin 1974, S. 641.

40 Walter Benjamin, »Das Kunstwerk im Zeitalter seiner Technischen Reproduzierbarkeit«, in: *Gesammelte Schriften,* Bd. 1, Frankfurt am Main 1972. Hier wird auch das Marx-Zitat (siehe Anm. 39) wiedergegeben. Zit. nach Gotthart Brandler, »Zur sozialen Vermittlung der ästhetischen Aneignung von Architektur«, in: Bauakademie der DDR und Forschungsinstitut für Aufbau und Architektur (VUVA) Prag (Hrsg.), *Probleme des Ausdrucks in der Architektur,* Berlin 1979.

41 Eine noch ungeschriebene Geschichte der Architekturtheorie in der DDR müßte für den Beginn der fünfziger Jahre vor allem eine unmittelbare sowjetrussische Beeinflussung unter dem Primat der Widerspiegelungstheorie und des realistischen Mimesiskonzepts konstatieren. Ab 1955 entwickelte sich ausgehend von Georg Münters Studien zur Raumform und landschaftlichen Figuration des Ensembles eine Linie, die sich stark an der Theorie räumlicher Wahrnehmung der Stadtgestalt als Raumgefüge orientierte (vor allen Hans Schmidt, Bruno Flierl, Gerd Zeuchner). In der Erweiterung dieses Ansatzes gelangte Lothar Kühne zu seiner Philosophie der kommunistischen Gestaltung in *Haus und Landschaft,* Dresden 1984. Ein anderer Theoriezweig wiederum war vorzugsweise auf die sprachliche Kodifizierung von Architektur bezogen (Olaf Weber, Gerd Zimmermann, Friedrich Rogge), während weitere Wissenschaftler die Architektur aus der gesellschaftlichen Lebenspraxis heraus untersuchten (Herbert Letsch). Probleme der Genesis standen bei Kurt Junghanns, Karin Hirdina, Karl-Heinz Hüter, Heidrun Laudel und Dieter Dolgner im Mittelpunkt. Gegenüber diesen eher universitären Forschungskontexten betrieb eine Gruppe unter Ulrich Kuhirt an der Akademie für Gesellschaftswissenschaften im unmittelbaren parteiideologischen Diskurs der SED eine kunsttheoretische Theoriebildung, die im Kontakt mit Künstlern direkt auf Synthesekonzepte im öffentlichen Raum angewandt wurde. Man kann ab Ende der sechziger Jahre von einem auf Lothar Kühnes Theorie zurückzuführenden Standard des Monumentalitätsbegriffs ausgehen, wie er in der ersten Auflage des *Lexikons der Kunst,* Leipzig 1975, belegt ist.

42 Ulrich Kuhirt (Hrsg.), *Bildkunst und Baukunst. Zum Problem der Synthese von Kunst und Architektur in der DDR,* Berlin 1970, S. 156.

43 Ebd., S. 42.

44 Ebd., S. 44 f.

45 Ebd., S. 118.

46 Bruno Flierl, »Zum Begriff Architektur«, in: *Beiträge zur architekturtheoretischen Forschung,* Diskussionsmaterial, Manuskriptdruck, Berlin 1967, S. 57.

47 Lothar Kühne, *Haus und Landschaft,* Dresden 1984; ders., *Gegenstand und Raum. Über die Historizität des Ästhetischen,* Dresden 1981. Die Argumentation Kühnes ist weitgehend kongruent mit der des tschechischen Theoretikers Karel Teige, nur akzeptiert Kühne – selbst durch die Theorie des Sozialistischen Realismus gegangen – die transzendentale Poetik auch der Architektur. Bei Teige, der der Architektur ausschließlich instrumentellen Charakter zuerkannte, war alles Metaphysische und »Monumentale«, das heißt das Feld der Bedeutsamkeit und Geltung, in den Planungs- und Nutzungsprozeß verlegt worden. In den menschlichen Handlungen, nicht in der Anschauung hatte bei ihm Latenz und Perspektion gelegen. Nicht weit entfernt argumentierte Kühne aber zugunsten einer minimalen, konkreten Physikalität der Utopie. Die universelle Idee der menschlichen Selbstbefreiung ist seiner Auffassung nach gestalterisch und historisch als Aufschein und konkrete Emergenz eines »neuen Hauses« bereits gegeben und wird lebenspraktisch realisiert. Neben der Bauakademie von Schinkel und dem Bauhaus von Gropius galt Kühne das »Denkmal der Sozialisten« von Mies van der Rohe als vornehmstes Beispiel: »Die Gestalt war deutbar und wurde durch das revolutionäre Klassenbewußtsein in einer Tiefe geistig erfüllt, die der Gestalter … sicher nicht eingesetzt hatte. Sie verband das Motiv der Kremlmauer mit dem der Mauer der Föderierten am Friedhof Père Lachaise in Paris und begriff die diese Bedeutungen tragende Gestalt zugleich als die Vision eines neuen Hauses. Wenn die Gestalt auch nur eine dieser Bedeutungen ikonisch festgelegt hätte, wäre sie gegen diese Totalität ihrer Bedeutungen verschlossen, und es gibt nur ein Symbol, welches alle diese Bedeutungen trägt und sie zu denen der Erde, des Universums und der Menschheit ausweitet« (S. 272).

48 Zit. nach Ingrid Brandenburg, Rudolf Harnisch und Alfred Kubziel, *Fernsehturm Berlin,* Berlin 1970, S. 111.

49 Hans Scharoun hatte die neue Gestalt der Stadt des technischen Zeitalters auch mit folgendem wahrnehmungsästhetischen Grundsatz

bekräftigt: »In jeder Stadt werden die Wohnungen der Männer, Frauen, / Kinder und Alten aufwärts blicken. / Denn der Mensch ist ein Fliegender geworden. / Er kommt und geht erhoben, und somit erweitert sich / sein Blick und fordert das Gestalten des Unter-ihm-liegenden.« Aus dem Nachlaß, dokumentiert in: Institut für Regionalentwicklung und Strukturplanung 1995 (Anm. 5), S. 177.

50 Zit. nach Kuhirt 1970 (Anm. 42), S. 102ff. Dort eine ausführliche und aufschlußreiche Analyse und der interessante Vergleich zum Ernst-Reuter-Platz in Westberlin, als (architektonisch hochwertige) städtebaulicher Übung im individuellen Übertrumpfen konkurrierender Bauherren.

51 Äußerung Hans Schmidts am »runden Tisch« des Bauministers 1963, überliefert von Aldo Rossi in der italienischen Ausgabe von Hans Schmidt, *Beiträge zur Architektur. 1924–1964* (1974), zit. nach Reprint, Zürich 1993, S. XXI.

52 Otto Grotewohl, »Volk und Kultur«, Referat zur Eröffnung der Kulturwoche der Stadt Erfurt am 24. 9. 1948, in: *Deutsche Kulturpolitik. Reden von Otto Grotewohl,* mit einem Nachwort von Johannes R. Becher, Dresden 1952, S. 49.

53 Eine engagierte Argumentation gegen den atektonischen und unarchitektonischen Charakter der durch Hermann Henselmann in Mode gekommenen »Bildzeichen«-Architektur entwickelte 1969 Lothar Kühne. Siehe ders., »Bedingungen des Monumentalen in der sozialistischen Architektur«, in: *Deutsche Architektur,* 1969, H. 4, S. 196f.

54 Heinz Graffunder und Martin Beerbaum, *Der Palast der Republik,* Leipzig 1977, S. 15.

55 Eines der damals bekanntesten Lieder des Berliner »Oktoberklubs« beschrieb die Fenstermetapher folgendermaßen: »Große Fenster wünsch' ich allen Menschen / Die Gardinen spärlich nur und dünn / daß die Einsicht wie die Aussicht groß sind. / Wie ich selber gern von beidem bin /… so wächst ein Vertrauen, daß sich girlandengleich / dann durch uns're Städte zieht…« Noch früher wurde in der Aufbaulyrik der fünfziger Jahre gleichfalls häufig das Motiv des gläsern-transparenten und erhabenen Blicks über die zu Füßen liegende Stadt variiert, beispielsweise: »Und man wird auf gläsernen Terrassen stehn – / Und auf Brücken deuten – / Und auf Gärten weisen – / Und man wird die junge Stadt zu Füßen liegen sehn…« *(Kuba, Sagen wird man über unsre Tage,* 1948).

56 In einem Bildband über die Stalinallee war in den fünfziger Jahren das monumentale, sich an klassizistische Vorbilder anlehnende Eingangsportal zum Block E mit der Bildunterschrift versehen worden: »Hier wohnt der Arbeiter Meier.«

1 Heinrich Tessenow,
Umgestaltung der Neuen Wache von Karl Friedrich Schinkel (1816–1818) in eine Gedächtnisstätte für den Ersten Weltkrieg, Berlin, 1930/31

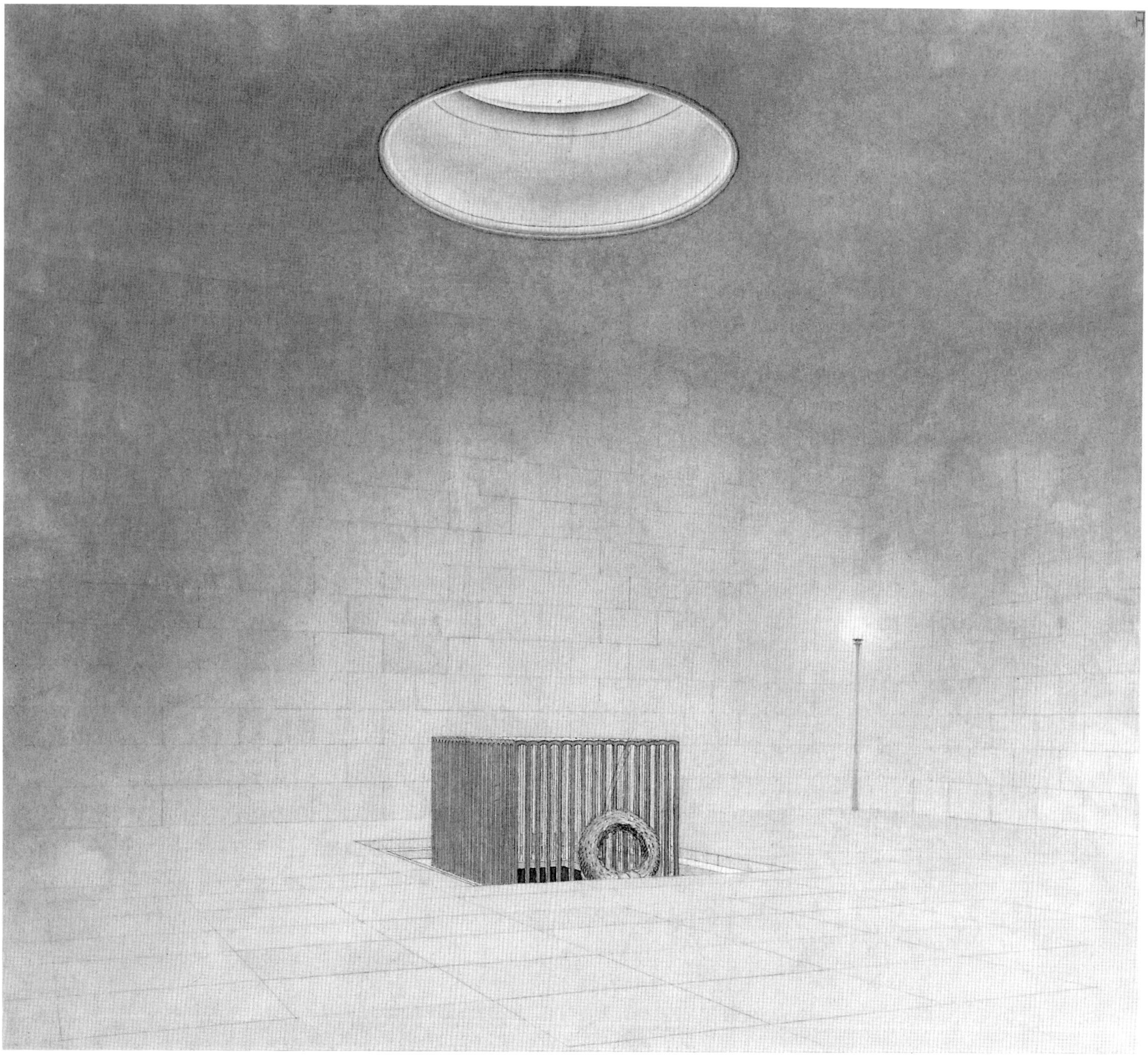

Monument und Moderne

Hartmut Frank

»Gewaltsame Fassung in kubische Formen ist die erste Maßregel dieses monumentalen Bestrebens, sowie sich das Bewußtsein aufringt, daß es sich nicht um Nachahmung von Wirklichkeit handelt..., sondern im Gegenteil um eine Abstraktion des Konstanten, um eine Umdichtung ins Unbewegliche, Starre, Kalte und Undurchdringliche, um eine Neuschöpfung in anderer eben unorganischer Natur.«
Wilhelm Worringer[1]

Im »Weißen Saal« des kriegsbeschädigten, aber noch nicht abgebrochenen Berliner Stadtschlosses fand im August 1946 die Ausstellung »Berlin plant – erster Bericht« statt. Ein von der sowjetischen Militärregierung bereits im Mai 1945 eingesetztes »Planungskollektiv«, dem außer seinem Leiter Hans Scharoun die Architekten und Stadtplaner Wils Ebert, Peter Friedrich, Ludmilla Herzenstein, Reinhold Lingner, Luise Seitz, Selman Selmanagič und Herbert Weinbrenner angehörten, berichtete der Berliner und der Fachöffentlichkeit in dieser Ausstellung über sein Konzept eines neuen Berlins.[2]
Unter den zahlreichen Wiederaufbauplanungen, die während und nach dem Krieg an vielen Orten Deutschlands bearbeitet wurden, ragt der »Kollektivplan« durch die Radikalität heraus, mit der er den städtischen Raum und seine Elemente neu definiert. Das »steinerne Berlin« gehört in ihm der Vergangenheit an. Das neue Berlin wird eine Stadtlandschaft aus locker gruppierten Nachbarschaften inmitten landwirtschaftlich genutzter Grünzonen und in unmittelbarer Nähe der den Wohnquartieren zugeordneten Produktionsstätten. Das zuvor innerhalb des S-Bahn-Rings gelegene Zentrum Berlins ist ebenso aufgelöst wie die Bebauung der Peripherie, wobei das System von Radial- und Ringstraßen dabei einem orthogonalen Verkehrsraster gewichen ist, das sich nur noch an der Topographie des Urstromtals der Spree orientiert. Außer einem Minimum historischer Spuren um die Museumsinsel und das Schloß Charlottenburg ist die gesamte Stadt in etwas geschichtslos Neues verwandelt. Die Stadt der Erinnerungen ist in eine Stadt des Vergessens und des unbelasteten Neuanfangs verwandelt. Der Kollektivplan dient weniger der Organisation des Wiederaufbaus als vielmehr der ideologischen Konditionierung der Berliner für einen Neuanfang. Er ist unschwer als ein Plan der »Stunde Null« zu lesen.
Ein augenfälliges Charakteristikum des Kollektivplans von 1946 ist die nahezu all ihrer Monumentalbauten entleerte Mitte der Stadt. Aber es wäre zu kurz geschlossen, diese Leere allein aus der übervollen Mitte des noch wenige Monate zuvor bearbeiteten Speer-Planes zu erklären. Der Kollektivplan will selbstverständlich Antithese sein, aber er hat auch seine eigene Genealogie innerhalb des Diskurses der Neuen Stadt, wie er vor dem Kriege in den CIAM (Congrès Internationaux d'Architecture Moderne) und in den Zirkeln von ehemaligen Bauhausschülern geführt worden war. Mitglieder des Planungskollektivs hatten 1933 in Athen die deutsche CIAM-Sektion vertreten und sich noch in der Nazizeit regelmäßig im Berliner Büro von Ludwig Hilberseimer getroffen. Das Kollektiv selbst stellt in seiner Ausstellung einen Bezug zu Miljutins *Sozgorod*, zum London-Plan der Gruppe MARS (Modern Architectural Research Group) und zu Martin Mächlers raumplanerischen Überlegungen für Groß-Berlin her. Der Traum von der nicht monumentalen, nicht länger das Zurückliegende bedenkenden, sondern statt dessen heroisch in die Zukunft blickenden Neuen Stadt hatte 1946 bereits eine eigene Geschichte.
So wie sich das Neue Bauen als Architektur von den Spuren historischer Stile zu befreien suchte, wollte auch die Neue Stadt den Ballast der Vergangenheit abwerfen. Als wirklich Neue Stadt braucht sie die Tabula rasa. Die Sanierungspläne der Vorkriegszeit konnten sich nur zaghaft an den Abriß streng begrenzter sozialer Problembereiche der inneren Stadt heranwagen, allenfalls die Verkehrsplanung gab da und dort den Vorwand für weiterreichende Interventionen in den Bestand über-

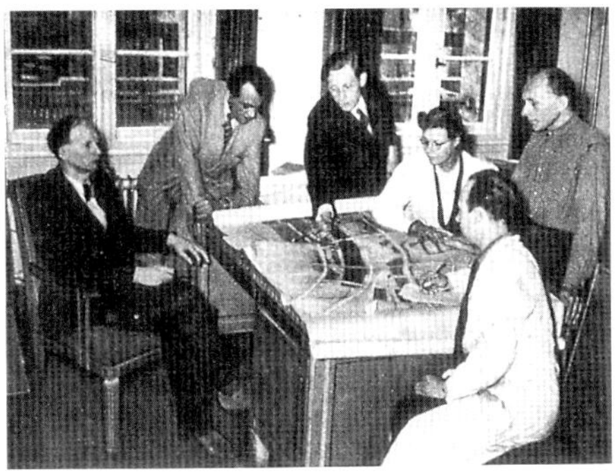

2 Mitglieder des Planungskollektivs, Berlin 1946, von links nach rechts: Hans Scharoun, Selman Selmanagič, Reinhold Lingner, Luise Seitz, Wils Ebert, Peter Friedrich

3 Gruppe MARS, Reorganisations- und Wiederaufbauplan von London, 1942, Ausschnitt

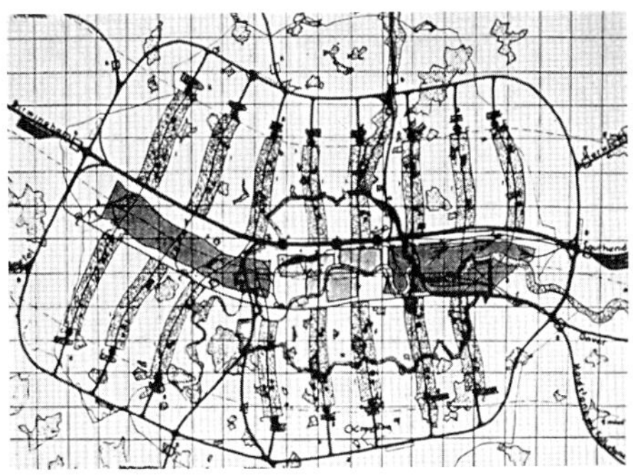

kommmener Baustruktur. Dem Planungskollektiv aber hatte der Luftkrieg unverhoffte Möglichkeiten eröffnet. Scharoun sprach verharmlosend von der »mechanischen Auflockerung« der Stadt, die ihm und seinem Kollektiv den Weg zu großzügigen neuen stadträumlichen Lösungen eröffnet hätte. Die historischen Denkmäler waren ebenso zerstört oder beschädigt wie die Mietskasernen, die Fabriken und alle anderen Elemente der Stadt. Großzügig ausgelegte Schadenskartierungen, totaler Neubaustopp durch die Alliierten und akuter Baustoffmangel für Wiederaufbaumaßnahmen hatten den Planern den Umgang mit dem baulichen Bestand der historischen Stadt, mit dem steinernen Berlin zusätzlich erleichtert. Der Kollektivplan konnte so nahezu unberührt von den Zwängen einer auf Durchsetzung und Realisierung ausgelegten Planung die Neue Stadt als die Utopie einer Stadt ohne Monumente in reiner Form artikulieren.

Die Leitbilder der Stadtlandschaft, der Bandstadt, der Nachbarschaften werden vermittels eines großräumigen am Urstromtal der Spree orientierten und in breiten Grünstreifen verlaufenden Rasters von Schnellstraßen zu einem Gesamtplan zusammengefaßt, in dessen Mitte nur ein winziger Rest der historischen Stadt als musealer Kern erkennbar bleibt.[3] Eine neuartige Verteilung der Wohn- und Arbeitsstätten im Raum soll den Stadt-Land-Gegensatz aufheben und eine gleichversorgte Stadt-Land-Stadt schaffen. Aus dem Tiergarten ist der Große Stern mit der Siegessäule ebenso entfernt wie die Ost-West-Achse und die wilhelminische Siegesallee. Nur das neue sowjetische Ehrenmal bezeichnet in der Nähe des Brandenburger Tors noch einen besonderen Ort. In Berlin-Mitte bleibt die Straße Unter den Linden und der Lustgarten mit der Museumsinsel erkennbar, in Charlottenburg die Schloßstraße und das Schloß. Das Neue Berlin des Kollektivplans kennt weder staatliche noch private Repräsentation und hat alle weiteren Spuren früheren Großstadtlebens gründlich getilgt.

Der einige Jahre später verfügte Abbruch des Berliner Stadtschlosses und dann auch der Schinkelschen Bauakademie, die der Krieg beide stark beschädigt, aber keinesfalls total zerstört hinterlassen hatte, blieb, ohne eine direkte Konsequenz davon zu sein, Teil der Logik dieses Plans, ebenso Scharouns Überlegungen von 1950, den Schlüterhof des Schlosses als Innenhof einer gewaltigen Tribünenanlage am Marx-Engels-Platz, dem neuen Zentralplatz der Hauptstadt der DDR, zu erhalten. Zugleich steckt in diesem Projekt bereits die Frage, wie die deutsche Nachkriegsmoderne sich angesichts neu aufkommender staatlicher Repräsentationswünsche verhalten soll. Scharoun stimmt dem Abbruch des Schlosses im Prinzip zu und erhält dennoch als Kompromiß mit den Abrißgegnern den Schlüterhof.

Aber er läßt das Schloß nach außen nicht mehr in Erscheinung treten. Es soll in der Hauptstadt des sozialistischen Deutschlands nicht länger an das aufgelöste Preußen erinnern und die Mitte der Stadt für sich beanspruchen. Seine Geschichte ist gewissermaßen verhüllt, wenn nicht sogar verschlungen durch die Einverleibung in ein neues Monument des neuen Staats. Scharoun unternimmt den Versuch, die von der Architektur des Schlosses repräsentierten Inhalte, die von der DDR-Regierung noch für wirksam und somit systemgefährdend angesehen werden, zu neutralisieren und zugleich das neue Monument durch die Integration eines entpolitisierten historischen Kulturguts aufzuwerten.

Wieder einige Jahre später, beim internationalen Städtebauwettbewerb »Hauptstadt Berlin« von 1958 finden wir Hans Scharoun und Wils Ebert mit einem gemeinsamen Projekt unter den Preisträgern.[4] Nicht daß sie inzwischen dem Prinzip der aufgelockerten Stadtlandschaft untreu geworden wären, wohl aber dem der egalitären Wohnstadt ohne monumentales Zentrum, denn gerade ein solches hatte der Auslober sich ja von den Wettbewerbsteilnehmern erbeten. Scharoun und Ebert denken ihr altes Konzept des leeren Zentrums weiter, erweitern gewissermaßen den

4 Planungskollektiv, Leitung: Hans Scharoun,
»Das neue Gesicht Berlins, aufgeteilt durch ein Schnellstraßen-Netz in einzelne Wohngebiete, die ein Arbeits-Zentrum umfassen«, 1946.
Legende: 1. Arbeitsgebiete, 2. Wohngebiete, 3. Altes Industriegebiet, 4. Stadtverwaltung, 5. Museumsstadt mit der Feststraße Unter den Linden

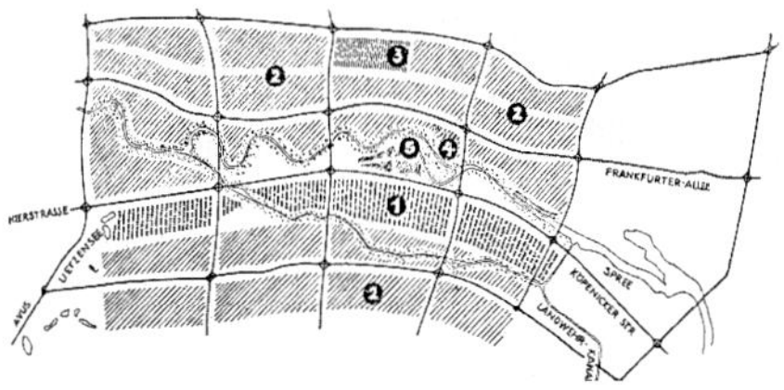

Tiergarten nach Osten über das Gebiet der historischen Stadtmitte hinweg und setzen in die so gewonnene Parklandschaft frei komponierte Großformen. Diesmal bleiben Reichstag, Brandenburger Tor und Altes Museum erkennbar erhalten. Die vertrauten Spuren der Straße Unter den Linden säumen freistehende Einzelbauten, nur die markanten Plätze – Pariser, Leipziger und Belle-Alliance-Platz – werden als Plätze gerahmt. Die übrige steinerne Stadt der definierten Räume ist zum Fließen gebracht, die historischen Orte schwimmen im verallgemeinerten Park der Stadtlandschaft ebenso wie die neuen freien architektonischen Großformen für staatliche, kommerzielle und kulturelle Nutzungen. Einen Rest dieses Konzepts wird Scharoun in den sechziger Jahren im Kulturforum am Kemperplatz realisieren können, wo seine Philharmonie und Staatsbibliothek ohne stadtplanerische Zwänge in einen freien Dialog mit Mies van der Rohes Nationalgalerie und Gutbrods Museumsbauten treten und wie diese mehr oder weniger erfolgreich eine neue repräsentative Monumentalität erproben.

Wie 1945 beim Kollektivplan war auch beim Wettbewerb von 1958 der Formulierung von Stadtutopien keine Schranke durch irgendwelche Realisierungszwänge gesetzt. Es hat den Anschein, daß gerade dieser Aspekt die große Attraktivität des Wettbewerbs ausgemacht hat, zu dem 151, meist namhafte Architekten aus aller Welt Entwürfe eingereicht haben. Der Wettbewerb stellte just zu dem Zeitpunkt die

5 Planungskollektiv, Leitung: Hans Scharoun, Ausstellung »Berlin plant – erster Bericht« im Weißen Saal des Berliner Stadtschlosses, 1946

seit dem Groß-Berlin-Wettbewerb von 1910 latente Hauptstadtfrage erneut, an dem Berlin zum zentralen Schauplatz des kalten Krieges geworden war, nur drei Jahre vor dem Bau der Mauer und einer dreißigjährigen Teilung der Stadt. Zentrales Planungsgebiet des Wettbewerbs war Berlin-Mitte, ein Gebiet, über das die Verantwortlichen der Auslobung keinerlei Verfügungsgewalt hatten und für das zudem seit 1949 von Ostberliner Architekten eine Serie von Ausbauvorschlägen zu einem Zentrum der DDR-Hauptstadt vorgelegt worden war. Im Gegensatz zur Stalinallee aber, die – von größter Propaganda begleitet – bereits ausgeführt worden war, warteten diese Pläne 1958 noch auf ihre Verwirklichung. Nicht eine konkrete Realisierungsplanung war im Hauptstadt-Berlin-Wettbewerb gefordert, sondern ein im höchsten Maße ideologisches Projekt für die Selbstdarstellung eines in der gegebenen historischen Situation undenkbaren wiedervereinigten Deutschlands: eine fiktive Idealhauptstadt. Den Initiatoren des Wettbewerbs sollte dieser zwar zur Unterstreichung des Alleinvertretungsrechts der Bundesrepublik dienen, der Mehrzahl der Wettbewerbsteilnehmer aber, zumindest der ausländischen, war dieses Ziel sicherlich eher gleichgültig. Ihnen ging es mehrheitlich um den Nachweis, daß die moderne Architektur ihre avantgardistischen Kinderschuhe abgestreift habe und durchaus in der Lage sei, die Hauptstadt eines großen Landes in Mitteleuropa der Zeit angemessen zu gestalten. Sie sahen in Berlin das ersehnte europäische Experimentierfeld, nachdem die Fachzeitschriften immer öfter über aufregende neue Architekturen in Brasilien, Kolumbien, Indien und Mexiko berichtet hatten.
Die deutsche Architektenschaft versuchte über die Intentionen der Politiker hinaus mit dem Hauptstadt-Berlin-Wettbewerb wie auch schon mit der ein Jahr zuvor in Berlin veranstalteten »INTERBAU« endlich wieder Anschluß an die international geführten Debatten zu gewinnen, von denen sie während des Kriegs und in der Nachkriegszeit weitgehend ausgeschlossen waren. Die deutsche Architekturdiskussion war in den ersten Nachkriegsjahren auch nach der Nazizeit noch weitgehend isoliert verlaufen. Zwar hatten die Kulturorganisationen der Alliierten im Rahmen ihrer Umerziehungskampagnen auch namhafte Architekten aus der Emigration zu Vortragsreisen nach Deutschland gebracht, aber die eigene direkte Information im Ausland war aufgrund der wirtschaftlichen Lage und der Reisebeschränkungen nur in Ausnahmefällen und dann in wenigen Nachbarländern möglich. Zentrale Debatten wie die um eine Neue Monumentalität, die Sigfried Giedion, Juan Gris und José Luis Sert 1943 mit ihrem Manifest »Neun Punkte über: Monumentalität – ein menschliches Bedürfnis«[5] bereits während des Kriegs angeregt hatten, waren in Deutschland nicht nur nicht wahrgenommen worden, sie wären auch wegen der noch unverarbeiteten eigenen Monumentalismusdiskussion in der Nazizeit nur schwer nachvollziehbar gewesen.

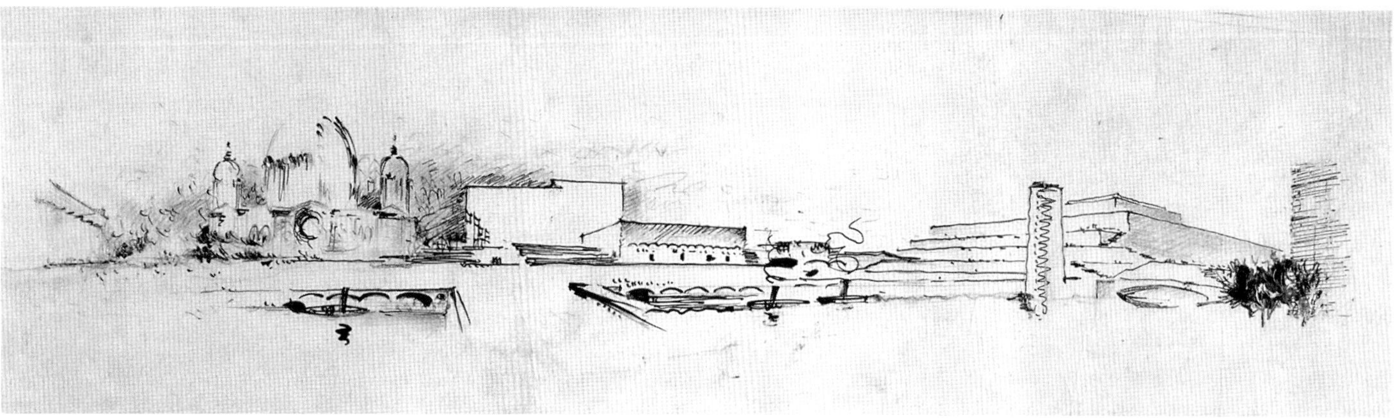

6 Hans Scharoun, Städtebauliche Studie für das Zentrum Berlins, Frühjahr 1950, vor der Sprengung des Stadtschlosses

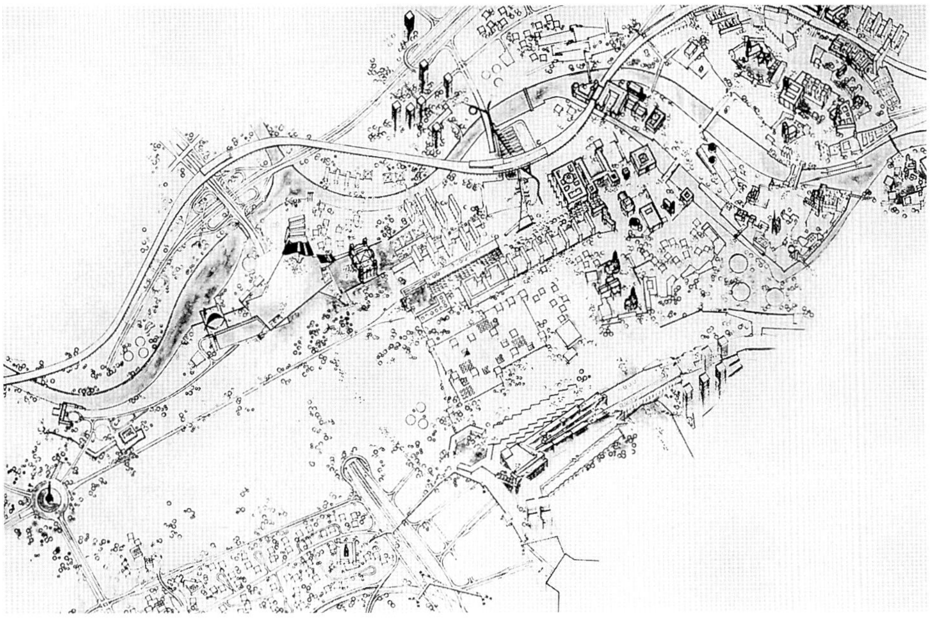

7 Hans Scharoun, Wettbewerbsentwurf »Hauptstadt Berlin«, 1958, ein 2. Preis, Isometrie

Kurz nach den »Neun Punkten« und etwa gleichzeitig mit einem diese erläuternden Aufsatz Giedions unter dem Titel »The Need for a New Monumentality«[6] erschien in Deutschland Ende 1944 in der letzten Nummer von Albert Speers Architekturbeilage zur offiziösen Zeitschrift *Kunst im Deutschen Reich* von Friedrich Tamms der programmatische Text »Das Große in der Baukunst«.[7] Die Zielrichtung und die Argumentation der beiden Texte könnte unterschiedlicher kaum sein. Tamms, der sich als Architekt zahlreicher Autobahnbrücken einen Namen gemacht hatte, verteidigt in buchstäblich letzter Minute die Architektur aus dem Umfeld Albert Speers, die in der gleichen Zeitschrift ein Jahrzehnt lang als genuiner Ausdruck einer neugewonnenen deutschen Monumentalarchitektur gefeiert, aber nie auch nur ansatzweise theoretisch begründet worden war, und deren große Pläne angesichts des verlorenen Kriegs keinerlei Aussicht auf Realisierung mehr hatten. In Anlehnung an darwinistische Argumente und an das »Führerprinzip« des Nationalsozialismus erklärt Tamms das Gesetz des Monumentalen zum »harten Gesetz der Baukunst«.[8] Das Monumentale überrage das Alltägliche, es stehe für sich und erhebe sich über das Kleine, das sich im Gegensatz zu diesem den Gesetzen der Ökonomie und der Funktion zu unterwerfen habe. Das Monumentale zeichne sich durch großen Maßstab, Zeitlosigkeit, Dauerhaftigkeit, Masse, Klassik und Einfachheit aus. Es sei keinesfalls liebenswürdig, sondern spröde, aber immer selbstbewußtes Zeichen einer Idee: »Monumentalität ist nicht Sache der Natur; Monumentalität ist Menschenwerk.«[9]

Für die auftrumpfend selbstherrliche Diktion Tamms' war im Nachkriegsdeutschland kein Raum mehr. Aber auch seine Trennung der Architektur in monumental und vernakulär schien während der jetzt entbrannten Auseinandersetzungen um einen regionalistischen oder modernen Charakter des vorrangigen Wieder- und Neuaufbaus von Wohnquartieren und der dringlichsten Wohnfolgeeinrichtungen obsolet und völlig unzeitgemäß. An Monumentalität war kein Bedarf, eher wünschte man eine Entmonumentalisierung des städtischen Raums, eine Verallgemeinerung des »Kleinen« und des »Natürlichen«. Der Kollektivplan war in diesem Sinn durchaus zeitgemäß. Dabei gab es konkret zahlreiche Bauaufgaben zu lösen, die zu anderen Zeiten als genuin monumental angesehen worden wären: in Konzentrationslagern wurden Denkmäler errichtet, Soldatenfriedhöfe waren zu gestalten,

8 Hans Scharoun, Kulturforum Berlin, 1964, oben rechts: Philharmonie mit geplantem Kammermusiksaal, unten rechts: Staatsbibliothek, unten links: Neue Nationalgalerie von Ludwig Mies van der Rohe

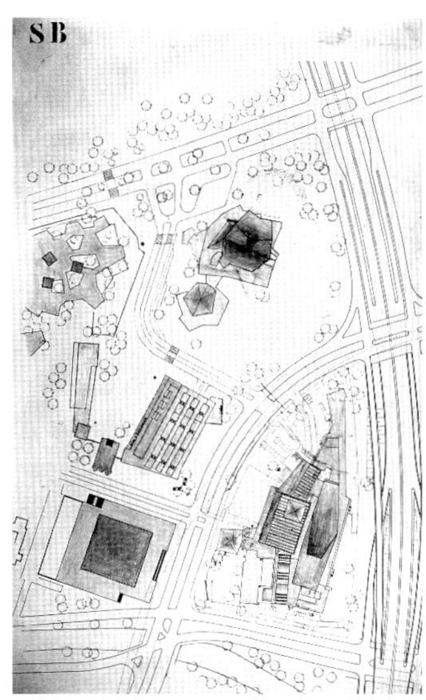

Walter Gropius Giedion in seiner Vorstellung weitgehend unterstützen, daß die moderne Architektur nach ihrem Sieg gegen Traditionalismus und Technikfeindschaft den Begriff des Funktionalismus auf moralische und emotionale Qualitäten ausweiten müsse, wenn sie künftig die gestellten Aufgaben beim Bau von neuen Gemeinschaftszentren qualitätvoll bewältigen wolle, geht der Londoner Stadtplaner William Holborn so weit zu vermuten, daß Monumentalität auch heute nur durch eine Rückkehr zu klassischen Formeln erreicht werden könne, wenn man sie wirklich noch wolle;[19] und der Kunsthistoriker Gregor Paulsson aus Uppsala lehnt es generell ab, in einer modernen demokratischen Gesellschaft über die von ihm als grundsätzlich autoritär und unterdrückend charakterisierte Monumentalität nachzudenken.[20]

Paulsson, der jedoch in der Runde keine weitere Unterstützung findet, wirft Giedion explizit eine dualistische Architekturkonzeption vor, die das Funktionale vom Monumentalen trenne. Die Geschichte zeige deutlich, daß das Monumentale immer an Unterdrückung, Einschüchterung und Machtausübung gebunden gewesen sei. Er erwähnt hier kursorisch den Pergamonaltar, St. Peter in Rom und das Reichsparteitagsgelände in Nürnberg und kommt zu dem Schluß, daß das Monumentale in der demokratischen Gesellschaft keine soziale Basis mehr habe und deshalb auch nicht mehr erwünscht sein könne. Auch Gemeinschaftszentren seien keine genuin monumentale Aufgabe, denn »a town does not become a better place to live in merely through a civic centre without any improvement in general conditions«.[21] Wolle man emotionalen Aspekten mehr Raum geben, dann sei mehr Intimität und keine Monumentalität gefragt, die nur der Einschüchterung diene. Für ihn habe der Entwurf eines Bestecks oder einer Arbeiterwohnung den gleichen ästhetischen Wert wie der einer U-Bahn-Station und eines Rathauses. Die moderne Architektur solle sich, statt nach Monumentalität zu streben, besser um eine ökologische Organisation der Stadt kümmern, das Geheimnis des jeweiligen Ortes berücksichtigen und letztlich »a kind of human gardening« anstreben.

Paulssons Gegenposition zu Giedion zeigt deutliche Parallelen zu den Argumentationen der deutschen Antimonumentalisten der vierziger Jahre. Wir wissen, daß Tamms' Manifest eine Kampfansage an die besonders in Kreisen des ehemaligen Deutschen Werkbunds verbreitete Konzeption einer ganzheitlichen Architektur war, die grundsätzlich alle Gestaltungsaufgaben mit dem gleichen Qualitätsanspruch lösen wollte. Er antwortete direkt auf eine mehrfach gehaltene Rede Paul Schmitthenners von 1941, die dieser in Anlehnung an Adalbert Stifter »Das sanfte Gesetz in der Kunst«[22] überschrieben hatte und in der er mit der These des allmählichen Entstehens einer neuen »Großen Architektur« aus einer sorgsam gepflegten Baukultur des Kleinen und Kleinsten heraus die gestalterischen Setzungen der zeitgenössischen Architekten um Speer implizit kritisiert und herausgefordert hatte.

Paulssons Ansichten lassen sich auch im Sinne des Kollektivplans lesen, für den die Stadt buchstäblich zum Garten geworden war, nicht nur zum Park, sondern auch zum Nutzgarten mit Kartoffelanbau im Nebenerwerb. Auch dort stand die Intimität des Wohnens im Zentrum, das private Heim, dessen Kombination mit der Produktionsstätte bereits im wesentlichen die Stadt ausmachte und keiner weiteren besonders hervorgehobenen Elemente für ihre Bewohnbarkeit bedurfte. Der Mensch sollte in Einklang mit der Natur der Stadtlandschaft leben, die Bauten wollten und sollten sich nicht über die Natur erheben.

12 Kranzniederlegung in der Neuen Wache, Berlin 1933/34

Giedion hatte in der Londoner Diskussion seine schon 1944 aufgestellte Forderung erneuert, die Neue Monumentalität in den Gemeinschaftszentren der großen Städte zu entwickeln. Dieser Gedanke, der auch schon 1947 auf dem CIAM-Kongreß von Bridgewater eine wichtige Rolle gespielt hatte, wurde schließlich Thema des achten CIAM Kongresses, der 1951 in Hoddesdon bei London, noch immer ohne deutsche

Beteiligung, stattfand. Die Debatte um eine Neue Monumentalität wurde hier nicht erneut aufgenommen. Sie wurde gewissermaßen als bereits abgeschlossen betrachtet, und ihre Ergebnisse konnten unter ostentativer Vermeidung des ungeliebten Terminus »Monumentalität« mit der programmatischen Überschrift »The Heart of the City: Towards the Humanization of Urban Life« als neuer optimistischer Konsens der Modernen Bewegung verbreitet werden.[23]

Die neuen humanen Stadtzentren sollten weder durch parkartige Freiräume wie in den englischen »New-Towns« noch durch die Errichtung monumentaler Baumassen gebildet werden, sondern sie sollten frei gestaltete künstlerische Ensembles werden, in denen der moderne Stadtbewohner seine emotionalen Bedürfnisse ohne Zwang optimal befriedigen konnte. Le Corbusier stellte seine Planung für Chandigarh, die durch die Teilung Indiens notwendig gewordene neue Hauptstadt des Punjabs, vor. Er verwendete dabei das Wort »Monumentalität« kein einziges Mal, aber er nannte das die Stadt bekrönende Regierungsviertel das Kapitol. Und zumindest die Eingeweihten unter den CIAM-Mitgliedern verstanden, daß hier die Neue Monumentalität ihren ersten reifen Ausdruck gefunden hatte.

Die Debatte um die Neue Monumentalität hatte innerhalb der Modernen Bewegung größere Bedeutung als man angesichts der relativ geringen Resonanz in der Fachöffentlichkeit vermuten könnte. Sie rettete ihr gewissermaßen die Architektur. Giedion hatte offenbar ernsthaft befürchtet, daß sie sich aufgrund ihrer antimonumentalen Grundhaltung und ihrer mythischen Überhöhung der »modernen« Baumaterialien um die Möglichkeit bringen könne, überhaupt noch dauerhafte, feste und würdige Bauten zu errichten. Er hatte deshalb in seinem Artikel von 1944 sogar darüber nachgedacht, kurzlebige Massenspektakel wie Feuerwerke an die Stelle permanenter Monumentalbauten zu setzen.

Als eine Art unerwünschtes Nebenprodukt der professionellen Öffentlichkeitsarbeit ihres Generalsekretärs war auf den CIAM der Nachkriegszeit eine dogmatische Verhärtung des Selbstverständnisses der Modernen Bewegung immer deutlicher geworden und hatte in einer unübersehbaren Verarmung der ästhetischen Möglichkeiten zahlreicher ihr anhängender Architekten eine Entsprechung gefunden, die wiederum ihre Akzeptanz bei der Masse der Bevölkerung ernsthaft in Frage stellte. Auf diese Akzeptanz hatte sie zwar in ihrer kämpferischen Phase als »Avantgarde« der Moderne durchaus geglaubt verzichten, ja, mehr noch, aus der Nichtanerkennung sogar auf eine Richtigkeit ihres Ansatzes schließen zu können, aber jetzt, wo sie sich anschickte, ihren Sieg in eine ästhetische Dominanz umzuwandeln, wäre eine Zurückweisung durch die Massen fatal gewesen, denn eine solche hätte ihre Etablierung als neue verbindliche Stilkonvention verhindert.

Die Architektur, die ohne Monumentalität sein wollte, war im Begriff aufzuhören, Architektur zu sein, und nur die Volte zur einer neuen künstlerischen Architektur erlaubte ihre Rettung. Der Verlust der beruhigenden Geschlossenheit des Dogmas war letztlich leichter zu ertragen als eine Gefährdung des Siegs des »international style« und seine Durchsetzung als neue verbindliche Baukonvention.

Für Giedion war dies nicht der erste radikale Kurswechsel seiner Karriere. Der studierte Maschinenbauingenieur und Kunsthistoriker aus der Schule von Heinrich Wölfflin hatte bereits mehrere Positionsveränderungen hinter sich gebracht. Mit seinem Beitrag zur Befreiung der modernen Architektur vom Dogma des Funktionalismus war er jetzt zu den Anfängen seiner eigenen kunsthistorischen Laufbahn zurückgekehrt. In seinem Frühwerk *Spätbarocker und Romantischer Klassizismus*[24] hatte er noch sorgfältig Wand, Raum und Raumfolge analysiert, bevor er wenige Jahre später die Überwindung von Stütze und Last im modernen Stahlbau besang.[25]

Die Arbeit über den Klassizismus hatte er mit einer großen Vision der verpaßten Möglichkeiten des 19. Jahrhunderts enden lassen: »Zwingt ein durchgehendes, gemeinsames Ziel einmal alle Teile der Gestaltung wieder in eine gemeinsame Richtung, so kann auch die verloren gegangene Erkenntnis in neuem Sinn wieder fruchtbar werden. Dann dürfte... die Fähigkeit wiedererstehen: große Massen in Zucht zu halten, Materie in Raum aufzulösen und das einzelne Ich in größerem Chor herrlicher auferstehen zu lassen.« So wäre denn die Moderne Bewegung mit hundertfünfzigjähriger Verspätung endlich wieder dort angelangt, wo »Um 1800« die Architektur zum letzten Mal vor ihrem Abgleiten in die Pseudomonumentalität das Monumentale zu leisten vermochte – sie wäre endlich Stil geworden.

Diese Geschichte ließe sich aber auch grundsätzlich anders lesen, wenn man sie nicht mit dem romantischen Klassizismus verknüpft, sondern mit der Reformarchitektur der Zeit um 1900. Die Moderne Bewegung hätte sich dann nur ideologisch, aber nie faktisch von jener Architektur entfernt, die von ihr als pseudomonumental tituliert wurde. Auch ohne das Maschinenbaustudium des einen und die Erfolge des anderen im Ingenieurbau haben Giedions und Tamms' Positionen gemeinsame Wurzeln. Es lohnt ein Blick auf die Teilnehmerliste eines großen Wettbewerbs wie den von 1911 für das Bismarck-Nationaldenkmal in Bingerbrück, um die gemeinsame Matrix zu erkennen, der zumindest in Deutschland die verfeindeten Positionen der kommenden Jahrzehnte entsprungen sind. In diesem Wettbewerb hatte die bereits in den achtziger Jahren begonnene Debatte um eine neue deutsche Monumentalbaukunst zur Repräsentation des 1871 neugegründeten Deutschen Reichs ihren Höhepunkt gefunden. Die Debatten um Monumentalität und um Moderne waren zu diesem Zeitpunkt noch aufs engste miteinander verknüpft.

Es ist keinesfalls der Londoner Kristallpalast oder der Pariser Eiffelturm, von denen die Moderne Bewegung in Deutschland ausgeht, sondern vielmehr der Bau des Gebäudes für den Deutschen Reichstag, die Bismarck-Türme und die sonstigen im ganzen Reichsgebiet erbauten Großdenkmäler. In den Büros von Paul Wallot und Bruno Schmitz schult sich eine ganze Generation deutscher Architekten, die sich in den Folgejahren im Deutschen Werkbund, in der Gartenstadt-Bewegung, im Werdandibund, im BDA (Bund deutscher Architekten), in der Bodenreformbewegung und zahlreichen anderen um Modernisierung bemühten Verbänden um den richtigen Kurs der modernen Architektur streiten wird.

Die Kritik an den nur großen und geschwätzigen Denkmälern an der Porta Westfalica, im Teutoburger Wald, am Kyffhäuser oder am Deutschen Eck in Koblenz ist fruchtbar. Architekten wie Wilhelm Kreis, Fritz Schumacher oder Heinrich Tessenow formulieren das neue architektonische Denkmal, das sich radikal von den historischen und narrativ überladenen Vorgängern absetzt. An den neuen Monumentalbauten entzünden sich die Architekturphantasien eines Otto Rieth[26] und Fritz Schumacher[27], mit denen eine entscheidende Ablösung von der Stilarchitektur des Historismus vollzogen wird und neue Wege im Künstlerisch-Kreativen gewiesen werden. Die Bismarck-Denkmäler von Kreis finden die Anerkennung der Jungen, und um Kreis' Entwurf entbrennt die Debatte in Bingerbrück. Lichtwark und Rathenau stehen als Verteidiger eines Denkmaltyps, der Bauwerk und Großplastik so zu verbinden sucht, daß eine Plastik in abendländischer Denkmaltradition auf entscheidende Weise den Sinn erzeugt, während Schumacher und Muthesius auf der Gegenseite als Befürworter des abstrakten, rein architektonischen Mals hervortreten.[28]

An den Wettbewerben für Großdenkmäler und daneben auch an privaten Grabstätten schulen die jungen Reformarchitekten ihre Fähigkeiten, Monumentalität zu gestalten. Das Monumentale soll sich möglichst rein darstellen, unbelastet von historischen Vorgaben und erzählerischem Beiwerk, abstrakt und möglichst ohne die Unterstützung von Plastik und Bild. Begeistert folgen sie den gestalterischen Theorien eines Adolf Hildebrand und verfolgen interessiert die kunsthistorischen Analysen von August Schmarsow, Heinrich Wölfflin und Alois Riegl. Wilhelm

13 Hermann Billing, Wettbewerbsentwurf für das Bismarck-National-Denkmal auf der Elisenhöhe bei Bingerbrück/Bingen, 1910, Photomontage

Worringer schließlich gelingt es mit seiner Dissertation *Abstraktion und Einfühlung*, das ästhetische Empfinden seiner Generation so überzeugend zu artikulieren, daß seiner Arbeit ein fulminanter publizistischer Erfolg zuteil wird.
Für die jungen Reformarchitekten verbindet sich der Terminus »Monumentalität« keinesfalls mit Paulssons Assoziationen von illegitimer Herrschaft und Unterdrückung, sondern im Gegenteil mit gesellschaftlichem, technischem und kulturellem Fortschritt. Die neue Monumentalarchitektur soll der problem- und konfliktbeladenen modernen Großstadt ebenso wie dem gesamten Territorium des gerade erst zusammengefügten Reichs inhaltlichen Halt geben. Sie soll diese künstlichen und noch formlosen Gebilde verorten, mit Sinn füllen und ihnen zeitliche Dauer geben. Als Artefakte sollen sie die schöpferische Kraft ihrer Autoren auf das tote Material übertragen, ihnen künstlerisches Leben geben und so späteren Zeiten vom kulturellen Stand der Moderne Zeugnis ablegen.
Architekten wie Theodor Fischer, Peter Behrens, Fritz Schumacher, Wilhelm Kreis und Hermann Muthesius bleiben deshalb auch konsequenterweise nicht bei der Planung von reinen Denkmälern und Gedenkstätten stehen, sondern übertragen die dort gewonnenen Gestaltungstechniken konsequent auf alle neuen Bauaufgaben, auf technische Bauten, Sakralbauten und vor allem auf alle Arten von öffentlichen Bauten. Hier, in den Projekten der aufstrebenden Kommunen, in den rasant wachsenden Großstädten, stellen sich der modernen Architektur die großen Aufgaben der Zukunft, und hier verwandelt sie ihre Monumentalbauten in »soziale Monumente«, die einen modernen städtischen Raum definieren: als ästhetisch wahrnehmbaren und zugleich als sozialen Raum der modernen Wohn- und Arbeitsstadt.
Die Wege trennen sich erst in den zwanziger Jahren, als ein Teil dieser Reformer in dem Versuch, ihre eigene Arbeit zu rationalisieren und der Ingenieursarbeit ähnlich zu machen, damit beginnt, das künstlerisch gestalterische Arbeiten der anderen als

14 Ludwig Mies van der Rohe, Deutscher Pavillon auf der internationalen Ausstellung, Barcelona, 1928/29 Zeichnung: Sergius Ruegenberg

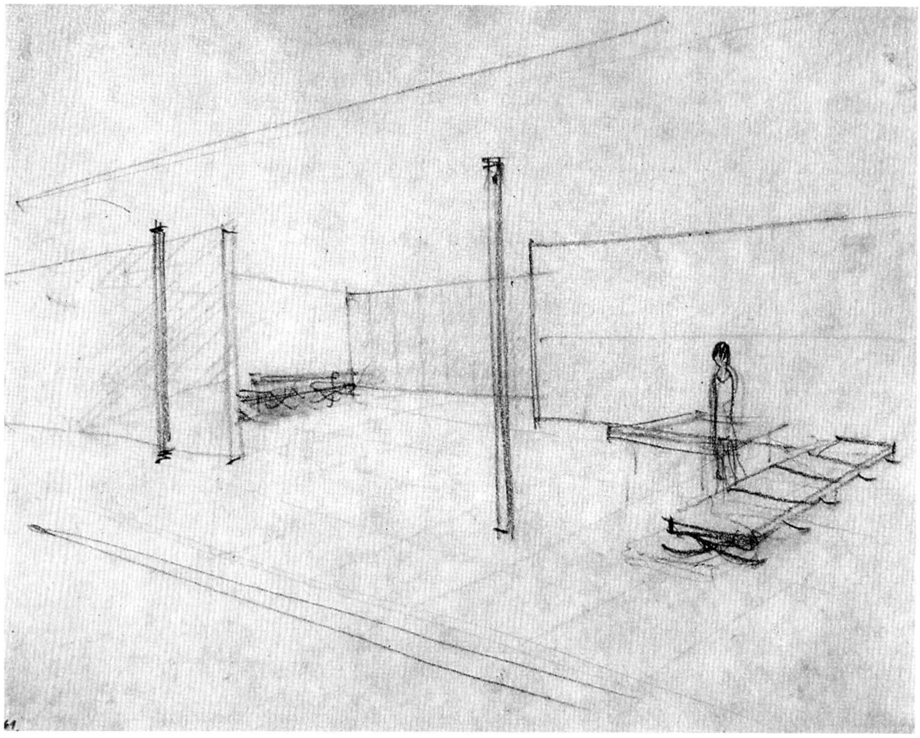

traditionalistisch und reaktionär anzugreifen. Man klassifiziert jetzt Materialien, Konstruktionen und Bauformen als fortschrittlich beziehungsweise reaktionär. Auch das Streben nach Monumentalität erhält die Konnotation des Rückwärtsgewandten. Monumentalität ist mit dem Begriff Architektur verknüpft und mit ihrer mehrtausendjährigen Geschichte, und sie bemüht sich um die Darstellung von Dauer und Sinn jenseits von Material und Funktion. Beides Aspekte, für deren Überwindung das Neue Bauen eintritt. Über all diesen Kontroversen und bald auch politisierten Auseinandersetzungen gerät die gemeinsame Wurzel der eigenen Entwurfstechnik in den Abstraktionsbemühungen der reformerischen Monumentalitätsdebatte der Jahrhundertwende schnell in Vergessenheit. Die Linie, die sich von Mies van der Rohes Barcelona-Pavillon zu seinem Entwurf für Bingerbrück ziehen ließe, interessierte in diesen Debatten ebensowenig wie die von Behrens' Geschäftshäusern am Berliner Alexanderplatz zu seiner Botschaft in Petersburg. Die weiße, glatte, stumme Moderne der zwanziger Jahre fußte ebenso auf der Monumentalitätsdebatte wie die typologischen Abstraktionen der Traditionalisten oder das Spiel der Neoklassizisten mit den reduzierten und vom Ornament befreiten Formrelikten der Antike. Die Moderne Bewegung hatte sich ideologisch, aber nie faktisch von den monumentalistischen Architekturen gelöst, sondern sie hatte deren Abstraktionstendenzen nur radikaler fortgeführt und so konsequent auf alle Arten von gewöhnlichen Bauaufgaben übertragen, daß sie kein unterscheidbares Entwurfsrepertoire zur Lösung der sich unvermittelt in den vierziger Jahren stellenden repräsentativen Bauaufgaben mehr zur Verfügung hatte, so daß ihr nur die Rückwendung zur Kunst blieb, zur Freigabe der individuellen Formentscheidung.

So gesehen konnte die Debatte der vierziger Jahre um eine Neue Monumentalität keine andere Monumentalität schaffen, aber sie löste die Moderne Bewegung aus ihrer dogmatischen Erstarrung, brachte sie zurück zur Architektur und öffnete den Weg für die Auseinandersetzungen um die Gestalt der Architektur in der zweiten Hälfte dieses Jahrhunderts.

1 Wilhelm Worringer, *Abstraktion und Einfühlung. Ein Beitrag zur Stilpsychologie,* München 1908, hier zit. nach der Neuauflage von 1948, S. 97.

2 Vgl. *Berlin plant,* Ausst.-Kat. Berlin 1946; Hans Scharoun, »Zur Ausstellung ›Berlin plant‹«, in: *Neue Bauwelt,* Berlin 1946, H. 10, S. 3; ausführlich dokumentiert findet sich der Kollektivplan bei Jonas F. Geist und Klaus Kürvers, *Das Berliner Mietshaus 1945–1989,* München 1989. Zur Einbindung des Kollektivplans in die Diskussion der Zeit siehe Hartmut Frank, »Trümmer. Traditionelle und moderne Architekturen im Nachkriegsdeutschland«, in: Bernhard Schulz (Hrsg.), *Grauzonen und Farbwelten. Kunst und Zeitbilder 1945–1955,* Ausst.-Kat. Berlin 1983; Hartmut Frank, »Landschaft mit Trümmern«, in: Helmut Geisert, Doris Haneberg und Carola Hein, *Hauptstadt Berlin. Internationaler städtebaulicher Wettbewerb,* Ausst.-Kat. Berlin 1990.

3 Zu den unterschiedlichen im Kollektivplan ablesbaren Leitbildern siehe Elke Sohn, *Die Aufhebung des Stadt-Land-Gegensatzes. Zur Genealogie des Kollektivplanes Berlin 1946 und seiner Vorläufer,* Diplomarbeit, Hochschule für bildende Künste Hamburg, April 1997.

4 Vgl. Frank 1990 (Anm. 2).

5 José Luis Sert, Fernand Léger und Sigfried Giedion, ›Nine Points on Monumentality‹, in: »Monumentality and the City«, in: *The Harvard Architecture Review,* Frühjahr 1968, H. 4, S. 62f. Das im CIAM-Archiv, Nachlaß J. Tyrwhitt, aufbewahrte Dokument nennt statt Fernand Léger Juan Gris als Mitverfasser; vgl. *Sigfried Giedion 1888–1968. Der Entwurf einer modernen Tradition,* Ausst.-Kat. Zürich 1989, S. 150.

6 Sigfried Giedion, »The Need for a New Monumentality«, in: Paul Zucker (Hrsg.), *New Architecture and City Planning,* New York 1944; der deutsche Originaltext »Über eine neue Monumentalität«, in: Dorothee Huber (Hrsg.), *Sigfried Giedion. Wege in die Öffentlichkeit. Aufsätze und unveröffentlichte Schriften aus den Jahren 1926–1956,* Zürich 1987, S. 180–195.

7 Friedrich Tamms, »Das Große in der Baukunst«, in: *Kunst im Deutschen Reich,* März 1944, S. 46–60. Die Veröffentlichung erschien rückdatiert erst in der zweiten Jahreshälfte 1944 als letztes Heft vor dessen kriegsbedingter Einstellung.

8 Zum Hintergrund des Tammsschen Artikels in der deutschen Architektur der Kriegsjahre vgl. Hartmut Frank, »La loi dure et la loi douce: monument et architecture du quotidien dans l'Allemagne nazie«, in: Jean-Louis Cohen (Leitung), *Les années 30. L'architecture et les arts de l'espace entre industrie et nostalgie,* Paris 1997.

9 Tamms 1944 (Anm. 7), S. 55.

10 Giedion 1944 (Anm. 6), S. 183.

11 Ebd., S. 185.

12 Dem Team gehörten an: Costa, Niemeyer, Reidy, Leao, Moreira und Vasconcelos; vgl. Giedion 1944 (Anm. 6), S. 189.

13 Schlußsatz der »Neun Punkte…«, in: Sert, Léger und Giedion 1968 (Anm. 5), S. 63.

14 Giedion 1944 (Anm. 6), S. 191.

15 Pablo Picasso, *Monument en bois,* 1930, Öl, Valentine Gallery New York, Abb. in: Giedion 1944 (Anm. 6), S. 194.

16 Ebd., S. 192 (Kursivschreibung entspricht der des Originals).

17 Vgl. Emil Kaufmann, *Von Ledoux bis Le Corbusier. Ursprung und Entwicklung der autonomen Architektur,* Wien 1933.

18 Insgesamt beteiligten sich an der Diskussion Gregor Paulsson, Henry-Russell Hitchcock, William Holford, Sigfried Giedion, Walter Gropius, Lucio Costa und Alfred Roth; siehe *The Architectural Review,* 104, September 1948, H. 624, S. 117–128.

19 Ebd., S. 121, 125.

20 Ebd., S. 122f.

21 Ebd., S. 123.

22 Paul Schmitthenner, *Das sanfte Gesetz in der Kunst in Sonderheit in der Baukunst. Eine Rede,* Straßburg 1943.

23 J. Tyrwhitt, José Luis Sert und Ernesto Nathan Rogers (Hrsg.), *The Heart of the City: Towards the Humanization of Urban Life,* New York 1952.

24 Sigfried Giedion, *Spätbarocker und Romantischer Klassizismus,* München 1922.

25 Sigfried Giedion, *Bauen in Frankreich. Bauen in Eisen. Bauen in Eisenbeton,* Leipzig o.J. (1928).

26 Otto Rieth, *Skizzen,* Vier Folgen, Leipzig 1896–1899.

27 Fritz Schumacher, *Studien,* Leipzig 1897.

28 Vgl. Max Dessoir und Hermann Muthesius, *Das Bismarck-Nationaldenkmal. Eine Erörterung des Wettbewerbs,* Jena 1912; Alfred Lichtwark und Walter Rathenau, *Der rheinische Bismarck,* Berlin 1912.

1 Axel Schultes mit Charlotte Frank, »Hauptstadt Berlin, Parlamentsviertel im Spreebogen«, Konzept November 1993, Vogelschau

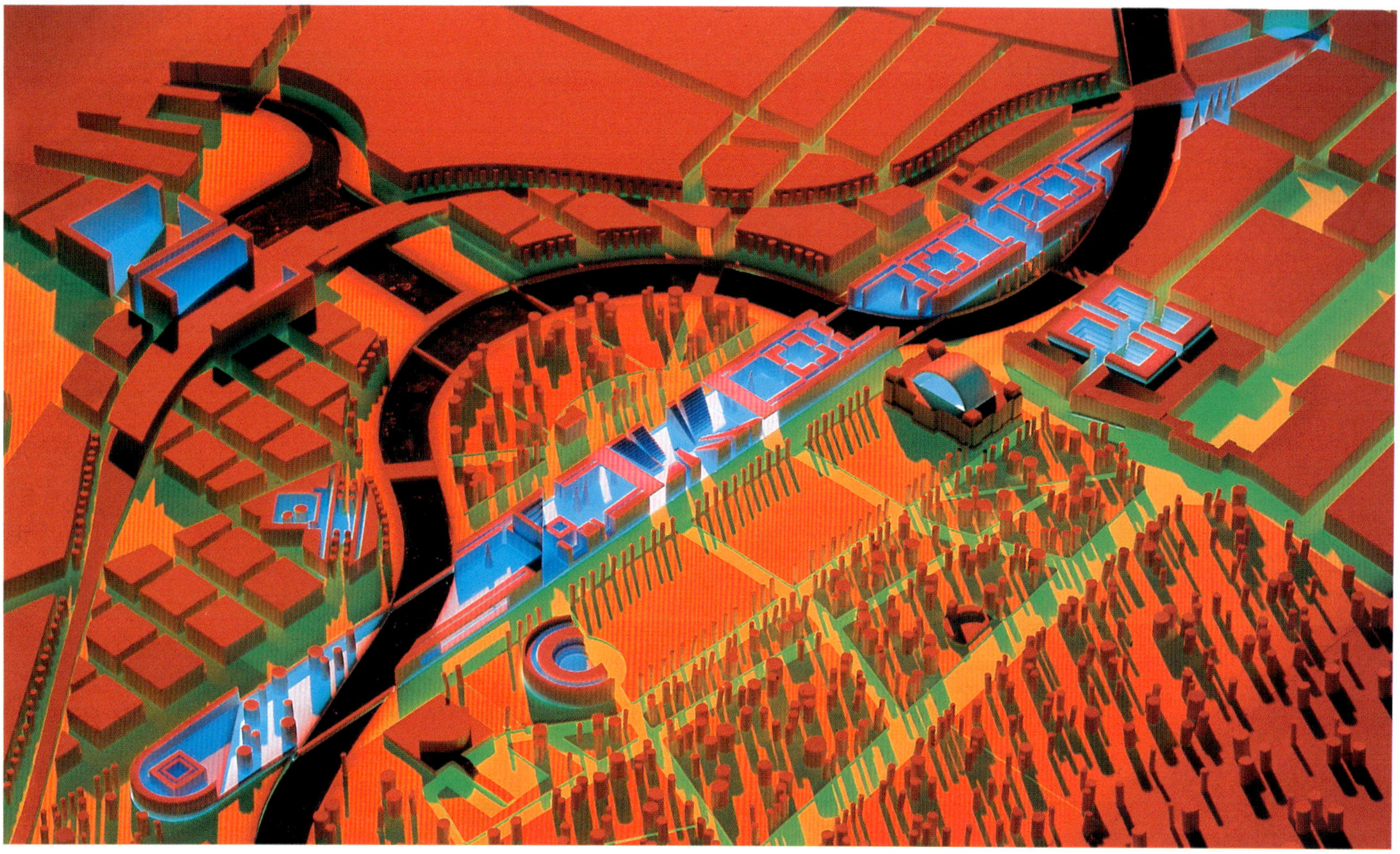

Verhältnisse träumen oder Staat zeigen

Wolfgang Kil

Reichlich zwanzig Jahre hat es gedauert, bis die alte Bundesrepublik zu ihrem letzten Repräsentativbau kam. Im Oktober 1992, zwei Jahre nach der deutschen Vereinigung, wurde in Bonn der neue Plenarsaal des Bundestags seiner Bestimmung übergeben. Doch während am Rheinufer die geladenen Gäste den Einweihungsreden lauschten, liefen in Berlin die Vorplanungen für den neuen Regierungssitz einer – neuen? – Republik schon auf vollen Touren. Welch bemerkenswerte Gleichzeitigkeit! Als Günter Behnisch endlich den Triumph seiner Idee vom »demokratischen Bauen« feiern darf und während das deutsche Feuilleton sich in einstimmiger Begeisterung für die »Leichtigkeit und Transparenz« als Ausdruck für die zivile Heiterkeit der deutschen Demokratie ergeht, hat Axel Schultes seine Entwurfszeichnungen für den Ablösebau bereits fertig – für den schroffen Riegel quer über den Spreebogen hinweg, die »Apparatefestung«, die am Ende den Berliner Wettbewerb gewinnen wird. Und auch der Erläuterungstext ist in jenem Oktober 1992 schon geschrieben, der das provokante Motto enthält: »›Dem deutschen Volke‹ Staat zeigen«.

Zwei gegensätzlichere Architekturkonzepte als das von Günter Behnisch für Bonn und jenes von Axel Schultes für Berlin lassen sich kaum vorstellen. Daß beide einander zeitlich so direkt berühren, und zwar in Bauaufgaben mit nahezu identischer Bedeutsamkeit, ist dem zufälligen Lauf der historischen Ereignisse geschuldet. Trotzdem, oder vielleicht gerade deshalb, läßt die Konfrontation der so unterschiedlichen Konzepte – genauer: ihre gleichrangige Akzeptanz in der Öffentlichkeit – Rückschlüsse auf ein gewandeltes Selbstverständnis der bundesdeutschen Gesellschaft zu. Behnisch und Schultes treten nämlich nicht als Protagonisten zweier konkurrierender ästhetischer Moden auf, sondern sie verkörpern mit ihrem Gesamtschaffen deutlich unterscheidbare kulturelle Prägungen. Wie in den Medien (die maßgebliche Fachkritik ausdrücklich eingeschlossen) erst Behnischs Glaskubus im filigranen Gittergerüst und nur wenige Wochen später mit gleicher Emphase Schultes' pathetischer Betonriegel gefeiert werden konnte, hätte eigentlich befremden müssen. War analytisch-abwägendes Bewußtsein nun gänzlich dem postmodernen Beliebigkeitsgebot zum Opfer gefallen, oder machten sich hier Zeichen einer allgemeineren Orientierungskrise bemerkbar?

Nur sehr wenige Kommentatoren gaben zu erkennen, daß ihnen im plötzlich eröffneten architektonischen Spannungsfeld ein viel folgenreicherer Wandel aufzuleuchten begann: Christoph Hackelsberger etwa erschien der so offensichtlich »verspätet« fertig gewordene neue Plenarsaal am Rhein als »das platonische Idealbild dessen, was wir nach den Jahren der NS-Diktatur an Gemeinschaftlichkeit, an Staat also, erträumt haben: Offenheit, Recht, Freiheitlichkeit. Die neu gewonnene parlamentarische Landschaft ist zugleich ein Schlußpunkt: das Erwachen am Ende eines Traums.«[1]

2 Bundeshaus, Bonn, ehemals Pädagogische Akademie, Umbau: Hans Schwippert, 1948/49, im Hintergrund: Abgeordnetenhochhaus von Egon Eiermann, 1965–1969
Photo: Reineke, 1993

3 Günter Behnisch, der neue Plenarsaal des Deutschen Bundestages, Bonn, 1988–1993, Außenansicht
Photo: Stutterheim

Behnisch in Bonn – der Blick zurück

Die gesellschaftspolitischen Debatten der frühen neunziger Jahre standen unverkennbar im Zeichen einer zunehmend hektischen Selbstvergewisserung. Unter dem Schock der unerwartet doch Realität gewordenen deutschen Einheit suchten viele westdeutsche Intellektuelle nach Beweisgründen einer »unauflösbaren Westbindung« der Bundesrepublik.[2] Im Kontext solcher Bestrebungen bot auch der neue Plenarsaal willkommenen Anlaß, geradezu verklärende Blicke auf die zurückliegende Geschichte der Bonner Republik zu werfen. Günter Behnischs provozierende, weil absichtlich improvisiert wirkende Architektur, die in ihrer Absage an alle traditionellen Typologien und Statusformeln ansonsten als eher wenig mehrheitsfähig gilt, avancierte plötzlich zum baulichen Sinnbild der »bewährten demokratischen Traditionen der alten Bundesrepublik«.

4 Günter Behnisch,
der neue Plenarsaal des Deutschen Bundestages, Bonn, 1988–1993.
Bundeskanzler Dr. Helmut Kohl während einer Rede am 1. Juni 1995
Photo: Faßbender

Dabei wurde die darzustellende Funktion des Parlaments zumeist auf den eher staatstheoretischen Grundsatz »Durchsichtigkeit der Entscheidungsprozesse« reduziert, was in die populär verkürzte Formel mündete: »Gläserne Fassade gleich Transparenz der Politik«. Sogar die Fachkritik nahm immer wieder auf jene floskelhafte Wendung Bezug, allerdings nie, ohne darauf zu verweisen, daß spätestens seit Adolf Arndts berühmter Rede »Demokratie als Bauherr« (1960) solche banalisierenden Interpretationen eigentlich überwunden sein müßten: Natürlich habe die Realität praktischer Politik mit dem kontrollierenden Einblick von Zaungästen nicht das geringste zu tun.[3]
Behnisch selbst hatte diesem allzu leichtfertigen Gebrauch der Glasmetapher durch eigene Auskünfte durchaus Vorschub geleistet, etwa wenn er forderte, daß »das, was drinnen passiert, offensichtlich für die sein [muß], die später das fertige Produkt sehen. Es kann nicht so sein, daß man den Eindruck hat, da walten geheimnisvolle Mächte. Das hat möglicherweise etwas mit Hineinsehen zu tun, aber mehr noch damit, daß man sieht, das ist da und das ist dort.«[4] Diesen deutlich differenzierteren Begriff von »Durchsichtigkeit« hatte der Architekt aus jenen Bauaufgaben gewonnen, die seinen erzieherischen Vorsatz geradezu idealtypisch herausgefordert hatten: den Schulen. Hier hatte er mit gläsernen Zentralhallen experimentiert: »Man sieht alles, die Geräte und Konstruktionen, die Mitschüler und die Lehrer, selbst das Konferenzzimmer und das Direktorenbüro. ... Da gibt es kein Rätsel für die Schüler: Wo kommen eigentlich die Lehrer her, wo reden sie über uns...«[5]

5 Günter Behnisch,
Progymnasium auf dem Schäfersfeld, Lorch, 1973, zentrale Halle

Eine der überzeugendsten Würdigungen von Behnischs Plenarsaal findet sich denn auch bezeichnenderweise bei einem langjährigen Abgeordneten: »Der Parlamentsbau schüchtert nicht ein, sondern macht neugierig. ... In der Eingangshalle werden die Besucher nicht ausgegrenzt, sie sind von Anfang an dabei. Schon aus der Halle sehen sie in den Plenarsaal, sehen Abgeordnete, Journalisten und Fernsehteams in der Lobby. Die Abgeordneten gehen über eine breit angelegte Treppe hinunter zum Plenarsaal, nicht feierlich-achsial wie bei einer Kirche, sondern gelassen, selbstverständlich, ohne vorgespielte Würde. Der Plenarsaal vermittelt Konzentration. ... In der kreisförmigen Sitzordnung geht der Blick hinüber zu den anderen Fraktionen, man beobachtet die Gesichter, sieht Zustimmung oder Ablehnung, Interesse oder Langeweile. ... Die Tageslichtdecke macht den Raum hell, man erlebt die Tageszeiten, das Wetter, die Jahreszeiten. Abends bei einem weniger bedeutenden Thema in kleiner Besetzung entsteht ein Gefühl von Intimität.«[6] Dieses positive Urteil ist aus aktiver Nutzererfahrung gewonnen, sucht also die funktionale Perspektive und kommt damit den Besonderheiten in der Denk- und Arbeitsweise gerade dieses Architekten in besonderer Weise nahe.

Günter Behnisch wurde 1922 geboren. Er gehört damit jener Generation an, die schon einigermaßen Glück und Geschick brauchte, um »noch einmal davonzukommen«; auf dem Beginn ihrer Lebensplanung (Ende der vierziger, Anfang der fünfziger Jahre) lastete die Hypothek, Nationalsozialismus und Krieg als prägende Grunderfahrung verarbeiten zu müssen. Behnisch hat aus dieser Auseinandersetzung die Konsequenz eines radikaldemokratischen Ideals gezogen, das er bis heute seinem architektonischen Credo zugrunde legt. »Sein Thema ist die Verteidigung des Individuellen, Schwachen gegen die Herrschaft der Apparate, gegen den Übermut der Ämter, gegen die Macht der Mächtigen«, beschreibt Wolfgang Pehnt nicht nur den Menschen Behnisch, sondern vor allem dessen stets wiederkehrendes Gestaltungsmotiv: »Architektur dagegen soll Spielräume eröffnen, Zwänge abbauen, Normen in Frage stellen, Hierarchien auflösen. Städtebauliche oder architektonische Herrschaftsformen verursachen ihm Alpträume. Die übertrieben lange Achse, die extreme Symmetrie, die lastende Schwere, die geschlossenen Systeme, die respektheischende Monumentalität der dreißiger Jahre sind für ihn traumatische Erfahrungen. Als sich die NS-Diktatur etablierte, war Behnisch elf Jahre alt. Den letzten Weltkrieg hat er noch als junger Offizier mitgemacht. So weiß er, wovon er spricht.«[7]
Günter Behnisch denkt in politischen Kategorien, auch wenn er entwerferische Prozesse, Ästhetisches also, beschreibt: »Wir versuchen, Architektur mit einem offenen Ende zu machen. ... Die Gestalt gibt Auskunft über die Art und Weise, wie wir miteinander und mit der Welt umgehen.«[8] »Demokratie« und »Freiheit« ziehen sich als zentrale Leitmotive durch jede seiner streitbaren Reden; dabei werden diese Begriffe nie ideologisch gebraucht, sondern stets im Sinn von konkreten, auch auf Architektur zu richtenden Verhaltensanforderungen: Pluralität, Transparenz, Prozeß, Offenheit. An diesen Maximen hält er unbeirrt fest, ja, dafür riskiert er sogar, von jüngerem Publikum als Eiferer belächelt zu werden: »Das Quadrat liegt in der Nähe von Staat und Macht. Der alte Nierentisch lag in der Nähe von Individuum und Offenheit. ... Ich bin der Meinung, daß die Architektur der fünfziger Jahre, die das produziert hat, tatsächlich offen und frei war, und daß unsere Architektur heute [1981] wieder die Zwänge über die Menschen stülpt im Namen einer sogenannten Kunst, die wir eigentlich nie wieder haben wollten.«[9]
Wie man auch ohne Nierentische einem wichtigen Staatsbau zu »Zwanglosigkeit« als vorherrschendem Charakterzug verhelfen kann, hat Behnisch in seinem Bonner Plenarsaal vorgeführt. Nach seinem Gestaltungsansatz hierfür befragt, hatte er sich schon 1976 von allen »allgemein üblichen Vorstellungen herrschaftlicher Repräsentation« distanziert: »Wir meinen, daß das Parlament darauf verzichten sollte, ... zu imponieren, sich zu erheben über andere, sondern daß es gut daran täte, wenn es sich einen materiellen Aufwand leisten würde, der im Bereich des Bürgerlichen liegt. ... Es geht mehr um den Witz, im Prinzip um den Geist, nicht um die materielle Pracht. ... Es sollte eine heitere Gelöstheit im Wesen des Gebäudes sein und nicht dieses Verklemmte, Verkrampfte und Angestrengte, das wir in unserem Leben und vor allem in unseren Bauten und natürlich auch in unserer Politik haben.«[10]
Und dann gibt er, in einem Nachsatz, hinter dem emanzipatorischen Imperativ

6 Günter Behnisch,
Olympiapark, München, 1972
Lageplanskizze: Carlo Weber, 1967

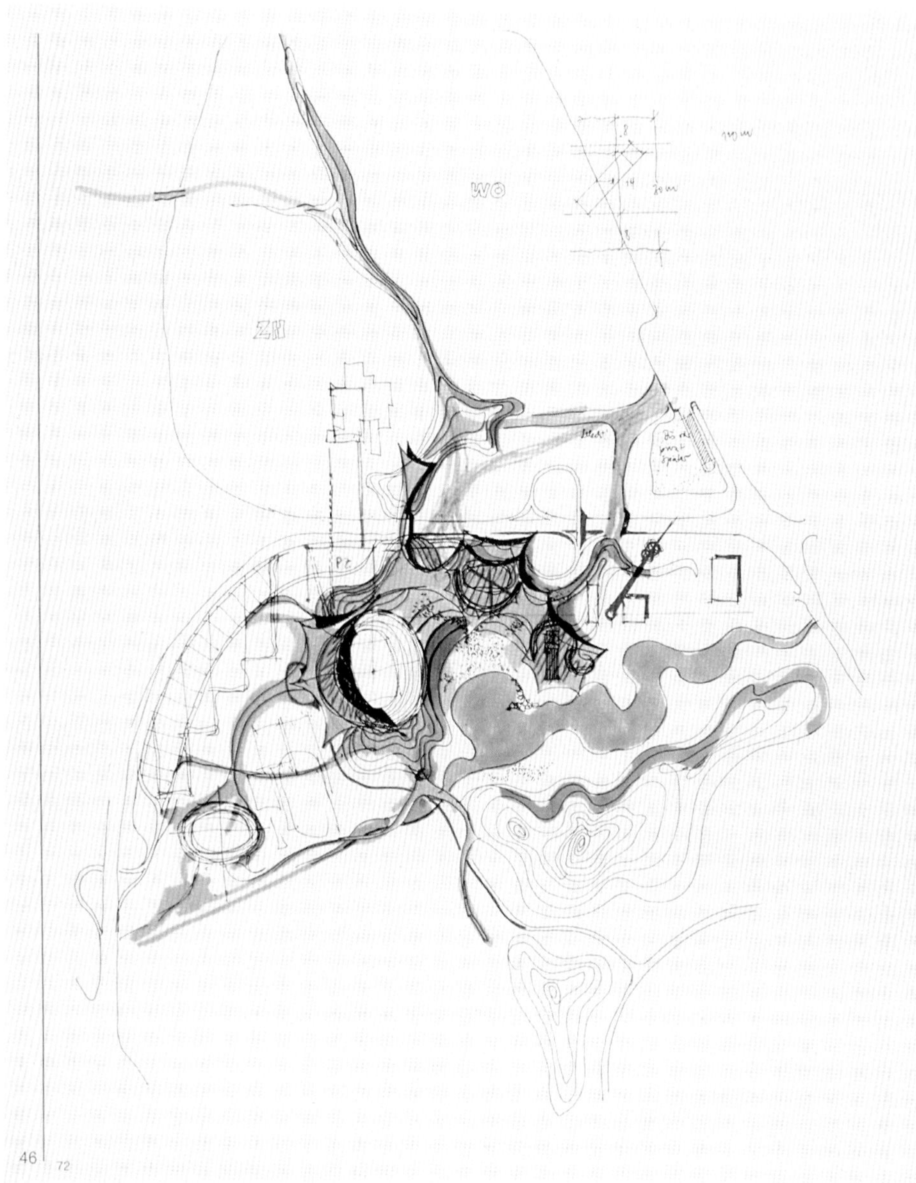

7 Günter Behnisch mit Frei Otto,
Leonhardt und Andrä, Jörg Schlaich,
Überdachung der Sportstätten,
Olympiapark, München, 1972

einen drängenden antizipatorischen Impuls zu erkennen: »Der Architekt soll nicht nur aufnehmen, was ist. ... Nach etwas Lichtem, nach Hellem hat man doch Sehnsucht. ... Das ›Prinzip Hoffnung‹ in unserem Leben müßte eingehen in die Kultur, in die vom Menschen geschaffene Welt.«[11]

Mit seiner Skepsis gegenüber Hierarchien, seiner sozialen Moral, seinem Vertrauen auf die erzieherische Kraft sinnvoll geordneter Funktionen, seiner Geringschätzung gegenüber verfestigten Bildern und seiner Hoffnung auf die Stärke analytischer Vernunft gibt sich Günter Behnisch als konsequenter Vertreter der Moderne zu erkennen. In den sechziger Jahren, jenem optimistischen Jahrzehnt, da die Architektur »den Menschen wieder Orte der Begegnung und Räume politischen Handelns zur Verfügung stellte«,[12] machte er vor allem mit innovativen Schulbauten von sich reden. Mit seinen Münchener Olympiazelten von 1972 fand er (gemeinsam mit Frei Otto) für das zu Wohlstand gelangte und einigermaßen heiter in die Zukunft blickende Land ein weltweit staunend registriertes Zeichen. Daß er bald darauf, mit anfangs aus Kreisformen locker gruppierten Gebäudekomplexen, auch bei den

Planungen für ein neues Bonner Parlament zum Zuge kommen sollte, durfte nach solchen Erfolgen eigentlich kaum verwundern. In seiner Architektur – und das hieß ja unvermeidlich auch: in der darin manifestierten Haltung – fand sich das mehrheitliche Selbstbild der Bundesrepublik jener Zeit aufs Sinnfälligste gespiegelt.
Aus heutiger Sicht überraschen muß allerdings, daß sich ein solch hierarchieverachtendes Konzept für den Plenarsaal über sämtliche Umarbeitungsphasen hinweg zwei Jahrzehnte lang durchhalten ließ. Neigte sich doch schon bald nach den »fröhlichen Spielen« von München die Zeit der Unbeschwertheit ihrem Ende zu: Im »Deutschen Herbst«[13] ging die aufklärerische Revolte der 68er unter, und es war eben dieses Jahr 1977, in dem auch Günter Behnisch seine vielleicht schwerwiegendste Niederlage erlitt: Im Wettbewerb um die Stuttgarter Staatsgalerie unterlag er James Stirling. Aus dem daraufhin landesweit entbrannten Architekturstreit gingen die Anhänger der Postmoderne als die neuen Meinungsführer hervor.
Dieser einschneidende kulturelle Wandel führte sogar zu einer historischen Relativierung der bis dahin vorbehaltlos gefeierten Olympiabauten: »Vielleicht, daß die allgemeine Aufbruchstimmung jener Jahre, die neue Gelassenheit und das Mündigwerden der bundesdeutschen Gesellschaft in der Nachfolge der rebellischen Phase rund um das Jahr 1968 zu dieser so unbeschwerten und aufbruchsbereiten Münchener Architektur beitrugen. ... [Doch] Für Europa und insbesondere Deutschland gilt, daß unser Jahrhundert und seine mehr als erschütternden permanenten Umwälzungen eine kollektive Psyche hervorgebracht haben, die in der Bauwelt vorrangig Sicherheit sucht, während sie allem Improvisierten, allen Anzeichen von Unstetigkeit und Veränderung instinktiv und zutiefst mißtraut. Nur gelegentlich, so scheint es, lassen Phasen relativer Sicherheit den Luxus einer beweglichen, gleichsam grenzenlosen und unsteten Architektur zu.«[14]
Daß der unbelehrbare Modernist trotzdem seine Bonner Planungen weiterverfolgen konnte, lag wohl nicht zuletzt am geringen Interesse, das die Öffentlichkeit generell den baulichen Vorgängen in der »rheinischen Residenz« entgegenbrachte (und ganz sicher auch an der hartnäckigen Solidarität einiger Sympathisanten im Umfeld des Auftraggebers). Als der Bau schließlich übergeben wurde, stand er als irritierender Solitär in einer Landschaft, die längst von ganz anderen Debatten umgepflügt und neu bestellt worden war. Mit seiner dekonstruktivistischen Attitüde lag er durchaus im modischen Trend, und doch war er, was sein vergegenständlichtes Ideal betraf, irgendwie übriggeblieben: ein Relikt aus Zeiten, da die Bundesrepublik sich noch als »Projekt« begriff und ihre Vorläufigkeit zum permanenten Experimentieren einlud. Anstatt, wie erhofft, jene große gesellschaftliche Neugier mit einem architektonischen Zeichen zu krönen, hat Behnisch nun mit seinem Parlamentsbau dem »Projekt« ein Denkmal gesetzt.

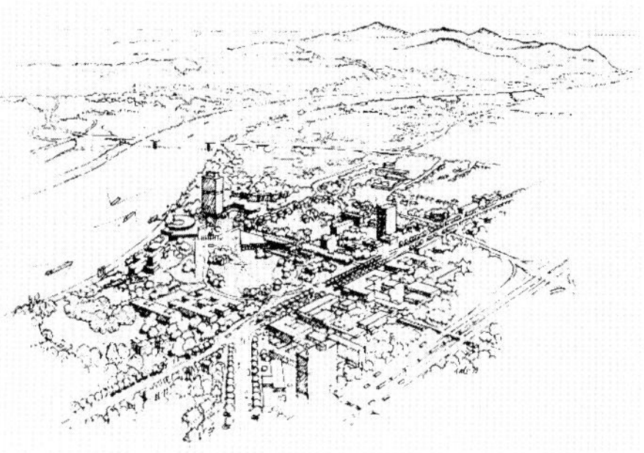
8 Günter Behnisch, Bundesbauten in Bonns grüner Mitte, Vogelschau, 1979
Zeichnung: Carlo Weber

Vom Rhein an die Spree – eine Passage

In den Augen der Öffentlichkeit war Bonn zu einem Sinnbild des westdeutschen Staats und seines – bei wohlwollender Betrachtung – bewährten Demokratiemodells geworden. Alle weiterreichenden Identifikationen waren durch den deutschen Nachkriegsstatus (und auch durch einen hingebungsvoll gepflegten Föderalismus) suspendiert. »Architekten und Planer [konnten] sich daher von der Aufgabe entlastet fühlen, hier eine zeitüberdauernde und raumübergreifende Nationalsymbolik entwickeln zu müssen.«[15] Regieren war offenbar auf schlichtes Verwalten reduziert, und der Habitus eines anonym-effizienten Managements ersparte dem Bonner Regierungsviertel jeden Anflug von Exaltation und Bedeutungshascherei.
Mit der Entscheidung vom Juni 1991, den Regierungssitz wieder an die Spree zu verlagern, wurde dieser »Konsens der Bescheidenheit« aufgekündigt: »Der Umzug... von Bonn nach Berlin fällt mit einer häufig ›Normalisierung‹ genannten

9 Axel Schultes mit Charlotte Frank, Wettbewerbsentwurf »Hauptstadt Berlin, Parlamentsviertel im Spreebogen«, 1993, 1. Preis, Modell

Zeitenwende der Bundesrepublik zusammen. Der nun einheitliche deutsche Staat… besitzt heute eine uneingeschränkte Souveränität und tritt mittlerweile ungeniert als europäische Macht auf. Damit ist die Grundlage für das Programm entfallen, das Städtebau und Architektur der Bonner Republik zu erfüllen hatten: eine Haltung der Nüchternheit, des peniblen Verzichts auf jede Geste des Pathos und der nationalen Größe.«[16] Nicht zuletzt der Siegerentwurf für den Spreebogen, das als stadträumlich beherrschende Geste inszenierte »Band des Bundes« von Axel Schultes und Charlotte Frank, hatte erwiesen, daß Signifikanz und schiere Größe, ja sogar Pathos jetzt durchaus wieder erwünscht waren.

Und noch ein zweiter Einstellungswandel spielte bei den Diskussionen über die neue Berliner Regierungszentrale eine wichtige Rolle: das seit den achtziger Jahren stetig gewachsene Bekenntnis zur Stadt. Urban verdichtete Räume galten wieder zunehmend als erstrebenswerte Lebenskulisse, wie auch als einzig angemessener Ort für eine agile und hoch ausdifferenzierte Öffentlichkeit. »Gewiß, die Vision eines heiteren Gartens à la Hyde Park, in welchem glückliche Bürger sich in bukolischem Idyll tummeln, andächtig im Grundgesetz lesend daherwandeln, ihren Vertretern begegnen und mit ihnen plaudernd unter alten Bäumen promenieren, entbehrt der Verführung nicht; wohl aber des Realismus. Denn der Ort, in welchem Menschen das Miteinanderumgehen am ehesten erproben, ist seit jeher die Stadt. … Die absolutistischen Monarchen ließen ihre Schlösser meist außerhalb der Städte bauen. … Wäre es nicht opportun, sich von dieser Tradition zu distanzieren und auch baulich zu zeigen, daß Demokratie mit dem Volk für das Volk regiert?«[17]

Dieser ironische Kommentar zu Behnischs Planungsleitbild für Bonn (1980) hätte wortgetreu dreizehn Jahre später bei den Berliner Wettbewerbsdebatten noch einmal ins Feld geführt werden können. Dort nämlich versuchte letztmalig eine nicht unbedeutende Meinungsfraktion, das vom Rheinufer vertraute Bild offener Landschaftlichkeit – und damit auch ein splendides Vorstellungsbild vom »Regieren« – in den von massiven Stadtkanten umstellten Spreebogen hinüberzuretten.[18] Doch die »Bukoliker« mühten sich vergebens: Die Berliner wollten ihren Tiergarten vor übermäßiger Vereinnahmung durch Parlamentarier und Beamte bewahren, und eine überraschend einmütig auftretende Fachöffentlichkeit wollte zeitgemäßer Politik endlich einen angemessenen, also (groß)städtischen Rahmen geben. Dagegen hatte die in Bonn begründete Tradition fröhlicher Lässigkeit keine Chance.

Schultes in Berlin – ein Blick nach vorn?

Es grenzt schon beinahe an ein Wunder, daß aus den 835 Arbeiten des Spreebogen-Wettbewerbs diese eine mit solcher Entschiedenheit ausgewählt wurde. Ohne einen Augenblick des Zögerns stellten sich sowohl die breite Öffentlichkeit wie auch die Fachkritik geschlossen hinter den Juryspruch. Dabei kam der Entwurf von Axel Schultes und Charlotte Frank in überaus strenger, ja herausfordernder Gestik daher: Mit schroffen und abweisend wirkenden Betonwänden wollten die Architekten »›Dem Deutschen Volke‹ Staat zeigen«.[19]

10 Axel Schultes und Charlotte Frank, Bundeskanzleramt, Berlin, Blick auf Ehrenhof und Kanzlergebäude, Modell 1997

Doch die Zustimmung der Betrachter galt vermutlich weniger der präsentierten Architektur als dem so lapidar wie emblematisch formulierten politischen Bild. »Der Bund als das Verbindende«, hatte Schultes seinen prägnanten Ost-West-Riegel quer über den ehemaligen Mauerstreifen hinweg umschrieben. Auf das kostbare Tiergartengelände sollte nur das Notwendigste gesetzt werden, die »Apparatefestung« also, und die hatten die Architekten streng zu zügeln versprochen: einhundert Meter Breite unwiderruflich und bis an die Außenwand Zutritt für jedermann! Zusätzlich hatten Schultes und Frank das geläufige Repertoire der zentralen politischen Institutionen (Parlament, Bundesrat und Kanzleramt) um ein neues, stadträumliches Element erweitert: das »Bundesforum«. Als irreversible Zäsur definierten sie zwischen Parlaments- und Regierungsflügel einen Ort für die Bürger – mit U-Bahn-Zugängen, Läden, Cafés und Galerien unzweideutig besetzt.

Genau jene Idee einer demonstrativen Verschränkung (nicht Vermischung!) von Staatsterrain und Bürgeröffentlichkeit dürfte es vor allem gewesen sein, die selbst potentielle Kritiker für den Schultes-/Frank-Entwurf gewann. War darin doch ein überaus verständliches Bild gefunden für das Recht des »gemeinen Volkes«, seinen Regierenden »auf Augenhöhe« zu begegnen. Hier war, außerhalb parlamentarischer Usancen, republikanischen Verhältnissen ein lebendig urbaner Alltag in Aussicht gestellt.

Schultes allerdings gab sich mit einer solch alltagspraktischen Erwartung demokratiewürdiger Verhältnisse nicht zufrieden. Um seinem »Bundesforum« Bedeutung zu verleihen, bemühte er Peter Sloterdijk: »Ein ›Kraftort der Gesellschaft‹, ein Garten der Lust oder der Wahrheit, ein Platz für Solidarität und Protest, ein ›Gesell-

11 Axel Schultes und Charlotte Frank, Bundeskanzleramt, Berlin, Lageplan: Januar 1997

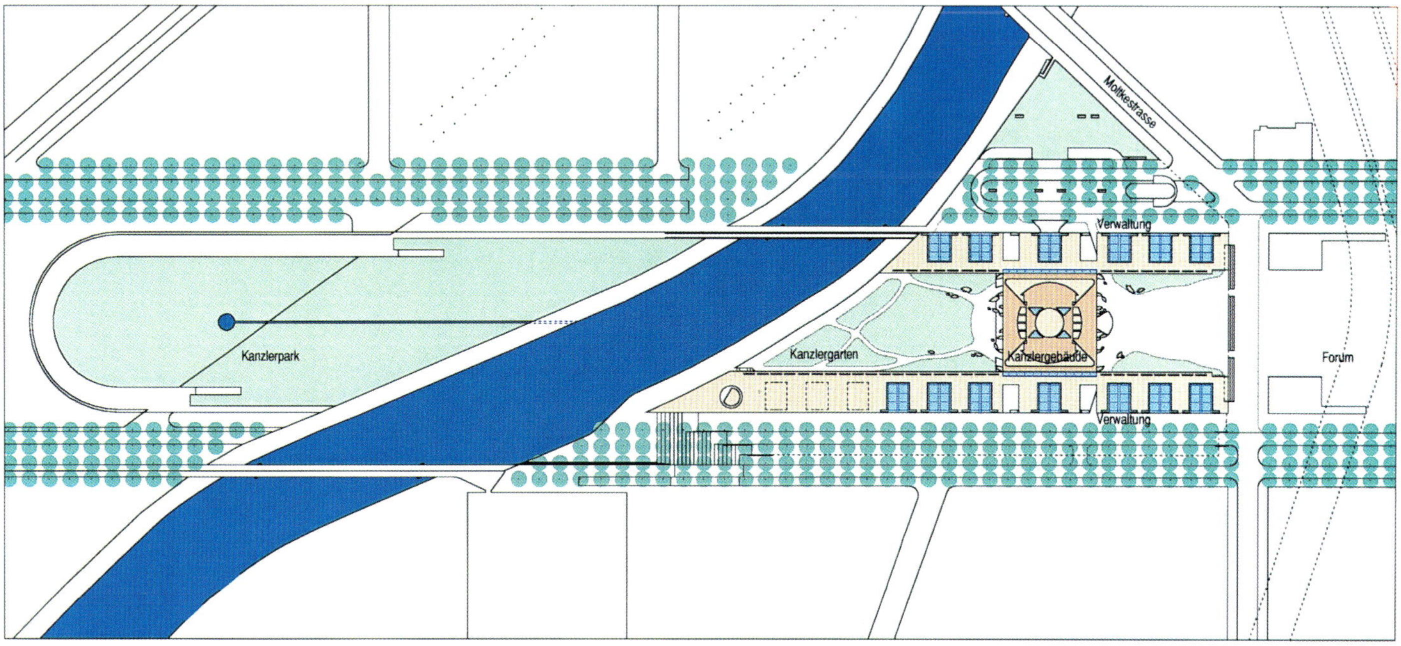

12 Axel Schultes und Charlotte Frank, Bundeskanzleramt, Berlin, Blick von Südwesten auf das Kanzleramt, Modell September 1997

schaftsobservatorium für geländegängige Individuen, die sich dort von der Krankheit des Deutschseins kurieren können‹.«[20] Sloterdijk ist ein Stichwortgeber so ganz nach Schultes' Geschmack: virtuose Metaphern und ein überquellender Zitatenschatz als Früchte staunenmachender Belesenheit. In genau solcher Manier »zappt« sich auch der Architekt quer durch die Epochen, Regionen und Lebensstile, etwa wenn er das Innenleben seiner Regierungsachse beschreibt: »Räumliche Vielfalt, die ›Temperatur‹ der Villa Hadrians in Tivoli, ... das Kanzleramt als Villa, mit Höfen und Gärten, mit Cour d'honneur und Apfelbaum.« Ja, Apfelbaum, denn: »Die Dummen hasten, die Klugen warten, die Weisen gehen in den Garten.«[21]

Solch rhetorischer Aufwand muß wohl sein, denn wie anders ließe sich vermitteln, was weder rational zu begründen noch durch praktisches Nutzerhandeln zu beeinflussen ist: die Faszination kunstvoll erdachter Räume? Fast schon zu einer eigenen Kunstform stilisiert, beschränken sich Schultes' Argumentationen stets auf kulturhistorische Referenzen und sinnlich-ästhetisches Werben. Damit gibt der Architekt Züge jenes Künstlers zu erkennen, den Lyotard in der nachmodernen Epoche der »großen Unübersichtlichkeit« als neuen Typus entdeckt: Ihn »bewegen keine ›Träume nach vorwärts‹. ... Der Ersatz von Substanz durch Reiz bedarf keiner theoretischen Fundierung; Pläsier ist Pläsier und legitimiert sich dadurch, daß es Lust bereitet.... Die Kunst besteht heute in der Erkundung von Unsagbarem...«[22]

Wie anders klangen im Vergleich dazu doch die Ambitionen der »Modernen«: Frei Otto etwa haderte mit den (von ihm wesentlich inspirierten) Münchener Olympiazelten – sie waren am Ende »immer noch zuviel Architektur«; für ihn sollten Orte ihre Bedeutung nicht durch ausdrucksstark gebaute Bilder, sondern allein durch konkrete soziale Handlungen gewinnen.[23] Auch Günter Behnisch analysierte lieber das Tun und Lassen der Nutzer, als daß er über Formen räsonnierte: »Der eine geht hin und nimmt einfach einen Tisch als Theke, stellt noch einen Sonnenschutz drüber und kann auch schon seine Eintrittskarten verkaufen. So ungefähr hatten wir es für den Olympia-Park gedacht. ... Natürlich kam die Polizei: Hier wird das Geld geklaut. Und so mußten wir Architektur machen.«[24]

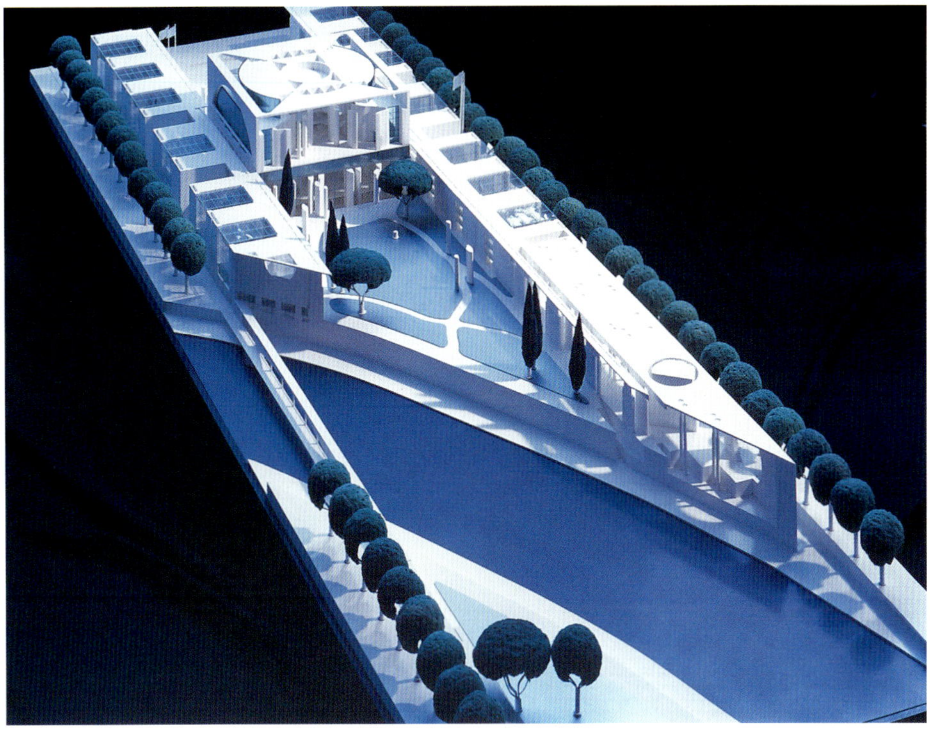

13 Axel Schultes und Charlotte Frank, Bundeskanzleramt, Berlin, Blick auf Kanzleramt, Kanzlergarten und Spree, Modell September 1997

Axel Schultes will Architektur machen, rastlos beseelt von »Sucht und Suche nach suggestiver Räumlichkeit«.[25] Natürlich geht es auch bei ihm um die Erfüllung jeweils gegebener Funktionsprogramme, doch stets sind auch Defizite zu kurieren: »Nur das Entwickeln neuer, suggestiver räumlicher Gestalt und Ordnung kann Stadt und Architektur aus der Sackgasse helfen.«[26] Wenn Schultes die »urbane Verelendung« heutiger Städte beklagt, so meint er ausschließlich deren ästhetische Kaputtheit. Und weil er dabei, anstatt sich auf die ganze Breite möglicher Ursachen einzulassen, im rein sinnlichen Unbehagen verharrt, kommt er mit seinen Alternativangeboten selten aus der Defensive heraus: Er zieht sich zurück hinter die himmelhohen, abweisenden Mauern abgeschirmter Enklaven, in denen er seine Spielregeln durchsetzen kann. »Inwendiger Transparenz und Tiefe zuliebe sperrt sich das Haus nach draußen«,[27] hatte er über seinen Entwurf für das Deutsche Historische Museum geschrieben, und Wolfgang Pehnt sieht in diesem Verzicht, sich aktiv mit der disparaten Außenwelt auseinanderzusetzen, »auch ein Moment der Resignation«.[28]
Selbst die Baugeschichte wird zu einem einzigen Theater für die Sinne. Ob er die Piazza San Marco oder die Piazza Navona, den Münchner Hofgarten oder den Dresdner Zwinger zu Vorbildern seiner eigenen Entwurfsideen beruft – Schultes referiert seine Lieblingsstadträume stets, ohne die Realien ihrer unterschiedlichen Bestimmung oder gar Nutzbarkeit auch nur mit einem Wort zu erwähnen. Damit werden die Paradebeispiele europäischer Stadtbaukunst zu Orten jenseits von Geschichte – ohne Herkunft, ohne Streit oder Schmutz, kurz: ohne Alltag. Niemals interessiert an ihnen das Was oder Wofür, sondern ausschließlich das Wie. So wird, von ihren Inhalten abgetrennt, jede Form verfügbar. Aber so wird sie auch beliebig: Anything goes.

Freiflug im Reich der autonomen Formen
Im Stuttgarter Museumsstreit hatte er sich »klipp und klar auf Stirlings Seite«[29] gefühlt, und als damaliger Arbeitspartner von Dietrich Bangert war er an Frank-

14 Dietrich Bangert, Bernd Jansen, Stefan Scholz und Axel Schultes, Kunsthalle Schirn, Frankfurt am Main, 1983–1985
Photo: Hans Georg Göllner, Frankfurt am Main

furts Römerberg wie auch der Schirn-Kunsthalle nicht ganz unbeteiligt. Trotzdem wäre es verfehlt, Axel Schultes als postmodernen Architekten zu etikettieren. Gerade Stirlings Staatsgalerie zeigt ja deutlich, woran es in dieser Frage deutschen Architekten im allgemeinen – und Schultes im besonderen – eher mangelt: an eklektischer Unbekümmertheit, angstlosem Spieltrieb, kalkulatorischer Coolness und auch mal grellem Witz.

Schultes sucht nicht das flirrende Spiel der Fragmente, sondern den heiligen Ernst des Ganzen. Er hat nicht von Las Vegas gelernt, sondern von Italien. Man muß ihn jener in den sechziger Jahren nachwachsenden Architektengeneration zurechnen, die sich in ihrer Abneigung gegen die zum »Bauwirtschaftsfunktionalismus« heruntergekommene Moderne von den Thesen Aldo Rossis ermutigt sah: »Formen und Typen besitzen eine Autonomie, die sich jenseits sozialer Verhältnisse, technischer Entwicklungen und paralleler künstlerischer Strömungen, ja selbst abseits der Nutzungen, als Konglomerat architekturimmanenter Gesetze behauptet.«[30]

15 Axel Schultes, Kunstmuseum Bonn, 1985–1992, Detail Südostseite

Mit dieser Autonomieerklärung der Formen und Typen gegenüber allen »profanen« Ansprüchen an Architektur ließ sich auch jenseits des wilden Dekorativismus, der in Deutschland gemeinhin unter »postmodern« firmierte, problemlos Anschluß finden an die umfassende Ästhetisierung der Zeitgeist- und Lebensstilkultur der siebziger und achtziger Jahre. Axel Schultes hat es bewiesen. Zum einen konnte er seine entwerferischen Talente um so überzeugender entfalten, je »kulturhaltiger« und also inszenierungsträchtiger eine Bauaufgabe war (zur Zeit des Spreebogen-Wettbewerbs hing ihm bereits der Ruf eines »Museumsspezialisten« an). Zum anderen hat er es geschafft, mit einem sorgfältig ausgewählten Repertoire an archaisch-zeitlosen, dafür um so bildkräftigeren Formelementen auf alle möglichen Aufgaben in den unterschiedlichsten Umfeldsituationen einzugehen. Was immer er entwarf oder baute – es wurden grandiose Bühnen: lange, fensterlose Wände, dramatische Lichtführung, der Kreis als zentrierendes Grundrißmotiv, die Maßstabsverwirrung unter grazilen, überhoch schwebenden Krag- und Flügeldächern.

Vergleicht man die Entwürfe für die Bonner Museumsmeile (1985), für das Deutsche Historische Museum im Berliner Spreebogen (1988) und schließlich für die

16 Axel Schultes und Charlotte Frank, Bundeskanzleramt, Berlin, Blick in das Foyer des Kanzlergebäudes, September 1997

Regierungsbauten am selben Ort (1992), so mutet sein Repetieren einmal für tauglich befundener Grundmuster fast schon wie Sturheit an. In Wirklichkeit war es ein zähes Ringen um Akzeptanz: »Was Schultes vorlegt, gilt als hochinteressant, schwierig und radikal. Seine Entwürfe rückhaltlos zu empfehlen, muß eine Jury ihren ganzen Mut zusammennehmen.«[31] 1993, nach Mauerfall und deutscher Vereinigung, hatte er es geschafft: Eine Jury nahm »ihren ganzen Mut« zusammen und entschied sich für Schultes' enorm theatralische Raum-Körper-Komposition als bauliches Bild einer neuen Berliner Republik.

Als es dann ernst wurde und namentlich das Kanzleramt die rigide Apparatefestung mit ihrer verkündeten »Disziplinierung der Ämter« nicht annehmen wollte, begann Schultes allerdings den eigenen Entwurf und die darin eingeschriebenen politischen Signale zu demontieren. Zuerst am Bürgerforum: Es wurde »entschärft«, das heißt sicherheitstechnisch unter Kontrolle gebracht;[32] trotzdem blieb es – weil sich keine der parlamentarischen Institutionen für solch einen »Bürgerort« zuständig fühlte – mit ungewissem Schicksal im entscheidungsleeren Raum hängen. Dann am Kanzleramt: Zuerst wurde es aus dem egalisierenden Horizont der übrigen Verwaltungstrakte entlassen und fast bis auf Höhe der Reichstagstürme zum Vorschein gebracht; dann mußten, wegen »fernsehgerechter Erkennbarkeit«, visuelle Attraktionen gefunden werden, und zwar auf der eigentlich dekorlos geplanten Fassade. Diese Zumutung verführte Schultes und Frank monatelang dazu, sich auf das »Glatteis einer architecture parlante«[33] zu begeben, bevor sie sich mit einem Arrangement frei postierter Stelen aus der Affäre zogen. Insgesamt jedoch hat das schließlich zur Ausführung bestimmte Gebäude mit dem im Wettbewerb prämierten Entwurf nicht einmal mehr die grobe Umrißgeometrie gemein.

Da war mehr als nur »eine Kuh geschlachtet«[34] worden. Im langen Streit um Ämterdominanz und Sicherheitsbedürfnisse gingen nicht nur wohlproportionierte Gebäudestrukturen, sondern vor allem die städtebauliche Grundidee verloren und damit das Gerüst für das Eigentliche – den politischen Symbolgehalt. Der Vorgang zeigt, daß souveräner Umgang mit »autonomen« Formen nicht nur stark macht (nämlich in der Konkurrenz um prägnante Bilder); er macht auch schwach (wenn es

17 Axel Schultes und Charlotte Frank, Bundeskanzleramt, Berlin, Foyer des Kanzlergebäudes, September 1997, Detail

1, 2 Bockenheimer Landstraße Nr. 24, Frankfurt am Main, oben: Aufnahme vom Dezember 1982, unten: Aufnahme vom Oktober 1966
Photos: Abisag Tüllmann, Frankfurt am Main

Das Ringen einer Stadt um ihre Bedeutung am Beispiel von Frankfurt am Main

Almut Gehebe

Krönungs- und Reichsstadt, Stätte der Nationalversammlung, Messe- und Finanzstadt, Goethestadt – auf diesen Eckpfeilern ihrer Geschichte versucht die Stadt Frankfurt am Main seit gut 150 Jahren ihre Stellung als politische, wirtschaftliche und kulturelle Metropole zu begründen.

Von 1816 bis 1866 war Frankfurt eine der vier Freien Städte in Deutschland – neben Hamburg, Bremen und Lübeck – und außerdem Sitz der Bundesversammlung des Deutschen Bundes. Am 18. Mai 1848 tagte in der Paulskirche die Nationalversammlung als erstes gesamtdeutsches Parlament.[1] Dann aber büßte Frankfurt seine Souveränität ein, da die Stadt von Preußen annektiert wurde. Seit 1866 versuchte sie daher, den Status einer preußischen Provinzstadt zu überwinden. Die Frankfurter Kommunalpolitik war in der Folgezeit »nichts anderes ... als ein permanenter Kampf um verbesserte Standortbedingungen im Reich und im preußischen Staatsverband«.[2] Ein Kampf, der bis in die jüngste Geschichte mit jenen Symbolen geführt wurde, die Frankfurts einstige Macht und Bedeutung verkörperten: Bauten wie die Paulskirche, Ort der Nationalversammlung 1848, oder das Goethehaus wurden in den ersten Nachkriegsjahren für Frankfurt und die junge Republik zu Symbolen von Demokratie und Kultur. Nicht zufällig stand 1946 ihr Wiederaufbau an erster Stelle des Aufbauprogramms der ersten, sozialdemokratisch geführten Kommunalverwaltung, unterstützt von Spendengeldern aus ganz Deutschland.

Im folgenden wird dieser Kampf und sein punktuelles Scheitern für den Zeitraum von 1940 bis in die fünfziger Jahre hinein dargestellt. Es sollen sowohl die Bemühungen der nationalsozialistischen Stadtverwaltung um die Verbesserung des Standorts Frankfurt im Reich geschildert werden als auch die Versuche der demokratisch gewählten Kommunalverwaltung der frühen Nachkriegsjahre, Frankfurt am Main zum politischen und wirtschaftlichen Mittelpunkt der neuen Republik zu machen.

Bei führenden Nationalsozialisten hatte Frankfurt keinen guten Ruf, wozu der hohe Anteil jüdischer Bürger ebenso beitrug wie die demokratische Tradition der Stadt. Bezeichnend sind die seltenen Besuche hoher Parteigenossen in der Stadt. Hitler kam zwischen 1930 und 1938 lediglich sechs Mal nach Frankfurt, zu Anlässen wie Wahlkundgebungen und zur Eröffnung der Teilstrecke der Reichsautobahn von Frankfurt nach Darmstadt.[3]

In den zwölf Jahren nationalsozialistischer Herrschaft gelang es dem Parteigenossen Oberbürgermeister Dr. Friedrich Krebs[4] und seiner Stadtverwaltung nicht, eine direkte Verbindung zum Zentrum der Staatsmacht herzustellen, um gezielt an Informationen und staatliche Mittel heranzukommen. Zudem gab es persönliche und hierarchische Kompetenzschwierigkeiten und Konflikte zwischen Oberbürgermeister Krebs und Jakob Sprenger, dem Gauleiter des Gaus Hessen-Nassau.[5] Aufgrund seiner schwachen Stellung versuchte Krebs, eine Doppelstrategie zu fahren, indem er sich bemühte, alle staatlichen Initiativen aufzugreifen und zugleich durch städtische Wirtschafts- und Verkehrsförderung die Traditionen der Stadt Frankfurt zu unterstützen und weiterzuführen.

Vorerst war aber ein anderes Problem zu lösen. Dank der neuen Deutschen Gemeindeordnung von 1934 konnten sich die deutschen Großstädte um einen Titel bewerben, der die Stellung der jeweiligen Stadt innerhalb des Reichs charakterisieren sollte.[6] So war München die »Stadt der Bewegung«, Düsseldorf die »Stadt des schaffenden Volkes«, Stuttgart die »Stadt der Auslandsdeutschen«, Hamburg die »Stadt des Außenhandels«.[7] Oberbürgermeister Krebs nun setzte alles daran, Frankfurt ein solches Etikett zu verschaffen, da die auch von ihm gern benutzte Titulierung »Kaiser- und Krönungsstadt« nicht mehr zeitgemäß war. Schwierigkeiten gab es beim Finden eines geeigneten Titels. All jene Titel, die sich auf weniger weit zurückliegende Traditionen und Funktionen der Stadt bezogen, waren poli-

3 Herbert Boehm (1894–1954), Skizze zum Wiederaufbau von Wohn- und Geschäftsbauten in Frankfurt am Main

4 Altstadtkern zwischen Dom und Römerberg, Frankfurt am Main, Luftbild 1948

tisch heikel: »Handelsstadt« wegen der vielen jüdischen Kaufleute, »Stadt der Römerbergfestspiele«, weil diese 1932 von zwei Juden, dem Kulturdezernenten Max Michel und dem Intendanten des Schauspielhauses Alwin Kronacher, gegründet worden waren. »Messestadt« schließlich war wegen eines vom Reich vergebenen Privilegs bereits an Leipzig gegangen. Im Rahmen der Vorbereitungen für die Reichshandwerkertage Mitte 1935 fand Oberbürgermeister Krebs den Titel »Stadt des deutschen Handwerks«, der im November 1936 amtlich bekanntgemacht wurde. Noch war nicht abzusehen, welche Nachteile diese Bezeichnung mit sich bringen sollte, da sich die Vergabe staatlicher Mittel in der Folgezeit lediglich auf Belange des Handwerks bezog. Dies aber widersprach den Interessen der Stadt und anderer Frankfurter Wirtschaftszweige.

Ein weiteres Beispiel für die Bemühungen Frankfurts, seine Rolle im Reich zu verbessern sowie staatliche Mittel und Unterstützung zu erlangen, sind die Vorgänge rund um das »Haus der Technik«.

1938 plant Dr. Fritz Todt, der Generalinspekteur für das deutsche Straßenwesen, Minister für Bewaffnung und Munitionsbeschaffung und Leiter der Bauwirtschaft, die Einrichtung von »Häusern der Technik« in mehreren deutschen Städten als Fortbildungsinstitute für Techniker.[8] Auch die Stadt Frankfurt bemüht sich um ein solches Institut. Das geplante Tagungs- und Kongreßgebäude auf dem Messegelände, im Entwurf schon vorhanden, soll auch das »Haus der Technik« beherbergen. Die Stadt erhofft sich von dieser Doppelfunktion, die eigenen Kosten so gering wie möglich zu halten und durch eine staatliche Baustoffzuteilung das erwünschte Tagungs- und Kongreßgebäude realisieren zu können. Ende Mai 1939 gelingt es der Stadt, Todt ihre Planungen vorzustellen. Er hat nichts gegen sie einzuwenden, eine Unterstützung Frankfurts bei der Beschaffung von Baustoffen jedoch könne er leider aufgrund der Verknappung nicht ermöglichen, die Stadt solle die Baupläne im Laufe der nächsten Jahre gründlich durcharbeiten und mit den eigentlichen Bauarbeiten langsamtreten. Frankfurt beschließt daher, das geplante »Haus der Tech-

5 Werner Hebebrand und Gerhard Weber, Entwurf Plenarsaalanbau Pädagogische Akademie, Frankfurt am Main, 1948, Grundriß Erdgeschoß

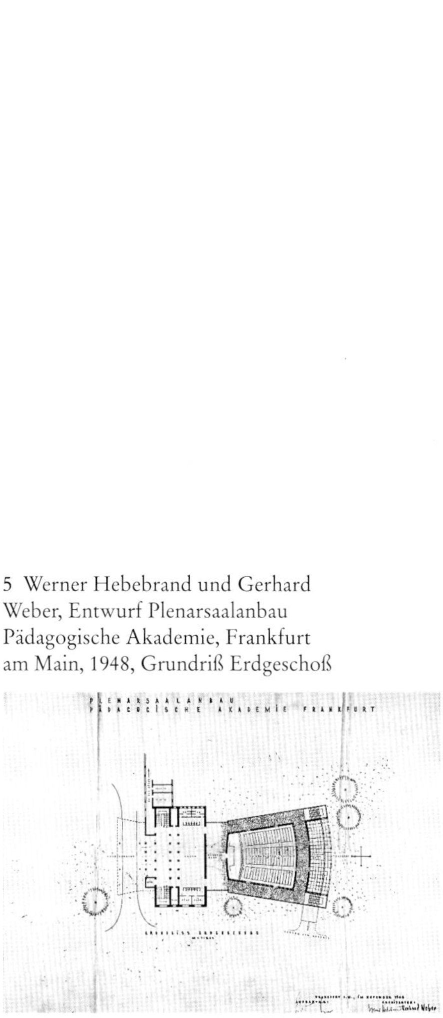

6 Ehemalige Altstadt von Frankfurt am Main mit neuen Siedlungs- und Geschäftsbauten, Luftbild 1955

nik« den ebenfalls in Planung befindlichen Parteibauten anzugliedern und eröffnet im Januar 1942 in der Westendschule ein provisorisches »Haus der Technik« mit dem Schwerpunkt Chemie, um die chemische Industrie Frankfurts zur Geltung zu bringen – ein symptomatischer Vorgang für das Scheitern hochfliegender Frankfurter Planungen. Mit dem Erlaß zur Neugestaltung der Städte vom 4. Oktober 1937 verbanden sich ebenfalls große Hoffnungen auf Bedeutungszuwachs und finanzielle Zuwendungen durch das Reich.

1938 forderte Oberbürgermeister Krebs vom Bauamt Neugestaltungspläne für den Westen der Stadt zur Vorlage beim Führer und Reichskanzler, um »Aufmerksamkeit auf die Frankfurter Aufbauplanungen zu lenken«,[9] doch der Krieg gebot solchen Planungen Einhalt. Ab 1939 durften nur noch kriegsfördernde und dem Luftschutz dienende Baumaßnahmen durchgeführt werden; nur die sogenannten Führerstädte Berlin, Hamburg, München, Nürnberg und Linz bekamen Zuteilungen für Großbauten zur Verfügung gestellt. Als Ausgleich hielt die Parteiführung die Stadtverwaltungen mit Planungsaufträgen bei Laune, wobei es sich um Aufbauplanungen und Generalbebauungspläne für die Zeit nach dem Krieg handelte.

Oberbürgermeister Krebs rief im Juni 1940 einen »Ausschuß zur Vorbereitung und Vorprüfung von Bau-, Raum- und Gestaltungsfragen« zusammen, um einen solchen Generalbebauungsplan zu entwickeln.[10] Die dreizehn Mitglieder dieses Ausschusses rekrutierten sich aus verschiedenen Ressorts, unter anderen waren es Bauamtsleiter Stadtrat Wilhelm Arntz,[11] Obermagistratsrat Adolf Miersch, der Leiter aller Wirtschaftsfragen im Bauamt,[12] die Stadträte Dr. August Lingnau und Dr. Bernhard Heun sowie der Architekt Ernst Balser. Fünf Themenkomplexe wurden bis Februar 1945 behandelt: Messe- und Ausstellungsgelände, Universitätsgelände, Krankenhausanlage, Straßen-, Schienen- und Luftverkehr sowie das Gau- und Parteiviertel.

In den Protokollen und Denkschriften dieser Ausschußsitzungen läßt sich deutlich verfolgen, wie sehr sich die Stadtverwaltung um die zukünftige Stärkung des Stand-

7 Werner Hebebrand und Gerhard Weber, Entwurf Plenarsaalanbau Pädagogische Akademie Frankfurt am Main, 1948, Vogelschau

8 Neubauten an der Berliner Straße in Frankfurt am Main. 1953 für den Verkehr freigegeben, durchschnitt sie in ungewöhnlicher Breite die ehemalige Altstadt
Photo: Meier-Ude, 1954

9 Johannes Krahn,
Haus Bienenkorb der Frankfurter Sparkasse von 1822, Konstabler Wache, Frankfurt am Main, 1954
Photo: Meier-Ude, 1955

orts Frankfurt bemüht und wie ausdauernd sie sich auf die bekannten Traditionen der Stadt beruft: Kaiser- und Krönungsstadt, Messe- und Handelsstadt, Kulturstadt.
Hauptverwaltungsdirektor Wilhelm Emrich läßt in seinen Gedanken zum Generalbebauungsplan diese Traditionslinien programmatisch anklingen: Er befürchtet, Frankfurt drohe eine Provinzstadt zu werden, und beschwört den guten Ruf der Kultur- und Goethestadt. Frankfurt sei mehr als die »Stadt des deutschen Handwerks«, es sei die Stadt der Tagungen und Kongresse. Seine Lage verbinde Ost und West, Nord und Süd. Frankfurt sei einmal die heimliche Hauptstadt des Reichs auf allen Gebieten gewesen. Die Folge all dieser Traditionen könne nur sein, daß Frankfurt bei einer Neuaufteilung des Reichs Sitz einer künftigen Reichsstatthalterschaft sowie Gau- und Regierungsverwaltung werden müsse.[13]
Oberbürgermeister Krebs führt in seiner Denkschrift vom 30. Juli 1940[14] zum Generalbebauungsplan an, daß es jetzt im Reich an die Friedensarbeit ginge. Für den Umbau von Berlin, München, Nürnberg, Hamburg und Linz seien Planungen angeordnet worden – für Berlin in Höhe von 2,2 Millionen Reichsmark jährlich –, so daß auch Frankfurt wieder planen müsse, da sonst zu befürchten sei, daß es hinter den genannten Städten zurückbleibe und »schwere Nachteile, z.B. hinsichtlich der Zuteilungen von Arbeitskräften oder Baustoffen oder des Verkehrs, des Ausbaus von Reichsstraßen, der Durchführung von Ausstellungen usw. erleiden« werde.[15]
Auch er spricht als Leitfaden für die Planungen die Vergangenheit der Stadt an, zudem beschwört er die gestaltenden Kräfte der Gegenwart. Er nennt die günstige Verkehrslage, die Frankfurt zur weltberühmten Kaiser- und Reichsmessestadt gemacht, ihr eine »machtvolle Stellung« eingebracht habe, die jedoch durch »die Neuordnung der politischen Verhältnisse« verlorengegangen sei. Dennoch habe sie ihren Rang als Wirtschaftsmittelpunkt im westdeutschen Raum und als alte Kulturstadt behaupten können.
Im Gegensatz hierzu empfiehlt Bauamtsleiter Arntz in seinen Überlegungen zum Generalbebauungsplan den Schulterschluß des Bauamts mit der Gauleitung, da diese für Informationen und weiterführende Überlegungen wichtig werden könne. Er wendet sich gegen den Ausschuß. Der solle erst zusammenkommen, wenn das Bauamt – respektive er selbst – einen Generalbebauungsplan entwickelt hätte.[16] Die Ausschußsitzungen werden dessenungeachtet fortgesetzt.
Die Denkschrift des Oberbürgermeisters, die als Grundlage für die Ausschußsitzungen diente, enthält eine Fülle von stadtplanerischen Überlegungen. Im folgenden sollen einige davon aufgeführt werden, die unter anderem auch zeigen, daß nach 1945 in den Entwürfen zum Wiederaufbau der Innenstadt auf diese Planungen Bezug genommen wurde.[17]
Als Planungsprinzip nennt Krebs die »biologische Stadtentwicklung«, die »in Mode« gekommenen großen Achsenführungen lehnt er ab: Man wolle nicht zu Kopisten der Reichshauptstadt werden. Zudem lasse der Neugestaltungserlaß die Möglichkeit offen, »den Begriff der Großbauten nach dem jeweils örtlichen und zeitlichen Maßstab zu begrenzen«.[18] Ein Universitätsviertel ist zwischen Bockenheimer Warte und dem alten Universitätsgebäude geplant. Für die neue Stadt- und Universitätsbibliothek ist der freie Platz gegenüber dem alten Gebäude vorgesehen. Im Februar 1935 wird ein öffentlicher Wettbewerb für den Neubau dieser Stadt- und Universitätsbibliothek ausgelobt und im September desselben Jahrs wiederholt. Beide Male werden die Entwürfe des Architekten Ernst Balser preisgekrönt. Noch in den fünfziger Jahren beauftragt die Stadt Balser mit Korrekturen seiner Entwürfe, bis dann 1965 – dreißig Jahre nach dem ersten Wettbewerb – die Stadt- und Universitätsbibliothek durch den Architekten Ferdinand Kramer entworfen und

realisiert wird.[19] Krebs sieht in seiner Denkschrift die Erweiterung des Universitätsviertels bis hinein in die Innenstadt entlang der Bockenheimer Landstraße vor, die mittels Museen und Instituten zu einer »Kulturstraße« ausgebaut werden soll. Eine neugebaute Museumsinsel als Zusammenfassung aller Museen wird für den Bereich des Palmengartens vorgesehen. Das Städel, da »baukünstlerisch veraltet und nicht wertvoll«, solle abgerissen werden, an seiner Stelle das »Haus des deutschen Handwerks« entstehen. Das Gau- und Regierungsviertel solle entlang des Mains am Südufer zwischen Friedensbrücke und Alter Brücke errichtet werden. Die schöne Sicht auf die Altstadt wie auch die kurzen, noch zu verbreiternden An- und Abmarschstraßen zum Haupt- und Südbahnhof gelten als ideal für dieses Viertel. Da das Gebiet jedoch bereits mit großräumigen Villen und ausgedehnten Gärten bebaut sei, fordert Krebs, daß die Stadt, die bereits über einige der Grundstücke verfügen könne, in den Besitz des gesamten Geländes kommen müsse. Es kann davon ausgegangen werden, daß es sich bei den im städtischen Besitz befindlichen Grundstücken auch um Grundstücke vertriebener oder getöteter jüdischer Bürger gehandelt hat. Laut der Dritten Verordnung zur Durchführung des Gesetzes über die Neugestaltung deutscher Städte vom 4. November 1941 konnten Enteignungen nach Ablauf einer Einspruchsfrist durchgeführt werden, ein Rechtsmittel, das für jüdische Bürger selbstredend illusorisch war.[20] Obermagistratsrat Miersch schlägt vor, anstelle des Südufers könne der westliche Sachsenhäuser Berg die Rolle einer Wohngegend für gehobene Ansprüche übernehmen.[21] Doch auch hier bestehe das Problem, diese Gegend in städtischen Besitz zu bringen, um eine »vernünftige und reizvolle Erschließung des Geländes zu gewährleisten«.[22] Eine Bebauung des Sachsenhäuser Bergs und des Lerchesbergs wurde schon im Generalplan 1930 von Ernst May als Wohnfläche ausgewiesen.[23] Diese Überlegungen werden in den Planungen der Nachkriegszeit im Flächennutzungsplan von 1953 aufgenommen.[24]

10 Max Meid und Helmut Romeick, AOK-Gebäude, Frankfurt am Main, 1956

11 Max Meid und Helmut Romeick, Parkhaus Konstabler Wache, Frankfurt am Main, 1958
Photo: Woscidlo, Frankfurt am Main

Clemens Klotz, vielbeschäftigter Architekt für Großbauten der Nationalsozialisten,[25] entwarf 1937 ein »Haus des deutschen Handwerks« für Frankfurt am Main, das innerhalb eines Gau- und Regierungsviertels unterhalb des Hauptbahnhofs am Nordufer des Mains zwischen Friedens- und Untermainbrücke geplant war. Diese Entwürfe wurden aber in den hier dargestellten Planungen der Stadt weder erwähnt noch berücksichtigt.

Weiter erläutert Oberbürgermeister Krebs in seiner Denkschrift vom 30. Juli 1940 »eine großzügige Umgestaltung des Platzes am Eschenheimer Turm, wodurch auch das Volksbildungsheim zur vollen Geltung kommen und der Verkehr die dringend notwendige Verflüssigung erfahren könnte«.[26] Seine Überlegungen werden Anfang der fünfziger Jahre mit dem großen Verkehrskreisel am Eschenheimer Turm realisiert. Ein weiteres Beispiel für eine Planungskontinuität zwischen 1940 und den Nachkriegsjahren ist die Diskussion darüber, ob der Hauptbahnhof als Kopfbahnhof beibehalten oder zum Südbahnhof verlegt werden solle. Ende 1947 werden diese Planungsentwürfe in einer Sitzung des Stadtplanungsamts mit der Reichsbahndirektion als Grundlage für weitere Überlegungen genutzt.[27]

Die hier auszugsweise dargestellten Ausschußsitzungen fanden im Jahr 1940 statt.

Im Mai 1941 wird Gauleiter Sprenger vom »Führer und Reichskanzler« zur Durchführung des Gesetzes über die Neugestaltung deutscher Städte mit städtebaulichen Maßnahmen für die »Stadt des deutschen Handwerks« beauftragt.[28] Im Juni 1941 informiert Gauleiter Sprenger den Oberbürgermeister Krebs, er habe Professor Dr.- Ing. Karl Lieser von der Technischen Hochschule Darmstadt zum Beauftragten des Gauleiters für städtebauliche Maßnahmen in der »Stadt des deutschen Handwerks« Frankfurt am Main bestimmt und Bauamtsleiter Arntz zum ständigen Vertreter seines Beauftragten.[29] In diesem Schreiben fordert er den Oberbürgermeister auf, sich zur Neugestaltung Frankfurts zu äußern. Krebs setzt sich als Jurist

12 Verkehrs- und Einkaufszentrum Zeil, Frankfurt am Main, neue Waren- und Geschäftshäuser, dominiert vom 70 Meter hohen Fernmeldehochhaus von Heinrich Ebert, 1956
Photo: Aero-Exploration, 1960

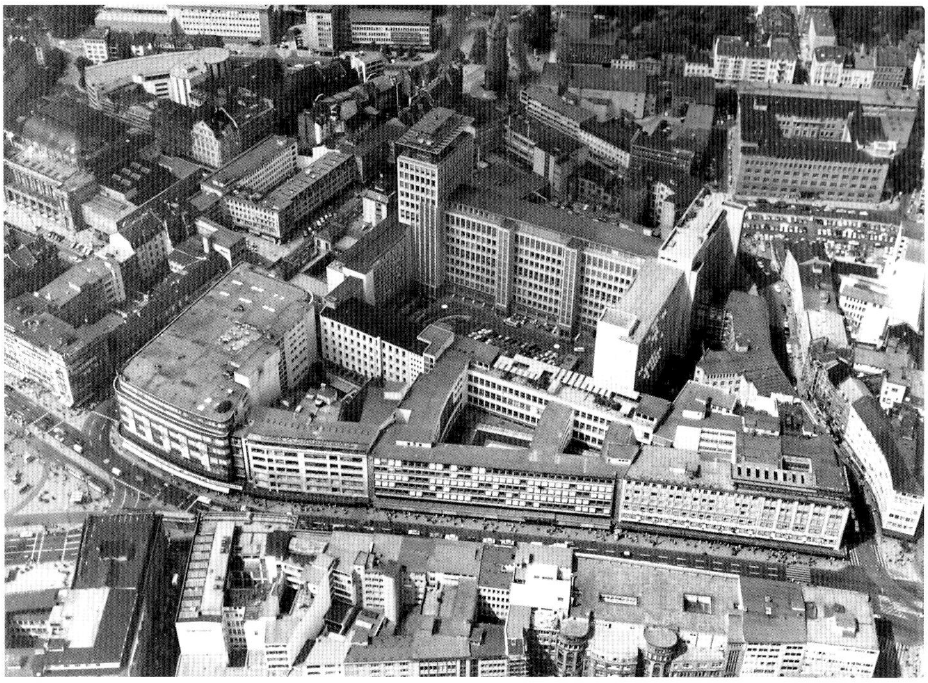

genauestens mit dem Gesetz zur Neugestaltung auseinander und erläutert die Umsetzung für Frankfurt, basierend auf den Diskussionen der Ausschußsitzungen. Seine immer wiederkehrende Frage aber ist, wie sich die Kosten der Neugestaltung auf Stadt und Staat verteilen würden.[30]

Vier Jahre später, am 22. Januar 1945, findet eine Besprechung bei Gauleiter Sprenger statt, in der Professor Lieser von der Stadtverwaltung eine 24 Punkte umfassende Aufstellung der seit 1940 geplanten Bau- und Gestaltungsmaßnahmen anfordert. Gauleiter Sprenger mahnt laut Protokoll an, daß die Stadt »die Planungen großzügig anfassen müßte; denn es handele sich darum, das Gesicht der Stadt Frankfurt a. M. für ein Jahrtausend zu bestimmen. Es müsse ein großer Wurf gemacht werden und Dokumente einer neuen Zeit müssten geprägt werden und entstehen.«[31] Aus diesem Protokoll wird deutlich, daß nur wenige Projekte der zurückliegenden Jahre in einen endgültigen Entwurfsplan umgesetzt worden waren. Vor allem für Parteibauten gab es keine Pläne. Das Gau- und Regierungsviertel sollte jedoch weiter am Südufer verbleiben, ergänzt durch große Badeanlagen. Für das »Haus des deutschen Handwerks« habe es Pläne gegeben, »eine greifbare Gestalt hätten diese Pläne jedoch nicht angenommen«. Betont wird immer wieder, daß große Teile der Innenstadt, die durch die Bombardierungen zerstört wurden, nach dem Krieg großzügig genutzt werden sollten. Das Universitätsviertel könne nun durch die freigewordenen Flächen zu einer »Universitätsstadt« werden, mit allen Instituten und hundert neu zu gründenden. An der Stelle des zerstörten Städel und auf dem umliegenden Gelände solle eine Museumsinsel mit Neubauten entstehen.

In einer weiteren Sitzung am 29. Januar 1945 werden in der Hauptsache Kultureinrichtungen besprochen.[32] Bauamtsleiter Arntz unterbreitet den Vorschlag von Oberbürgermeister Krebs, beiderseits des Städel eine »Museumsstadt« zu errichten. Weiter schlägt er zum Standort des Stadtarchivs und des Stadtgeschichtlichen Museums vor, daß beide in der Altstadt und in der Umgebung des Karmeliterklosters wie auch in dessen Räumen untergebracht werden sollten. Das Stadtgeschichtliche Museum müsse ein historisches Gebäude beziehen. Obermagistratsrat Adolf

13 Friedel Steinmeyer und Werner Derschke, Bundesrechnungshof, Frankfurt am Main, 1954/55

14 Innnenstadt, Frankfurt am Main, untere Bildmitte: eingeebneter Altstadtkern zwischen Dom und Römerberg
Photo: Aero-Lux, 1962

Miersch schlägt für die zerstörte Innenstadt und Altstadt eine »Auflockerung der Bebauung und Verringerung der Wohnungen« vor; in der Altstadt könnten viele Museen entstehen. Das Mainufer solle »mit Läden, Hotels, Gaststätten und Kaffees durchsetzt werden«. Bauamtsleiter Arntz führt an, die Altstadt dürfe nicht radikal neu gebaut, sondern müsse weiterentwickelt werden. »Die geschichtlichen Zeugen des Reiches sind dabei besonders herauszustellen.« Hier schon zeigen sich zwei kontroverse Vorstellungen zum Wiederaufbau der Innen- und besonders der Altstadt. Miersch plädiert für den Neuaufbau des Gebiets, Arntz für die Erhaltung bestehender Bauten. Im Protokoll vom 22. Januar 1945 wird ebenfalls vermerkt, daß die Meinungen in der Frage eines historischen Wiederaufbaus des Goethehauses auseinandergingen. Auch diese Kontroverse dauerte an und wurde erst 1949 mit der Schaffung vollendeter Tatsachen beendet.

Beim Lesen dieser Protokolle erstaunt die Geschäftigkeit und Zukunftsgläubigkeit, die trotz der schweren Bombardierungen – über siebzig Prozent der Innenstadt zwischen Wallanlagen und Main waren zerstört – in der offenbar bis zuletzt unbeirrbar planenden Stadtverwaltung herrschte.

Diese Geschäftigkeit setzte sich fort, als die amerikanische Militärregierung im April 1945 eine neue Stadtverwaltung einsetzte.

Am 19. Juli 1946 berichtet der neu bestallte Oberbürgermeister Dr. Kurt Blaum vor dem Plenum der ersten demokratisch gewählten Stadtverordnetenversammlung von den Schwierigkeiten der ersten Monate und den dringlichen Aufgaben, die zu bewältigen waren.[33] So galt es, Gebäude und Wohnungen instand zu setzen, die Infrastruktur aufzubauen und vor allem die Trümmer zu beseitigen. Die Gründung einer Trümmerverwertungsgesellschaft war materielle Grundlage für den Wiederaufbau. Als ideelles Ziel aber sollte »der Ruf Frankfurts als Kulturstadt in unserem Aufbauprogramm wieder begründet« werden. Beispielsweise sei der Goethepreis an Max Planck verliehen worden, »wodurch wir die Gelegenheit hatten, zum ersten Mal wieder für eine deutsche Stadt… mit einer kulturellen Feier in die Welt hinauszutreten und den Anspruch zu erheben, gleichberechtigt mit anderen Nationen an den kulturellen Schöpfungen der Welt teilzunehmen und mit ihnen zu wetteifern«.[34]

15 Umgebung Römerberg und Paulskirche, Frankfurt am Main
Photo: Schnöder-Kiewert, 1962

Allerdings war die Verleihung des Goethepreises auch unter den Nazis fortgesetzt worden. Bis 1940, in jenem Jahr ging der Goethepreis an die Autorin Agnes Miegel, wurde der Preis jährlich verliehen. Ab 1941 gab es die bescheidenere Variante, die Goetheplakette, mit der 1944 der Chemiker Otto Hahn ausgezeichnet wurde.[35]

Oberbürgermeister Blaum führt weiter an, eine Neugestaltung der Stadt Frankfurt müsse an die »großen Pläne aus der Zeit vor 1933« anknüpfen. Damit beruft er sich auf eine weitere Frankfurter Tradition: auf das Neue Frankfurt, jenen von Ernst May unter Oberbürgermeister Ludwig Landmann in den Jahren 1925 bis 1930 entwickelten Siedlungsbau, der in Deutschland Schule gemacht hatte und Siedlungen wie Praunheim (1926–1929), Bruchfeldstraße »Zick-Zackhausen« (1928) und Römerstadt (1927–1928) hervorbrachte. Auf das Neue Frankfurt wird während der folgenden Wiederaufbaujahre in der Auseinandersetzung, ob historisch oder modern gebaut werden solle, immer wieder Bezug genommen.

Die bereits erwähnte Stadtverordnetenversammlung vom 19. Juli 1946 behandelt zudem ein Thema, das bis zum heutigen Tag immer wieder Ärger und Kritik auslöst und typisch für Frankfurt zu sein scheint: das Aushandeln von Anstellungsverträgen und die daraus abzuleitenden Versorgungsansprüche. Oberbürgermeister Blaum und fünf Stadträte, darunter die Herren Dr. Heun, Dr. Lingnau und Miersch, die schon an den Ausschußsitzungen von 1940 teilgenommen hatten, waren von der amerikanischen Militärregierung für zwölf Jahre als Stadträte vertraglich eingesetzt worden. Nach Ablauf eines Jahrs ihrer Amtszeit nahm eine demokratisch gewählte Stadtverwaltung die Geschäfte auf. Da der Magistrat und der Oberbürgermeister noch nicht eingesetzt waren, wandten sich die genannten Volksvertreter in einem Brief an die Stadtverordneten und forderten im Fall der Nicht-Wiederwahl die Weiterführung ihrer Bezüge für die restlichen elf Jahre ihrer vertraglich abgesicherten Amtsdauer.[36] Angesichts leerer Kassen und der großen Not der Nachkriegsbevölkerung eine dreiste Forderung. Auch der ehemalige Oberbürgermeister Krebs stritt jahrelang um seine Pensionsansprüche.

16 Frankfurt am Main zwischen Dom und Römerberg, Bildmitte links: Technisches Rathaus von Wolfgang Bartsch, Anselm Thürwächter und Hans Weber, 1972–1974
Photo: Aero-Lux, 1976

In den ersten demokratisch gewählten Magistrat unter Oberbürgermeister Walter Kolb werden unter anderen Dr. Heun als Dezernent des Revisionsamts und Bürgermeister für die CDU, Dr. Lingnau als Dezernent des Wirtschaftsamts für die CDU und Miersch als Dezernent für Tiefbau und Technische Verwaltung gewählt. Dezernent des Hochbauamts wird Eugen Blanck,[37] für das Stadtplanungsamt kommen Werner Hebebrand[38] als Leiter und Herbert Boehm[39] hinzu. So versammelt sich in der Frankfurter Stadtverwaltung des Jahrs 1946 eine auf den ersten Blick heterogene Truppe: ehemalige Mitarbeiter von Ernst May, wie Hebebrand, Blanck, Boehm und Miersch, sowie ehemalige Stadträte unter dem NS-Oberbürgermeister Krebs, wie Heun, Lingnau und der bereits erwähnte Miersch. Dabei hatten Hebebrand, Blanck und Boehm die Nazizeit nicht arbeitslos überstehen müssen, da sie unter Albert Speer für den Siedlungsbau planerisch tätig gewesen waren: Werner Hebebrand in Berlin, Eugen Blanck in Prag und Umgebung, Herbert Boehm als Stadtplaner in Breslau und Gotenhafen.[40] Die ersten beiden Jahre der neuen Stadtverwaltung von 1946 bis 1948 waren bestimmt durch das – vergebliche – Bemühen, Bundeshauptstadt zu werden. Dabei hatte sich Frankfurt als Sitz der bizonalen Verwaltung schon fast als Hauptstadt fühlen dürfen. Noch unter Oberbürgermeister Dr. Blaum wurde im April 1946 ein Wettbewerb zur Wiederherstellung der Paulskirche erwogen. Ende 1946 war der Ideenwettbewerb entschieden, der unter anderem vorgab, die äußere Erscheinung zu erhalten, während der Innenraum als Versammlungs- und Parlamentsraum, in erster Linie aber als kirchlicher Raum zu gestalten sei.[41] Erster Preisträger war der Architekt Gottlob Schaupp. Die Preisvergabe war jedoch mit der Aufforderung verbunden, die Entwürfe nochmals zu überarbeiten. Eugen Blanck berief eine Planungsgemeinschaft bestehend aus Gottlob Schaupp, Johannes Krahn, Rudolf Schwarz und ihm selbst zusammen, um an der Gestaltung weiterzuarbeiten. Die Entscheidung des Preisgerichts polarisierte die Öffentlichkeit. Der »Bund der tätigen Altstadtfreunde« konnte sich mit diesem Entwurf nicht einverstanden erklären und forderte eine Überprüfung der eingereichten Entwürfe, da die von ihm favorisierten Planungen nicht berücksichtigt worden waren.

17 Dietrich Bangert, Bernd Jansen, Stefan Scholz und Axel Schultes, Kunsthalle Schirn zwischen Dom und Römerberg, Frankfurt am Main, 1983–1985
Photo: Hans Georg Göllner, Frankfurt am Main

18 Stadthäuser in der Saalgasse am Römerberg, Frankfurt am Main, 1985
Photo: Presseamt Stadt Frankfurt

Im Januar 1947 rief die Stadt zum Wiederaufbau der Paulskirche auf: »Es geht nicht um Frankfurt, sondern um Deutschland, unser aller Vaterland. Die Frankfurter Paulskirche ist sein Haus und sein Sinnbild... Selbst in unserer Armut können Willen und Liebe die Paulskirche bis zum 18. Mai 1948 wieder aufbauen«.[42] Zur Finanzierung trafen Sach- und Geldspenden aus dem In- und Ausland ein.

Die wiederaufgebaute Paulskirche sollte auch als Tagungsraum für den Bundestag dienen, da die Stadt Frankfurt fest davon überzeugt war, den Zuschlag für den Sitz als Bundeshauptstadt zu bekommen. Nachdem sie 1946 in der Landeshauptstadtfrage zugunsten Wiesbadens übergangen worden war und überdies der Parlamentarische Rat[43] Bonn als Sitz gewählt hatte, konzentrierte sich Frankfurt nun auf die Bewerbung um den Sitz als Bundeshauptstadt. »Die geschichtliche Vergangenheit der Stadt Frankfurt ist bekannt. Frankfurt war die Krönungsstadt des Heiligen Römischen Reiches deutscher Nation, und in Frankfurt trat 1848 die erste zentrale Institution der deutschen Demokratie in Gestalt der Nationalversammlung in der Paulskirche zusammen. Diese historische Tradition macht den Namen Frankfurt zum Symbol der deutschen Demokratie. Keine andere Stadt Deutschlands, insbesondere der Westzone verkörpert in dieser Weise einen nationalen demokratischen Wert. Schon der Begriff »Frankfurt« drückt die politische Bedeutung der angestrebten deutschen demokratischen Einheit aus.« Dieser Text für die Bewerbung als Bundeshauptstadt wurde von Walter Kolb und dem Magistrat am 21. Oktober 1948 formuliert.[44] Die Bewerbung entwickelte sich zum Wettstreit zwischen Frankfurt und Bonn. Sah die Stadt Frankfurt im Wiederaufbau der Paulskirche einen zwingenden Grund für die Wahl Frankfurts, mußte sie feststellen, daß gerade der symbolische Gehalt des Bauwerks Angelpunkt der Entscheidung gegen Frankfurt war. Nach Ansicht des Parlamentarischen Rats sei »die Paulskirche als Sitz des Bundesparlamentes im gegenwärtigen Stadium eine zu mißdeutende politische Demonstration.... Wenn man in die Paulskirche gehe, gebe man zu erkennen, daß der Osten und Berlin abgeschrieben sei.«[45] Stadtrat Fritz Fay, der als Beobachter nach Bonn geschickt worden war, berichtete dem Magistrat, wenn Frankfurt genannt werde, käme sofort: »Aber auf keinen Fall die Paulskirche.« Auch die amerikanische Militärregierung befürwortete eine Alternative zur Paulskirche, um kein »Präjudizium« zu schaffen.[46] Frankfurt am Main wurde im Gegensatz zu Bonn der provisorische Charakter einer Bundeshauptstadt abgesprochen, denn Berlin sei ja immer noch die angestammte deutsche Hauptstadt. In aller Eile wurde daher bei der amerikanischen Militärregierung die Freigabe der Pädagogischen Akademie im Norden der Stadt ersucht. Werner Hebebrand und Gerhard Weber, Mitarbeiter im Stadtplanungsamt, erhielten im November 1948 den Auftrag, einen Anbau als Parlamentsgebäude zu entwerfen; 1949 wurde Gerhard Weber die alleinige Planung für den Anbau überantwortet. Webers Entwurf steht in völligem Gegensatz zu dem gemeinsamen Entwurf mit Hebebrand. Zeichnete sich dieser durch einen der Moderne verpflichteten, eleganten Kubus aus, der sich zur Gartenfront hin gänzlich verglast öffnete, so vermittelt der von Weber realisierte Rundbau einen monumentalen, trotz der Verglasung abweisenden Eindruck, der durch die steinerne Einfassung der Treppentürme verstärkt wird.[47] Zur gleichen Zeit entwarf Hans Schwippert sein Bonner Parlamentsgebäude, ebenfalls ein Anbau an die Pädagogische Akademie, direkt am Rhein gelegen.

Am 3. November 1949 wurde die Hauptstadtfrage zugunsten Bonns entschieden, aus der Sicht der Frankfurter Stadtverwaltung ein »häßlicher« und »unfairer« Wettbewerb.[48] In der Tat mußte sich ein Untersuchungsausschuß mit den Hintergründen der Abstimmung befassen, schloß die Akte jedoch 1951 ohne Ergebnis.[49] Der Trostpreis für die entgangene Machtstellung war die Etablierung verwaltender Bundesorgane wie zum Beispiel Bundesrechnungshof und Bundesbank in Frankfurt.

Der Verbleib wichtiger Behörden in der Stadt hatte schon im Januar 1945 beschlossen werden sollen, um der Stadt politische Bedeutung nach dem Krieg zu sichern. So war vorgesehen, die Reichsbahndirektion, das Oberlandesgericht und die Reichspostdirektion in Frankfurt zu belassen.[50]

In der Magistratssitzung vom 7. November 1949 besann man sich nun wieder auf die eigentlichen Vorteile Frankfurts. In großen Tageszeitungen sollte eine entsprechende Werbung geschaltet werden: »Frankfurt ist die Metropole des Handels, der Wirtschaft und des Bankwesens: Darum geht nach Frankfurt«.[51] Vehement wurde auch um ein weiteres Frankfurter Symbol gestritten – um das Goethehaus – und die Frage, Rekonstruktion oder Neubau. Wie im Falle der Paulskirche mußte schnell gehandelt werden, da das Haus zu Goethes 200. Geburtstag am 28. August 1949 wiederhergestellt sein sollte. Trotz Protesten der Baubeamten Hebebrand und Blanck, die stadtplanerische Bedenken für den Standort geltend machten, nahm der Magistrat 1947 den von Oberbürgermeister Kolb formulierten Antrag an, der es dem Freien Hochstift[52] erlaubte, nach eigenen Plänen das Goethehaus an gleicher Stelle wiederaufzubauen. Gegen diesen Beschluß wurden ästhetische und ideologische Einwände laut. Der Architekt Otto Bartning, der zum Aufbau der Paulskirche anerkennend geschrieben hatte, sie sei ein Beispiel dafür, »wie eine wertvolle Ruine nicht zu rekonstruieren, sondern aufzubauen ist«, äußerte sich kritisch zu diesem »echt imitierten« Goethehaus.[53] Walter Dirks, Mitarbeiter der von Eugen Kogon herausgegebenen *Frankfurter Hefte,* wandte sich leidenschaftlich gegen die Rekonstruktion des Goethehauses, so »als wenn nichts geschehen wäre... Das Haus am Hirschgraben ist nicht durch einen Bügeleisenbrand oder einen Blitzschlag oder durch Brandstiftung zerstört worden«, und programmatisch führte er an: »Wer überhaupt verantwortlich über das zukünftige deutsche Bauen nachdenkt, verwirft mit dem Werkbund jenes verräterische Wort »Wiederaufbau« und erstrebt einen Neuaufbau aus dem sachlichen, klaren, dienenden Geiste der neuen Architektur: eine Art zu bauen, die ›funktionsgerecht‹, sachgerecht, materialgerecht, bescheiden und ehrlich ist«.[54]

19 Oswald Mathias Ungers, Galleria und Messehaus, Frankfurt am Main, 1980–1982
Photo: Jörg Winde, Dortmund

Waren es bisher Paulskirche und Goethehaus, an denen sich die Diskussion über die Architektur des Wiederaufbaus entzündete, so ging die Auseinandersetzung bei der Planung der Innenstadt, insbesondere der Altstadt weiter. Der 1946 ausgeschriebene Hauptstraßenwettbewerb, der 1947 entschieden wurde, beinhaltete schon in seinem Ausschreibungstext eine klare konzeptionelle Linie, die auf die zu erwartenden »neuzeitlichen Verkehrsbedürfnisse« ausgerichtet war. Das Gebiet von Hauptbahnhof bis Konstablerwache, Eschenheimer Turm bis Fahrgasse war neu zu ordnen, inklusive der Gestaltung der Plätze und des Anbaus der Straßen. Bedingung war auch, kein völlig verändertes Stadtbild anzustreben. Es sollte keine neue Stadt – eine von vielen – gebaut werden: »Frankfurt soll auch fernerhin Frankfurt bleiben«, hieß es.[55] Die Altstadt wurde ausdrücklich ausgespart. Nach der zweiten Kommunalwahl 1948 wurde Eugen Blanck nicht wiedergewählt und schied aus. Auch Werner Hebebrand legte die Leitung des Stadtplanungsamts im Herbst 1948 nieder. Neuer Hochbaudezernent wurde Dr. Moritz Wolf.[56] Seinem Amtsantritt ging ein warnendes Mitteilungsblatt der SPD vom 30. Juli 1948 voraus: Der neue Hochbaudezernent aus München wolle einen Teil der Altstadt zu einem Regierungsviertel machen, ebenso wolle er gegen das Neue Bauen zu Felde ziehen und Flachdachhäuser mit Steildächern versehen.[57] Der Ausschreibungstext für den Aufbau des Altstadtkerns zwischen Römer und Dom vom 27. März 1950 sieht in der Tat vor, »daß die Altstadt im weiteren Sinne (einschließlich Sachsenhausen) ... in erster Linie die Stadtverwaltung in weitgehender Konzentration beherbergen soll«. Der Kernraum aber solle Wohnbauten, Läden des kulturellen Sektors (Buch, Kunst, Wertarbeit), Gaststätten und Werkstätten des hochstehenden Kunsthandwerks beherbergen; ge-

wünschte Bewohner sind Verwaltungskräfte, Künstler, Universitätslehrer, Gewerkschaftsführer, Geistliche, um den Raum zur »Schaltstelle des geistigen Lebens« zu machen. Am Dom sollte ein Ausstellungshaus oder Museum entstehen, in der Nähe das Stadtgeschichtliche Museum seinen Platz finden.[58]
Grundstücksgrenzen waren für die teilnehmenden Architekten nicht zu berücksichtigen. Durch das Hessische Aufbaugesetz von 1948 konnten Enteignungsverfahren und Bausperren – die schon ab 1945 über die Innenstadt verhängt worden waren – für das Innenstadtgebiet durchgeführt werden. Die enteigneten Grundstücke wurden Eigentum der Stadt Frankfurt am Main oder einer Baugesellschaft, in diesem Fall der 1948 gegründeten Frankfurter Aufbau AG. Die sogenannte »Frankfurter Lösung« sah nach Abschluß des Neuaufbaus eine Reprivatisierung vor.[59]
Dem Wettbewerb gingen drei Planungen aus dem Jahr 1949 voraus, die in den Frankfurter Tageszeitungen veröffentlicht und diskutiert wurden. Der »Bund der tätigen Altstadtfreunde« versuchte in seiner Planung, wesentliche Straßenzüge der Altstadt zu erhalten, teilweise mit noch stehenden oder wiederhergestellten Fassaden in Blockbebauung; das Stadtplanungsamt wie auch eine Gruppe »Freie Architekten« sahen Zeilenbauten und eine eher gegliederte, aufgelockerte Bebauung vor. Aus den ersten Planungen und den Entwürfen des Wettbewerbs entwickelte die Stadt einen »Leitplan für Fluchtlinien und bauliche Einzelplanung«, der im März 1951 von den Gremien der Stadtverwaltung beschlossen wurde. Am 15. Mai 1952 fand die Grundsteinlegung statt. Die leitende Baugesellschaft war die Frankfurter Aufbau AG, die für die Umsetzung vierzehn Architekten beauftragte.[60]
»Die städtebauliche Entwicklung ist in Frankfurt nach dem Krieg höchst konsequent über die Anlagen hinweggeschritten, hat nicht nur ganze Straßenzüge durch alte, zerstörte Viertel gebrochen, sondern sich neue Viertel der Geschäftigkeit geschaffen. Wenn man es etwas überspitzt formulieren will, so trennt heute die Berliner Straße die Stadt in zwei ungleiche Teile: einen höchst lebendigen im Norden, mit Richtung auf die Zeil, und einen fast leblosen im Süden, mit der Mainfront als äußeren Abschluß. Wer einmal am Nachmittag durch die Straßen zwischen Römer und Leonhardskirche gegangen ist, wird dieses unbehagliche Gefühl kennen: Häuser, Autos – aber keine Menschen, ein Gebiet nicht unähnlich den verlassenen Städten im Süden Frankreichs, nur bar jeglicher Romantik. Die Ruhe und die Stille freilich, die hier herrschen, lassen keine glückliche Stimmung aufkommen – das Leben fehlt hier und gerade an dieser Stelle.«[61] Dieser Kommentar der *Frankfurter Allgemeinen Zeitung* drückte die Stimmung vieler Bürger aus.
Acht Jahre hatte die Stadt Frankfurt am Main für die Planung des Wiederaufbaus der Innenstadt gebraucht, da sie ein einheitliches Aufbaukonzept verwirklichen wollte. Zwanzig Jahre sollte es noch einmal dauern, bis der Dom-Römer-Bereich baulich in Angriff genommen wurde. 1962 wurde ein erneuter Wettbewerb für diesen Bereich ausgeschrieben. In der Vorbemerkung schreibt Hans Kampffmeyer:[62] »Rückblickend erkennt man, wie gut es war, daß es nicht zu einem überstürzten Wiederaufbau gekommen ist. Dieser hätte nämlich nicht nur wegen des Widerstreits historisch–modern, sondern bereits deshalb zu unzureichenden Ergebnissen geführt, weil seine Hauptantriebsfeder im Grunde die Psychose gewesen wäre, die Kriegswunden so rasch wie möglich zu heilen. Wenigstens teilweise sind die zur Ausführung gelangten Bauten ein Beweis für diese Behauptung.«[63] In der *Frankfurter Allgemeinen Zeitung* vom 14. September 1963 allerdings ist zur Wettbewerbsentscheidung zu lesen: »So ist es gekommen, daß fast alle Architekten, die in Frankfurt gehorsam der Ausschreibung folgten, nicht nur nachgiebige und folgsame Baumeister waren, als sie die kleine Dimension wählten. Das Monumentale steht dieser Generation nicht mehr naiv zur Verfügung, weder als offener Platz noch als gewaltiger Bau…« Die ersten Preisträger dieses Wettbewerbs – Bartsch, Thürwäch-

ter, Weber – konnten erst 1969 durch Beschluß der Stadtverordneten und des Magistrats auf die teilweise Umsetzung ihrer Pläne hoffen; der Bau des Technischen Rathauses wurde 1974 fertiggestellt. An die Vorgabe von 1963, den Dom als Maßstab für die Bauten zu berücksichtigen, fühlte sich die Stadt nicht mehr gebunden. Das Technische Rathaus, als Modell den Frankfurter Bürgern vorgestellt, fand keinen Anklang. Die Türme wurden als »Elefantenfüße« moniert, die Fassadengestaltung als »grob und aggressiv«. Kampffmeyer dagegen rühmte die wabenförmige Außenhaut, sie lockere die Baumasse auf und füge sich den gotischen Bauwerken gut an.[64] 1986 schließlich, nach einer erneuten Wettbewerbsausschreibung, wurde der freie Platz zwischen Dom und Römerberg mit der Kulturschirn von Bangert, Jansen, Scholz und Schultes geschlossen. An der 1984 wiedererstandenen Ostzeile des Römerbergs mit der Rekonstruktion der historischen Häuser entzündete sich noch einmal in gewohnter Heftigkeit der länger als dreißig Jahre andauernde Streit über die angemessene Form des Wiederaufbaus.
Heute illustriert die Stadt Frankfurt am Main ihre Werbebroschüren mit Abbildungen des Römerbergs und seiner Ostzeile, des Goethehauses, der Paulskirche und der Ansicht der Frankfurter Skyline. Der Widerspruch historisch *oder* modern wird hier harmonisierend in historisch *und* modern aufgelöst. Die Traditionen wirken fort: Frankfurt am Main stellt sich nach wie vor dar als Krönungs- und Reichsstadt, Stätte der Nationalversammlung und Goethestadt. Auch der Finanzstandort Frankfurt hat eine jahrhundertelange Tradition, neu ist lediglich die unübersehbare Gestalt, die er in den letzten Jahrzehnten gefunden hat: Erstmals treten Bank- und Bürohäuser gleichberechtigt neben die baulichen Symbole Frankfurter Geschichte: Demokratie und Kultur.

20 Skyline mit der alle Hochhäuser überragenden 259 Meter hohen Commerzbank-Zentrale von Norman Foster & Partners, Frankfurt am Main, 1997
Photo: Keute

Randnotiz: Das Bemühen um Bedeutungszuwachs für die Stadt Frankfurt am Main setzt sich bis in die jüngste Gegenwart fort – auch in diesem Falle leider vergeblich: Die Frankfurter Kulturdezernentin Linda Reisch versuchte, der Stadt durch den Titel »Wissenschaftsstadt« eine Ausnahmestellung zu verschaffen und diese beim Deutschen Patentamt in München festzuschreiben.[65]
In Anbetracht der desolaten kulturellen Situation der Stadt wäre ein solcher Titel sicher hilfreich. Allerdings besaß dieses Etikett bisher traditionell Darmstadt, das sich nun seit dem 19. 8. 1997 auch offiziell – beurkundet vom Hessischen Innenminister – »Wissenschaftsstadt« nennen darf.[66]

1 Wolfgang Klötzer, »Frankfurt am Main von der Französischen Revolution bis zur preußischen Okkupation 1789–1866«, in: *Frankfurt am Main. Die Geschichte einer Stadt,* Bd. 17, Sigmaringen 1991, S. 314 ff.

2 Dieter Rebentisch, »Frankfurt am Main und das Reich in der NS-Zeit«, in: *Archiv für Frankfurter Geschichte und Kunst,* Frankfurt am Main 1980, H. 57, S. 243.

3 Ebd., S. 245ff.

4 Friedrich Karl Krebs (1894–1961): promovierter Jurist, 1928 bis 1933 Landgerichtsrat am Oberlandesgericht in Frankfurt am Main, 1929 Eintritt in die NSDAP, 1933 bis 1945 Oberbürgermeister der Stadt Frankfurt am Main, 1953 Zulassung als Rechtsanwalt in Frankfurt am Main; siehe Heike Drummer, *Friedrich Krebs (1894–1861),* Institut für Stadtgeschichte, Frankfurt am Main 1990.

5 Dieter Rebentisch, »Frankfurt am Main in der Weimarer Republik und im Dritten Reich, 1918–1945«, in: Klötzer 1991 (Anm. 1), S. 499ff.

6 Rebentisch 1980 (Anm. 2), S. 260–264.

7 Werner Durth, *Deutsche Architekten. Biographische Verflechtungen 1900–1970* (Schriften des Deutschen Architektur-Museums zur Architekturgeschichte und Architekturtheorie), Braunschweig 1988, S. 157–164.

8 Magistratsakte 6720/80, Vorgang »Haus der Technik«, Quellenmaterial des Instituts für Stadtgeschichte, Frankfurt am Main, siehe auch die folgenden Anmerkungen.

9 Magistratsakte 3321, Besprechung vom 28. 1. 1938.

10 Magistratsakte 3611, Sitzung vom 11. 6. 1940.

11 Wilhelm Arntz (1885–1959): 1909 Studium der Gartenarchitektur an der Höheren Lehranstalt Berlin-Dahlem, Studium der Architektur an der Technischen Hochschule München, 1913 bis 1917 Architekt im Direktionsbüro der Staatlichen Hochbauverwaltung der Stadt Köln, 1920 Stadtbaumeister und Leiter des Stadterweiterungsbüros Köln, 1923 Oberbaurat, 1925 bis 1939 Baudirektor und Leiter des Stadtbauamts Köln, 1939 bis 1945 Amtsleiter des Frankfurter Bauamts.

12 Adolf Miersch (1887–1955): Verwaltungsbeamter, 1928 Bürgermeister in Fechenheim, 1928 Magistratsrat im Siedlungsamt Frankfurt am Main, 1934 bis 1946 Obermagistratsrat im Bauamt Frankfurt am Main, 1946 bis 1954 Leiter des Tiefbaudezernats, 1955 Übernahme des Hochbauamts; siehe Personalakte 18002.

13 Magistratsakte 3611 (Anm. 10), Denkschrift vom 18. 6. 1940.

14 Ebd., Denkschrift vom 30. 7. 1940 von Friedrich Krebs; alle Beispiele werden, wenn nicht anders vermerkt, aus dieser Denkschrift referiert oder zitiert.

15 Ebd., S. 2.

16 Ebd., Denkschrift vom 30. 7. 1940 von Wilhelm Arntz.

17 Ebd., Denkschrift vom 30. 7. 1940 von Friedrich Krebs; die Verfasserin beschäftigt sich im Rahmen einer wissenschaftlichen Arbeit mit dieser Thematik.

18 Ebd., S. 18.

19 Magistratsakte 6223.

20 Reichsgesetzblatt 1941, N3. 125, S. 687.

21 Magistratsakte 3611 (Anm. 10), Ausschußsitzung vom 20. 8. 1940, S. 54f.

22 Ebd., S. 55.

23 Hans-Reiner Müller-Raemisch, *Frankfurt am Main, Stadtentwicklung und Planungsgeschichte seit 1945,* Frankfurt am Main 1996, S. 86.

24 Ebd., S. 91.

25 Clemens Klotz (1886–1969): Bauten unter anderem: 1934 bis 1940 Ordensburg Vogelsang, Gemünd in der Eifel/Urftsee, 1936 bis 1942 KdF-Seebad, Rügen/Ostsee; siehe Petra Leser, *Der Kölner Architekt Clemens Klotz (1886–1969),* 41. Veröffentlichung der Abteilung Architekturgeschichte des Kunsthistorischen Institus der Universität zu Köln, hrsg. von Günther Binding, Köln 1991.

26 Denkschrift (Anm. 14), S. 32.

27 S 1/177, Nr. 23, Vermerk vom 11. 11. 1947.

28 Magistratsakte 3611 (Anm. 10), Erlaß vom 29. 5. 1941 in Abschrift.

29 Ebd., Schreiben vom 23. 6. 1941.

30 Ebd., Schreiben vom November 1941, Entwurf.

31 Kulturamt, Nr. 174, S. 1, im folgenden wird hieraus aus den ersten fünf Seiten referiert.

32 Ebd., Besprechung vom 29. 1. 1945, S. 1f.

33 Stadtverordnetenversammlung, P 978, 19. 7. 1946.

34 Ebd., S. 67.

35 Verwaltungsberichte der Stadt Frankfurt am Main von 1934 bis 1944.

36 Stadtverordnetenversammlung (Anm. 33), S. 75.

37 Eugen Blanck (1901–1980): 1919 bis 1922 Ingenieurschule und Kunstgewerbeschule in Köln, 1922 bis 1924 Architekturbüro Martin Elsässer, 1926 bis 1929 Städtisches Hochbauamt in Frankfurt am Main unter Ernst May, 1929 bis 1930 Städtisches Hochbauamt Köln, unter anderem 1938 bis 1941 Leiter der Städtebauabteilung bei der Landesplanungs-Gemeinschaft in Berlin, 1940 bis 1944 Mitarbeit bei der Planungskommission für die Hauptstadt Prag und Umgebung, 1944 bis 1946 selbständiger Architekt in Köln, 1946 bis 1948 Hochbaudezernent in Frankfurt am Main, ab 1948 Tätigkeit als Architekt; siehe Werner Durth und Niels Gutschow, *Träume in Trümmern. Planungen zum Wiederaufbau zerstörter Städte im Westen Deutschlands 1940–1950* (Schriften des Deutschen Architektur-Museums zur Architekturgeschichte und Architekturtheorie), Wiesbaden 1988, S. 516.

38 Werner Hebebrand (1899–1966): 1919 bis 1922 Studium an der Technischen Hochschule Darmstadt, 1925 bis 1929 Städtisches Hochbauamt in Frankfurt am Main unter Ernst May, 1930 bis 1938 Architekt und Stadtplaner in der UdSSR, 1938 bis 1943 als Architekt der Hermann Göring Reichswerke in Berlin für »Fragen der Landesplanung im Osten« dienstverpflichtet durch die Organisation Todt, 1946 bis 1948 Stadtbaudirektor und Leiter des Stadtplanungsamts in Frankfurt am Main, 1948 Privatarchitekt, Professuren an verschiedenen Hochschulen, 1964 Oberbaudirektor der Freien und Hansestadt Hamburg; siehe Durth und Gutschow 1988 (Anm. 37), S. 516

39 Herbert Boehm (1894–1954): 1912 bis 1924 Studium an den Technischen Hochschulen Darmstadt, Delft und Berlin, 1921 bis 1925 Architekt und Abteilungsleiter bei den Schlesischen Heimstätten Breslau, Zusammenarbeit mit Ernst May, 1925 bis 1936 Leiter der Abteilung Stadtplanung im Siedlungsamt in Frankfurt am Main, 1936 bis 1941 Leiter des Stadtplanungsamts in Breslau, 1941 bis 1945 Stadtbaurat in Gdingen/Gotenhafen, 1947 Oberbaurat und Baudirektor im Stadtplanungsamt in Frankfurt am Main; siehe Durth und Gutschow 1988 (Anm. 37), S. 514.

40 Durth 1988 (Anm. 7); Werner Durth hat in seiner Untersuchung die Kontinuität in den Biographien deutscher Architekten vor, in und nach dem Dritten Reich aufgezeigt.

41 Ideenwettbewerb für die Wiederherstellung der Paulskirche in Frankfurt am Main vom 7. 10. 1946.

42 Maria Schwarz, »Beginn in Bescheidenheit. Die Paulskirche«, in: Dieter Bartetzko (Hrsg.), *Sprung in die Moderne, Frankfurt am Main. Die Stadt der 50er Jahre,* Frankfurt am Main 1994, S. 30–47.

43 Der Parlamentarische Rat war ein Gremium der Länder der drei Westzonen vor Gründung der BRD zur Ausarbeitung des Grundgesetzes für die BRD; es tagte vom 1. 9. 1948 bis zum 14. 8. 1949 in Bonn.

44 Magistratsakte 3617, S. 226.

45 Magistratsakte 3440, 1948, S. 12.

46 Ebd., S. 11.

47 Almut Gehebe, »Demokratischer Symbolismus. Die Parlamentsrotunde«, in: Bartetzko 1994 (Anm. 42), S. 62ff.

48 Magistratsakte 3443, 7. 11. 1949.

49 Gehebe 1994 (Anm. 47), S. 62.

50 Kulturamt (Anm. 31).

51 Magistratsakte 3443 (Anm. 48).

52 Freies Deutsches Hochstift, gegründet 1855; nach Ankauf des Goethehauses 1863: Forschungsstätte für Kunst und Literatur mit Schwerpunkt Goethezeit.

53 Durth und Gutschow 1988 (Anm. 37), S. 485.

54 Walter Dirks, »Mut zum Abschied«, in: *Frankfurter Hefte,* Frankfurt am Main 1947, H. 8, S. 820ff.

55 Ideenwettbewerb für die Neuordnung des Hauptstraßenverkehrs in Frankfurt am Main vom 21. 8. 1946.

56 Moritz Wolf (1886–1971): 1910 bis 1917 Technische Hochschule München, Technische Hochschule Charlottenburg, 1913 bis 1936 an verschiedenen Stadtbauämtern tätig, ab 1917 als Stadtbaudirektor unter anderem in Augsburg, Dortmund, Leipzig, 1936 bis 1944 Reichsverband für den gemeinnützigen Wohnungsbau e. V., Berlin, 1944 bis 1948 Bayerisches Arbeitsministerium, München, 1948 bis 1954 Leiter des Hochbauamts in Frankfurt am Main, 1954 Ruhestand; Personalakte 135.056.

57 »Neues Bauen in Frankfurt a. M.«, Mitteilungsblatt der SPD vom 30. 7. 1948.

58 Ideenwettbewerb zur Erlangung von Vorschlägen für den Aufbau des Altstadtkerns zwischen Römer und Dom in Frankfurt am Main vom 27. 3. 1950, S. 2.

59 Hans Dauer und Karl Maury, *Frankfurt baut in die Zukunft,* Frankfurt am Main 1953, S. 27ff.

60 Raemisch 1996 (Anm. 23), S. 56–71.

61 *Frankfurter Allgemeine Zeitung* vom 20. 2. 1960.

62 Hans Kampffmeyer (1912–1996): seit 1946 ehrenamtliches Mitglied des Magistrats, 1956 bis 1972 Bau- und Planungsdezernent; verantwortlich auch für den Ausschreibungstext für das Altstadtgebiet von 1950; Magistratsakte 3620/2 vom 16. 3. 1950.

63 Wettbewerb zur Erlangung von Bebauungsvorschlägen und Entwürfen für den Dom-Römerberg-Bereich in Frankfurt am Main vom 18. 6. 1962, S. 7.

64 *Frankfurter Allgemeine Zeitung* vom 29. 11. 1969.

65 *Spiegel* vom 18. 8. 1997, H. 34, S. 182.

66 *Frankfurter Allgemeine Zeitung* vom 20. 8. 1997.

1, 2 Aldo Rossi,
Geschäftshaus »Scholastic Building«,
New York, oben: Ansicht Broadway
(zweites Gebäude von links), unten:
Ansicht Mercer Street (zweites
Gebäude von rechts)
Modellphotos: David Norton, 1996

Postmoderne Architektur und der Klang der Stille

Diane Ghirardo

»Wenn Sie Sonne wollen, dann ziehen Sie doch nach Kansas.« Mit diesen Worten tat der Architekt, der einen gigantischen Wolkenkratzer für Donald Trump in New York City plante, verächtlich die Bedenken der Bevölkerung gegen die Auswirkung dieses Gebäudes auf dessen Nachbarschaft ab.[1] Die von ihm so barsch geäußerte Haltung bringt das Charakteristische der postmodernen Architektur in Europa und Amerika während der achtziger Jahre auf den Punkt: uneingeschränkte Unterordnung hinsichtlich der vom Reichtum des Auftraggebers und den Einfällen des Architekten bestimmten Wertvorstellungen und eine dementsprechende Gleichgültigkeit gegenüber möglichen Konflikten mit öffentlichen Interessen.

Als Nachfolge einer Architektur, die in den sechziger Jahren bis Anfang der siebziger Jahre häufig von sozialreformerischen Prinzipien und demokratischen Ansätzen für qualitätvollen Wohnungsbau und lebendige öffentliche Einrichtungen motiviert war, erschien die Postmoderne der achtziger Jahre zunächst als vollständiger Bruch nicht nur mit diesen Anliegen, sondern auch mit denen der modernen Architektur, die sich zu Beginn der zwanziger Jahre entwickelten. Zunächst führte das Überwiegen historischer Bezüge wie beispielsweise in Robert Venturis »Schindelstil«-Häusern, Philip Johnsons AT & T Building und Michael Graves' Portland Public Office Building zu dramatischen Erweiterungen im Vokabular des »orthodoxen« Modernismus. Bei genauerem Hinsehen zeigen sich jedoch bedeutsame Parallelen zwischen der Moderne und ihrer »Post«-Form, vor allem hinsichtlich der Rolle des Architekten. Was wie ein radikaler Stilbruch wirkt, verschleiert lediglich eine sich immer gleichbleibende Grundauffassung des Berufsstands. Beunruhigend ist, daß die durch den Begriff »Postmoderne« verkündeten scheinbaren Veränderungen eine Architektur vertraten, der jegliche Wertmaßstäbe – mit Ausnahme der durch Wirtschaft und Macht bestimmten – abgingen.

Ein signifikantes Merkmal der Polemik der Moderne nach dem Ersten Weltkrieg in Europa war das Bemühen, die Architektur in Übereinstimmung mit den verschiedenen politischen Richtungen dieser Zeit zu bringen.[2] Entwürfe für großmaßstäbliche Wohnsiedlungen in »modernen« Architekturstilen und mannigfacher ästhetischer Ausgestaltung mit konstruktiven Innovationen und vielversprechenden technischen Neuheiten bekundeten diese Bestrebungen auf höchst anschauliche Weise. Projekte von Bruno Taut und Ernst May in Deutschland, von Figini/Pollini, Giuseppe Terragni und Giuseppe Pagano in Italien und von Le Corbusier in Frankreich zählen zu den bekanntesten Beispielen aus den zwanziger und dreißiger Jahren.[3] Allianzen von Architekten mit politischen Bewegungen des 20. Jahrhunderts entstanden dabei ebenso im rechten wie im linken Lager, und der Stil der Moderne war oftmals passend für beide Richtungen. Nur beim Nationalsozialismus lag die Sache anders. Bei vielen Architekten hatte deren politische Affinität allerdings wenig Auswirkungen auf ihre praktische Tätigkeit.

Trotz einiger Ausnahmen und im Gegensatz zu den unter modernen Architekten selbst ausgetragenen Differenzen haben Kritiker wiederholt argumentiert, daß die Architektur des 20. Jahrhunderts – ungeachtet ihrer spezifischen Stilmerkmale – so elitär geblieben sei wie seit jeher. Akademische Architekten boten und bieten ihre Entwürfe einem Publikum dar, das sie zwar abstrakt überhöhen, aber keineswegs für kompetent halten, Entscheidungen über ihre gebaute Umwelt zu treffen, ja nicht einmal über ihren eigenen Wohnbereich.[4] Die Auseinandersetzungen um den 1991 durchgeführten Wettbewerb für den Potsdamer Platz in Berlin bestätigten die sklavische Ergebenheit vieler Architekten gegenüber dem Diktat von Reichtum und Macht und ihre allgemeine Gleichgültigkeit gegenüber den einstimmig geäußerten Bedenken der Berliner. In diesem Kampf wurden die von den Bauträgern und deren Architekten vorgesehenen massiven Hochhäuser und eine dichte städtische Struktur ausgespielt gegen die von der historischen Bebauung vorgegebenen Gebäude-

3 Ricardo Bofill und Taller de Arquitectura, Wohnanlage Abraxas, Marne-la-Vallée (bei Paris), 1978–1983, Blick vom »Theater« zum »Bogen« und »Palast«

höhen und gegen die beharrlichen, über Jahrzehnte von den Berlinern vorgetragenen Forderungen nach niedrigen und maßstabsgerechten Bauten für ihre Stadt.
Ein weiteres wichtiges und damit verbundenes Charakteristikum der Moderne war der verbreitete Glaube an die Kraft der architektonischen Form, die Welt zu verändern.[5] Frank Lloyd Wright zum Beispiel verschrieb sich dieser Idee mit seinem Plan für Broadacre City; durch die Schaffung von Vorstädten und durch Dezentralisation sollte eine ausgeprägt individualistische und demokratische Gesellschaft entstehen. Ähnliches trifft auch auf Le Corbusier zu, dessen verschiedene Planungen für das Zentrum von Paris die Straße und das Individuum von städtischer Verderbtheit befreien sollten.[6] Alle diese Projekte imaginierten eine neue, allein durch die Kraft der Formen veränderte Gesellschaft – durch Formen, die von Architekten vorgegeben wurden, die sich selbst für die einzig Qualifizierten hielten, das Bild der modernen Städte und die Form des täglichen Lebens selbst in seinen intimsten Bereichen zu bestimmen. Und dies ungeachtet der Tatsache, daß sich auch längst eine unabhängige Wissenschaft für Stadtplanung etabliert hatte.[7]
Stromlinienförmige Baukörper, frei von jeglicher Dekoration und jeder Anspielung auf regionale oder lokale Traditionen, Flachdächer und Glaswände anstelle der Fenster: dieser internationale Stil wurde als moralischer Imperativ einer modernen Gesellschaft verkündet, die sich die Architekten ebenso stromlinienförmig, zielstrebig und international vorstellten. Für die Arbeiterklasse und die Bedürftigen wurden diese Kategorien dann auf ärmliche, dichtbebaute Wohnquartiere angewandt, bei denen der Begriff »Obdach« auf »Wohnung für das Existenzminimum« reduziert worden war – eine Bezeichnung, von kundigen Architekten geprägt. Für wohlhabendere Auftraggeber schufen die Architekten Häuser, die ihre eigenen Wertvorstellungen spiegelten. Wenn sie selbst vollgestellte Räume und Nippes verachteten, versuchten sie, ihren Bauherren das Ansammeln solcher Dinge zu erschweren, indem sie die Stellflächen hierfür rigoros beschränkten und eine »puristische« Ästhetik kultivierten, die oberflächlich mit utopischen sozialen Wertvorstellungen verbunden wurde. Neue Technologien und Materialien ermöglichten freie Grundrisse und verführten die Architekten dazu, nahtlos ineinander überge-

4 Ricardo Bofill und Taller de Arquitectura, Wohnanlage Abraxas, Marne-la-Vallée, 1978–1983, Teilansicht des »Theaters«

5 Docklands, Canary Wharf, Isle of Dogs, London, 1992–1997, Städtebau: Skidmore, Owings & Merrill, Hochbauten: Ieoh Ming Pei; Troughton McAslan; Kohn, Pedersen, Fox Associates; Cesar Pelli & Associates; Allies & Morrison Courtesy: Docklands Development Corporation

hende Räume zu konzipieren. Die daraus resultierende, im ästhetischen Bereich so hochgeschätzte Transparenz bedeutete für die Bewohner jedoch erhebliche Eingriffe in ihren Privatbereich. Mehr Raum eröffnende Glaswände erforderten in vielen Klimazonen auch wesentlich leistungsfähigere Heizungs- und Kühlsysteme. Die Folgen dieser die spezifischen Bedingungen des Klimas und des Ortes vernachlässigenden Architektur suchen uns nun am Ende des 20. Jahrhunderts heim, da wir die globalen Auswirkungen dieser Bauweise auf die menschliche Gesundheit und die natürliche Umwelt zu spüren beginnen.

Als die postmodernen Architekten in den siebziger Jahren anfingen, die Stilregeln der Moderne abzulehnen, schlugen sie also auch deren Formen und soziale Ziele aus, behielten jedoch die Vorstellung vom Architekten als genialem Formgestalter bei, der nun eine von allen utopischen Zielvorstellungen befreite Architektur produzierte. Wie Manfredo Tafuri 1969 in *L'architettura e utopia* scharfsinnig bemerkte, bestand die Architektur der Spätmoderne ebenso wie die der flügge gewordenen Postmoderne vorwiegend aus leeren Formübungen,[8] wie es etwa bei der Wohnanlage Espaces d'Abraxas von Ricardo Bofill und Taller de Arquitectura in Marne-la-Vallée in Frankreich zu beobachten ist. Sozialer Wohnungsbau ist hier mit überdimensionierten Versionen historischer Gebäudetypen gestaltet: als Theater, als Triumphbogen, als Palast aus dem 18. Jahrhundert – alle gleichermaßen weit entfernt von den Bedürfnissen der Nutzer von Sozialwohnungen im 20. Jahrhundert.

Im Verlauf der achtziger Jahre paßten sich postmoderne Architekten noch mehr mächtigen Bauträgern und Investoren an und kümmerten sich noch weniger um die Allgemeinheit, die schließlich die Folgen ihrer Entwurfsstrategien und eklatanten Gleichgültigkeit gegenüber den natürlichen Ressourcen, die ihre Bauten verbrauchten und verschwendeten, zu tragen hatte. Wenn auch von sehr unterschiedlichen ästhetischen Auffassungen ausgehend, verkörpern sowohl die von Michael Graves geplante Hauptverwaltung von Walt Disney mit Schneewittchen und Zwergen als Pappkaryatiden als auch Richard Rogers' Lloyd's Building in London, das von widersprüchlichen, seltsamen Formen, Rohren und Leitungen strotzt, einen heimlichen Pakt zwischen den Architekten und deren kommerziellen Auftraggebern.

6 Richard Rogers & Partners, Lloyd's Verwaltungsgebäude, London, 1978–1986

Sicherlich waren der große Optimismus modern gesonnener Architekten in bezug auf die Möglichkeiten von Architektur zur Veränderung der Welt und auch der Glaube seitens ihrer Förderer und Kritiker in den sechziger und frühen siebziger Jahren natürlicherweise einer Ernüchterung gewichen. Aber anstatt die gewonnenen Erfahrungen zur Mäßigung ihres Überschwangs einzusetzen, verabschiedeten sich die Postmodernen vollkommen von den sozialen Zielvorstellungen und begnügten sich mit der glänzenden Patina des prätentiösen Geschmacks ihrer neureichen Auftraggeber. Während der achtziger und Anfang der neunziger Jahre, als das Kapital in Aktien und Geldanlagen sowie in die riskanteren (aber zeitweise ertragreicheren) *junk bonds* floß, suchten Bauherren eifrig ihrem Wohlstand durch grandiose Bauwerke Ausdruck zu verleihen. So zeichneten sich die mit (oft nur auf dem Papier vorhandenen) Reichtümern der Reagan-, Bush- und Thatcher-Ära errichteten Bauten durch überzogene Dimensionen, gewagte Farbgestaltung und kostspielige, teils protzige Materialien aus. Eines der tragischsten Beispiele für die vielen durch Firmenfusionen, eigenwillige Bebauung und eine Architektur ohne Sozialverpflichtung verpaßten Chancen ist das Dockland-Projekt am Themseufer in London: das reale Ergebnis einer zehnjährigen Orgie des Abrisses bestehender und der Errichtung konzeptionell wie architektonisch nichtssagender Bauten.
Die von den postmodernen Architekten übernommenen Stilformen reichten vom Historismus über den Regionalismus bis hin zu verschiedenen Varianten des Dekonstruktivismus.[9] Der Begriff Postmoderne bot aber nicht nur Erläuterung für historisierende oder dekonstruktivistische Stilformen, sondern festigte auch auf unerwartete Weise die Rolle des Architekten. Und so verschieden die angewandten Architekturstile auch waren, stets wurden sie von den Architekten als angeblich unabhängig von sozialen, politischen oder wirtschaftlichen Aspekten dargestellt. Jetzt wurde, wie Peter Eisenman es formulierte, von einem Architekten nicht *mehr* erwartet, als daß er sich mit der Sprache der Architektur befaßte.[10]
Die postmoderne Architektur hatte bestimmte Schlüsselelemente mit anderen Disziplinen der sogenannten Postmoderne gemein. Der begrifflich unklare Terminus »postmodern« wurde sowohl für eine Reihe ästhetischer Auffassungen in Kunst und Literatur angewendet als auch im Zusammenhang mit Erkenntnistheorie, politischer Ökonomie und der Bewertung sozialer Verhältnisse. Meinungsvielfalt und Unentschiedenheit, das sind die Hauptcharakteristika der Postmoderne insofern, als deren Theoretiker jede mögliche Einheitlichkeit von Form oder Ideologie ablehnen. Architekturtheoretiker schätzten eine solche diskursive Praxis und fanden besondere Anregungen für ihr Bemühen um neue theoretische Strategien auf dem weiten Feld der Literaturkritik, der Linguistik, der Soziologie und der Anthropologie – vor allem aber wurden sie inspiriert von Strukturalismus und Dekonstruktivismus.[11]

7 Philip Johnson und John Burgee, AT & T Corporate Headquarters, New York, 1979–1984, Detail Sockel und Eingang, Ostansicht

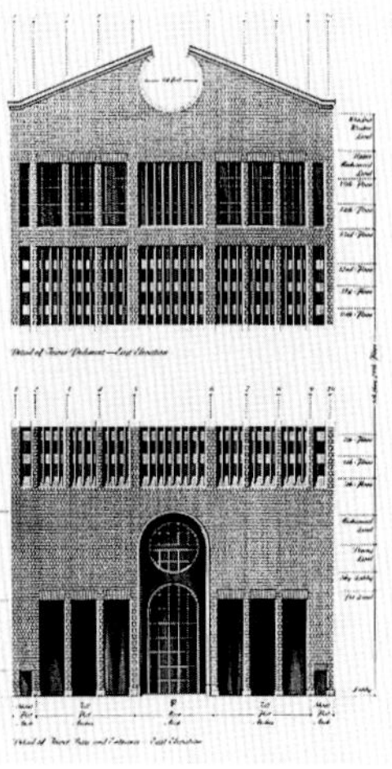

Vom Strukturalismus lernten die Architekten, sich auf den Wert *Bedeutung* zu konzentrieren – allerdings mit einem wichtigen Unterschied zu dessen philosophischen Anhängern: Claude Lévi-Strauss beschrieb in seinen Abhandlungen über Linguistik *Bedeutung* und die Mechanismen, die sie hervorrufen, als unabhängig vom Individuum und von vorhandenem Ideengut, wodurch sie in ihren tiefsten Strukturen universal sind. Die Architekten nahmen diese Strategie auf und behaupteten, daß auch die Architektur ein linguistisches System sei, autonom und ebenfalls unabhängig von Ideen,Verhältnissen und Zusammenhängen.[12] Dies führte unter den Architekten der Postmoderne zu zwei parallelen Überzeugungen unterschiedlicher Ausprägung. Für die eine Kategorie von Architekten bestand die vordringliche Herausforderung darin, für jedes Gebäude – ungeachtet seiner Größe oder Funktion – eine Bedeutung zu finden und sie diesem (auf irgendeine mysteriöse Weise) zu *verleihen*. Historisierende Architekten wie zum Beispiel Michael Graves, Philip Johnson,

8 Michael Graves,
Schwan-Hotel, Walt Disney World,
Florida, 1989

Leon Krier, Charles Moore, Robert A. M. Stern, Quinlan Terry und Robert Venturi argumentierten, daß ihre mit historischen Formen oder Verfremdungen ausgestatteten Bauten Bedeutungsträger seien und diese Bedeutungen der Allgemeinheit auch vermitteln könnten. Im Gegensatz zu seiner ursprünglichen Theorie überließ die auf die Architektur übertragene Version des Strukturalismus das Thema *Bedeutung* dem einzelnen Architekten: *Bedeutung* weder als sozial bestimmtes Produkt noch als Ergebnis von Deutungen, die sich im Lauf der Zeit wandelten, sondern vielmehr als Produkt eines kühnen und talentierten Mediums: des Architekten als Künstler – wobei die Architektur lediglich als Vehikel oder Form fungierte, durch die eine mystische Erkenntnis zum Ausdruck gebracht wurde. So war das bloße Vorhandensein von historischem Ornament an einem Gebäude ausreichend, um *Bedeutung* zu suggerieren.

Die andere, parallel hierzu bestehende Überzeugung innerhalb der architektonischen Postmoderne war die von Architekten, die den Historismus ablehnten und ihre Autonomie betonten. Sie verstanden die Aufgabe des Architekten als die eines Künstlers, der Entwurfsmethoden einsetzte, die weder von Individuen noch von historischen, sozialen, politischen oder ökonomischen Gesichtspunkten abhängig waren.[13] Dies schien auf den ersten Blick die Rolle des Architekten auf die Beherrschung allgemeingültiger Mechanismen einzuengen, statt dessen wurden aber die einzigartigen Fähigkeiten jenes einmalig talentierten Individuums verstärkt, verborgene Strukturen aufzuspüren, die eine für gewöhnliche Sterbliche unsichtbare und nicht zu entziffernde *condition humaine* bedeuteten.

Seit Mitte der achtziger Jahre begannen Architekten dann, die Suche nach dem Universellen aufzugeben und ihre Architektur den Theorien von Jacques Derrida und der Dekonstruktion anzupassen, so wie es sich auch in Bereichen der Literaturkritik abspielte. Derridas Kritik an einer vermeintlich einheitlichen »westlichen« Tradition basierte auf der Argumentation, es existiere keine strukturelle Grundlage für die in der abendländischen Literatur und Philosophie herrschende Ansicht, daß ihre Glaubenssysteme auf irgendeinem einheitlichen universalen Prinzip gegründet seien: weder auf Gott noch auf Natur oder Wissenschaft. Alle Texte seien zusammenhanglos, behauptete Derrida, und *Bedeutung* leite sich gerade aus dem Fehlen von Stabilität in der Sprache ab, aus dem Fehlen einer unmittelbaren Beziehung zwischen unseren Worten und den Dingen, die sie bezeichnen sollen.

Indem Derrida eine Vielzahl von Texten »westlicher« Tradition der Kritik ihrer grundlegenden Voraussetzungen unterwarf, bereitete er den Weg für feministische

9 Zaha Hadid,
Feuerwache der Vitra AG, Weil am Rhein, 1991–1993

und postkoloniale Infragestellungen der traditionellen Lesart dieser Texte.[14] Insbesondere durch den Verzicht auf die Idee der universellen oder Meister-Erzählung förderte die dekonstruktivistische Kritik ein stärkeres Gewahrwerden des Lokalen und des Individuellen. Gaben sich die von Derrida und seinen Schülern geführten Gefechte zwar den Anschein von starkem politischem Engagement, so beschränkten sie sich tatsächlich auf die theoretische Behandlung derartiger Probleme in unbedeutenden akademischen Zeitschriften. Ihre Diskussionen drangen nur selten in die reale Welt des politischen Handelns. In der Architektur richtete sich das dekonstruktivistische Hauptaugenmerk auf die Methodologie als Suche nach neuen und Auflösung der traditionellen Formen. Und da sich die Vorgehensweise der Architekten nicht änderte, sondern nur weiter wiederholte, wurden die großen Probleme der gebauten Umwelt und des direkten Engagements in politischen und sozialen Bereichen erneut umgangen. Statt dessen deklarierten die postmodernen Architekten den Dekonstruktivismus zur Avantgarde (eine stets neue, aber auch stets gleiche Methode) und übernahmen so nur den Deckmantel – nicht aber die Last – des politischen und sozialen Engagements der Avantgarde des 20. Jahrhunderts und die politische »Aura« des interdisziplinären Dekonstruktivismus. Die von Architekten wie Coop Himmelblau, Zaha Hadid, Rem Koolhaas und Peter Eisenman auf der Linie des Dekonstruktivismus realisierte Fragmentierung und Instabilität hatten nur mit eigener Ästhetik zu tun oder dem Versuch, Wichtigkeit zu erlangen. Ihr »Radikalismus« ist auf die Form beschränkt. Dekonstruktivistische Neubauten oder Erweiterungen zeigen zumeist formale Spielereien und wenig anderes. In den Fällen, wo der Bau von durchaus hoher Qualität ist, läßt sich dies selten auf den verantwortlich zeichnenden Architekten zurückführen – ist es bei bekannten Büros doch übliche Praxis, als Entwurfsarchitekten in Verbindung mit einer weniger renommierten, verläßlichen Firma zu fungieren, welche die Verantwortung für die Ausführungspläne und die Bauleitung übernimmt.

10 Peter Eisenman, Aronoff Center for Design and Art, Universität von Cincinnati (Ohio, USA), 1988–1996

Wie alle anderen Moden auch erreichte der Dekonstruktivismus bald seinen Höhepunkt und ist bereits im Abklingen begriffen; seinen enthusiastischen Anhängern gelang nie mehr, als einige wenige und meist »künstlerisch« ambitionierte Firmen oder kulturelle Institutionen für sich zu gewinnen. So erweist sich mangelnde Protektion in der Tat als wirksames Mittel, einen Stil zu verhindern. Leider war die Reaktion der dekonstruktivistischen Architekten die, daß sie die Ablehnung als Mangel von Visionen bei ihren Bauherren beklagten und sich als Märtyrer einer ihrer Meinung nach zukunftsweisenden Bewegung betrachteten. Anstatt die Gelegenheit zu ergreifen, gängige Auffassungen über die Praxis und die Bedeutung von Form zu überprüfen, haben allzu viele Architekten Zuflucht bei einem überholten Modell aus weit zurückliegender Vergangenheit gesucht. Sie sind nach wie vor in der Illusion befangen, daß Architekten die fähigen Vertreter des Zeitgeists seien, auch wenn sie einer Disziplin unterworfen sind, deren Rhetorik sich zunehmend von der Realität entfernt.[15]

In der Zwischenzeit haben große Veränderungen in den Bereichen Industrie, Produktion und Arbeitskraft maßgeblichen Einfluß auf die gebaute Umwelt in den Ländern der ersten, zweiten und dritten Welt ausgeübt, ganz abgesehen vom Umbruch im Leben der jeweiligen Bevölkerung.[16] Durch zunehmendes Bewußtsein für die Gefährdung der Ressourcen der Erde – vom Wasser bis hin zur Ozonschicht – hat sich ein immer größer werdender Teil der Bevölkerung im Kampf für schutzwürdige Zonen, die Wiederverwertung von Abfall und behutsame Bebauung engagiert. Dennoch haben sich diese Debatten während der achtziger bis in die neunziger Jahre nur sehr geringfügig auf das architektonische Geschehen weltweit ausgewirkt. Keine der großen Herausforderungen an die traditionellen Auffassungen von Rolle und Praxis der Architekten hat sich in der gegenwärtigen Baukultur niedergeschlagen, noch haben Verleger, Zeitschriften, Hochschulen oder Verbände entscheidende Versuche unternommen, solche Themen zu protegieren.

Vielmehr verlassen sich zum Beispiel die Regierungen der Vereinigten Staaten und der westeuropäischen Länder weiterhin auf Neubauvorhaben als Mittel zur Senkung der Arbeitslosigkeit und zur Aufrechterhaltung der Wirtschaft. Generell wird die Erde nicht als wichtigste Ressource betrachtet, die der gesamten Menschheit gehört und deshalb geschützt und gepflegt werden muß, sondern als Domäne von Privatleuten und Regierungen, die sie kurzzeitig und mit hohem finanziellem Gewinn ausbeuten dürfen. Die Architekten sind natürlich in dieser sehr ernsten Situation ebenso gefangen wie wir alle, haben jedoch maßgeblich zu ihrer Entstehung beigetragen. Denn als Inbegriff der idealen Architekturleistung gilt immer noch das autonome Einzelbauwerk, bei dem der Architekt sich ungehindert selbst verwirklichen kann, nicht die behutsame Rekonstruktion, die Sanierung oder das Schließen einer Baulücke. Anstatt ein ernsthaftes und kenntnisreiches Umwelt-

11 Kevin Daly und Chris Genik, Entwurf für Snack Bars, Campus der Universität von Arizona, Scottsdale (USA), 1997, Ostansicht

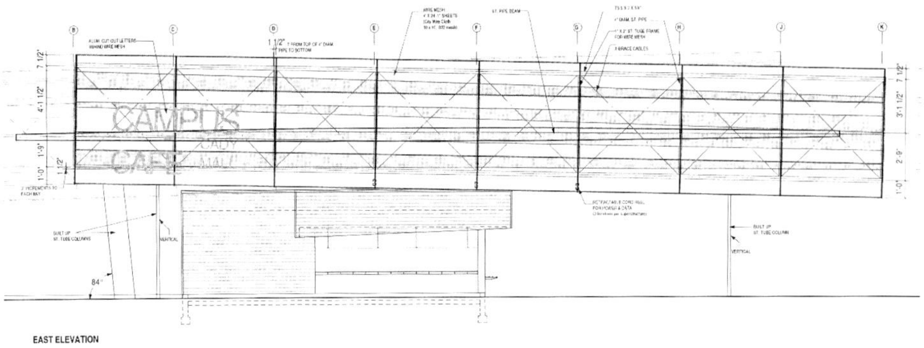

bewußtsein in der Anwendung von Materialien im Zusammenhang mit baulicher Gestaltung zu fördern, herrscht immer noch die Meinung vor, die Errichtung eines neuen Gebäudes – je größer, desto besser – sei der optimale Weg, um seinem architektonischen Talent Ausdruck zu geben. Die jüngsten Projekte von Rem Koolhaas in Nordfrankreich sind neue Beispiele für dieses Phänomen.
Dabei sind die bemerkenswertesten Entwürfe von heute doch genau jene, bei denen der Architekt die vorhandenen Beschränkungen akzeptiert und sie als Basis für eine positive Veränderung nutzt. Folgende Architekten mit ganz unterschiedlichen Auffassungen liefern dazu zukunftsweisende Beispiele.
Für das sonnendurchglühte Gelände auf dem Campus der Arizona State University plante das Büro Daly/Genik aus Santa Monica eine Reihe von Imbißstätten und Erholungsbereichen. Der weitläufige Campus dieser außerhalb der Stadt gelegenen Universität leidet während der meisten Zeit des akademischen Jahres unter Temperaturen von über 38 Grad Celsius; das Angebot an Sitzplätzen in schattigen Bereichen ist jedoch äußerst bescheiden. Obgleich in diesem Teil von Arizona fast alle Gebäude stark klimatisiert sind, wollten die Architekten Einrichtungen planen, die keiner künstlichen Klimatisierung bedürfen. Ihr Entwurf sah leichte Metallschichten auf schlanken Stützen vor, die den erforderlichen Schatten für die demontierbaren Freiluft-Snackbars und Eßbereiche liefern, die einen Teil der Anlage einnehmen. Diese mit einem extrem niedrigen Etat ausgeführte Planung bietet eine »Understatement«-Lösung für einen Campus, dem geschützte Außenbereiche zum Essen und Erholen fehlen.
In einer völlig anderen Umgebung, nämlich dem historischen Zentrum von Rom, wurde ein Geschäft aus den dreißiger Jahren von dem italienischen Architekten Gianni Amici umgestaltet. Der im Herzen der Renaissancestadt an der vornehmen Via Condotti gelegene Modigliani-Laden ist ein Ausstellungsraum für Glaswaren und Einrichtungsgegenstände. Amici entschloß sich, die Fassade zu sanieren, ohne sie zu verändern, und sich auf Erneuerungen im Inneren zu konzentrieren. Die Erhaltung der Fassade bewirkte, daß die Kontinuität der Straßenfront erhalten blieb, führte aber nicht zu einer Lösung der Beleuchtungsprobleme des langen, schmalen Ladenraums. Deshalb öffnete Amici das Mauerwerk im Inneren und fügte ein Treppenhaus aus Glas und Metall ein, das bis zum vierten Obergeschoß hinaufführt. Die elegant schwebende Konstruktion wurde verglast, und so erhält das Geschäft von der Straße bis in die hinteren Bereiche Licht.
Dichtbebaute historische Zentren wie die italienischer Städte werfen komplizierte Probleme auf, die Insel Manhattan und die Innenstadt von New York City andere. Hier haben ehrgeizige Investoren und beflissene Architekten die Stadt mit Hochhäusern in verschiedenen, durchweg mittelmäßigen in- und »ausländischen« Stilarchitekturen angefüllt. Das für den Stadtteil SoHo – in dem es noch viele historische

12 Giovanni Amici, Geschäft »Modigliani«, Rom, 1997, Ansicht von der Via Condotti und Innenansicht

Bauten mit Gußeisenelementen gibt – geplante, aber noch nicht realisierte Scholastic Building mittlerer Höhe von Aldo Rossi und Morris Adjmi gehört dagegen zu den Entwürfen, die die Architekturgeschichte der Stadt respektieren.[17] Rossis Bau, zwischen zwei renommierte Gebäude gezwängt (das Rouss Building von Alfred Zucker, 1988–1990, und das »Kleine« Singer Building von Ernest Flagg, 1903), entspricht dem Charakter seiner Nachbarn zu beiden Seiten und entwickelt dabei sein eigenes, unverwechselbares Erscheinungsbild. Am Broadway nimmt die Fenstergestaltung geradezu ideal den Maßstab der Fassadengliederung der Nachbargebäude in einer erstaunlich wirksamen Verbindung von umfassenden Rahmen und Doppel-T-Trägern auf. Die Fassade an der Mercer Street entspricht der völlig anderen, industriell geprägten Bebauung, wobei die neuen Stahlelemente architektonisch anders behandelt werden als das eher traditionelle Tragwerk am Broadway. Die Beziehung des Gebäudes zu seiner unmittelbaren Umgebung und der Straße wog hier stärker als jeder Wunsch nach originellem persönlichem Ausdruck und führte zu einem der besten Entwürfe der letzten Jahrzehnte für eine New Yorker Straße.

Bei jedem dieser drei genannten Projekte erlagen die Architekten nicht der Versuchung nach Größe und eigener Handschrift. Statt dessen gaben sie ein Beispiel dafür, wie postmoderne Banalitäten der achtziger Jahre zu überwinden sind und eine Gegend in höchst positiver Weise verändert werden kann. Keiner dieser Planer sieht die Rolle des Architekten darin, Zeitgeist auszudrücken, Stellung zur Lage der Menschheit zu nehmen oder einem ahnungslosen Publikum seine persönlichen Vorstellungen unterzuschieben. Jeder von ihnen hat seine Aufgabe als spezifisch einem Ort und einer Zeit verhaftet gesehen und sich als Praktiker engagiert. Auf Dauer werden nur solche Leistungen zur Vielfalt an Bedeutungen einer Straße oder einer Stadt beitragen.

Aus dem Amerikanischen von Nora von Mühlendahl

1 Donald Trump, *The Art of the Deal*, New York 1987. Eine ausführlichere Abhandlung vieler Aspekte dieses Artikels findet sich in: Diane Ghirardo, *Architecture After Modernism,* New York/London 1996.

2 Zwei Zusammenstellungen grundlegender Schriften zu diesem Thema, in: Ulrich Conrads (Hrsg.), *Programme und Manifeste zur Architektur des 20. Jahrhunderts,* Braunschweig 1975; Joan Ockman (Hrsg.), *Architecture Culture 1943–1968. A Documentary Anthology*, New York 1993.

3 Eine gute Übersicht über die besten Beispiele, in: Kenneth Frampton, *Die Architektur der Moderne. Eine kritische Baugeschichte,* Stuttgart 1983.

4 Le Corbusier, *Kommende Baukunst,* Stuttgart 1926; zu Schriften von Terragni siehe Giuseppe Terragni, »Relazione sul Danteum 1936«, in: *Oppositions,* 1977, H. 9, S. 94–105; Enrico Mantero, *Giuseppe Terragni e la città del razionalismo italiano*, Rom/Bari Laterza 1969; Giorgio Ciucci (Hrsg.), *Giuseppe Terragni. Opera Completa,* Mailand 1996.

5 Zur detaillierteren Abhandlung dieses Themas siehe Ghirardo 1996 (Anm. 1), S. 28–42; Mary McLeod, »Architecture«, in: Stanley Trachtenberg (Hrsg.), *The Postmodern Moment: A Handbook of Contemporary Innovation in the Arts,* Westport, Connecticut, 1985, S. 19–52; Mary McLeod, »Architecture and Politics in the Regan Era: From Postmodernism to Deconstructivism«, in: *Assemblage,* 1989, H. 8, S. 23–59.

6 Zur Auseinandersetzung mit den Ideen Le Corbusiers über *Kommende Baukunst* hinaus siehe Brian Brace Taylor, *Le Corbusier et Pessac,* Paris/Cambridge, Massachusetts, 1972, S. 1, 11; siehe Frank Lloyd Wrights eigene Schriften, vor allem *The Disappearing City,* New York 1932, und *When Democracy Builds,* Chicago 1945.

7 Seit Anfang des 19. Jahrhunderts wird über Urbanistik geforscht. Camillo Sitte und Ildefonso Cerdá gehörten zu den ersten Stadtplanern; sie waren Ingenieure und keine Architekten. Françoise Choay untersuchte das Verhältnis von Architekten zur Stadtplanung, in: *La règle et le modèle: sur la théorie de l'architecture et de l'urbanisme*, Paris 1980.

8 Manfredo Tafuri, *Architecture and Utopia: Design and Capitalist Development*, Cambridge, Massachusetts, 1976.

9 Der Katalog für die Ausstellung über dekonstruktivistische Architektur von 1988 bietet eine gute Einführung: Philip Johnson und Mark Wigley, *Deconstruction and Architecture,* New York 1988; siehe auch den bereits genannten Aufsatz von McLeod 1989 (Anm. 5).

10 Peter Eisenman, »Interview with Peter Eisenman«, in: *Archetype I,* 1980, H. 4, S. 30–32.

11 Grundlegende Texte zu diesen Themen finden sich bei Jacques Derrida, *Positions,* Chicago 1981; ders., *Writing and Difference,* Chicago 1978; ders., *Of Grammatology,* Baltimore 1976; Claude Lévi-Strauss, *Structural Anthropology,* New York 1976; ders., *From Honey to Ashes,* New York 1973. Eine kurze und prägnante Analyse des Dekonstruktivismus bietet Vince Pecora, »What was Deconstruction?«, in: *Contention,* 1992, H. 3, S. 59–79.

12 Peter Eisenman, *House X*, New York 1982.

13 Eisenman war ein besonders bekanntes Beispiel dafür, obgleich sein primärer Bezugspunkt Noam Chomskys Schriften über strukturelle Linguistik waren.

14 Zu den prominentesten Anhängern Derridas bezüglich der Themen Kolonialismus und Postkolonialismus gehört Gayatry C. Spivak; siehe vor allem ihr Buch *In Other Worlds. Essays in Cultural Politics,* New York 1987. Der wohl bedeutendste Wissenschaftler im Bereich Postkolonialismus, der auch hohes Ansehen in der Politik genossen hat, ist Edward Said von der Columbia University; siehe seine neueste Publikation *Culture and Imperialism,* New York 1993, sowie seinen Text zu einer Photoserie aus Palästina, *After the Last Sky: Palestinian Lives,* New York 1986.

15 Ein aufschlußreiches Beispiel für diese bedeutungslose Rhetorik ist das Programm, das während der Charles-Rose-Show am 11. November 1996 anläßlich der Eröffnung von Eisenmans neuem Kunstgebäude der University of Cincinnati übertragen wurde. Zu den Teilnehmern gehörten Michael Graves, Richard Meier, Harry Cobb, Paul Goldberger, Sarah Whiting, Mark Linder, Stanley Tigerman und Dekan Ralph Lerner von der Princeton University. In der gesamten Veranstaltung war kaum ein klarer Satz zu hören.

16 Ein immer noch brauchbarer Text zu diesem Thema aus den achtziger Jahren stammt von Barry Bluestone und Bennett Harrison, *The Deindustrialization of America: Plant Closings, Community Abandonment and the Dismantling of Basic Industry,* New York 1982.

17 Der Entwurf wird in Arbeitsgemeinschaft mit Gensler Associates ausgeführt.

1 Le Corbusier,
»Die Lehre Roms« aus »Vers une architecture«, 1922

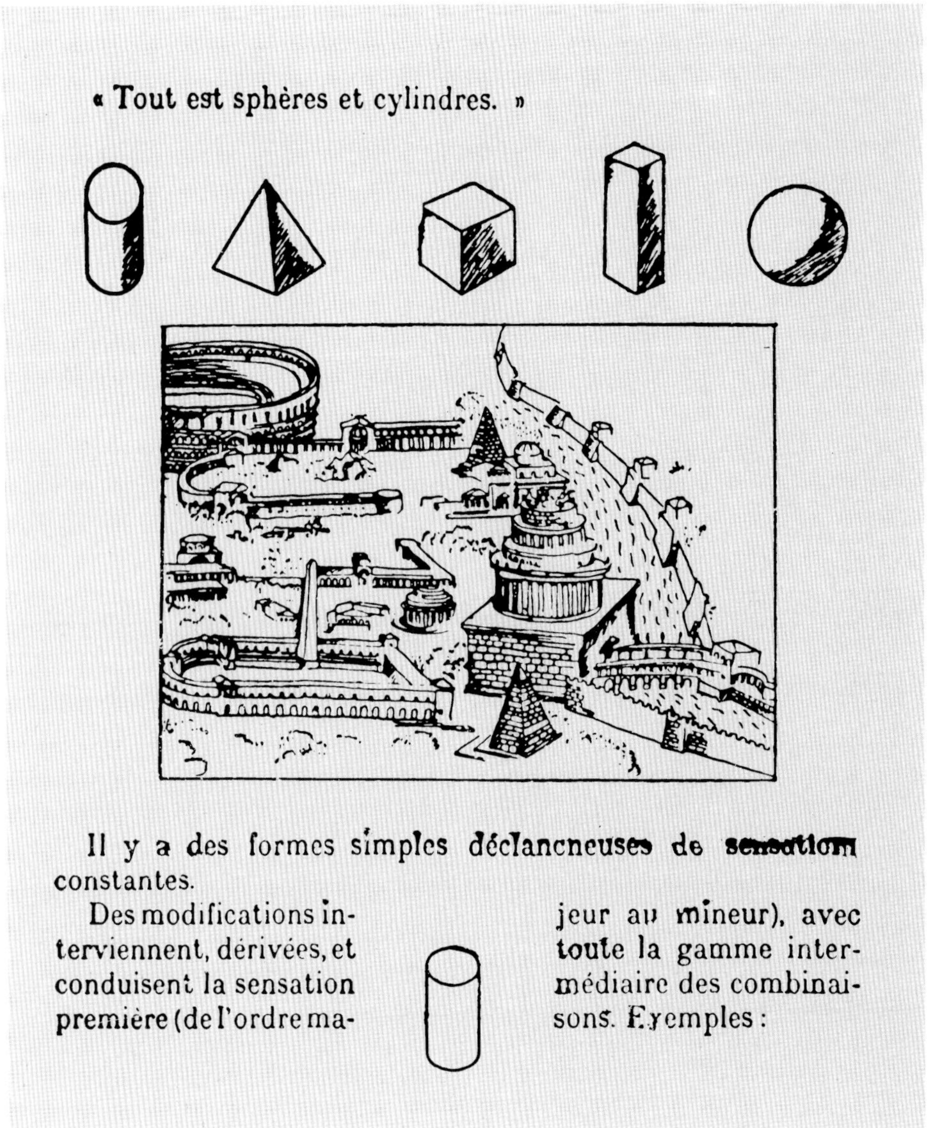

« Tout est sphères et cylindres. »

Il y a des formes simples déclancneuses de sensation constantes.

Des modifications interviennent, dérivées, et conduisent la sensation première (de l'ordre majeur au mineur), avec toute la gamme intermédiaire des combinaisons. Exemples :

Das Monumentale als Ersatz für den Verlust kultureller Autorität der Architektur

Wilfried Wang

»Das allgemeine vorzügliche Kennzeichen der griechischen Meisterstücke ist endlich eine edle Einfalt, und eine stille Größe, sowohl in der Stellung als im Ausdruck.«
Johann Joachim Winckelmann[1]

»No work of art can be great, but as it deceives; to be otherwise is the prerogative of nature only.«
Edmund Burke[2]

»Jedes Jahrhundert hat nur eine bestimmte Zahl von Monumentalaufgaben zu vergeben. Wenn die Bautätigkeit in Berlin – in andern deutschen Großstädten geht es ähnlich – aber noch ein Jahrzehnt lang in demselben Tempo weitergeht, werden unsere Söhne große monumentale Aufgaben nicht mehr vorfinden und gezwungen sein, mit einem Erbe zu leben, das sie notwendigerweise verachten müssen. Der Vorgang ist in der Kunstgeschichte ohne Beispiel, daß eine Periode so leidenschaftlicher Bauwut mit absolutem Unvermögen zusammenfällt. Es gibt zwar Einsichtige genug, die dieses Galopptempo für sehr schädlich halten; aber sie haben keine Stimme. ... Schlechte, leichtsinnig gemachte Kunst ist in demselben Maße unsittlich und korrumpierend, wie gute und ernste Kunst sittlich und kulturbildend ist. Und weil alles wahrhaft Künstlerische der reinste Ausdruck der höchsten ethischen Fähigkeiten des Menschengeistes ist, wird es zur Pflicht, da eine energische, selbstbewußte Abwehr zu fordern, wo die Gefahr besteht, daß das allgemeine, wenn auch latente Empfinden durch eine im Tiefsten unwahrhaftige Pseudokunst verwirrt und geschädigt wird.«
Karl Scheffler[3]

2 Johann Wolfgang Goethe, »Stein des guten Glücks«, 1777

»Wenn wir im walde einen hügel finden, sechs schuh lang und drei schuh breit, mit der schaufel pyramidenförmig aufgerichtet, dann werden wir ernst, und es sagt etwas in uns: hier liegt jemand begraben. *Das ist architektur.*«
Adolf Loos[4]

»Wird es dem Baumeister unmöglich gemacht, ein Herrscher über Ganzheiten zu sein, so muß er die Gartengestaltung dem Gärtner, die Innenraumausstattung dem Kunstgewerbler, die Konstruktion dem Ingenieur, die Grundrißbildung dem Spekulanten und die Stilform der Mode überlassen. Durch einen charaktervollen Entschluß aber kann die notwendige Einheit nicht zurückgewonnen werden. Denn kein Architekt kann die notwendigen Voraussetzungen sozialer Natur schaffen, keiner hat Gewalt über das Geist gewordene Bedürfnis. Die Vorbedingung für das Dasein des Baumeisters, der seinen schönen Namen mit Recht führt, ist das, was mit dem Wort Kultur bezeichnet wird. Fehlt diese Vorbedingung, so ist der Baumeister einer der ersten Opfer. Er kann nicht ins Blaue hinein, und er kann auch nicht für die Zukunft schaffen, sondern nur für die lebendige Gegenwart, für gestaltende, fortwirkende, das heißt für sowohl reale wie auch idealisierte Bedürfnisse, und für Bauherren, die berechtige Vertreter solcher Bedürfnisse sind. Die Entartung des Baumeisterberufs war nicht persönliche Schuld, sondern ein geschichtliches Schicksal.«
Karl Scheffler[5]

3 Tony Smith, »Die«, 1962

Question: »Why didn't you make it larger so that it would loom over the observer?«
Answer: »I was not making a monument.«
Question: »So why didn't you make it smaller so that the observer could see over the top?«
Answer: » I was not making an object.«
Robert Morris im Gespräch mit Tony Smith[6]

»Kunstwerke jedoch haben ihre Größe einzig darin, daß sie sprechen lassen, was die Ideologie verbirgt.«
Theodor W. Adorno[7]

Einleitung

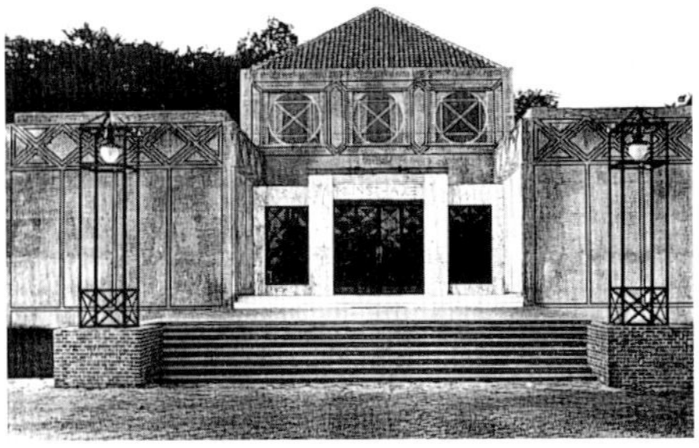

4 Peter Behrens, Oldenburger Ausstellung, Kunsthalle mit Marmorportal und Kandelabern, 1905

Von Otto Wagner (1841–1918),[8] Hendrik Petrus Berlage (1856–1934)[9] über Peter Behrens (1868–1940)[10] und vielen anderen Architekten der Neuzeit sind zahlreiche, zum Teil unterschiedliche Mutmaßungen zum geistigen und gestalterischen Werdegang der Architektur der letzten Jahrzehnte, zumeist in bebilderten Schriften wie diesen, geäußert worden. Dabei stehen die Beziehungen zwischen gebauter Materie, verwirklichten Gedanken und der in den Bauten wohnenden und sie nutzenden Gesellschaft verständlicherweise im Vordergrund. Die Veränderungen in der Architektur werden mit denjenigen in der Gesellschaft verglichen, und sicherlich sind manche gestalterischen Absichten und waghalsigen Erneuerungen in ausdrucksstarken Bauwerken mit Umbrüchen in gesellschaftlichen Vorstellungskräften und technischen Möglichkeiten nicht nur auf das Intimste verbunden, sondern, man möchte die oft vertretene Position hier noch einmal wiederholen, Bauwerke drücken das aus, was die treibenden Kräfte der jeweiligen Gesellschaftsstruktur für möglich, notwendig und machbar erachten. Bauwerke herstellen, Architektur machen, das heißt für viele Architekten und Architekturkritiker gesellschaftliche Machtverhältnisse ausdrücken.

Genauer: Architektur machen heißt für diese Architekten und Architekturkritiker Ressourcen beschaffen, Arbeitskräften Aufträge erteilen, Organisationssysteme aufstellen und vom Ablauf her straff und klar führen und, im Vorfeld vielleicht noch wichtiger, die Auswirkung der Architektur erkennen, um ihre Funktionstüchtigkeit wissen, ihre Fähigkeit zur Aufnahme und Beherbergung von Nutzungsabläufen benennen, ihre formellen und räumlichen Eigenschaften ausnutzen; alles in allem, die umfassenden Qualitäten der Architektur im Sinn des bemächtigten Auftraggebers ins Machbare umzusetzen.

Nun soll die Architektur, sollen die Architekten nicht in ein rein abhängiges Verhältnis zu den jeweiligen Bedingungen verwiesen werden, denn zu den vielen Aspekten ihrer Tätigkeit gehört das in den bebilderten Schriften meist vordergründig Dargestellte: die bildhafte Erscheinung eines Bauwerks als Kondensat aller ihm vermeintlich innewohnenden Eigenschaften. Das Schaffen von Architektur wird als ein unzertrennlicher produktiver Akt des Architekten angesehen. Dieser Aspekt der Gestaltung geht idealiter einher mit der Intuition und dem Einfallsreichtum des Architekten – ja, bei manchen schwungvollen Bewertungen ist man gar versucht, den mystischen Genius des apollinischen Gesamtkünstlers, die Aura des Geheimnisvollen, herauszulesen.[11] So verstanden haben Auftraggeber und Öffentlichkeit vermeintlich, wenn überhaupt, nur einen geringen Einfluß auf diesen künstlerischen Kern des Berufs – die Formgebung –, der den Architekten erst zu seiner gesellschaftlichen und kulturellen Rolle legitimiert.

5 Etienne-Louis Boullée, Newton-Kenotaph, Inneres, Nachteffekt, 1784

Die kulturelle Autorität nun, die im Gestalten des Bauwerks verkörpert wird, unterliegt oder – dem Anliegen dieses Beitrags entsprechend – unterlag einst der Architektur. Daß wir nun eher diesen autoritativen Einfluß der Architektur entwunden sehen, mag dadurch erklärt werden, daß zivilisatorische Werte, Verhaltensweisen und Ideenvermittlungen noch verbindlicher mit der Architektur der vorindustriellen Zeit verbunden waren als mit jener des ausgehenden 20. Jahrhunderts. Diese kulturelle Autorität, Ideen zu vermitteln, Verhaltensweisen zu strukturieren, Grundlagen des Gemeinwesens vorzugeben, gesellschaftliches Wollen und politische Macht Wirklichkeit werden zu lassen, hat in der Architektur im Zuge der allmählichen Institutionalisierung und Industrialisierung aller Bereiche des Lebens und des Tods nicht schon im 20. Jahrhundert zugunsten anderer Medien abgenommen. Denn mit der Verbreitung vorrangig bildhafter Medien, von der Drucktechnik des Buchs, der Zeitung, der Zeitschrift bis zur elektronischen Informationsübermittlung, kann die auf das Visuelle schon im Vorfeld dieser neueren Medien einge-

6 Etienne-Louis Boullée, Newton-Kenotaph, Inneres, Tageffekt, 1784

schworene Architektur nicht mehr in dem Maß die Sinnesreize, Vorstellungskräfte und Verhaltensweisen auslösen, wie dies die Konkurrenz fortwährend und immer virtuoser betrieb und nach wie vor betreibt.[12]

Vielleicht spielte das Gesellschaftsbildende der Architektur in den vergangenen drei Jahrhunderten seine vorläufig letzte, wesentliche und tragische Rolle. Denn im Gegensatz zum Visuellen sind die Momente der Gesellschaftsbildung in der Architektur nicht vornehmlich rein visuell erfahrbar. So reicht dennoch der Vormarsch des vorrangig Visuellen in den letzten drei Jahrhunderten von den berauschten Depressionen der *Carceri* (um 1760) Giovanni Battista Piranesis (1720–1778) über das feinst lavierte, gigantische Denkmal für Isaac Newton (1784) von Etienne-Louis Boullée (1728–1799), in dem die menschliche Selbstherrlichkeit gleichzeitig in der Autonomie der Architektur begründet wird, wobei der Innenraum des Denkmals das Wunder der Umkehrung der jeweiligen Tageszeiten vollbringt – am Tag werden die kleinen Öffnungen in der riesigen gemauerten Kugel zum nächtlichen Sternenhimmel, in der Nacht wird der Innenraum von einer künstlichen Sonne beleuchtet. Der Siegeszug des Visuellen geht bis zur stereometrischen Verdichtung von Stoa Poikile, dem Pantheon und fast gewöhnlichen Speichern in Karl Friedrich Schinkels (1781–1841) Altem Museum (1822–1830) in Berlin, zum selbstinszenierten, die damalige Wirklichkeit verneinenden Gesamtkunstwerk Schloß Neuschwanstein (1869–1881) von Eduard Riedel (1813–1885) und Georg von Dollmann (1830–1895) für Ludwig II.; dann zur fast unbegrenzten Vision, den europäischen und afrikanischen Kontinent verbindenden und längst nicht mehr der Architektur oder Stadtplanung zuzuordnenden, fast trivial mit einer kraftvoll aufgesetzten Strichzeichnung vorgestellten Achse von Paris über Algier bis Gao im tiefen Afrika (1942) von Le Corbusier (1887–1965); bis zur heutigen Realität der all die vorangegangen Vorstellungen von negativem Delirium, arroganter Autonomie, absoluter Mythopoeisis und eine durch Technologie und Ideologie beflügelte Symbolik aufnehmenden Phänomene – wie die immer noch wachsenden Großstädte, die sich selbst genügenden Einkaufszentren, die Schloß Neuschwanstein zitierenden Themenparks und die nun einmal geöffnete Einfamilienhaus-Büchse Pandoras.

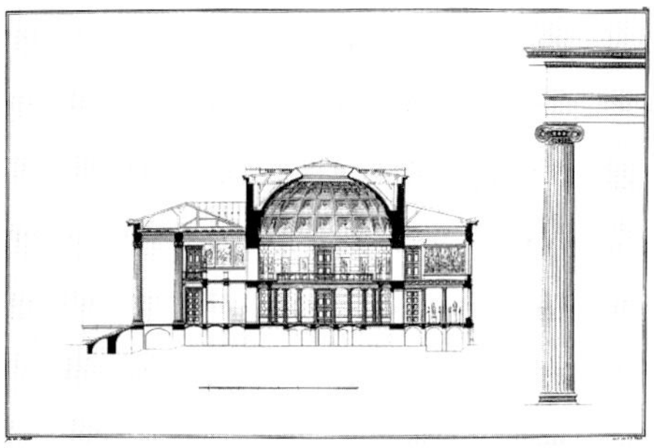

7 Karl Friedrich Schinkel (1781–1841), »Durchschnitt des neuen Museums und Verhältnis der Säulen in der Vorhalle«

In keinem der letztgenannten neuzeitlichen Gestaltungsbereiche wird noch ein Anspruch auf architektonische Qualität, Geist und Verantwortung erhoben. Das Gebaute wird nicht mehr vorrangig in seiner Wirklichkeit erfahrbar, sondern erst verstanden durch die überlagerten Vermittlungen anderer Medien, vom Zeichenhaften einer Neonschrift bis hin zur Vermarktung und Propagierung in Zeitschriften und offiziellen Pamphleten. Architektur verkleidet sich im ausgehenden 20. Jahrhundert mit neueren Zeichensystemen.

Dem ursprünglichen Wesen nach war die Architektur einer tatsächlich erlebten, am eigenen, mit mehreren Sinnen als nur dem Sehsinn ausgestatteten Leib erfahrenen Dauerhaftigkeit verpflichtet. Mit der Entwicklung und Vermehrung drucktechnischer, kinematographischer, televisionärer, videographischer und elektronisch-digitaler Medien wird die Architektur von ihrer substantiellen Eigenschaft entbunden und in eine szenographische Rolle verwiesen.

8 Le Corbusier, Achse Paris–Algier–Gao, 1942

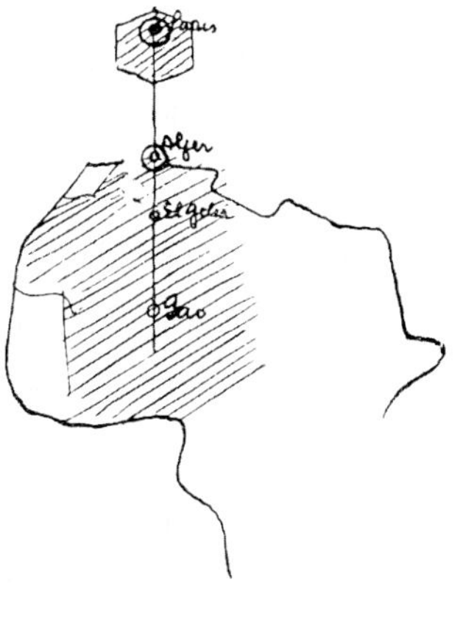

Diesen Verlust der kulturellen Autorität empfindend, sucht die Architektur in ihrer meist unbewußten szenographischen Rolle durch trotzige Beharrung auf motivisch abgeleitete Posen die vormalige Substantialität jedenfalls noch darzustellen, zu repräsentieren. Denn zu mehr als einer Darstellung, einer Repräsentation von Substantialität, ist die Architektur im 20. Jahrhundert nicht mehr fähig, dank der kontinuierlichen Aufteilung, Auflösung und Entwicklung des Baugewerbes, der Bautechnik, der kunstvollen Fügung des Baumaterials – der ehemaligen *techné*, in nunmehr nicht nur nach klassischen Gewerken, sondern auch nach generalstabsmäßig geplanten und ausgeführten personellen und materiellen Ressourcenkategorien.

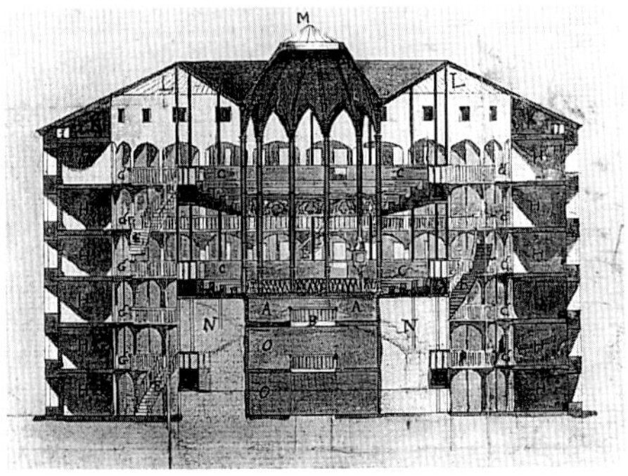

9 Jeremy Bentham,
The Panopticon Penitentiary
(Besserungsanstalt), 1791, Schnitt

Das Beharren der Architektur auf Darstellung von Substantialität ist eine die Wirklichkeit scheuende Kompensation, eine Dissimulation gegenüber einem unaufhaltsamen Prozeß der Differenzierung und Spezialisierung aller Lebensbereiche industrieller Gesellschaften. Der latent verspürte Verlust des tatsächlich Erlebbaren und die eher unbewußte Suche nach einem, wenn auch nur bildhaften Ausgleich für diesen Verlust sind immanente Erscheinungen, die der allgemeinen kulturell und politisch sich verändernden Struktur der diese Veränderungen nur oberflächlich wahrnehmenden Gesellschaften entspechen.

Aber Substantialität bezog sich nicht nur auf die bautechnische Integrität eines Bauwerks. Architektur war während der Zeit der Aufklärung bis in die ersten Jahrzehnte nach dem Zweiten Weltkrieg noch ein Medium der Gesellschaftsformung. Von Jeremy Benthams (1748–1832) Überzeugung, daß ein vom rechten Pfad abgekommener Mensch durch ein Bauwerk – dem *Panopticon* (Projekt um 1791) – erneut zur zivilisierten Gesellschaft erzogen werden könne, über die Versuche, durch aufgelockerte Pavillonstrukturen (zum Beispiel dem Royal Naval Hospital in Plymouth, 1756–1764) den üblichen über die verseuchte Luft verursachten tödlichen Infizierungen von Krankenhauspatienten entgegenzutreten, bis hin zu den diese penitentiäre Isolierung und sanitäre Belüftung aufnehmenden Reinheitsideologien der Massenwohnungsbauten dieses Jahrhunderts waren Bauten Mittel, mit denen Individuen, Gruppen und ganze Gesellschaften gebildet, geformt und erzogen wurden. Zivilisatorische Werte, Verhaltensweisen, Ambitionen und Ideen wurden der Gesellschaft durch Bauten dauerhaft, substantiell, konstitutiv vermittelt.

In der lediglich rudimentären Anwesenheit vorrangig visueller Medien konnte mit der breiten Bauaktivität der Zeit zwischen den Weltkriegen in Deutschland noch einmal der Versuch unternommen werden, die Gesellschaft mit Bauten auch im substantiellen Sinn zu formen. Von Einrichtungen für die Gemeinschaft bis zum Städtebau war diese Bauaktivität in zweierlei Hinsicht strukturbildend: die Herstellung von transformierten und neugedeuteten Verhaltensräumen für Gruppen und Individuen einerseits, andererseits die Vorstellung von Bewußtseinsräumen, in denen dieser Entwicklungsprozeß der Modernisierung seinen Geist verkörperte.

Gleichwohl wurde dieser Entwicklungsprozeß durch Herausforderungen an die Bauaktivität begleitet, deren Lösungen nur in einigen Fällen der gesamten Kultur, wiewohl auch dem Individuum, gerecht wurden. Fünf dieser Herausforderungen der Moderne sind: die Steigerung des Bauumfangs – also der Größe und der Zahl von Bauwerken; die Vereinheitlichung des Erscheinungsbilds sowohl einzelner Bauteile wie auch ganzer Gruppen von Bauten; die Vermittlung von Architektur in anderen Medien; die Stiftung von Identität durch Bauwerke; die Suche nach adäquaten gestalterischen Strategien in diesem kulturellen Kontext. Die architektonischen Antworten auf diese Herausforderungen wiesen ästhetische Eigenschaften auf, die in ihren ambivalenten Deutungs- und Entwicklungsmöglichkeiten sich mal der puristischen Moderne, mal der abstrahierten Tradition zuwenden konnten. Das Monumentale in der modernen Architektur ist ein Phänomen dieser Ambivalenz und keineswegs nur einer politischen Ideologie zuzuschreiben. Vielmehr entspricht das Monumentale lang kultivierten ästhetischen Vorstellungen, die den ebenso lang anhaltenden Enttäuschungen und Frustrationen auf unerfüllte Wünsche und verlorengegangene kulturelle Autorität vieler Architekten und Bauherren als Ersatzstrategie dienten.

Fünf Herausforderungen der Moderne an die Architektur

Der Industrialisierung eigen ist das faktische Problem der Zahl, das heißt der Anzahl und des Ausmaßes. Bauaufgaben werden mit der geballten Wirtschaftskraft des 19. Jahrhunderts, die der Industrialisierung entspringt, umfangreicher und in

ihrer absoluten Dimension im Vergleich zu den Anfängen der industriellen Revolution größer.
Aus der Sicht der Stadtentwicklung läßt sich diese Produktivität sinnfällig vermitteln. Die sprunghafte Agglomeration von peripheren Stadtteilen, sei es durch Gewerbegebiete oder Gartenstädte, kann anhand topographischer Karten aus den letzten zwei Jahrhunderten abgelesen werden. Gründerzeit, Moderne und Nachkriegszeit sind in allen industrialisierten Ländern Synonyme für enorme Bautätigkeiten. Auf der Ebene einzelner Bauten sind der Wohnungs- und Verwaltungsbau ebenso eindrucksvolle Paradigmen für die gewaltige Potenz der Bauindustrie. Vergegenwärtigt man sich das Alter der Bausubstanz, wird schnell ersichtlich, wie groß der Anteil der Bautätigkeit des 20. Jahrhunderts in diesen Sparten war.
Am Anfang der Industrialisierung in Deutschland erlauben materielle Produktivität und geistiges Gestaltungsvermögen die Erstellung von gewaltigen Fabrikationsanlagen und deren sie notwendig begleitenden, oft gedrungenen Arbeiterunterkünften (siehe zum Beispiel die Bauten für Krupp in Essen und für die AEG in Berlin-Moabit). Abgespalten von den Orten der Herstellung, werden mit den umfangreicher werdenden Verwaltungsarbeiten repräsentative Zentralen errichtet, in denen Vorstände, Prokuristen und Sekretärinnen ihren sauberen White-collar-Tätigkeiten nachgehen können und in denen sie ihrem gesellschaftlichen Gefühl entsprechend nach außen wirken konnten (zum Beispiel in den Verwaltungsgebäuden der Mannesmann-Röhrenwerke in Düsseldorf (1911–1912) oder der Continental Caoutchouc- und Gutta-Percha Kompanie in Hannover-Vahrenwald (1913–1920) von Peter Behrens.[13]
Mit der Vergrößerung der Städte werden verkehrstechnische Bauten zur Sicherstellung der gesamtstädtischen Erschließung errichtet. Damit wird der Stadt als in all ihren Teilen zusammengehörender und erreichbarer Organismus Rechnung getragen. Straßen und Garagenbauten für die ersten Personenkraftwagen, Viadukte für Hoch- und Untergrundbahnen, neue Bahnhöfe zwingen Städte zu konvulsiven Umstrukturierungen.
Orte der allmählich sich entfremdenden Gemeinschaft, ja eigentlich der modernen, aus anonymen Individuen bestehenden Gesellschaft, ob in geschlossen oder offen unterzubringenden Räumen, fordern die Verantwortlichen zu identitätsstiftenden Bauwerken heraus. Die sakralen Räume der Neuzeit sind nicht mehr Kirchen oder Kathedralen, sondern Mehrzweck- und Messehallen.[14]
Welchen formalen Kriterien sollten derartige große Bauten genügen? Erkannten die Architekten und Bauherren die Herausforderung seitens der Neuigkeit dieser Dimensionen, was die Gestaltungsmöglichkeiten anging, oder empfanden sie die Notwendigkeit, der Öffentlichkeit das Neue durch die Tradierung bestehender Formen nahezulegen? Vergegenwärtigt man sich die letzten drei der obengenannten Hallen, so erkennt man die breite Palette der Positionen: von der freieren, ingenieurtechnisch betonteren Lösung der Jahrhunderthallen bis hin zum Pantheon-Zitat der Hannoverschen Stadthalle. Nicht nur anhand der großen Hallen brechen die Widersprüche auf, bei der die Gestaltung einer adäquaten Raumfassung einerseits, mit der Suche nach einer identitätsstiftenden, symbolischen Form andererseits die Sicherheit der traditionellen Form in Frage stellt, sondern im ganzen Aufgabengebiet der Verkehrsbauten – von den Viadukten der Hochbahnen bis zu den Flughäfen –, der infrastrukturellen Bautypen, nimmt die sachbezogene, dem Funktionsablauf immanente Hülle einen vorherrschenden Einfluß ein. Aus diesem Widerspruch entsteht in der Zeit nach dem Ersten Weltkrieg ein verändertes Bewußtsein für die Formgebung nach analogen, metaphorischen, den neuen Aufgaben entsprechenden und diese als integraler Organismus verstandenen Grundlagen. So werden in einigen Wettbewerbsbeiträgen und Entwürfen der frühen zwanziger Jahre in

10 Peter Behrens, Entwurf Verwaltungsgebäude der Continental Caoutchouc- und Gutta-Percha Kompanie in Hannover, 1912, Hauptfassade

11 Paul Bonatz und Friedrich Eugen Scholer, Stadthalle Hannover, 1912–1914, Innenansicht

12 Hans Poelzig,
ein Festspielhaus in Salzburg, 1921ff.,
2. Fassung

Deutschland Baukörper vorgeschlagen, die kristallhaft – zum Beispiel die Hochhausentwürfe von Ludwig Mies van der Rohe (1886–1969) und Hugo Häring (1882–1958) für die Friedrichstraße in Berlin von 1922 –, zoomorph – zum Beispiel der Entwurf für eine Musikhalle von Hans Scharoun (1893–1972) von 1922 – oder geologisch, landförmig – zum Beispiel die Entwürfe für das Salzburger Festspielhaus von Hans Poelzig (1869–1936) von 1920 und 1921 – gedacht sind. Diese kurze Phase der alternativen Formgebungen wird in der zweiten Hälfte der zwanziger Jahre in Deutschland durch eine beachtlich verbreitete Bekehrung zur sachbezogenen Gestaltung abgelöst. Nicht jeder Architekt jedoch teilt diese sachlichen Prinzipien. So scheinen diejenigen Architekten, die tradierteren Empfindungen entsprechen – und im Schatten dieser jungen orthodoxen Bewegung stehen –, den Identifikationswert zu vermissen, der vermeintlich in der Lage gewesen wäre, die Öffentlichkeit architektonisch-symbolhaft zu vereinen.

Verbunden mit dem faktischen Problem der absoluten Größe ist die Frage nach der technischen Umsetzung eines Entwurfs. Je extremer und unglaublicher diese Umsetzung, desto profunder der Eindruck, der beim Beobachter hinterlassen werden konnte. Nun galt es, Grundlagen für die Gestaltung der Großbauformen festzulegen. Mit der Diskussion, die um Gemeinschaftsbauten wie Mehrzweckhallen geführt wurde, zeichnen sich unterschiedliche Positionen ab, die aus ihrer jeweiligen Sicht entweder aus der den Bau konstituierenden Konstruktion oder aber aus dem kulturellen Bedürfnis nach tradierter und identifizierbarer Form entsprang. Die eine Sicht war elementar angelegt, sozusagen von unten nach oben, die andere war ganzheitlich orientiert, also von oben herab definiert.

So vermengte sich in der elementaren Sicht das Selbstverständnis, das für gewöhnliche Nutzbauten schon im 19. Jahrhundert galt, mit dem analytisch-technischen Rationalismus einer wohlgemeinten, durch das Bauwesen erzielten Gesellschaftsreform. Gestaltungsdisziplin für den modernen Zweckbau, eine bautypologische Kategorie, die fast alle Bauaufgaben ab den späten zwanziger Jahren erfaßte, war das serielle, industriell wiederholte, standardisierte, normierte, soweit wie möglich in Fabriken vorgefertigte Produkt. Durch derartig hergestellte Einzelteile, die bis ins Unendliche wiederholt werden konnten, würde man Kosten niedrig halten und dadurch einer Vielzahl von Bedürftigen mit neuen, würdigen Bauten helfen. Dieser zweiten Herausforderung der Moderne an die Architektur – der Vereinheitlichung des Erscheinungsbilds sowohl einzelner Bauteile wie auch ganzer Gruppen von Bauten – konnten sich Architekten, selbst wenn sie sich aktiv mit ihr beschäftigten, nicht mehr in ihrer gesellschaftlichen Verantwortung und kulturellen Autorität annehmen. Entscheidungen über die Produktion einzelner Teile und aus diesen parataktisch abgeleiteten Gesamterscheinungen wurden zunehmend im marktwirtschaftlichen Rahmen von der Bauindustrie getroffen.

Aber mit der allmählich weniger baukünstlerisch angewandten Massenproduktion – mal zusätzlich verschuldet durch fehlende gestalterische Fähigkeit der Architekten, mal durch Abstumpfung der architektonischen Ambitionen – lösten gleichförmige, monotone, unnachgiebige Verwaltungs- und Siedlungsbauten vehemente Kritik seitens der Verfechter kultureller Grundwerte aus.[15] Eine Rückkehr zur Baukultur mit angestammtem *decorum*, mit der angemessenen gestalterischen Artikulierung, mit der tradierten Ornamentik, wurde durch quasimoralische Hinterfragung der Zeitgemäßheit und der Verständlichkeit eben dieser Artikulierung und Ornamentik für viele anscheinend fortschrittlich denkende Architekten verwehrt.

Dem Wunsch und Ruf nach einer symbolischen Bauform, die diesen Verlust an zeremonieller Vermittlungsfähigkeit stillen sollte, wenn auch nicht mehr in ihrer gemutmaßten entwerteten, herkömmlichen Form, entsprachen die Gestaltungsgesten des Monumentalen und die der tradierten Motivik, nicht nur unmittelbar

nach der ersten Hochzeit des monotonen Rationalismus der dreißiger Jahre, sondern auch nach dessen zweiter der siebziger Jahre. Programmatische, gesellschaftsbildende Kräfte konnten noch einmal in der ersten restaurativen Phase mit denen der symbolischen Bauform vereint werden; in der zweiten Phase waren diese inhaltlichen Intentionen schon wesentlich anderen Medien verhaftet. Dem, was in der ersten Phase zwar auch schon vorrangig bildhaften Existenzgründen entsprach, wurde mit dem sogenannten Postmodernismus der zweiten Phase nun vollständig umgesetzt: Die phänomenologische Vielschichtigkeit eines Bauwerks wurde auf wenige haptische Eindrücke reduziert. Eine Photographie von außen, eine von innen, so es denn photogen war, entband das Bauwerk von seiner Verantwortung zum Dasein.
Mit der haptischen, photographischen Medialisierung der Architektur, einer Entwicklung, die mit der Verbreitung dieses Mediums am Anfang des 20. Jahrhunderts beginnt und sich über die Vervielfältigung von Zeitschriften und Büchern bis hin zu anderen Bildträgern zeitlich und zahlenmäßig bis in die letzten Jahre des Jahrhunderts verstärkt, verliert auch das phänomenologische und das gesellschaftsbildende Moment der Architektur zunehmend ihre Daseinsberechtigung.
Diese dritte Herausforderung der Moderne an die Architektur ist letztlich eine logische Entwicklung der arbeitsteiligen Geschichte der Baukunst überhaupt. Denn mit der Trennung in Auftraggeber, Bauausführende und Gestalter konzentrierte sich der Prozeß des Vorausdenkens oder des Entwerfens auf die Medien, die dem Gestalter, meist mangels gedanklicher Vorstellungskraft, eine vorzeitige – noch bevor das Gebäude errichtet ist – Darstellung ermöglichten, anhand derer der Architekt seine gestalterischen Absichten mal im Schaubild, mal in persönlichen Zeichnungen vor-stellen konnte.
Mit dem steten Anwachsen der Komplexität, die ein modernes Bauwerk beinhalten mußte, versagten auch die gesamtheitlichen Anweisungen immer öfter, wie dieser Komplexität gestalterisch begegnet werden könne. Trotz wiederholten Beharrens auf geometrischen Disziplinen – entweder im Grundriß wie bei Jean-Nicolas-Louis Durand (1760–1834) oder in der Ausformung des Baukörpers in der platonischen Neudefinierung nach Le Corbusier oder in der Vermengung beider in der vereinfachenden Architektur des akademischen Neoklassizismus der Zwischenkriegszeit wie auch im abstrakten Rationalismus vor und nach dem Zweiten Weltkrieg – können die orthodoxen Strömungen der Architektur nur in wenigen Fällen die programmatische Komplexität der Bauaufgabe adäquat in geometrisch reduzierten und einfachen Formen synthetisieren.
Die Auflösung dieses Widerspruchs – der einerseits aus dem Bedürfnis der Bauherren und Architekten besteht, einem komplexen Bau eine sinnfällige Vermittlungsfähigkeit zu geben, die nach programmatischer Gegebenheit eher zu einer Nuancierung der Teile tendiert, der andererseits aber auch eben diesem Wunsch nach Vermittlung entspricht, wonach der Raum- und Baukörper zwangsweise zu einer Konzentration in der verkleinerten zweidimensionalen Reproduktion führt – bleibt den meisten bildhaft gestaltenden, mittelmäßigen Architekten verwehrt. Um so mehr dieser Widerspruch unbewußt konfrontiert wird, desto eher greift der so denkende Gestalter auf das bildhaft noch verstärkende Mittel zurück: noch glattere Oberflächen, noch wuchtigere Elemente wie Fensterlaibungen oder Stützen, noch massiver wirkende, wenn auch lediglich aus dünnen vorgehängten Platten bestehende Wände, noch einfältigere Symmetrien, noch wesentlichere – wenngleich diese Steigerung ein Absurdum ist – Gestaltungen.
Das Bedürfnis nach Identität – nicht nur der Bauaufgabe mit dem Bauwerk, sondern auch des Auftraggebers mit dem Architekten und darüber hinaus mit den Nutzern und Bewohnern eines Bauwerks – stellt die vierte Herausforderung der

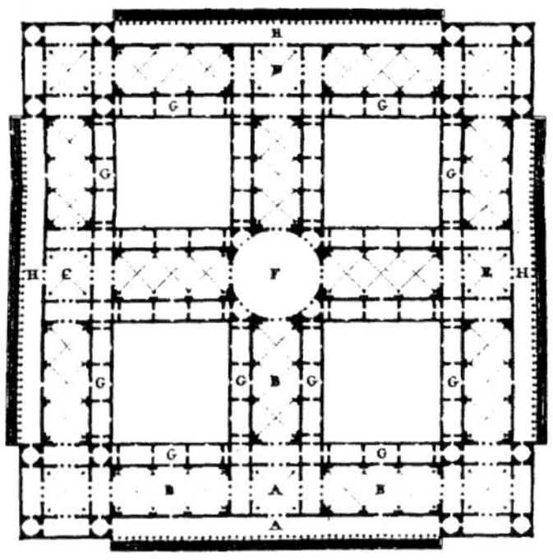

13 Jean-Nicolas-Louis Durand, Idealentwurf eines Museums, 1805, Grundriß

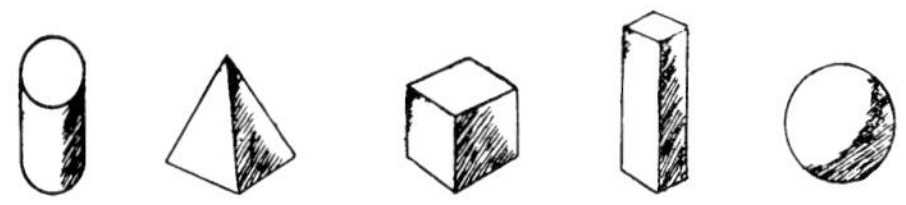

14 Le Corbusier, die »elementaren Körperformen« aus »Die Lehre Roms«, 1922

Moderne an die Architektur dar. Je weniger aber der Inhalt eines Bauwerks formell und räumlich synthetisch mit der Gesamterscheinung erfaßt werden konnte, je mehr ein Bauwerk anscheinend einem anderen glich, desto mehr entglitt den Gestaltern die tatsächliche Autorität, desto weniger besaß die Architektur an eigener Aura, desto kompensatorischer wurden die gestalterischen Bestrebungen und der Einsatz dramaturgischer Mittel.

Welcher distinguierenden Eigenschaften bedarf ein Bauwerk, um eine Einrichtung, eine Funktion, einen gebauten Ort, eine allgemeine Bedeutung im Gedächtnis der Öffentlichkeit zu festigen? Mit der Normierung von existenzminimalistischen Wohnungen, mit der Optimierung von effizienten Verwaltungsbauten, mit der Standardisierung von wiederholbaren öffentlichen Einrichtungen wie Schulen, Bibliotheken und Krankenhäusern, mit der Reproduktion von öffentlichen Räumen wie Fußgängerzonen mit ihren immer gleichen Geschäften hat eine auf Identität bezogene Gestaltung keinen substantiellen Einfluß mehr. Die oberflächlichen, leicht hysterischen Gestikulationen der Architekturen dieser Aufgaben, die trotzdem einen Versuch zur Identitätsstiftung unternehmen, müssen plakativ bleiben. Die distinguierenden Eigenschaften jener Bauwerke, die in den wenigen Fällen dennoch überzeugen, beziehen sich auf ihr Umfeld, auf die gewachsene Lage – so sie noch existiert –, nehmen ortsübliche Baumaterialien auf, verweisen auf lokale gestalterische Typologien. Selten steht ein Bauwerk mit seiner autonomen Neuheit unverschämt da: So bin ich, Zeit und Wert der Gegenwart stelle ich dar.

15 Egon Eiermann, Fassadendetail, Warenhaus Horten, Heidelberg, 1958–1962

Dieses Dilemma kondensierend, kann auf die Kaufhausarchitektur verwiesen werden. Haben die frühen Bauten wie das gefeierte Wertheim (1896, 1901–1904) Alfred Messels (1853–1909) in Berlin noch quasireligöse Zentralräume und an Kathedralen erinnernde Außengestaltungen, nimmt Erich Mendelsohns (1887–1953) frühes Stuttgarter Kaufhaus Schocken (1926–1928) noch in seinem Baukörper die umliegenden Traufhöhen und Gesimse auf, so ist sein Berliner Columbushaus (1931–1932), abgesehen von der Parzellenführung und der horizontalen Fenstergliederung, fast schon eigenständig. Gänzlich autonom sind die Horten-Nachkriegskaufhäuser mit ihrer Corporate Identity von Egon Eiermann (1904–1970). In ihnen wird die gewünschte, vom Kunstlicht beherrschte und nach außen vollkommen abgeschottete Innenwelt, auf den ganzen Baukörper mittels gestanzter Metallvorhangelementen überzogene, eidetische Konzentration ausgedrückt. Die so zwar vermeintlich kleinteilig aufgelöste Oberfläche einer meist orthogonalen Schachtel hat nichtsdestotrotz in der Gesamtwirkung aus der Ferne einen fast monolithischen Charakter. Bestrebungen, Kaufhäuser der siebziger und achtziger Jahre mehr ihrem Umfeld anzupassen – meist mit Mitteln der artifiziellen Wiederholung von kleineren, den mittelalterlichen Parzellen entsprechenden Wohnhäusern –, können als Versuch verstanden werden, der Kritik an den gesichtslosen Kästen zu begegnen und für die den Einzelhandel verdrängenden Kaufhäuser in der Öffentlichkeit dennoch Zuspruch zu finden.

16 Hans Dissing und Otto Weitling, Kunstsammlung Nordrhein-Westfalen, Düsseldorf, 1975–1986

Die in ihren traditionell artikulierten Bauformen gegebene, der Identität abträgliche Tendenz zur Autonomisierung von verschiedenen Bautypen, wie dem Museum, dem Theater und der Konzerthalle (und deren Weiterentwicklung: dem Kino), ereilt ein ähnliches Schicksal. Die künstliche Innenwelt verneint einen tageslichtsuchenden Bezug zur Außenwelt.

Der sich selbst genügenden Box wird so ein gekünsteltes Gesicht gegeben. Am Münchener »Haus der Deutschen Kunst« (1933–1937) von Paul Ludwig Troost (1878–1934) wird eine abgeschlackte dorische Säulenreihe in Anlehnung an Schinkels Stoa des Alten Museums dem sonst introvertierten Kasten vorgestellt. Das Bauwerk der Kunstsammlung Nordrhein-Westfalen (1978–1982) von Hans Dissing (*1926) und Otto Weitling (*1930) ist an seiner geschwungenen, dreistöckigen

Hauptfassade lediglich mit schwarzem Granit verkleidet. Oswald Mathias Ungers' (*1926) Hamburger Kunsthalle (1990–1997) besteht zur Hälfte aus einer unterirdischen Ausstellungsebene und zur anderen Hälfte aus einem städtebaulich und bautypologisch idealisierten, freistehenden und bündig verkleideten Kubus.
Die Multiplexkinos und Musicaltheater des ausgehenden Jahrzehnts des 20. Jahrhunderts sind kompakte Raumpläne, die durch minimale gläserne Foyers und durch selten auf die inneren Funktionen bezogene gymnastische Dachformen noch Versuche unternehmen, sich ein unverkennbares Gesicht zu verleihen.
Einkaufszentren, Supermärkte und Fabriken an den Stadträndern strahlen ihre Präsenz durch sich ausbreitende Stellplatzflächen, großdimensionierte Neonbeschriftungen und Flaggenreihen aus. Die Institutionalisierung und Industrialisierung aller Bereiche des Lebens und des Tods ist die Konsequenz der ökonomisch-rationalistisch geführten Moderne. Bauten der Gemeinschaft, von Museen über Kinos bis hin zu Einkaufszentren und Bauten der Produktion, von Automobilen bis zur Elektronik, verschließen sich der Außenwelt. Ihre Gestaltung verlangt eigentlich einen ihre geballte Homogenität ausdrückenden Baukörper. Bauten, bei denen Tageslicht noch benötigt wird, sehen sich am Ende des 20. Jahrhunderts zum Verwechseln ähnlich: Labor, Büro, Hochschule, Krankenhaus.
War die Euphorie der Architekten über die Großbauaufträge der verschiedenen Epochen auch gleichzeitig Anlaß zu einer jeweiligen Entwicklung und Anwendung einer bewußten Gestaltungsdisziplin, hier auch als die fünfte Herausforderung der Moderne an die Architektur anzusehen, können Kontinuitäten in ästhetischen Bereichen verfolgt werden.
Der Hang zur Monochromie, bemerkenswert belegt durch die langanhaltende Kontroverse unter Archäologen, Kunstwissenschaftlern und Architekten im 19. Jahrhundert,[16] unterstützt die Ausdrucks- und Eindrucksstärke eines Objekts oder Raums. Der homogenisierende Effekt einer das ganze Objekt überziehenden Farbe beziehungsweise eines naturbelassenen Materials wie Stein beeindruckt in seiner edlen Einfalt und stillen Größe weitaus mehr als ein mit mehreren Farben strukturiertes Gebilde. Hier wird das Maß eines Raums oder einer Form nicht kleinteiliger aufgefaßt, sondern kann eben auch noch durch diese Homogenisierung über das Tatsächliche hinaus gesteigert werden.
Monochromie und – mit ihr direkt verbunden – homogene Materialität zielen auf Einheit und Reinheit. War die Zerstückelung der Einheit des Gebildes durch Farbe für die Gegner der Polychromie im 19. Jahrhundert das grundsätzliche Problem, so konnte die durch die kubistische Malerei entwickelte Mehrschichtigkeit in der Architektur des frühen 20. Jahrhunderts nur das gleiche bedeuten. Gegner der in der Malerei von Cézanne, Braque und Picasso verfolgten und in der Architektur von der De-Stijl-Gruppe bis zu Max Taut und Wenzel August Hablik[17] nur zum Teil verwirklichten Richtung waren unmittelbar nach dem Ersten Weltkrieg Amedée Ozenfant und Charles-Edouard Jeanneret, dem späteren Le Corbusier. In ihrem den Kubismus den Kampf erklärenden Manifest *Après le Cubisme* von 1918 konstatierten sie: »Le Purisme exprime non les variations, mais l'*invariant*. L'œuvre ne doit pas être accidentelle, exceptionelle, impressioniste, inorganique, protestataire, pittoresque, mais au contraire générale, statique, expressive de l'invariant.«[18] Auf Platons *Philebos*[19] in seinem späteren Traktat *Vers une architecture* von 1923 zurückgreifend, wird deutlich, was Jeanneret mit dem Unveränderlichen meint: die geometrischen Volumina von Zylinder, Pyramide, Würfel, Quader und Kugel.[20]
Nicht nur seit Platon und späteren Kommentatoren basierte die ästhetische Wirkung, der dramatisierende Effekt der Architektur auf der ewig aufgefaßten Grundlage von einfachen Formen, deren »immense Oberflächen« das »Spiel des Lichts«[21] ermöglichten. Denn, was mindestens seit den alten Römern schon bekannt war –

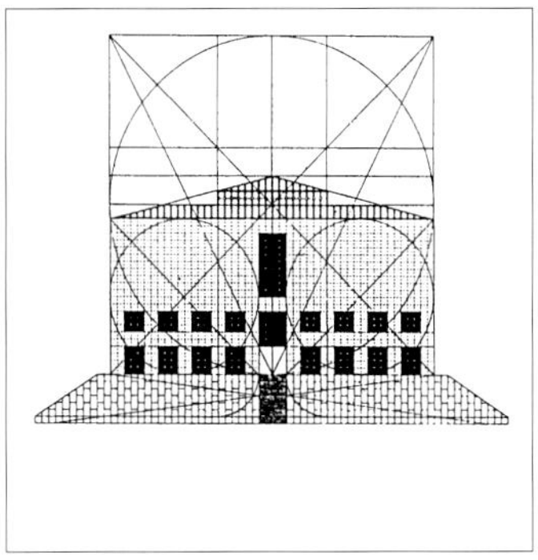

17 Oswald Mathias Ungers, Wettbewerbsentwurf für die Neugestaltung der Museumsinsel, Hamburg, 1986, Proportionsstudie

der Geist der Ordnung, die ihnen erlaubte, »die Welt zu unterwerfen und zu regieren«[22] –, sollte auch für die kommende Baukunst gelten: »Keine Geschwätzigkeit, gute Komposition, eine einzige Idee, Kühne und Einheit der Konstruktion, die Nutzung von elementaren Formen«.[23] Eine beredte, überzeugende, überredende Architektur sollte auch dem modernen ästhetischen Glauben nach einfach, puristisch-rein, monochrom, geometrisch sein.

War der Charakter eines Bauwerks nach der Lehre der klassischen Antike jeweils durch die Wahl und Anwendung der angemessenen Säulenordung kompositorisch und geometrisch vorprogrammiert, sollte nun diese Entwurfsmethode in der Moderne durch abstrakte, das heißt entmaterialisierte, geometrische Grundformen ersetzt werden. Einfache, meist weiße Baukörper, serielle Produktion, gekoppelt mit den Erkenntnissen aus dem Gefängnis- und Krankenhausbau (die Umwelt als Erzieher; Privatsphäre durch entsprechende Abstände und Isolierung; Licht, Luft und Sonne) der frühen Aufklärung: so wurde die Stadt funktionsentmischt – segregiert, im Raster geordnet –, wurden Wohnungsbauten nach hygienischen Gesichtspunkten strukturiert.

Der Prozeß der Läuterung der architektonischen Sprache vom Neoklassizismus bis zur Moderne hat neben den baukonstruktiven Gründen auch Wurzeln in den ästhetischen Theorien, die ebenfalls mindestens bis zur Mitte des 18. Jahrhunderts zurückverfolgt werden können. Die Unterdrückung und Abkehr von der artikulierten Oberfläche, von der Ornamentik klassischen oder auch anderen Ursprungs vollzieht sich über den späten Barock, zum Beispiel eines Nicholas Hawksmoor (1661–1736; siehe sein Clarendon Building, Oxford, 1712–1715), zum Neoklassizismus eines nicht ausgeführten Entwurfs für die Neue Wache (1816) von Karl Friedrich Schinkel und jenen eines Sir John Soane (1753–1837) über die Nationalromantiker der skandinavischen Länder um 1900 und Peter Behrens' Frühwerk bis zu Oswald Mathias Ungers' Spätwerk.

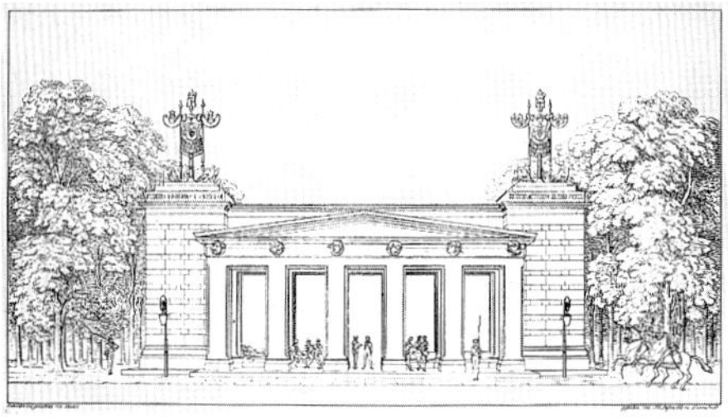

18 Karl Friedrich Schinkel, »Früherer Entwurf zum neuen Wacht-Gebäude in Berlin«, vor 1816

19 Carl August Ehrensvärd (1745–1800) Entwurf eines Portals für die Werft von Karlskrona, Modell

Die Konzentration der Oberfläche und der Form, die mit dieser Läuterung allmählich erreicht wird, entspricht dem Verlauf der Diskussionen zwischen den englischen Ästhetikern[24] des späten 18. Jahrhunderts und zum Beispiel Georg Wilhelm Friedrich Hegels Auffassung: »...glatte Flächen und dergleichen befriedigen durch ihre feste Bestimmtheit und deren gleichförmige Einheit mit sich.«[25]

Durch die reine, homogene, monochrome, glatte Oberfläche als Teil einer einfachen, puristischen geometrischen Komposition ist eine Voraussetzung zur Herstellung des Erhabenen gegeben. Durch die absolute Größe eines Objekts – ihre alles andere kleinhaltende Wirkung, durch das scheinbar Unendliche – kann vom Objekt ein Gefühl des Kolossalen, eine Ausstrahlung der Macht, des Ungeheuren und des Schreckens ausgehen. Edmund Burke faßte unter dem Kapitel »Macht« in seinem Traktat diese ästhetische Wirkung des Erhabenen so zusammen: »Besides these things [terror, obscurity, infinity] which directly suggest the idea of danger, and those which produce a similar effect from a mechanical cause, I know of nothing sublime which is not some modification of power.«[26] Auch Immanuel Kant vertrat ähnliche Ansichten zum Erhabenen.[27]

Nun ist das Erhabene nicht unmittelbar gleichzusetzen mit dem Monumentalen. Gemeinsamkeiten liegen lediglich im ausgelösten Gefühl des Leids, mal vor dem imaginierten, möglichen, befürchteten, gefühlten Leid, mal vor der Faszination, der Überwältigung durch die offensichtliche Anstrengung, die unternommen werden mußte, um diese Eindrücke zu verwirklichen, mal vor dem verständlichen Verlust eines Phänomens, an das ein monumentales Objekt erinnern soll. So nehmen in der Zeit des Neoklassizismus Künstler wie John Martin (1779–1854; *Belshazzar's Feast*, 1820), Heinrich Füssli (1741–1825; *The Artist Moved by the Grandeur of Ancient Ruins*, 1778–1779) oder Architekten wie Carl August Ehrensvärd (1745–1800; siehe

20 Heinrich Füssli,
»The Artist Moved by the Grandeur of Ancient Ruins« (»Die Verzweiflung der Kindheit vor antiken Fragmenten«), 1778/79

21 Richard Serra,
»One Ton Prop (House of Cards)«,
1968/69

sein Modell für ein Tor in Karlskrona, circa 1785) das Thema der Überwältigung in Anbetracht der imaginierten Größe klassisch-antiker Vorbilder auf.
In der späten Moderne beziehen sich zum Beispiel Maler wie Clyfford Still (1904–1980), Barnett Newman (1905–1970) oder Mark Rothko (1903–1970) auf Joseph Mallord William Turner (1775–1851), Caspar David Friedrich (1774–1840) oder James Ward (1769–1855).[28] Der Prozeß der Abstrahierung von der elegischen Romantik des 19. Jahrhunderts zur anscheinend unzugänglichen, kühlen Sachlichkeit der späten Neuzeit ist nicht für alle Betrachter der Malerei frei von Ideologie gewesen. So lassen die Skulpturen und Äußerungen Donald Judds (1928–1995) oder Richard Serras (*1939) keine Mißverständnisse über die beabsichtigten Effekte durch die gebündelte Kraft der materiell homogenen, geometrisch konzentrierten Formen oder der faktischen Bedrohung durch die prekär balancierten Stahlplatten zu.[29] Bezeichnend ist nicht nur die Kontinuität der Intentionen zur Vorgeschichte, sondern bezeichnend sind auch die Nachwirkungen bis zur Wiederaufnahme des Minimalen in der Architektur des ausgehenden 20. Jahrhunderts.[30]
Die morphologischen Effekte der Monumentalität beruhen auf Herstellung von Dauerhaftigkeit, garantiert durch scheinbar dauerhafte Materialien; von Schwere, durch narrative Tektonik plausibel gemacht; von Statik, die nachvollziehbare Bodenhaftung suggeriert; von Ordnung, durch tautologische Deutlichkeit mittels geometrisch bündiger Strukturen dargestellt; von Größe, durch absolute wie relative Beziehung zum Betrachter mittels tatsächlicher Ausmaße oder verschränkter, teleskopartiger Kompositionen erreicht; von Eindeutigkeit, durch Homogenisierung der Elemente hergestellt; von Hermetik der Komposition, durch serielle Wiederholung von nicht mehr haptisch differenzierbaren Komponenten vermittelt; von Kontrolle, durch unausweichliche Nutzungsvorgaben wie Wegeführungen oder Blickfixierungen vorgegeben; letztlich von Synchronisierung der individuellen Erfahrungen, die durch teilweise Anwendung der genannten morphologischen Effekte umgesetzt werden soll.
Manchen Architekten mag es ironisch anmuten, daß in der Phase der entwickeltsten morphologischen Abstraktion in der Architektur – trotz der möglichen ideologischen Ambivalenz – ihr lebensbestimmender Einfluß kaum noch im Räumlichen und Prozeßhaften liegt. Das zunehmend Statisch-Ikonenhafte und die damit verbundene Konzentration oder Monumentalisierung des Baukörpers entspricht diesem Verlust an kultureller Autorität der Architektur. So verstanden dienen Bauwerke immer öfter als Vorlagen für Bilder, die durch ihre Vervielfältigung der Architektur zu einer virtuellen Existenz verhelfen. Mit der Flut der Bilder kreist die Suche nach motivischer Erneuerung. Aber eine Kultur, die vorrangig dem Bild huldigt, kann vom Abgebildeten keine substantielle Entwicklung erwarten. Durch die ständige Beschau von Bildern entwöhnt sie sich der tatsächlichen Werte wie auch der substantiellen Erfahrungen. Als Dienstleister bedienen Architekten eine derartige Kultur, und sie bedienen sich ihrerseits der Bilder.
Anderen Architekten, deren Bauten sich auch unter dem großen Schirm der Abstraktion eher dem Räumlichen und Prozeßhaften zuwenden, mag die Entwicklung zum rein Monumentalen als ein Ersatz ohne Aussicht auf Zukunft erscheinen. Ob Hans Scharouns Philharmonie in Berlin (1957–1963), Günter Behnischs Plenarsaal des Bundestags in Bonn (1975–1992) oder Axel Schultes' und Charlotte Franks Bundeskanzleramt in Berlin (seit 1993): bei allen verspürt man die Gegenwart eines Gesamtrahmens, der durch Facetten, Lamellen oder geschwungene Stelen relativiert, zum Teil aufgelöst wird. In diesen Bauten läßt sich – trotz der unterschiedlichsten Gestaltungsgrundlagen – auch die lange Tradition des Malerischen, des *Picturesque*, aufzeigen. Ursprünglich auch dem Bildhaften entsprungen, ist die pittoreske Gestaltung von Bauten der letzten Jahrzehnte weit vom rein Visuellen entfernt.

Wo die glatte Oberfläche, die geometrische und kompositorische Eindeutigkeit beim Monumentalen Voraussetzungen sind, um ihre Wirkung zu erzielen, setzt das Pittoreske Unebenheiten und unerwartete Varianten ein.[31] Ein so gestalteter Raum, ob eine Landschaft, ein Park im sogenannten englischen Stil oder ein modernes Bauwerk, sucht die Parallele zur Natur. Scharoun bediente sich nicht ohne Grund der landschaftsbezogenen Metapher wie dem der Weinberge für seine Zuhörerterrassen in der Philharmonie.[32] Ähnliche Bezüge zur Landschaft strukturierten den Plenarsaal des Bundestags. Hier wurde die unmittelbare Einbettung in die Rheinauen gesucht, die konventionelle Grenzziehung durch Fenster vermieden, und aus diesem Interesse an der Auflösung traditioneller Hüllen wurden Mehrschichtigkeiten von großen und kleinen Konstruktionselementen verwirklicht.[33] Beim Berliner Bundeskanzleramt wurden mit größeren Elementen identische Ziele verfolgt. Gleich hohe Stelen mit unregelmäßigem Grundriß scheinen das Gebäude zu durchdringen, lösen damit auch die herkömmliche Idee des geschlossenen Baukörpers auf.

War sich Scharoun noch der Monumentalität seiner Philharmonie bewußt,[34] meiden manche Architekten späterer Generationen nicht nur in Deutschland diesen Terminus ganz. Daß aber das Erhabene und das *Picturesque*, das Monumentale und das Transzendierende durchaus gestalterisch verwandt sind, ist bei genauerer Analyse der gestalteten Phänomene und bei näherer Lektüre der Traktate nachvollziehbar. Auch im ausgehenden 20. Jahrhundert ist Erhabenheit, die durch die Nutzung eines Bauwerks ausgestrahlt wird, nicht nur nach dem Grad der individuellen oder kollektiven Differenzierung zu beurteilen, sondern auch nach den Beweggründen für das Ergriffensein. In der Kultur des demokratischen Konsenses ist bewußte Ergriffenheit nicht nur möglich, sondern eben auch durch deren bewußte Erfahrung ein kommunikatives Moment der Bewußtwerdung. Die bewußte Erfahrung erkennt die Mittel der Begeisterung früherer Epochen und schämt sich nicht ihrer Neubewertung.

1 Johann Joachim Winckelmann, *Gedanken über die Nachahmung der griechischen Werke in der Malerei und Bildhauerkunst*, Dresden/Leipzig, 1755, S. 20, hier Stuttgart 1969.

2 (»Kein Kunstwerk kann großartig sein; ohne zu täuschen; anders zu sein; ist nur das Vorrecht der Natur« [Übersetzung des Verfassers].) In: Edmund Burke, *A Philosophical Enquiry into the Origin of our Ideas of the Sublime and Beautiful*, Part II, Section X: »Magnitude in Building«, London 1757.

3 Karl Scheffler, »Akademische Baukunst«, in: *Moderne Baukunst*, Leipzig 1908, hier in: *Der Architekt*, Basel 1993, S. 43, 54.

4 Adolf Loos, »Architektur«, 1910, in: *Sämtliche Schriften*, Bd. I, Wien 1962, S. 302–318.

5 Karl Scheffler, »Vom Beruf des modernen Architekten«, in: *Deutscher Baumeister*, Leipzig, hier in: *Der Architekt* (Anm. 3), S. 110.

6 (Frage: »Warum hast du es nicht größer gemacht, damit der Betrachter überragt wird?« – Antwort: »Ich wollte kein Monument machen.« – Frage: »Warum hast Du es dann nicht kleiner gemacht, damit der Betrachter darüber hinwegschauen kann?« – Antwort: »Ich wollte kein Objekt machen« [Übersetzung des Verfassers].) Robert Morris im Gespräch mit Tony Smith, in: Robert Morris, »Notes on Sculpture Part II«, in: *Artforum*, New York, Oktober 1966, S. 229f.

7 Theodor W. Adorno, »Rede über Lyrik und Gesellschaft«, in: *Noten zur Literatur I*, Berlin/Frankfurt am Main 1958, S. 77.

8 Otto Wagner: »Stets muß sich der Künstler vor Augen halten, daß die Kunst für die Menschen zu wirken berufen ist und daß nicht die Menge der Kunst halber da ist«, in: *Die Baukunst unserer Zeit*, Wien 1895, hier 4. Aufl. 1914, S. 109.

9 Siehe besonders Hendrik Petrus Berlage, *L'Art et la Société*, Brüssel 1914.

10 Peter Behrens: »Die moderne Entwicklung, die über das wohlgeordnete Kleinstadtidyll weit hinaus die Weltstädte zu einer unorganisierten Wirrniss zu führen droht, stellt neue Aufgaben an die Baukunst, die nur im Geiste der Industrie und der Großkaufmannschaft erfüllt werden können. Die Entfaltung monumentaler Kunst ist stets der Ausdruck eines bestimmten Machtkreises seiner Zeit gewesen. Wenn man in diesem Sinne im Mittelalter von der Kunst der Kirche, in der Barockzeit von der Kunst der Könige, bei den Formen um 1800 von bürgerlicher Kunst sprechen kann, so glaube ich nun, daß heute unsere reich erblühte Industrie wieder einen Machtkreis bildet, der nicht ohne Einfluß auf die Kultur bleiben kann.« In: »Rede zur Einweihung des Neubaus des Verwaltungsgebäudes der Mannesmannröhren-Werke in Düsseldorf am 10. Dezember 1912«, in: Tilmann Buddensieg und Henning Rogge, *Peter Behrens und die AEG 1907–1914*, Berlin 1979, S. D 286.

11 So zum Beispiel bei Otto Wagner: »Es kann daher nicht befremden zu hören, daß in der Baukunst der höchste Ausdruck menschlichen, an das göttliche streifenden Könnens erblickt werden muß. Und mit Recht! Liegt doch ein Beweis für das Gesagte in der unbegreiflichen, überwältigenden Macht, welche die Baukunst auf die Menschheit ausüben und sie förmlich zur Beschauung zwingen. Es muß daher die Baukunst als der mächtigste Ausdruck künstlerischen Könnens bezeichnet werden.« In: *Die Baukunst unserer Zeit*, Wien 1895, hier Wien 1914, S. 14f.

12 Zum Beispiel die Würdigung des Zweidimensionalen bei Immanuel Kant: »In der Malerei, Bildhauerkunst, ja allen bildenden Künsten, in der Baukunst, Gartenkunst, sofern sie schöne Künste sind, ist die *Zeichnung* das Wesentliche, in welcher nicht, was in der Empfindung vergnügt, sondern bloß, was durch seine Form gefällt, den Grund aller Anlage für den Geschmack ausmacht.« In: *Kritik der Urteilskraft,* Berlin 1790, hier Stuttgart 1971, S. 102f.

13 Zum Beispiel der Kommentar Hermann Seegers zu Peter Behrens' Verwaltungsgebäude der Farbenindustrie AG Hoechst: »...die Gesamthaltung des Gebäudes sollte das zur damaligen Zeit hochgespannte Selbstgefühl der industriellen Macht widerspiegeln, für den Architekten eine weit lockendere Aufgabe als das Nur-Bürohaus«, in: *Bürohäuser der privaten Wirtschaft*, Handbuch der Architektur, IV. Teil, 7. Halbbd., Leipzig 1933, H. 1a, S. 54.

14 Zum Beispiel die Jahrhunderthalle in Frankfurt am Main von Friedrich von Thiersch (1907–1909) mit 11000 Sitzplätzen; die Jahrhunderthalle in Breslau von Max Berg (1911–1913) mit 6000 Sitz- oder 20000 Stehplätzen; die Stadthalle in Hannover von Paul Bonatz und Friedrich Eugen Scholer (1912–1914) mit 3500 Sitzplätzen; die Stadthalle in Magdeburg von Johannes Göderitz (1927) für 3320 Sitzplätze und 1000 Musiker; die Westfalenhalle in Dortmund von den Architekten Moshammer und Delfs (1925) mit 6000 Sitzplätzen; die Sporthalle in Stuttgart von Hugo Keuerleber (1925–1926) mit 8000 Sitzplätzen.

15 Zum Beispiel Adolf Loos, »Kulturentartung«, 1908, in: *Sämtliche Schriften*, Wien 1962, S. 271–275; Heinrich Tessenow, *Handwerk und Kleinstadt*, Berlin 1919; sogar Gustav Adolf Platz, *Die Baukunst der neueren Zeit*, Berlin 1927, S. 78f.; Josef Frank, »Neues Bauen«, in: *Architektur als Symbol: Elemente Deutschen Neuen Bauens*, Wien 1931, S. 128–131; und zu spät: Sigfried Giedion, *Mechanization takes Command*, New York 1948, S. 714–723.

16 Zum Beispiel Gottfried Semper, »Vorläufige Bemerkungen über bemalte Architektur und Plastik bei den Alten«, in: Hans und Manfred Semper (Hrsg.), *Kleine Schriften*, Mittenwald 1979, S. 15–258.

17 Siehe zu Bruno Taut und Wenzel August Hablik etwa Gedanken und Entwürfe, in: Iain Boyd White und Romana Schneider (Hrsg.), *Die Briefe der Gläsernen Kette*, Berlin 1986, bes. S. 130, 166–170.

18 (»Der Purismus drückt nicht das Veränderliche aus, sondern das Unveränderliche. Das Werk hat nicht zufällig, außerordentlich, impressionistisch, inorganisch, streiterisch, malerisch, sondern im Gegenteil allgemein, statisch, das Unveränderliche ausdrückend zu sein« [Übersetzung des Verfassers].) Amedée Ozenfant und Charles-Edouard Jeanneret, *Après le Cubisme*, Paris 1918, S. 59.

19 Platon: »Ich versuche also als Schönheit der Gestalten die nicht, was wohl die meisten glauben möchten, zu erklären, etwa die der lebenden Körper oder die gewisser Gemälde; sondern ich nenne etwas grade, sagt meine Erklärung, und etwas rund und aus diesen wiederum die Flächen und Körper, welche gedreht werden, oder durch Regel und Winkelmaß bestimmt, wenn du mich verstehst. Denn diese, sage ich, sind nicht in Beziehung auf etwas schön wie anderes, sondern immer an und für sich sind sie nach ihrer Natur schön ...« In: *Philebos, Timaios, Kritias*, Frankfurt am Main 1991, § 3.5.1, S. 145.

20 Le Corbusier, *Vers une architecture*, Paris 1923, S. 128.

21 Ebd.

22 Ebd.

23 Ebd.

24 Zum Beispiel Uvedale Prices Entgegnung zu Edmund Burkes Thesen zur Glätte von Oberflächen, in: *An Essay on the Picturesque as compared with the Sublime and the Beautiful*, London 1794, S. 101–119; siehe auch Edmund Burke, *A Philosophical Enquiry into the Origin of our Ideas of the Sublime and Beautiful*, London 1757.

25 Georg Wilhelm Friedrich Hegel, *Vorlesung über die Ästhetik*, I. und II. Teil, Berlin 1835, Stuttgart 1971, S. 216.

26 Edmund Burke (»Neben diesen Dingen [Schrecken, Verborgenheit, Unendlichkeit], die direkt die Idee der Gefahr suggerieren, und solchen, die einen ähnlichen Effekt durch ein mechanisches Mittel erreichen, kenne ich nichts Erhabenes, das nicht irgendeine Abwandlung von Macht ist« [Übersetzung des Verfassers].) In: Burke 1757 (Anm. 24), Oxford 1990, S. 59.

27 Kant 1790 (Anm. 12), S. 133–188; siehe auch seinen lobenden Bezug auf Edmund Burkes Thesen, in: Burke 1757 (Anm. 24), S. 186.

28 Siehe zum Beispiel Robert Rosenblum, »The Abstract Sublime«, in: *Art News*, New York, Februar 1961, S. 38–41, 56–58, kommentiert von Beat Wyss, *Ein Druckfehler*, Köln 1993.

29 Siehe zum Beispiel Anna C. Chave, »Minimalism and the Rhetoric of Power«, in: *Arts Magazine*, Bd. 64, Nr. 5, Januar 1990, S. 44–63, überarbeitet und gekürzt in: Francis Frascina (Hrsg.), *Art in Modern Culture. An Anthology of Critical Texts*, London 1992, S. 264–281, Übersetzung in: Gregor Stemmrich (Hrsg), *Minimal Art. Eine kritische Retrospektive*, Dresden/Basel 1995, S. 647–677.

30 Siehe die nachhaltige Ambivalenz gegenüber Architekten wie Jean Nouvel, Jacques Herzog und Pierre de Meuron und Rafael Moneo, deren Werke mal monolithisch, mal geschichtet gesehen werden; vgl. Ausst.-Kat. Rodolfo Machado und Rodolphe el-Khoury, *Monolithic Architecture*, New York/München 1995, mit Terry Riley, *Light Construction*, New York 1995.

31 Uvedale Price, *An Essay on the Picturesque, as compared with the Sublime and the Beautiful, and on the Use of Studying Pictures, for the Purpose of improving Real Landscape*, London 1794, S. 44f.

32 Hans Scharoun: »Die Gestaltgebung folgt dabei dem Bild einer Landschaft. Der Saal ist wie ein Tal gedacht, auf dessen Sohle sich das Orchester befindet, umringt von den aufsteigenden ›Weinbergen‹. Die Decke entgegnet dieser ›Landschaft‹ wie eine ›Himmelschaft‹.« In: *Philharmonie,* Senat von Berlin, Berlin o.J., S. 1.

33 Andreas Uebele und Sigrid Hansjosten, *Behnisch & Partner: Ein Gang durch die Ausstellung*, Stuttgart 1993, S. 78–82.

34 Hans Scharoun, »Trotz der Monumentalität des gesamten Bauwerks, war das Ziel der architektonischen Behandlung, dem Saal eine gewisse Intimität zu geben.« In: »Musik im Mittelpunkt«, zit. nach: Peter Pfankuch (Hrsg.), *Hans Scharoun: Bauten Entwürfe Texte*, Berlin 1974, S. 279.

Abbildungsnachweis

Bauman
Moderne und Macht
1 Galerie Bärbel Grässlin, Frankfurt am Main; 2 The Art Institute of Chicago; 3 Stiftung Preußischer Kulturbesitz, Staatliche Museen zu Berlin, Kunstbibliothek; 4 The Museum of Modern Art, New York; 5 Südwestdeutsches Archiv für Architektur und Ingenieurbau, Karlsruhe; 6 Ullstein Bilderdienst, Berlin; 7 Peter Dübbers, Stuttgart; 8 Stiftung Preußischer Kulturbesitz, Staatliche Museen zu Berlin, Kunstbibliothek; 9 Deutsche Bank Bauspar AG, Frankfurt am Main.

Schäche
Platz für die Macht
1 Inv.-Nr.: Pr. Br. Rep. 42, Nr. I/1, Landesarchiv Berlin; 2 Landesbildstelle Berlin; 3 Plansammlung der Universitätsbibliothek der Technischen Universität Berlin; 4 Landesbildstelle Berlin; 5 Archiv Wolfgang Schäche, Berlin; 6 Landesbildstelle Berlin; 7 Plansammlung der Universitätsbibliothek der Technischen Universität Berlin; 8, 9 Archiv Wolfgang Schäche, Berlin; 10 Landesbildstelle Berlin; 11 Archiv Wolfgang Schäche, Berlin; 12 DAM Archiv, Frankfurt am Main; 13 Plansammlung der Universitätsbibliothek der Technischen Universität Berlin; 14 *Das Neue Berlin*, hrsg. von Martin Wagner und Adolf Behne, Heft 4, 1929; 15 Deutsches Technikmuseum Berlin, Historisches Archiv; 16 Landesbildstelle Berlin; 17–19 Archiv Wolfgang Schäche, Berlin; 20 Bayerisches Hauptstaatsarchiv, München; 21 Landesbildstelle Berlin; 22 *Hauptstadt Berlin. Ergebnis des internationalen städtebaulichen Ideenwettbewerbs*, hrsg. vom Bundesminister für Wohnungsbau, Bonn, und vom Senator für Bau- und Wohnungswesen, Berlin/Stuttgart 1960; 23 Deutsches Historisches Museum, Photo: Arne Psille; 24 Landesbildstelle Berlin.

Pehnt
Reformwille zur Macht
1 Staats- und Universitätsbibliothek, Nachlaß Fritz Schumacher XVI 1.28; 2 Archiv Wolfgang Pehnt, Köln; 3–5 Bildarchiv Foto Marburg; 6 Postkarte, DAM Archiv, Frankfurt am Main; 7 The Museum of Modern Art, New York.

Frampton
Eine Anmerkung
1 DAM Archiv, Frankfurt am Main; 2–4 Erich Mendelsohn, *Das Gesamtschaffen des Architekten*, Berlin 1930; 5 Bruno Zevi, *Erich Mendelsohn. Opera Completa*, Mailand 1970; 6 Erich Mendelsohn, *Amerika. Bilderbuch eines Architekten*, Berlin 1926; 7 Bruno Zevi, *Erich Mendelsohn. Opera Completa*, Mailand 1970; 8 Erich Mendelsohn, *Das Gesamtschaffen des Architekten*, Berlin 1930; 9 Landesarchiv Berlin; 10–14 Bruno Zevi, *Erich Mendelsohn. Opera Completa*, Mailand 1970.

Cohen
Das Monumentale
1–3 DAM Archiv, Frankfurt am Main; 4 Archives Nationales, Paris; 5 Hugh Ferriss, *The Metropolis of Tomorrow*, 1929; 6, 7 Archiv Jean-Louis Cohen, Paris; 8 Bernard Champigneulle, *Perret*, Paris 1959; 9 *Stroitelstvo Moskvy*, Nr. 5, 1933; 10 Günther Stamm, *J. J. P. Oud. Bauten und Projekte 1906 bis 1963*, Mainz 1984; 11 Archiv Jean-Louis Cohen, Paris; 12 *Raboty arkhitekturnykh masterskikh*, Moskau 1935; 13 Fondation Le Corbusier, Paris; 14 Nicolai Punin, *Pamjatnik IIIego Internatsionala*, Leningrad 1920; 15 Archiv Jean-Louis Cohen, Paris; 16 DAM Archiv, Frankfurt am Main; 17 Fondation Le Corbusier, Paris; 18 Andrei Gozak, *Andrei Leonidov, Ivan Leonidov. The Complete Works*, London 1988; 19 Le Corbusier, *La Ville radieuse*, Boulogne/Seine, 1935; 20, 21 Photos: Jean-Louis Cohen, Paris.

Nerdinger
Ein deutlicher Strich
1 Martin Werwigk, Stuttgart; 2 Walter Krieß, *Urbanismus im Industriezeitalter*, Berlin 1991; 3 Heinz Geretsegger und Max Peintner, *Otto Wagner 1841–1918*, Salzburg/Wien 1983; 4 Postkarte, DAM Archiv, Frankfurt am Main; 5 Fischer Fine Art Ltd., London; 6 DAM Archiv, Frankfurt am Main; 7 Postkarte, DAM Archiv, Frankfurt am Main; 8 *Karl Schneider. Bauten*, hrsg. von Heinrich de Fries, Berlin/Leipzig/Wien 1929; 9 Postkarte, DAM Archiv, Frankfurt am Main; 10 Stadtarchiv Magdeburg; 11 *Städtebau*, hrsg. von Werner Hegemann und Günther Wasmuth, XXI. Jahrgang, Heft 2, 1926; 12 DAM Archiv, Frankfurt am Main; 13 The Art Institute of Chicago; 14 *Das Neue Berlin*, hrsg. von Martin Wagner und Adolf Behne, Heft 4, 1929; 15 *L'Illustration. Exposition Paris 1937*, Bobigny (Seine) 1937; 16 Südwestdeutsches Archiv für Architektur und Ingenieurbau, Karlsruhe; 17 *Helmut Striffler. Licht/Raum/Kunst. Eine Ortsbestimmung*, Ausst.-Kat. Städtische Kunsthalle Mannheim (26. 6. – 16. 8. 1987), Stuttgart 1987.

Mittig
NS-Stil
1 Alfred Neven DuMont, Köln, Repro: Stefan Worring; 2 Landeshauptstadt München, Stadtarchiv; 3 Klaus Backes, *Hitler und die bildenden Künste*, Köln 1988; 4 Archiv Hans-Ernst Mittig, Berlin; 5 Landesvermessungsamt Brandenburg, Landesluftbildarchiv, Potsdam; 6 Stadtarchiv Nürnberg, Bild-, Film- und Tonarchiv; 7 Thomas Schmidt, *Werner March*, Berlin 1992; 8 Danuta Czech, *Kalendarium der Ereignisse im Konzentrationslager Auschwitz-Birkenau 1939–1945*, Reinbek bei Hamburg 1989; 9 Postkarte, DAM Archiv, Frankfurt am Main; 10, 11 Archiv Hans-Ernst Mittig, Berlin; 12 *Messel. Tafelwerk*, Berlin 1912; 13 Archiv Hans-Ernst Mittig, Berlin; 14 Bildarchiv Foto Marburg; 15 Kunsthistorisches Institut, Freie Universität Berlin; 16 Kay Fisker u. a., *Moderne dänische Architektur*, Berlin 1927, Archiv Hans-Ernst Mittig, Berlin.

Wilkens
Gebaute Utopie der Macht
1 Archiv Birger Holm, Hamburg; 2 *Bauwelt*, Heft 43, 1935; 3 Bundesarchiv Koblenz; 4 *Bauwelt*, Heft 43, 1935; 5 Bundesarchiv Koblenz; 6 *Le Corbusier et Pierre Jeanneret. Œuvre complète de 1929–1934*, hrsg. von Willy Boesiger, Zürich 1964 (1. Aufl. 1934); 7, 8 Archiv Wim Cox, Köln; 9 Stiftung Preußischer Kulturbesitz, Staatliche Museen zu Berlin, Kunstbibliothek; 10 Archiv Wim Cox, Köln; 11 Architekturmuseum der TU München; 12 Bundesarchiv Koblenz; 13 Archiv Wim Cox, Köln; 14 *Hamburger Tageblatt*, 6. 8. 1939; 15 Photo: Rainer Wilkens, Berlin.

Achleitner
Das kleinste Monument
Photo: Brigitte M. Mayer, Berlin

Durth
Utopie der Gemeinschaft
1–3 Bruno Taut, *Die Auflösung der Städte*, Hagen 1920; 4–8 Archiv Werner Durth, Darmstadt; 9–11 Bruno Taut, *Die Stadtkrone*, Jena 1919; 12 Titelbild: Walter Müller-Wulckow, *Deutsche Baukunst der Gegenwart. Bauten der Gemeinschaft*, Königstein im Taunus/Leipzig 1928; 13 Bruno Taut, *Die Stadtkrone*, Jena 1919; 14 Archiv Werner Durth, Darmstadt; 15 Postkarte, DAM Archiv, Frankfurt am Main; 16–19 Archiv Werner Durth, Darmstadt; 20 Bundesrepublik Deutschland; 21 Nederlands Architectuurinstituut, Rotterdam; 22 Archiv Werner Durth, Darmstadt; 23 Nederlands Architectuurinstituut, Rotterdam; 24 Archiv Werner Durth, Darmstadt; 25 Hans Bernhard Reichow, *Organische Stadtbaukunst. Organische Baukunst. Organische Kultur*, Braunschweig 1948; 27–37 Archiv Werner Durth, Darmstadt; 38 *Bauinformation*, Berlin (DDR); 39 *Der Spiegel*, Nr. 31, 1991.

Düwel
Am Anfang der DDR
1, 2 Archiv Jörn Düwel, Berlin; 3 Landesbildstelle Dresden; 4 Bundesarchiv Koblenz; 5 Archiv Jörn Düwel, Berlin; 6 Bundesarchiv Koblenz; 7, 8 Archiv Jörn Düwel; 9, 10 Bundesarchiv Koblenz; 11 AGO Galerie, Berlin; 12 Bundesarchiv Koblenz; 13–16 Archiv Jörn Düwel; 17 Ursula Kirsten-Collein, Birkenwerder; 18–20 Landesdenkmalamt Dresden.

Hain
Von der Geschichte beauftragt
Sämtliche Abbildungen: Institut für Regionalentwicklung und Strukturplanung (IRS)/Wissenschaftliche Sammlungen, Erkner bei Berlin.

Frank
Monument und Moderne
1 Stiftung Preußischer Kulturbesitz, Staatliche Museen zu Berlin, Kunstbibliothek; 2, 3 Archiv Hartmut Frank, Hamburg; 4 *Neue Bauwelt*, Berlin 1946, Heft 10; 5 Archiv der Akademie der Künste, Berlin; 6 Stiftung Preußischer Kulturbesitz, Staatliche Museen zu Berlin, Kunstbibliothek, Photo: Dietmar Katz, 1997; 7 *Hauptstadt Berlin. Ergebnis des internationalen städtebaulichen Ideenwettbewerbs*, hrsg. vom Bundesminister für Wohnungsbau, Bonn, und vom Senator für Bau- und Wohnungswesen, Berlin, Stuttgart 1960; 8 Archiv der Akademie der Künste, Berlin; 9 DAM Archiv, Frankfurt am Main; 10 *Le Cor-*

busier. Œuvre complète 1938–1946, hrsg. von Willy Boesiger, Zürich 1977 (1. Aufl. 1946); 11 *Monumentality and The City*, The Harvard Architecture Review, IV, Cambridge, Massachusetts, 1984; 12 Archiv Wilfried Wang, Frankfurt am Main; 13 Südwestdeutsches Archiv für Architektur und Ingenieurbau, Bestand Hermann Billing, 112; 14 Stiftung Preußischer Kulturbesitz, Staatliche Museen zu Berlin, Kunstbibliothek.

Kil
Verhältnisse träumen
1 Axel Schultes Architekten, Berlin; 2 Bundesbildstelle Bonn, Nr. 97 844/11; 3 ebd., Nr. 99 447/4; 4 ebd., Nr. 105 982/4; 5–8 *Behnisch & Partner. Bauten 1952–1992*, hrsg. von Johann-Karl Schmidt und Ursula Zeller, Stuttgart 1992; 9 Photo: Uwe Rau, Berlin; 10–13 Axel Schultes Architekten, Berlin, Photos 11–13: Antonia Weiße, Berlin; 14, 15 DAM Archiv, Frankfurt am Main; 16, 17 Axel Schultes Architekten, Berlin, Photos: Antonia Weiße, Berlin.

Gehebe
Das Ringen einer Stadt
1, 2 DAM Archiv, Frankfurt am Main; 3–9 Institut für Stadtgeschichte der Stadt Frankfurt am Main; 10, 11 Sammlung DAM, Frankfurt am Main, Nachlaß Meid/Romeick; 12 Institut für Stadtgeschichte der Stadt Frankfurt am Main; 13 DAM Archiv, Frankfurt am Main; 14–16 Institut für Stadtgeschichte der Stadt Frankfurt am Main; 17–19 DAM Archiv, Frankfurt am Main; 20 Tourismus + Congress GmbH, Frankfurt am Main.

Ghirardo
Postmoderne Architektur
1, 2 Archiv Diane Ghirardo, Los Angeles; 3, 4 *Ricardo Bofill, Taller de Arquitectura*, hrsg. von Annabelle d'Huart, Stuttgart 1985; 5 Archiv Diane Ghirardo, Los Angeles; 6 DAM Archiv, Frankfurt am Main; 7 *Philip Johnson/John Burgee. Architecture 1979–1985*, hrsg. von Ivan Zaknic, New York 1985; 8 *Michael Graves* (Designermonographien, 3), hrsg. von Alex Buck und Matthias Vogt, Berlin 1994; 9 *Zaha Hadid 1992–1995*, El Croquis, Nr. 73, Madrid 1995; 10 *Peter Eisenman 1990–1997*, El Croquis, Nr. 83, Madrid 1997; 11 Daly/Genik Architects, Santa Monica, Kalifornien; 12 Arch. Giovanni Amici, Rom.

Wang
Das Monumentale als Ersatz
1 DAM Archiv, Frankfurt am Main; 2 Hugh Honour, *Neo-classicism*, Harmondsworth 1978; 3 Sam Hunter und John Jacobus, *American Art of the 20th Century*, New York 1973; 4 Kurt Asche, *Peter Behrens und die Oldenburger Ausstellung 1905*, Berlin 1992; 5, 6 *Revolutionsarchitektur. Boullée, Ledoux, Lequeu*, Staatliche Kunsthalle Baden-Baden und Gesellschaft der Freunde junger Kunst e.V., 1971 (2. Aufl.); 7 *Karl Friedrich Schinkel. Collected Architectural Designs*, Academy Editions, London 1982; 8 *Le Corbusier. Œuvre complète 1938–1946,* hrsg. von Willy Boesiger, Zürich 1946; 9 John Bender, *Imagining the Penitentiary. Fiction and the Architecture of Mind in Eighteenth-Century England,* Chicago/London 1987; 10 Fritz Hoeber, *Peter Behrens*, München 1913; 11 Ludwig Hilberseimer, *Hallenbauten*, Leipzig 1931; 12 Theodor Heuss, *Hans Poelzig. Bauten und Entwürfe*, Stuttgart 1985 (Reprint der Ausgabe von 1939); 13 Werner Szambien, *Jean-Nicolas-Louis Durand 1760–1834. De l'imitation à la norme*, Paris 1984; 14 Le Corbusier, *Towards a New Architecture,* London 1978 (Reprint); 15 Südwestdeutsches Archiv für Architektur und Ingenieurbau, Karlsruhe, Nachlaß Egon Eiermann, Photo: Chr. Heilmann; 16 Josep Maria Montaner, *Neue Museen. Räume für Kunst und Kultur*, Stuttgart/Zürich 1990; 17 *Oswald Mathias Ungers. Architektur 1951–1990*, Stuttgart 1991; 18 *Karl Friedrich Schinkel. Collected Architectural Designs*, Academy Editions, London 1982; 19 *The Age of Neo-Classicism*, Ausst.-Kat. The Royal Academy and The Victoria & Albert Museum (9. 9.–19. 11. 1972), London 1972; 20 Hugh Honour, *Neo-classicism*, Harmondsworth 1978; 21 Anna Moszynska, *Abstract Art*, London 1990.

Personen- und Ortsregister